Introdução aos
ESTUDOS LITERÁRIOS

INTRODUÇÃO AOS ESTUDOS LITERÁRIOS
AUTORAS
Maria Vitalina Leal de Matos e Vera da Cunha Borges
EDITOR
EDIÇÕES ALMEDINA, S. A.
Rua Fernandes Tomás, n.ᵒˢ 76-80 – 3000-167 COIMBRA
Tel.: 239 851 904 • Fax: 239 851 901
www. almedina.net • editora@almedina.net
DESIGN DE CAPA

PAGINAÇÃO
João Félix – Artes Gráficas
IMPRESSÃO E ACABAMENTO
PAPELMUNDE

Novembro, 2021
DEPÓSITO LEGAL
431744/17

Toda a reprodução desta obra, por fotocópia ou outro qualquer processo, sem prévia autorização escrita do Editor, é ilícita e passível de procedimento judicial contra o infrator.

 | GRUPOALMEDINA

BIBLIOTECA NACIONAL DE PORTUGAL – CATALOGAÇÃO NA PUBLICAÇÃO

MATOS, Maria Vitalina Leal de,
1939- , e outros

Introdução aos estudos literários / Maria Vitalina Leal de Matos, Vera da Cunha Borges
ISBN 978-972-40-7096-4

I – Borges, Vera

CDU   82.09

Introdução aos
ESTUDOS LITERÁRIOS

MARIA VITALINA LEAL DE MATOS
COM VERA DA CUNHA BORGES

Reimpressão

ÍNDICE

Prefácio   9

1. O Ensino das Disciplinas Literárias e a sua Tradição   13
   1.1. Abordagem Teórica e Consciência Histórica   15
   1.2. Os Estudos Literários na Antiguidade   16
      1.2.1. Platão   16
      1.2.2. Aristóteles   24
      1.2.3. Do Sublime   28
      1.2.4. Horácio   29
   1.3. Os Estudos Literários na Idade Média   34
   1.4. Os Estudos Literários no Renascimento   38
   1.5. Os Estudos Literários no Barroco   45
   1.6. Os Estudos Literários no Neoclassicismo   48
   1.7. Os Estudos Literários no Romantismo   54
      1.7.1. A Reacção ao Neoclassicismo, o Iluminismo e a Transição para o Romantismo   54
      1.7.2. Tendências Dominantes da Poética Romântica   55
      1.7.3. Os Estudos Literários do Romantismo: a História e a Crítica Românticas   68
      1.7.4. O Impressionismo Crítico   76

2. As Disciplinas dos Estudos Literários   79
   2.1. A História Literária   81
      2.1.1. O Método Histórico-filológico   81
      2.1.2. As Tarefas da História Literária   83
      2.1.3. Uma Nova Exigência Histórica   92
      2.1.4. A Teoria e a Estética da Recepção   96
      2.1.5. Problemas da História Literária   101

2.2. A Crítica Literária 106
    2.2.1. A Palavra «Crítica» 106
    2.2.2. A Crítica Literária, a História e a Teoria da Literatura 109
    2.2.3. A Crítica Literária no Século XX 111
    2.2.4. Objectividade e Subjectividade. Adesão e Ironia.
    Análise e Compreensão 112
    2.2.5. Ambiguidade 116
2.3. A Teoria da Literatura 119
    2.3.1. A Palavra «Teoria» 119
    2.3.2. A Teoria da Literatura do Século XX 120
    2.3.3. Definição 124
    2.3.4. A Teoria da Literatura, a História e a Crítica literárias 125
    2.3.5. As Matérias da Teoria da Literatura 127
    2.3.6. As Funções da Literatura 127
2.4. A Hermenêutica 142
    2.4.1. Definição 142
    2.4.2. A Tradição Hermenêutica 143
    2.4.3. Schleiermacher e a Hermenêutica Geral 146
    2.4.4. Dilthey e o Método das Ciências Humanas 147
    2.4.5. A Hermenêutica Filosófica 150
    2.4.6. Paul Ricoeur: Desmistificação e Recolecção do Sentido 165
    2.4.7. Os Sentidos Tradicionais da Hermenêutica 167
    2.4.8. Os Estudos Literários e a Hermenêutica 173

3. Os Estudos Literários no Século XX **179**
    3.1. O Formalismo Russo e o Estruturalismo Checo 181
        3.1.1. História 181
        3.1.2. Teoria 184
        3.1.3. O Estruturalismo Checo 188
    3.2. O New Criticism 190
        3.2.1. O Termo 190
        3.2.2. Influências Comuns 191
        3.2.3. Principais Tendências 195

3.3. A Estilística 204
   3.3.1. A Palavra «Estilo» 204
   3.3.2. Origem da Estilística 204
   3.3.3. A Estilística Literária 206
   3.3.4. História 209
   3.3.5. O Método 210
   3.3.6. A Estilística de Auerbach 220
3.4. O Estruturalismo 221
   3.4.1. A Noção de Estrutura 222
   3.4.2. A Origem do Estruturalismo 223
   3.4.3. O Estruturalismo nos Estudos Literários 224
   3.4.4. Os Pressupostos Estruturalistas 228
3.5. A Semiótica 234
   3.5.1. Introdução 234
   3.5.2. Referências e Distinções 237
   3.5.3. O Projecto Semiótico 239
   3.5.4. Semiótica Literária 246
   3.5.5. Conclusão 259

4. O Conceito de Literatura. Literatura e Realidade **263**
   4.1. A Palavra «Literatura» 265
   4.2. A Literatura como Mimese 269
      4.2.1. O Conceito de Mimese 269
      4.2.2. Os Equívocos da Imitação 273
      4.2.3. Em Torno da Mimese 276
      4.2.4. Contestação do Conceito Representativo de Literatura 283
   4.3. A Literatura como Linguagem 285
      4.1.1. A Arbitrariedade do Signo 285
      4.1.2. Fechamento e Abertura da Linguagem 291
   4.4. A Literatura como Ficção 297
      4.4.1. Literatura e Imaginário 299
      4.4.2. O Funcionamento Linguístico da Ficcionalidade 307
      4.4.3. Ficcionalidade e Referência 312

4.5. A Linguagem Literária	328
4.5.1. A Função Poética da Linguagem (Jakobson)	332
4.5.2. A Discussão de Aguiar e Silva e de Coseriu	334
4.5.3. A Discussão de Martinez Bonati	338
4.6. Dificuldades das Definições Referenciais de Literatura	342
4.6.1. Conclusão	349
5. Géneros Literários	**351**
5.1. A Definição Genológica como Condição da Interpretação	353
5.2. Tradição e Transgressão	360
5.3. Panorama da Classificação dos Géneros Literários	370
5.4. A Divisão Triádica	374
5.4.1. O Modo Dramático	377
5.4.2. O Modo Narrativo	380
5.4.3. O Modo Lírico	382
5.4.4. Lírica e/ou Poesia?	394
5.5. *Coda*: entre Matrizes Universais e Senhas Históricas, o Drama da Interpretação como Reconhecimento	401
BIBLIOGRAFIA	405
ANEXO: Poemas de Camões e de Fernando Pessoa	413
ÍNDICE DE ASSUNTOS	419

PREFÁCIO

Tal como o título indica, este livro foi concebido para servir de apoio a uma cadeira do currículo de diversos cursos de letras, a cadeira introdutória ao estudo da literatura. Resulta do trabalho de preparação das aulas, mesmo se, de 1999 a esta parte (ano em que uma licença sabática me permitiu dedicar mais tempo a este projecto), tenha envolvido indagações e desenvolvimentos que estavam para lá do projecto inicial.

Mas ensinar é sempre aprender, e feliz aquele cujo trabalho consiste justamente nessa aventura interminável.

Assim, o livro — tal como aqui vai — ultrapassa, nas matérias que trata, o que se pode e o que se deve fazer numa cadeira de Introdução aos Estudos Literários. No entanto, estes limites são variáveis e difíceis de estabelecer; sem esquecer que todo o professor sabe que o que diz na aula corresponde **à parte visível do icebergue**. Se o que diz não é sustentado por uma profunda base invisível, não irá muito longe.

O plano do trabalho começou por corresponder ao programa estabelecido para o curso, acrescido de um ponto relativo à métrica.

Mas, ao meter mãos à obra, outra configuração foi ganhando forma, em torno da questão nuclear do programa, *«O que é a literatura?»* (quarto capítulo). Esta questão, por razões metodológicas e pedagógicas, deve ser precedida por partes introdutórias que permitem ao estudante familiarizar-se com as matérias, com o vocabulário e com as noções utilizadas a cada passo no núcleo de maior densidade teórica. Assim, um dos capítulos (o segundo) descreve *as disciplinas dos estudos literários* (história, crítica, teoria, hermenêutica); e outro (o terceiro) percorre os principais movimentos dos estudos literários do século xx, dando elementos para uma panorâmica histórica que explica as propostas que o capítulo nuclear apresentará.

Neste percurso, ao acompanhar a evolução que foi a do século, fui levada a evoluir de um ponto de vista essencialmente descritivo para a consideração da literatura na sua densa condição histórica. E daí a transformação de uma pequena introdução — sobre a tradição do ensino das disciplinas literárias — num capítulo (o primeiro) que faz, ainda que apressadamente, a história dos estudos literários até ao século XIX.

Entretanto, outras matérias, como os géneros literários, a periodologia, a métrica e o ritmo, eram postos entre parênteses, e renunciei a tratá-las, pelo menos para já. Contudo, a problemática dos géneros literários condiciona de tal forma o conceito de literatura, prende-se tão radicalmente com as outras matérias tratadas e está tão presente nelas que solicitei a colaboração da Professora Dr.ª Vera da Cunha Borges, que elaborou o quinto capítulo, sobre este assunto.

O desejo de acompanhar os estudos literários até aos dias de hoje não significa que tenha explorado igualmente todas as suas correntes.

Se uma formação de base estilística e estruturalista, à qual se acrescenta a semiótica, me permite assimilar a estética da recepção e a hermenêutica, não pretendo aprofundar a teoria da desconstrução nem as teorias marxistas, que são apenas referidas episodicamente. Quanto aos estudos sobre a poética do imaginário, tidos frequentemente em linha de conta, não foram objecto de exposição sistemática.

Porém, a própria lição da hermenêutica ensina a entender as limitações como modo de ser da nossa radical historicidade, como condição do conhecer e da descoberta. E esta obra não procura esconder o seu enraizamento numa situação, e a origem pessoal de que deriva.

Endereço-me à literatura com certas questões, com certas perguntas e com algumas convicções — provenientes de fortes experiências de leitura, com a necessidade de discutir teses (alguns dos pressupostos estruturalistas), com um *savoir faire* que resulta da prática da crítica, mas sem poder deixar de formular questões que excedem o texto, questões mais amplas, teóricas.

Uma dessas questões é colocada por T. S. Eliot no seu estilo inconfundível: «Que utilidade, ou utilidades tem a crítica literária, é a pergunta que vale a pena fazer repetidamente, mesmo se não acharmos nenhuma resposta satisfatória»[1].

Mutatis mutandis, foi a pergunta que sempre formulei, desde o seminário de Jacinto do Prado Coelho, na Faculdade de Letras. Ela vigia sempre o meu trabalho, mesmo quando dormita: Para que serve a literatura?

Pergunta que é apenas uma versão daquela que ocupa o centro deste livro: *«O que é a literatura?»*. Logo a seguir ao trecho que transcrevi do ensaio *«Criticar o crítico»,* Eliot continua: «A crítica pode ser o que F. H. Bradley disse da metafísica: "a descoberta de razões insuficientes para aquilo em que acreditamos por instinto; mas descobrir estas razões não é menos um instinto"».

---

[1] Eliot, 1992: 233.

1

O Ensino das Disciplinas Literárias e a sua Tradição

1.1. Abordagem Teórica e Consciência Histórica
1.2. Os Estudos Literários na Antiguidade
1.3. Os Estudos Literários na Idade Média
1.4. Os Estudos Literários no Renascimento
1.5. Os Estudos Literários no Barroco
1.6. Os Estudos Literários no Neoclassicismo
1.7. Os Estudos Literários no Romantismo

1.1. Abordagem Teórica e Consciência Histórica

Toda a reflexão sobre a literatura implica uma teoria literária explícita ou implícita.

Mas, por outro lado, toda a teoria literária (assim chamada ou apelidada de *poética,* ou de outra forma) é um produto do seu tempo, está historicamente enraizada; não podemos deixar de a ver à luz dos movimentos culturais em que emerge, que a condicionam e lhe dão sentido.

Ora o nosso século é, foi, o século da teoria. Mesmo que consideremos que certas obras do passado estão marcadas por intenções teóricas (a *Poética* de Aristóteles, por exemplo) ou que houve épocas dominadas por um intenso labor teórico — a tratadística literária do século xvi —, não devemos esquecer que o termo «teoria da literatura» foi cunhado no século xx, período que desenvolveu reflexões sistemáticas de natureza teórico-literária. De facto, a perspectiva teórica domina o século xx.

Ora bem: na elaboração deste curso, pretendemos manter uma atitude de isenção e probidade, evitando fazer valer as nossas preferências, as nossas orientações, os nossos princípios, procurando não privilegiar um método ou uma forma de abordagem relativamente a outros que nos pareçam cientificamente válidos.

Mas importa perceber desde já que a isenção desejada não pode confundir-se com neutralidade; e justamente, entre outras razões, porque estamos indissociavelmente ligados ao nosso tempo, à nossa circunstância.

Consequentemente, a isenção e a objectividade levam-nos a adquirir perspectiva histórica; e justamente esta perspectiva histórica ensina-nos que vivemos num tempo saturado de teoria. Daí a necessidade de conhecermos as coordenadas dos estudos literários do nosso tempo.

Este livro não pretende conceber-se como uma visão abstracta dos estudos literários válida para qualquer momento; mas, pelo contrário, assume-se como uma proposta que surge no final do século XX e início do século XXI.

Procuraremos portanto centrar-nos nas coordenadas fundamentais dos estudos literários desta época, tendo ao mesmo tempo a consciência de que o que se fez neste século decorre, inevitavelmente, dos séculos anteriores.

1.2. Os Estudos Literários na Antiguidade

Embora a palavra *literatura* — com o sentido que lhe damos hoje — apareça muito recentemente, no terceiro quartel do século XVIII, cerca de 1780[2], e os estudos literários, tal como os concebemos, sejam coisa que data também do século XVIII para cá, encontramos reflexão abundante sobre as obras literárias desde a Antiguidade.

O ensino da literatura herda a tradição e o património de duas disciplinas antigas, a *Poética* e a *Retórica*, que correspondem a domínios de estudo por vezes com expressão nos *curricula* escolares e cujas denominações se encontram nos títulos de algumas das obras da Antiguidade Clássica de autores gregos e latinos. Passemos em revista essas obras que adquiriram o estatuto de textos fundantes dos estudos literários.

1.2.1. Platão

Entre eles destaca-se, antes de mais, a obra de **Platão** (427– –347 a.C.), que constitui «a base de toda a reflexão ocidental sobre o facto literário»[3].

---

[2] V. § 4.1: «A palavra literatura».
[3] Asensi Pérez, 1998: 35.

Platão não trata a poesia como um tema focado por si mesmo, mas aborda-a em função das suas preocupações fundamentais, que são de ordem metafísica ou ontológica, ética e política. Por essa razão, aquilo a que podemos chamar as suas ideias estéticas dispersa-se por múltiplos dos seus diálogos, embora alguns deles assumam particular importância para as configurar.

A poesia como imitação
Um dos temas fundamentais da filosofia grega consiste na reflexão sobre a relação da imagem com a realidade. Assim, a poesia é vista como uma forma de imitação ou de cópia da realidade. E o aprofundamento dessa forma de imitação, das suas modalidades e efeitos constitui um dos pontos de partida da teoria platónica.

Como podem as imagens ou as cópias aproximar-nos ou afastar-nos da realidade que as origina, ou seja, da verdade é a questão fulcral da filosofia platónica.

Profundamente consciente dos enganos e dos erros a que nos levam as percepções sensoriais, Platão sublinha a confusão a que as imagens nos induzem na procura da verdade. Os sentidos estão sujeitos a diversas formas de ilusão; e, além disso, a mudança constante das coisas que os sentidos percebem revela a contingência e a falibilidade de todo o conhecimento que se apoia na percepção sensorial e que está necessariamente sujeito à temporalidade.

O conhecimento da verdade só será viável ao arrepio da tendência natural que nos leva a acreditar nos dados sensoriais; ela terá de ser procurada por via intelectual, abstraindo das aparências — imagens ou sombras — enganadoras, através do raciocínio abstracto, de distinções e de diferenciações. Não esqueçamos que Platão era matemático e geómetra.

Outro método ainda permite o acesso ao conhecimento: a *anamnese* (recordação ou reminiscência), através da qual a alma relembra, embora de forma precária, a contemplação que já teve da realidade. Platão estabelece uma «teoria dos dois mundos» — o mundo inteligível, invisível; e o mundo visível —, teoria segundo a qual as almas, antes de incarnarem, tiveram directamente acesso à realidade, ao mundo das Ideias. Ao assumirem um corpo, caíram na vida intramundana, e nesse processo esqueceram o conhecimento da verdade que a contemplação directa das ideias lhes dava.

Todo o conhecimento deverá portanto, consistir numa crítica aos dados sensoriais, auxiliada e orientada pelos rastos de reminiscências que a memória guardou.

Nesta ordem de ideias, a imagem ou cópia da realidade que a poesia faz não é favoravelmente encarada. Em vez de aproximar, afasta da verdade. Platão (em *Protágoras*) distingue dois tipos de imitação: a imitação fiel, *icástica* — a do artesão e também a do demiurgo, que, ao criarem qualquer objecto, o fazem derivando-o directamente da ideia (uma cama será feita a partir da ideia de cama); e a imitação *fantástica*, que se faz, não a partir da ideia, mas a partir dos objectos que os sentidos nos dão em imagens (se um escritor descrever uma cama ou um pintor a representar num quadro fá-lo-ão a partir das camas concretas que viram, que são também imagens da ideia original). Ora bem: esta forma da imitação distancia-se duplamente da realidade. «Por conseguinte, a arte de imitar está bem longe da verdade.»[4]

Esta é a base do pensamento metafísico de Platão sobre a imitação ou sobre a mimese artística.

A poesia constitui uma das formas que assume a problemática da **linguagem,** um dos principais temas do pensamento grego, que a aborda no âmbito da retórica ou em termos mais especificamente filosóficos. Platão, em *Crátilo*, analisa a linguagem e conclui que esta constitui um instrumento susceptível de usos bons ou maus; só por si, não conduz ao conhecimento; para esse efeito,

---

[4] Platão, *República:* 457.

tem de ser adequadamente orientada — o modo ou a disciplina pela qual a linguagem poderá conduzir à verdade é a dialéctica (que o filósofo explica demoradamente no diálogo *Fedro).*

Mas, na sua forma *escrita,* a linguagem tem vários inconvenientes: leva ao enfraquecimento da memória (o registo escrito desobriga-a do esforço no sentido do reconhecimento, o primeiro passo para o conhecimento), até porque «o autor não está presente (por exemplo quando lemos uma carta ou um livro) para nos tirar as dúvidas»[5]. A escrita, por natureza, é acessível a todos,

> como uma prostituta que circula de mão em mão e está à disposição de quem queira «conhecê-la». Havia, além disso, em Atenas, uns profissionais da retórica, chamados logógrafos, que escreviam textos (de qualquer tipo) para outrem, e, em troca, recebiam dinheiro.[6]

Todas estas razões explicam a consideração muito negativa que Platão faz acerca da poesia no longo diálogo da *República.* Essa posição deve-se a motivos de ordem metafísica, como já vimos; mas estes são agora agravados por preocupações éticas e políticas, as que dominam este tratado que visa precisamente a formação do cidadão.

O género poético que Platão tem em mente na *República* é sobretudo a tragédia. Ora, as representações dramáticas tinham lugar no âmbito de festivais muito concorridos, que reuniam multidões nos meses de Março e Abril, para celebrar Dioniso.

As tragédias punham em cena situações de grande força emocional, temas originados nas pulsões mais profundas, amplificadas pelo coro, que, com a música e o canto, se encarregava de exacerbar e de levar essas vivências ao paroxismo. A violência

[5] Asensi Perez, 1998: 43.
[6] *Ibidem.*

das emoções comunicava-se ao público, produzindo reacções descontroladas e irracionais, favorecidas também pela embriaguez que ocorria frequentemente nas festas dionisíacas.

Só podemos imaginar o que seriam estes espectáculos pensando na influência actual do cinema e da televisão ou nos enormes concertos que reúnem milhares de jovens em torno dos ídolos da música.

Ora, Platão não podia encarar estes espectáculos e o ambiente que neles se criava como favoráveis à formação do cidadão, formação esta que deve ser, antes de mais, racional e ordenada ao bem social.

Desencadeando os instintos, dando vazão às paixões mais violentas e fazendo apelo apenas à emoção da turba, a tragédia era em tudo contrária ao movimento racional pelo qual o indivíduo se forma e se coloca ao serviço da sociedade ordenada e hierarquizada.

Ocorria ainda outro factor: a análise que Platão faz da imitação poética põe em relevo um aspecto essencial desse tipo de imitação; sendo imitações fantásticas, da ordem da *doxa* (opinião), da *eikasia* (conjectura), os discursos que produzem não são verdadeiros, mas **verosímeis.** Não respeitam a verdade inteiramente, embora contenham parcelas de verdade, as quais os fazem parecer semelhantes à verdade — *verosímeis.*

Ora, deste modo, são, de certa forma, piores do que a pura falsidade. Esta denuncia-se a si mesma. A verosimilhança engana.

> A verosimilhança alude a qualquer coisa provável que não coincide necessariamente com a verdade (assim a define Platão no *Fedro*). E, claro está, se não coincide necessariamente com a verdade pode ser falso. Platão está consciente de que a verosimilhança é uma arma terrível porque facilmente se faz passar pela verdade e nesse ponto qualquer um cai no erro. Daí que aconselhe que certos textos, susceptíveis de ser mal interpretados, só

sejam lidos com o maior cuidado por sábios e especialistas, e que se proíba a sua leitura à maioria.[7]

Por todas estas razões, a posição de Platão é de clara condenação da poesia:

> Teremos desde já razão para o não recebermos [o poeta] numa cidade que vai ser bem governada, porque desperta aquela parte da alma e a sustenta [a parte «que é irracional, preguiçosa e propensa à cobardia»], e, fortalecendo-a deita a perder a razão, tal como acontece num Estado, quando alguém torna poderosos os malvados e lhes entrega a soberania ao passo que destruiu os melhores. Da mesma maneira afirmaremos que também o poeta imitador instaura na alma de cada indivíduo um mau governo, lisonjeando a parte irracional, que não distingue entre o que é maior e o que é menor [...] que está sempre a forjar fantasias, a uma enorme distância da verdade. [...] Contudo não é essa a maior acusação que fazemos à poesia: mas o dano que ela pode causar até às pessoas honestas [...] isso é que é o grande perigo.
>
> [...]
>
> Por conseguinte, ó Glaucon, quando encontrares encomiastas de Homero, a dizerem que esse poeta foi o educador da Grécia, e que é digno de se tomar por modelo no que toca a administração e a educação humana, para aprender com ele a regular toda a nossa vida, deves beijá-los e saudá-los como sendo as melhores pessoas que é possível, e concordar com eles em que Homero é o maior dos poetas e o primeiro dos tragediógrafos, mas reconhecer que, quanto a poesia, somente se devem receber na cidade hinos aos deuses e encómios aos varões

---

[7] *Ib.*: 48–49. Toda a reflexão de Platão tem igualmente presente o uso retórico da linguagem, em que o objectivo consiste na persuasão do auditório e não na busca da verdade, o que perverte a linguagem e a torna imoral.

honestos e nada mais. Se, porém, acolheres a Musa aprazível na lírica ou na epopeia, governarão na tua cidade o prazer e a dor, em lugar da lei e do princípio que a comunidade considere, em todas as circunstâncias, o melhor.[8]

Esta condenação vai mais longe do que pode parecer, porque Platão compreendeu que a força imensa da poesia reside na energia do *imaginário*. A análise das tragédias revela o poder dos mitos, das histórias, das narrativas que pregam os espectadores aos seus lugares e que eles conservam na memória e na imaginação, recontando-as depois ou reformulando-as, fabricando novos mitos, com o imenso e libérrimo dinamismo da efabulação. Os mitos que se condenam não são apenas os que são representados nos espectáculos, mas ainda aqueles que as mães e as amas contam às crianças[9].

Ora, os mitos estão cheios de maus exemplos, de comportamentos condenáveis, muitas vezes atribuídos aos próprios deuses e heróis. Que influência perniciosa poderão ter na formação do carácter! Basta lembrar o mito de Édipo — que pratica incesto com a mãe e que assassina o próprio pai.

O debate em torno da violência ou da pornografia que a televisão torna acessíveis às crianças e das suas consequências sociais pode fazer-nos entender a questão que Platão enfrenta, e na qual conclui com a necessidade da censura: é isso que significa banir o poeta da cidade.

---

[8] Platão, *República:* X, 605a–607a.
[9] *Ib.*: II, 377b e c. «Ora pois, havemos de consentir sem mais que as crianças escutem fábulas fabricadas ao acaso por quem calhar, e recolham na sua alma opiniões na sua maior parte contrárias às que, quando crescem entendemos que deverão ter? [...] Logo, devemos começar por vigiar os autores de fábulas, e seleccionar as que forem boas e proscrever as que forem más. As que forem escolhidas persuadiremos as amas e as mães a contá-las às crianças, e a moldar as suas almas por meio das fábulas, com muito mais cuidado do que os corpos com as mãos. Das que agora se contam a maioria deve rejeitar-se.»

A inspiração

A reflexão sobre o imaginário, a facilidade com que as emoções que desenfreia se comunicam ao público e o poder da imaginação na configuração do comportamento têm um verso e um reverso; e dão lugar a outro tema — a *inspiração,* presente sobretudo num pequeno diálogo, *Íon.*

Aí, Platão estabelece que quer o poeta quer o rapsodo não possuem um saber competente relativamente aos temas que tratam (e que em rigor podem ser todos e qualquer um). Será que o poeta que fala de guerra é tão competente como o estratega? É óbvio que não. Ora, a perfeição com que fala desse ou de qualquer outro assunto deve-se, não a competências específicas, mas à inspiração. Quando cria, o poeta entra num estado de *entusiasmo,* ou de *furor (mania,* em grego), que lhe é comunicado pelo deus ou pela musa que o possui; a inspiração constitui um processo pelo qual o poeta se esvazia de si mesmo, se aliena, para ser habitado por esse outro — o deus ou a musa. O mesmo processo se dá com o rapsodo que recita, e igualmente com o auditório, formando-se assim uma *cadeia* de elementos soltos, mas que estão ligados como que por um magnetismo.

O *Banquete* apresenta a inspiração como um dos «delírios», entre outros, entre os quais o erótico e o filosófico. Esta afinidade retira legitimidade à oposição frequentemente estabelecida entre discurso racional ou filosófico e poesia: o caminho para a verdade só será viável se assumir essa afinidade com a poesia e com a erótica. É o que corrobora um grande poeta do nosso tempo, David Mourão-Ferreira, ao colocar a compilação da sua *Obra Poética (1948–1988)* sob a insígnia de seguinte epígrafe de Cecília Meireles: «A arte de amar é exactamente a mesma de ser poeta».

Esta abordagem da poesia, que tem servido desde então para enunciar o que nela existe de misterioso e de transcendente, e que a liga tão directamente à origem divina, contrasta com a apreciação negativa que assinalámos. Efectivamente, a atitude de Platão em face deste tema é ambígua e provavelmente variou ao longo do tempo. Supõe-se, aliás, que algumas das suas posições mais severas visavam aspectos concretos da poesia do seu tempo, que Platão considerava decadente, e não tinham talvez o valor absoluto que se lhes atribui considerando-as independentemente do seu contexto.

1.2.2. Aristóteles

A filosofia de **Aristóteles** (384–322 a.C.), embora dependente da de Platão — são seus os termos que emprega e alguns dos problemas que trata —, implica uma visão da realidade, uma metafísica oposta à platónica, apesar de Aristóteles ter sido discípulo directo de Platão. Aristóteles não admite a distinção dos dois mundos e a explicação do que é visível a partir de um mundo invisível e hierarquicamente superior, mas entende que a metafísica «estuda aquilo que é, enquanto é»[10]. Adopta assim uma filosofia *realista,* que valoriza a realidade do mundo empírico, a que nos dá a experiência, recusando-se a explicá-la por recurso a outro mundo, em atitude oposta ao *idealismo* platónico.

Deste modo, quando Aristóteles emprega os mesmos termos que Platão usara, o de *mimesis*, por exemplo, fá-lo atribuindo-lhes um significado muito diferente, porque o contexto é agora outro.

Diferentemente de Platão, Aristóteles ocupa-se directamente da matéria de poesia, numa obra que se intitula justamente *Poética* e que é constituída, segundo se pensa, por apontamentos para as aulas que Aristóteles proferia no Liceu e que não fora redigida propriamente para ser lida por um qualquer leitor. Faz parte, assim, dos escritos esotéricos, para iniciados, em oposição aos exotéricos, abertos a todos. Essa índole da obra explica a dificuldade de interpretação que envolve. Acresce que se trata de um livro truncado: percebe-se que falta uma segunda parte, que trataria da comédia, completando assim a anterior, focada na tragédia.

---

[10] *Metafísica,* 1003, 15–25.

Nesta obra, Aristóteles examina questões genéricas — a natureza da poesia e os seus efeitos; e, por outro lado, a caracterização e análise de alguns géneros particulares — a epopeia e a tragédia.

Mimese

    O conceito fundamental a partir do qual Aristóteles define e dá conta da poesia é [...] o de *mimesis*. Esta não se define nem como uma cópia servil de uma acção pertencente à realidade sensível, nem tão-pouco como uma criação de um mundo completamente novo, desligada de qualquer contacto com a natureza e com a história.[11]

Trata-se de uma faculdade natural, inerente à natureza humana, através da qual o homem aprende, e que lhe dá prazer. Além disso, envolve uma relação directa com a coisa imitada, com o objecto que imita; sendo a realidade empiricamente acessível, a poesia constitui «uma imitação em primeiro grau do modelo verdadeiro»[12], o que lhe confere uma efectiva aptidão para o conhecimento.

Este aspecto é acentuado por Aristóteles, que distingue justamente o conhecimento que se obtém através da história e da poesia, considerando que «a poesia é algo de mais filosófico e mais sério do que a história, pois refere aquela principalmente o universal, e esta, o particular»[13]; «[...] não é ofício de poeta narrar o que aconteceu; é, sim, o de representar o que poderia acontecer»[14], e assim a poesia atinge um nível de generalidade superior.

«O que poderia acontecer» corresponde a outra noção que também já encontrámos em Platão, a de **verosimilhança**;

---

[11] Asensi Perez, 1998: 66.
[12] *Ib:*. 69.
[13] Aristóteles: 1451b. Noutras traduções, a expressão é a seguinte: «a poesia é algo mais filosófico e mais elevado do que a história».
[14] *Ib.*: 1451a.

«o que poderia acontecer, quer dizer: o que é possível segundo a verosimilhança e a necessidade»[15]. Também esta noção assume agora um significado muito diferente daquele que tinha em Platão; reporta-se da mesma forma ao *provável,* não tanto para referir a diferença relativamente ao que aconteceu, mas para estabelecer a relação que se encontra entre o particular e o universal — o verosímil entende-se aqui como o universal, que engloba todas as possibilidades para uma dada circunstância, de acordo com as leis da causalidade que regulam a realidade e que Aristóteles estabelece na *Metafísica.*

A importância da verosimilhança é tão grande, nesta teoria, que Aristóteles considera preferível que o poeta escolha «o impossível que persuade ao possível que não persuade»[16]. Ou seja, Aristóteles sabe que aquilo que acontece é por vezes altamente inverosímil — surpreendente, extraordinário, inacreditável; de tal modo que não sabemos explicá-lo, referi-lo às suas causas. Pois bem, este tipo de acontecimentos não é adequado para a poesia que deve justamente expor acções que assumam validade universal, o que lhes é conferido pela sua referência plausível a causas convincentes.

Esta particularidade leva-nos a compreender outro elemento fundamental nos conceitos aristotélicos de *mimese* e de *verosimilhança:* a importância da *fábula.* Aristóteles afirma que o poeta é mais criador de mitos do que de metros: «o poeta deve ser mais fabulador do que versificador; porque ele é poeta pela imitação e porque imita acções»[17]. Ou seja, a versificação é secundária relativamente ao aspecto fundamental que reside na construção da fábula, da narrativa que encadeia as acções, o «argumento». Aliás, esta questão prende-se com a de saber se o poeta pode inventar as

---

[15] *Ibidem.*
[16] Aristóteles: 1461b.
[17] *Ib.:* 1451b. Maria Helena da Rocha Pereira traduz: «o poeta deve ser mais criador de mitos do que de metros, na medida em que ele é poeta por meio da imitação e são acções o que ele imita».

suas histórias ou se está obrigado a ater-se aos mitos tradicionais que o património da cultura punha à sua disposição. A resposta é clara: pode escolher uma ou outra alternativa. E, logo a seguir, Aristóteles esclarece que, mesmo quando o poeta faz uso de um mito tradicional, não deixa de ser o seu criador:

> E ainda que lhe aconteça fazer uso de sucessos reais nem por isso deixa de ser poeta, pois nada impede que algumas das coisas, que realmente acontecem, sejam, por natureza, verosímeis e possíveis e, por isso mesmo, venha o poeta a ser o autor delas.[18]

Tudo isto aponta a necessidade, indispensável à poesia, da ficcionalidade: o poeta deve inventar a história que conta ou que põe em cena. Mesmo quando adopta uma história previamente existente, tem de a trabalhar de tal modo que lhe cabe imaginar muitos aspectos indispensáveis à concretização da obra. O mito tradicional funciona como um esquema ao qual o poeta terá de conferir verosimilhança, imaginando personagens, caracteres, episódios, conflitos que permitam perceber como as acções decorrem de acordo com o princípio da causalidade. Essa actividade de imaginação constitui — na opinião de Aristóteles — o cerne do trabalho poético; e assemelha-se de tal modo nas duas situações que Aristóteles as equipara.

Catharsis

Em rigor, não se pode dizer que Aristóteles tenha uma consideração da poética que se abstraia de todos os outros problemas, porque também ele está atento aos seus efeitos éticos e sociais.

---

[18] *Ibidem*. A tradução de Maria Helena da Rocha Pereira parece-me de novo mais explícita: «E, quando acontece desenvolver temas reais, nem por isso deixa de ser o seu criador, pois nada impede que alguns acontecimentos sejam tal como seria natural e possível que se dessem, pelo que ele é o seu criador».

Neste domínio, a posição de Platão, condenando a tragédia, não deixa igualmente de estar na origem da reflexão aristotélica; a tese de Aristóteles constitui uma resposta que aceita as premissas colocadas pelo mestre, nomeadamente a identificação do espectador com a personagem, para concluir de modo muito diferente, não com receio dos exemplos nocivos, mas da seguinte forma: «a tragédia [...] suscitando o terror e a piedade, tem por efeito a purificação dessas emoções»[19]. «Purificação» traduz o termo *catharsis,* um vocábulo do domínio médico: designava a purgação dos «humores» excessivos, o que provocava uma sensação de libertação e de bem-estar. A transferência deste conceito para o domínio artístico revela, da parte de Aristóteles, uma grande subtileza relativamente aos efeitos *paradoxais* da poesia. Esta não determina apenas a imitação directa das acções representadas, mas pode permitir fazer — através da identificação imaginária do espectador com personagens e acções fictícias — a compreensão vivencial das consequências dessas acções, produzindo portanto o efeito contrário ao que era temido por Platão.

Este tem sido um tema muito explorado ao longo da história da literatura, mas não está isento de ambiguidades e de problemas, como veremos.

1.2.3. Do Sublime

A tradição do magistério grego posterior a Aristóteles é menos conhecida. E alguns dos textos que chegaram até nós não são atribuíveis a um autor ou facilmente datáveis. Está neste caso o *Peri hupsous* ou tratado **Sobre o Sublime**, que foi atribuído a Longino, mas de que, efectivamente, se desconhece o autor. A obra só foi descoberta por Francesco Robortello, que a publicou em 1554, e passa a exercer maior influência a partir da tradução que dela faz Boileau, em 1674.

---

[19] *Ib.*: 1449b.

Trata-se de um discurso que se ocupa de uma questão particular — a impressão de sublimidade, de exaltação que certas obras provocam no auditório e a disposição anímica do poeta que escreve tais obras. É um texto de feição menos teórica do que os anteriormente referidos; depois de enunciar a definição do sublime, que consiste «numa elevação e numa excelência da linguagem», o autor passa à análise de numerosos exemplos, de modo que podemos considerá-lo «o primeiro grande exemplo de crítica literária prática»[20].

Nesta análise, desenvolve uma concepção *icónica* da linguagem. Quer dizer: as formas da expressão, em particular as figuras, não devem ser vistas como ornamentos ou desvios da linguagem, porque são justamente os processos próprios para enunciar a ideia e a emoção que transmitem — «também reproduzem na sua própria forma o que tratam de comunicar».

Na perspectiva do sublime, a obra que arrebata e eleva não tem os mesmos objectivos e não deve ser apreciada com os mesmos critérios estéticos usados para os modelos clássicos; não se pauta por ideais de harmonia e de perfeição; procura o êxtase sem rejeitar o caos. Aliás, Longino admite que o sublime se encontra em obras defeituosas, sem que isso invalide a sua grandeza.

1.2.4. Horácio

Continuando a enumerar as principais obras da Antiguidade sobre as ideias literárias, passemos ao domínio da preceptiva latina, onde se distingue o filão abundante da retórica e, por outro lado, a *Arte Poética* de **Horácio**.

A retórica clássica — que tem início na Sicília no século v a.C., e de que se ocupam intensamente Platão e Aristóteles — visa a oratória (os discursos jurídico e político, principalmente), mas

---

[20] Asensi Pérez, 1998: 106.

torna-se uma teoria geral muitíssimo complexa e eficaz para a análise do discurso, podendo servir, deste modo, tanto a oratória como qualquer outro género discursivo — o filosófico, a história e, evidentemente, a poesia. Em Roma, recolhendo e prosseguindo a tradição grega, destacam-se os discursos de Cícero e o tratado de Quintiliano, *Institutio Oratoria* (ambos do século I a.C.).

Na *Arte Poética*[21] de Horácio (65–8 a.C.) observamos uma característica da teoria poética em Roma: a ausência de especulação filosófica sobre as matérias tratadas. Percebe-se que estão presentes as teses da filosofia grega, mas as questões assumem uma orientação pragmática e quase técnica.

De todas as obras até aqui referidas, a *Arte Poética* é a que maior influência vem a exercer na cultura ocidental, durante a Idade Média e nos séculos clássicos, e que persiste, para além deles, em ideias e formas de gosto que transvazaram do domínio estético para o âmbito da mentalidade mais comum, até aos nossos dias.

Trata-se de uma pequena obra didáctica, escrita para instruir dois irmãos, os Pisões, e em que o autor assume um tom frequentemente humorístico, irónico e ligeiro, percorrendo uma série de temas, dando conselhos, numa perspectiva que nunca perde de vista o êxito a obter junto do público e que está sempre imbuída de um sólido bom senso.

Retoma a preocupação com a coerência das obras (esta questão fora já profusamente tratada quer por Platão quer por Aristóteles) e volta a servir-se da metáfora do organismo, da obra vista como um ser vivo, metáfora que já os dois filósofos tinham usado: é preciso harmonizar o princípio com o meio e com o fim das obras; ou, por outras palavras, que uma obra seja como um corpo, com cabeça, tronco e membros; do mesmo modo, importa

---

[21] *Epistola ad Pisones sive De arte poetica liber.*

evitar qualquer forma de desproporção. De acordo com a tradição retórica, Horácio utiliza a distinção entre *res* e *verbum,* estabelecendo que o tema de um texto é anterior à sua forma e, como consequência, hierarquicamente superior, consistindo a escrita na procura da expressão adequada ao tema.

Toda a teoria dos géneros, um dos pontos mais importantes que a *Arte Poética* desenvolve, decorre deste pensamento: o género é um molde adequado a um tema e deve observar a linguagem, os preceitos e o metro que lhe correspondem: «Que cada género, bem distribuído, ocupe o lugar que lhe compete»[22]. Este «lugar que lhe compete» é o que lhe coube em sorte, num sorteio lançado pelo destino[23]. Há portanto uma necessidade que faz do género uma forma predeterminada e rigidamente governada por regras. Além disso, os diversos géneros assumiram já na literatura grega formas exemplares, pelo que o aprendiz de poeta deverá estudar, compulsar «com mão diurna e nocturna» esses modelos, para os imitar e atingir, assim, a perfeição.

Aparece aqui um sentido novo da palavra *imitação*, que aponta pela primeira vez para a dimensão intertextual do trabalho literário. Os textos não se relacionam apenas com a realidade que procuram representar, mas também com outros textos que lhes servem de exemplo.

Mas este conceito não abafa a tradição aristotélica da mimese que Horácio assume na tríade *imitação-verosimilhança-decoro*. O poeta imita a vida e os costumes, e para isso terá de ser um bom observador, porque a sua obra agradará na medida em que for verosímil, em que der ao público a ilusão da realidade. Para isso há que respeitar o princípio do decoro (e aqui Horácio aproveita

---

[22] *Ib.*: 92.
[23] Asensi Perez, 1998: 135. Horácio: 86–89: «Se não posso nem sei observar as funções prescritas e os tons característicos dos diversos géneros, por que hei-de ser saudado como poeta? [...] Mesmo a comédia não quer os seus assuntos expostos em versos de tragédia».

para a poesia os ensinamentos da retórica, onde os discursos de Cícero têm grande relevo).

> O que é o decoro? [...] a capacidade do poeta para fazer que as personagens se comportem de forma apropriada e de acordo com a sua condição e situação, e além disso a capacidade para reflectir o mais fielmente possível as características e os detalhes do momento histórico em que se situa a acção dramática.[24]

Além destes, o ponto em que Horácio exerceu um magistério indelével na cultura ocidental consiste no cultivo do meio--termo ou na vantagem de harmonizar tendências contrárias, mas igualmente indispensáveis: a poesia deve-se à inspiração, aos dons naturais ou à arte que se estuda, se aprende e se pratica? «Há quem discuta se o bom poema vem da arte se da natureza: cá por mim, nenhuma arte vejo sem rica intuição e tão-pouco serve o engenho sem ser trabalhado.»[25] A resposta é a do bom senso. Da mesma forma não deve haver precipitação em publicar — é preferível deixar o livro na gaveta durante alguns anos (nove!...), ouvir a opinião de amigos prudentes e com espírito crítico (não a dos aduladores) e ir corrigindo, limando e aperfeiçoando.

E outra questão ainda: Para que serve a poesia? Para ensinar *(docere),* para deleitar *(delectare)*?

> Os poetas ou querem ser úteis ou dar prazer, ou ao mesmo tempo tratar de assunto belo e adaptado à vida *(Aut prodesse uolunt aut delectare poetae / aut simul et iucunda et idonea dicere uitae)* [...] Recebe sempre os votos, o que soube misturar

---

[24] *Ib.: 138.*
[25] Horácio: 408–410.

o útil ao agradável, pois deleita e ao mesmo tempo ensina o leitor *(Omne tulit punctum qui miscuit utile dulci, / lectorem detectando pariterque monendo)*.[26]

O *utile dulci* horaciano constitui um dos maiores ideais da nossa cultura, tão diluído na mentalidade mais corrente que nem suspeitamos da origem horaciana quando falamos em «juntar o útil ao agradável».

De toda esta tradição clássica, no início da Idade Média, prevalecem os ensinamentos da retórica e o magistério horaciano. Como consequência, a reflexão equiparável ao que hoje chamamos estudos literários assume uma feição técnica e normativa e coloca-se do ponto de vista do poeta, do criador.

Esta situação prolonga-se por muitos séculos, durante os quais a poética e a retórica se destinam a ensinar a escrever e, sobretudo, a ensinar a falar, a fazer bons discursos forenses ou políticos; hoje ninguém espera aprender, em Introdução aos Estudos Literários, a escrever um poema ou um romance ou a preparar um discurso político ou jurídico.

Ainda no século XVII, uma obra como *Corte na Aldeia*, de Rodrigues Lobo, visava, entre outras finalidades, a de ensinar a escrever e a falar bem. Esta orientação normativa veio a ser posta de lado.

As matérias dessas disciplinas inscrevem-se hoje noutro contexto, visível nos objectivos diferentes que os estudos literários assumem actualmente; não pretendem ensinar a criar, a produzir textos. O que fazem é ensinar a ler. Quem diz ler diz, por extensão, criticar ou fazer história ou teoria.

Poderíamos então, comparando esquematicamente as duas perspectivas, estabelecer que a poética e a retórica clássicas

---

[26] *Ib.*: 333–334 e 343–344.

eram normativas, se colocavam do lado da criação, e assumiam uma perspectiva empírica; em contrapartida, os estudos literários actuais ou mesmo a poética e a retórica contemporâneas são descritivas, colocam-se do lado da leitura, da interpretação ou da recepção e adoptam uma perspectiva teórica, isto é, têm como finalidade encontrar as leis gerais que explicam a diversidade dos fenómenos.

Noutros termos, a poética e a retórica antigas tinham em vista uma técnica ou uma «arte»: a técnica do orador, em primeiro lugar, e, mais tarde, a técnica ou conjunto de preceitos de certo género literário, enquanto hoje, estes estudos visam uma ciência ou, melhor, um saber, um conhecimento.

Só muito mais tarde, primeiro durante o Renascimento e posteriormente com o Romantismo, se faz a descoberta dos grandes textos clássicos em clave filosófica, reatando-se a tradição do tratamento da matéria literária e artística em termos teóricos, o que até aí apenas aparece episodicamente na obra de grandes pensadores, como Santo Agostinho, por exemplo.

1.3. Os Estudos Literários na Idade Média

Vimos que os estudos de retórica se «especializam», por assim dizer, à volta da oratória; são eles que vão dar origem às duas grandes disciplinas literárias medievais, a *retórica* e a *gramática,* disciplinas que integram o *Trivium* (programa dos estudos da primeira parte do ensino superior).

Para entender o tipo de estudo da obra literária feito ao longo da Idade Média[27] há que ter em conta como a noção de *autoria* difere da que temos actualmente. Por um lado, grande parte dos textos é transmitida *oralmente* e introduz uma nova figura, a do jogral, que, ao recitar, pode reagir em função do público e das

---

[27] Dando de barato que se pode falar de uma penada de um período que abrange mil anos e compreende realidades culturais e civilizacionais tão diferentes.

circunstâncias — encurtando, acrescentando, interpretando... o que dá ao texto uma feição aberta e de grande mutabilidade.

O estudo da obra literária vai fazer-se, ao longo da Idade Média, no âmbito da escola e, particularmente, a propósito da aprendizagem da gramática, da retórica e da dialéctica (ou lógica), as disciplinas do *Trivium*. O ensino relativo à poesia pode vir a propósito de uma destas disciplinas ou ainda estar ligado à música, outra disciplina, neste caso, integrada na segunda parte do programa de estudos, o *Quadrivium*[28].

Uma das tarefas da gramática consistia na *enarratio poetarum* — explicação dos textos —, a qual incluía, além da exposição, o *iudicium,* apreciação feita pelo comentador, e a *emendatio,* correcção dos erros.

Segundo esta mesma lógica, o copista dos textos — actividade tão importante na Idade Média — não está obrigado ao estrito respeito pelo original; mas, pelo contrário, pode interferir, introduzindo comentários ou «emendas». Aliás, certas obras, mais dependentes da tradição oral, deverão ter sido produzidas por vários criadores, até que um deles lhes dá, através da escrita, forma acabada e definitiva.

Deste modo, esbatem-se as fronteiras, hoje bem nítidas, entre texto, comentário e glosa; tal como entre autor, comentador, compilador, copista e actor.

De modo geral, as ideias literárias medievais revelam uma forte presença de Horácio e, em segundo lugar, alguma influência de Platão ou dos neoplatónicos.

A *Poética* de Aristóteles foi praticamente desconhecida na Idade Média, apesar de Aristóteles ser o *magister,* por antonomásia, do pensamento medieval. A maior parte da sua obra constitui

---

[28] A distribuição do saber em *Trivium* e *Quadrivium* deriva da concepção das sete artes liberais de Marciano Capella, autor do século v, exposta na obra *Núpcias de Mercúrio e da Filologia*.

a base da formação intelectual, mas a *Poética* só é conhecida na tradição árabe, através do resumo e comentário feito por Averróis, no século XII, e traduzido para latim, no século seguinte.

Mesmo depois de redescoberta, traduzida do original e comentada, a sua presença só volta a fazer-se sentir no século XVI.

No domínio dos *géneros literários,* entre diversas formas de categorização (que se reportam a Platão, Quintiliano e Diomedes) que a Idade Média conserva e complexifica, misturando-as com as modalidades do estilo oratório, justifica-se a alusão a um esquema oriundo do século IV, que funde influências diversas (nomeadamente de Cícero e da obra anónima *Rhetorica ad Herennium).* Trata-se da teoria dos três estilos, que vem a ter incidência persistente no sistema dos géneros: torna-se conhecida com o nome de *roda de Virgílio*[29] porque ilustra os três estilos referidos por Cícero[30], com recurso às obras de Virgílio *Eneida, Geórgicas* e *Bucólicas*. São assim definidos o estilo ou género *elevado* — próprio da epopeia ou da tragédia, o *médio* (mediano ou medíocre), que é exemplificado pelas *Geórgicas,* e o *baixo* ou humilde, o das éclogas ou da poesia pastoril.

Trata-se não apenas de uma classificação literária, mas também de uma concepção do mundo, uma vez que abrange «con su círculo totalizador, las correspondências entre el origen del hombre, su condición laboral y medio de trabajo, y género literario»[31].

Como se vê, a noção de *estilo* já fora usada e desenvolvida pela retórica e continua a desempenhar um papel importante nos estudos medievais, muito ligados à noção de *género*. Mas as diversas categorizações que encontramos mostram que a concepção medieval de *género* é difusa e pouco sistemática.

---

[29] Faral 1924: 87. Silva, 1992, dá bibliografia sobre este assunto na nota 26 da p. 341.
[30] *Genus vehemens, genus modicum, e genus subtile.*
[31] Huerta Calvo, J., «La teoria de la crítica de los generos literários», in Aullón de Haro, P. (ed.), 1994: 126.

Quando as literaturas começam a exprimir-se em língua vulgar, na Alta Idade Média, vemos surgir as *artes de segunda retórica* (por oposição às que visavam os textos latinos; ou também por oposição às artes da prosa), que apresentam o repertório das formas da poesia medieval e as respectivas normas de versificação[32]; ou então, em torno da poesia provençal (séculos XI e XII), onde proliferam novas formas e novos géneros (a cansò, o sirventês, a alba, a pastorela, etc.), elaboram-se tratados, como *Las leys d'Amors,* que compilam conjuntos de preceitos extremamente elaborados com grande peso de convenções[33].

A partir daí, a poesia evolui por vezes no sentido do aproveitamento da retórica, que é posta ao serviço das formas literárias: haja em vista a escola francesa dos «Grands Rhétoriqueurs» (da segunda metade do século XV), onde se verifica o alargamento do número de géneros que se tornam muito elaborados e sofisticados (por exemplo, a *Ars versificatoria* de Mateus de Vendôme).

No que respeita à leitura, importa referir uma nova disciplina dos estudos literários que vem juntar-se às mencionadas, a *hermenêutica,* que resulta da intensa prática da exegese da Bíblia; no âmbito desta disciplina encontra-se um sistema interpretativo que vigorou ao longo de toda a Idade Média, válido não só para as Escrituras, mas também para a interpretação do texto literário. Este sistema interpretativo estabelece que as obras comportam quatro sentidos, o *literal,* o *alegórico* (quase sempre de acordo com uma concepção da realidade de fundo neoplatónico, que estabelece uma correspondência entre o mundo empírico, sensível, e

---

[32] Weinberg, 1970: vol. I, 559: «Nas "artes de segunda retórica" francesas do fim do século XV e princípios do século XVI, encontram-se modelos prosódicos para todos os géneros líricos, já reduzidos a um sistema simples por António Tempo, no seu *De rithmis vulgaribus* (c. 1332)».

[33] Para a cultura peninsular, citem-se como autores Raimon Vidal de Bensalú, Enrique de Villena, Alfonso de Baena, Juan del Encina e Iñigo López de Mendoza, o marquês de Santillana.

o mundo espiritual e inteligível). O sentido alegórico, por sua vez, compreende três tipos: o *alegórico* propriamente dito, o *moral* e o *anagógico*. Por exemplo, a saída do Egipto por parte povo de Israel tem como sentido literal esse mesmo acontecimento de conteúdo mais ou menos histórico; como sentido alegórico, a redenção realizada por Jesus Cristo; como sentido moral, a conversão da alma pecadora e a passagem ao estado de graça; e, como sentido anagógico, a libertação da alma a partir da condição mundana e o encontro com a vida eterna.

Esta concepção da obra literária é exposta de modo sistemático numa célebre epístola de Dante (1265–1321) a Can Grande della Scalla, a quem o poeta dedica o III canto da *Divina Comédia*.

1.4. Os Estudos Literários no Renascimento

No século XVI, a actividade teorética em Itália é intensíssima e incide sobre assuntos muito diversos. Fixar-nos-emos nesta área cultural, enunciando algumas das questões mais relevantes, muitas das quais se encontram também na literatura de outros países europeus.

A palavra **renascimento** contém a problemática central desta teorização. Os autores dos séculos XV e XVI têm consciência de que estão a inovar, mas, ao mesmo tempo, a restabelecer a ligação com uma tradição muito afastada — a da Antiguidade Clássica, cujos textos fundamentais, se foram conhecidos durante a Idade Média, sofreram deformações importantes. E é justamente a consciência desse facto que confere aos *humanistas* a tarefa primordial que têm de desempenhar, a de *filólogos*: estes vão, antes de mais, editar escrupulosamente, traduzir, comentar e interpretar esses textos clássicos.

Na luta que a Igreja travou contra o paganismo, durante a Idade Média, as autoridades eclesiásticas confundiram por vezes formas pagãs ou profanas da arte com a arte, pura e simplesmente.

Agora, o artista do Renascimento sente a necessidade de desfazer esse equívoco, através de *defesas das artes* ou *apologias da poesia*[34].

A questão da língua

A **«questão da língua»** é fundamental no tempo do Humanismo, que revaloriza o latim clássico, ao mesmo tempo que reivindica para as «línguas vulgares» ou vernáculas a dignidade que as habilita a tornarem-se veículo de todos os géneros literários. Assim, os problemas suscitados pela literatura em língua vulgar constituem um primeiro domínio de reflexão; é necessário «ilustrá-la», enriquecer-lhe o léxico, tratar da adaptação dos géneros clássicos e regulamentá-la através de gramáticas e de dicionários que lhe estabilizem o uso.

Como faz notar M. Asensi Pérez, «isto significa nada mais nada menos do que o começo da reflexão sobre as diferentes literaturas nacionais»[35].

O tema da imitação

O tema da **imitação** articula-se com o anterior, pois a adaptação acima referida passa, antes de mais, pela aprendizagem através da *imitação* dos modelos, em particular Virgílio e Cícero, um para o verso, o outro para a prosa. Neste âmbito tem lugar a polémica entre ciceronianos e ecléticos (que debate a questão de saber se uma obra deve estar vinculada a um modelo apenas — Cícero — ou a vários).

Em sentido mais propriamente literário, para cada género designam-se os paradigmas, que vão estabelecer os cânones da forma externa que exemplificam, bem como o tom e o estilo; neste ponto, a «roda de Virgílio» era de novo tida em conta, contribuindo

---

[34] Sir Philip Sidney, *The Defense of Poesy e An Apology of Poetry*, 1595.
[35] Asensi Pérez, 1998: 237.

para uma «teoria dos estilos fixos, [em que] se defende o que em cada género particular deve estar escrito»[36].

Certos géneros encontram o seu modelo em textos teóricos e nos exemplos das obras-primas; no caso da lírica, a falta da preceptística é suprida pela obra do modelo, neste caso, Petrarca.

A imitação é ainda objecto de especulação filosófica, de acordo com as diferentes abordagens feitas nas obras de Platão, Aristóteles e Averróis, embora, durante muito tempo, não tenha havido sensibilidade para distinguir as divergentes posições defendidas por estes filósofos e reinasse um razoável eclectismo, reforçado pelo ideal renascentista de tudo conciliar[37].

A lição aristotélica tende contudo a predominar, trazendo consigo toda a complexidade que a noção de *mimese* adquire na *Poética*. «As diferentes reflexões vão girar em torno do problema da "imagem" e da "representação", da "realidade" e da "verdade", da "semelhança" e da "parecença"; da "necessidade" e da "probabilidade"»[38].

Apesar da insensibilidade filosófica de certos tratadistas, outros há, como Giraldi Cintio[39], que assumem a noção de mimese na densidade da sua natureza: Cintio distingue dois tipos de imitação: «a que denomina *retórica ou ciceroniana* e que se refere à imitação da linguagem, expressão, estilo, etc., dos poetas antigos; e a *poética*, tal como a colocaram Platão e em especial, Aristóteles»[40].

A mimese prende-se com a questão da **verosimilhança**, que é fundamental no Renascimento: a arte deve assemelhar-se à «realidade», a ponto de se confundir com ela; pense-se na pintura do tempo e no aparecimento, nesta época, da técnica do *trompe l'oeil*. Mas a noção de verosimilhança não reveste então os contornos filosóficos

---

[36] *Ib.*: 244.
[37] Veja-se o título da obra de A. Riccoboni, *De Poetica Aristoteles cum Horatio collatus*, de 1599.
[38] Asensi Pérez, 1998: 243.
[39] G. Cintio, *Super imitatione epistola ad Coelium Calcagninum*, 1532.
[40] Asensi Pérez, 1998: 264.

que tem em Aristóteles e Platão; trata-se antes do problema da *ilusão* artística. É neste âmbito que se debatem as relações do maravilhoso e do verídico, que se colocam, por exemplo, em *Os Lusíadas*.

O tema da verosimilhança traz consigo o do ***decoro***, que significa, como se viu a propósito de Horácio, propriedade, adequação — à idade, ao sexo, à categoria social, ao carácter das personagens; e que diz respeito ao seu falar e agir. As regras que governavam o decoro estabeleciam relações de estilo que variavam com o género literário, trazendo de novo à baila a tripartição dos estilos em elevado, médio e baixo.

Por fim, a mimese coloca ao sistema literário do século XVI um grave problema: Como pode ser concebida a ***poesia lírica*** no âmbito de uma teoria que tem como ideia básica a de imitação? Se a dramática e a epopeia imitam as acções dos homens, o que imita a lírica? A concepção global dos géneros não acolhia nem se coadunava com obras tão importantes como *Il Canzoniere* de Petrarca ou a poesia trovadoresca, que os renascentistas continuavam brilhantemente. Só com as obras de Antonio Sebastiano Minturno[41] e de Angelo Segni[42] a lírica se encontrará em paridade com os outros grandes géneros literários, sendo reconhecida a sua especificidade e a sua linguagem própria.

Em seguida, Cascales, atendendo à inflexão que a lírica vai sofrer durante o Maneirismo, irá definir essa linguagem com base na noção de *conceito,* sublinhando, além disso, o carácter *subjectivo* do *mesmo.*

A retórica

A ***retórica***, outro campo da preceptística renascentista, é explorada em vários sentidos: como **arte da palavra**, centrada no estudo das figuras; como **teoria dos estilos,** o que pode implicar

---

[41] *De Poeta,* 1559.
[42] *Ragionamento sopra le cose pertinenti alla Poetica*, 1581.

uma classificação das matérias, *res*, e uma caracterização das formas correspondentes, *verba* (e, aqui, de novo se recorre à classificação de Cícero, resumida na *Rhetorica ad Herenium* e na «roda de Virgílio»); ou como o conjunto das categorias da expressão de Hermógenes[43], o que induz a uma maior independência da forma em face da matéria.

A retórica assume-se também como **teoria da composição literária**[44], contemplando os três géneros retóricos — o demonstrativo, o deliberativo e o judicial — e considerando os três aspectos de toda a composição: a *inventio,* a *dispositio* e a *elocutio.*

Assim, a retórica torna-se o «instrumento fundamental para as discussões sobre poética»[45], usado de forma mais ou menos adequada aos diversos textos literários.

As «artes poéticas» e os seus temas

O género, por excelência, dos estudos literários desta época (entre apologias, diálogos, discussões, polémicas, tratados filosóficos, discursos académicos...) corresponde às **artes poéticas,** que tratam da poesia em geral, do poeta ou de problemas sectoriais, como a *catarse,* ou as relações da poesia com a política. E o assunto principal das artes poéticas gira em torno dos **géneros literários.**

No âmbito de toda esta reflexão, há temas recorrentes, entre os quais se salientam os seguintes:

1. *Os fins da poesia*: predomina um conceito de literatura útil, consciente da sua mensagem ética e das suas virtualidades

---

[43] Clareza, magnitude, beleza, vigor, carácter, verdade e força.
[44] Para este aspecto (exórdio, *captatio benevolentiae*, etc., ver-se-á com proveito um exemplo no conto de Eça de Queiroz «A perfeição». Na II parte, nas falas de Mercúrio dirigidas a Calipso, pode encontrar-se um discurso que respeita todas essas regras de composição. O mesmo se dirá da fala de Aónio no soneto de Camões «O Céu, a terra o vento sossegado».
[45] Weinberg, 1970: vol. I, p. 548.

pedagógicas e cívicas, num contexto que não deixa de ser polémico e que recebe contribuições dos quadrantes religiosos, particularmente com a Contra Reforma. «Com efeito, a criação poética não era considerada uma actividade estética meramente lúdica ou evasiva, antes visava uma explícita função social, de intenção formativa no plano ético, tanto ou mais importante que a sua finalidade estética.»[46] Neste contexto, segundo o qual a literatura poderia ser uma importante forma de apoio e fonte de exemplos para a orientação moral e cívica, bem como um compêndio da sabedoria humana, compreende-se a importância que o Renascimento atribui a géneros simples como sentenças, provérbios, máximas e exemplos, que se encontram em todas as literaturas, bem como o êxito de um género que surge justamente no século XVI, o *emblema*.

Esta perspectiva implica a atenção concedida ao ***público,*** ao destinatário, o que constitui uma dimensão muito presente na teoria poética renascentista, na qual convergem as tradições horaciana e ciceroniana, a retórica e ainda as lições de Platão e de Aristóteles.

Mas, para além desta orientação, que o *docere* ciceroniano[47] resume, a poesia devia ainda *instruir,* ou seja, ser veículo de conhecimentos, informar, constituir um instrumento da cultura do leitor[48] e da sua erudição.

Noutra linha, situa-se a finalidade do *movere:* comover, emocionar, excitar as paixões; encontramos aqui a função persuasiva

---

[46] Castro, 1984: p. 25.
[47] As finalidades da retórica resumem-se, segundo Cícero, no *docere,* no *movere,* e no *delectare.*
[48] Esta função é modernamente posta em relevo pela estética da recepção, quando reconhece que o conhecimento literário se acrescenta ao que provém da experiência individual, permitindo ao leitor antecipar situações, ampliar os limites do seu conhecimento e ter acesso a outra percepção das coisas que só poderia adquirir com um cabedal de experiências muito mais vasto.

da retórica. A poesia, como mestra de vida, deve incitar o homem a adoptar os ensinamentos que lhes proporciona, levá-lo a agir de acordo com os ideais propostos. Igualmente se inscreve neste tópico o juízo negativo de Platão, condenando a poesia justamente porque perturba a razão e a formação moral com as paixões; e ainda a problemática aristotélica da *catarse,* vista em clave pedagógica e alargada aos outros géneros e não referida apenas à tragédia.

Por fim, salienta-se o *delectare,* que, na perspectiva retórica, estaria mais relacionado com a forma *(verba)*, ao passo que a finalidade moral se apoiava na matéria *(res)*.

Até meados do século, a presença dominante nos estudos literários é a *Arte Poética* de Horácio, enquanto na segunda metade do século XVI, com a difusão do conhecimento da *Poética* de Aristóteles, a teoria do prazer vai encontrar fundamento em vários aspectos da composição da obra, derivando directamente da «imitação».

Através desta nova consideração, abre-se caminho à teoria hedonística da poesia, fonte de prazer exclusivamente estético, teoria que dará importantes frutos mais tarde, no Barroco.

2. Outro tema importante da poética renascentista é o do *poeta* e do seu talento. O interesse por este tema deriva da importância que adquire a *Institutio Oratoria* de Quintiliano, para quem o orador constituía um protótipo, um modelo de humanidade, sobre cujas qualidades morais, educação e cultura Quintiliano disserta.

A este ideal humano associa-se a ideia de **inspiração divina,** de origem platónica. Ou, em versão cristã, a figura do poeta-vate, do poeta-profeta, de que Moisés, Salomão ou David são os paradigmas bíblicos.

Daqui resulta o conceito de poeta como «homem extraordinário, em contacto com os mistérios ou segredos divinos, capaz de uma visão especial do futuro como do passado, ferido por um furor que o aproxima dos amantes e dos profetas»[49].

3. Este talento poético é concebido sob forma de *talento linguístico*, consciência que é favorecida pela retórica, como arte do discurso, bem como pela contribuição aristotélica que põe em relevo os *meios* da imitação (ritmo, palavra e harmonia), os quais merecem estudo.

No âmbito deste tema, debate-se sobre as vantagens e sobre a natureza do verso e da prosa, tanto mais que certos géneros novos, como a pastoral, levantam o problema de uma nova distribuição das áreas tradicionalmente apresentadas nas duas modalidades.

Coloca-se, neste contexto também, a questão da **língua poética**, relacionada com as finalidades da poesia anteriormente referidas. A exploração intensiva das potencialidades desta língua conduzirá a importantes viragens no Maneirismo e no Barroco.

1.5. Os Estudos Literários no Barroco

A arte barroca surge ainda na continuidade da renascentista, não obstante as inflexões e as distorções violentas que apresenta nos planos da expressão e do conteúdo.

V. M. Aguiar e Silva, um dos estudiosos portugueses que mais se tem dedicado à compreensão e definição do Barroco, caracteriza-o como «expressão duma profunda crise espiritual e moral desencadeada pela decomposição da síntese renascentista de valores e pela busca duma nova síntese». Considera, entre as principais tónicas desta corrente, as seguintes:

> concepção angustiosa do tempo — o tempo como fuga, dissolução e morte; o homem, sabendo-se simultaneamente grande e miserável, anjo e besta, eterno e transiente, sente o terror

---
[49] Weinberg, 1970: vol. I, 555.

pascaliano de se saber suspenso entre dois abismos — o infinito e o nada... As antíteses violentas, a tensão das almas, o sentimento do real, a luta do profano e do sagrado, do espírito e da carne, do mundano e do divino são feições diversas dessa crise multiforme, religiosa, estética, filosófica.[50]

A literatura nacional mais característica nesta época é a espanhola, e nela têm lugar duas significativas polémicas: uma delas, à volta do teatro, onde autores como Lope de Vega e Calderón de la Barca misturavam o trágico e o cómico e não respeitavam as unidades clássicas e a regra da separação dos géneros, rompendo com os preceitos teóricos. Lope de Vega defenderá esta prática na sua obra *Arte nuevo de hacer comedias* (1609).

Outra polémica dá-se em torno das *Soledades* e do *Polifemo y Galatea* de Góngora, obras que provocam um violento escândalo pelo rebusque da forma e pelas dificuldades de entendimento que envolvem. O livro mais significativo desta polémica é o *Antídoto contra la pestilente poesia de las Soledades, aplicado a su autor, para defenderle de sí mismo*, de Juan de Jáuregui, onde Góngora é acusado de anti-aristotélico e de anti-horaciano[51]. De facto as obras de Góngora desrespeitam frontalmente os princípios do decoro e da verosimilhança.

Sem prejuízo de outros processos significativos, entre os quais salientaríamos o oxímoro, o hipérbato e uma sintaxe muito confusa, Góngora e os autores que aceitam o seu magistério manifestam o gosto pelas metáforas violentas ou *conceitos,* termo que está na base do *conceptismo,* palavra-chave do Barroco. Pinciano distingue justamente a linguagem poética pelo seu carácter tropológico (ou seja, marcada por deslocações semânticas), figurativo, neológico e arcaico.

---

[50] Silva, 1967: 333–34.
[51] Asensi Pérez, 1998: 272.

Estes autores escrevem para um público culto, ao qual exigem competências

> de erudição, conhecimento da tradição literária, dos textos canónicos, da mitologia, da história, da filosofia, etc. Tal erudição cria um determinado tipo de obscuridade: a relacionada com a necessidade de dominar esses conhecimentos. O leitor que não esteja preparado e que trate de ler um texto erudito achá-lo-á «obscuro»[52]

Na literatura portuguesa, *Corte na Aldeia,* de Rodrigues Lobo, apresenta um ideal de linguagem cortesã, que implica uma esgrima verbal só possível se os interlocutores possuírem uma agilidade mental do mesmo quilate e um universo de referências igualmente «agudo» e culto, capaz de entender os subentendidos ou a ironia do outro e de ripostar na mesma moeda.

De modo diferente, entende-se que o drama e a epopeia se destinam a um público mais comum, admite-se mesmo que ignorante, e por isso não devem fazer apelo ao mesmo tipo de competências.

Note-se, aliás, que estes mesmos autores entendem que há «uma obscuridade boa [...] a que provém da subtileza do pensamento e dos conhecimentos (obscuridade das coisas), mas não a que se origina na obscuridade formal da obra poética, a qual é de banir e de censurar»[53].

A doutrina do conceito «forma parte da *arte de ingenio,* através da qual se quer apresentar uma nova visão do mundo»[54]. E a teorização deste gosto e deste *conceito* de arte é feita por Baltazar Gracián, na obra intitulada precisamente *Agudeza y arte de ingenio.*

---

[52] *Ib.*: 271.
[53] *Ibidem.*
[54] *Ibidem.*

O conceito, diz Gracián, é um acto de entendimento que exprime as correspondências que existem entre os objectos. O conceito é, portanto, a plasmação verbal metafórica (correspondência é o mesmo que analogia) da faculdade da agudeza, devendo distinguir-se ainda entre a agudeza baseada em relações metafóricas e metonímicas [...] e a agudeza baseada em processos irónicos e paródicos.[55]

Toda esta polémica em torno da linguagem obscura do gongorismo resulta de uma prática poética profundamente divorciada da teoria estética então vigente, a qual antecipa intuições da modernidade literária — só no final do século XIX a poesia de Góngora será revalorizada, e os problemas que nela entram em choque são indispensáveis para pensar a questão da linguagem poética.

1.6. Os Estudos Literários no Neoclassicismo
A estética neoclássica
Paralelamente ao filão Barroco, prossegue o seu desenvolvimento outra corrente que se chama com propriedade *clássica*[56] ou *neoclássica.*

Com efeito, o neoclassicismo — que representa nas diversas literaturas europeias, desde finais do século XVII, uma generalizada reacção contra o barroco, sob o irresistível impulso do pensamento racionalista a partir de então dominante em toda a Europa culta —, o neoclassicismo é substancialmente constituído por um sistema de valores estéticos que tem a sua origem na corrente clássica da Renascença e que alcança a sua estruturação perfeita na literatura francesa do século XVII.[57]

---

[55] *Ib.*: 274.
[56] Veja-se, em Silva, 1982: 471–473, os sentidos do vocábulo «clássico» em Aulo Gélio; no baixo-latim e na oposição clássico/romântico.
[57] Silva, 1967: 357.

Os autores que consubstanciam esta corrente são Racine, Molière e La Fontaine. E a teorização é feita na *Art Poétique* de Boileau.

De acordo com os autores teóricos que inspiram o Neoclassicismo (Aristóteles e Horácio), a poética desta época é marcada por princípios entre os quais se destaca *a imitação da natureza,* regra fundamental (por natureza entende-se natureza humana: a vida afectiva, os conflitos, as paixões, os dramas do homem). A imitação deve ser *verosímil,* procurando, de acordo com o preceito aristotélico, o geral e não o particular; não tanto aquilo que aconteceu como aquilo que poderia acontecer. E deve reger-se pelo *exemplo dos modelos* greco-latinos que estabeleceram os padrões «clássicos».

Todo o processo de elaboração artística é governado pelo magistério da *razão:*

> Aimez donc la raison: que toujours vos écrits
> Empruntent d'elle seule et leur lustre et leur prix.[58]

Esta razão identificava-se com o bom senso e era concebida como faculdade universal e imutável, não variando com as diferenças de cultura ou de época, em sintonia com o conceito de beleza igualmente universal e intemporal.

Estas concepções reflectem-se fortemente na problemática dos géneros literários, que são vistos como entidades «eternas, fixas e imutáveis, governadas por regras específicas e igualmente imutáveis»[59]. Entre estas regras, a da *unidade de tom* implica uma separação nítida entre os géneros; a doutrina neoclássica condena toda a mistura ou hibridismo, problema que se colocava desde o Renascimento, com o aparecimento de

---

[58] Boileau, *Art Poétique*, I, vv. 37–38.
[59] Silva, 1967: 185.

obras difíceis de enquadrar nos géneros preestabelecidos e com a evolução de géneros novos, como vimos acontecer no drama barroco.

No final do século XVIII, géneros como a fábula, o conto filosófico, o drama sério com final feliz, o ensaio, etc., que não se integram no paradigma teórico vigente, põem em cheque um dos pilares da poética neoclássica.

Importa ainda assinalar a função moral que a literatura assume, e que se verifica na comédia de Molière, na tragédia de Racine e na fábula de La Fontaine.

> Une morale nue apporte de lennui;
> Le conte fait passer le précepte avec lui.
> En ces sortes de feinte il faut instruire et plaire,
> Et conter pour conter me semble peu d'affaire.[60]

Não significa isto que se trate de literatura moralista, mas de uma «expressão literária profundamente interessada pelos problemas morais e psicológicos do homem, [que] assumiu uma função pedagógica no mais alto sentido da palavra»[61].

Crise e iluminismo

Mas sob esta estética intelectualista, ordenada e até dogmática, que se vai esclerosando, passa uma corrente de sentido diferente que se manifesta em indícios significativos: o tratado *Do Sublime* torna-se mais conhecido a partir da tradução feita por Boileau, em 1674, o que não deixa de ser surpreendente, dadas as enormes diferenças entre as duas obras; era como que «o cavalo de Tróia no campo do classicismo»[62]. Efectivamente,

---

[60] La Fontaine, *Fables*, VI, 1.
[61] Silva, 1967: 376. E 82: 497.
[62] Wimsatt e Brooks, 1971: 345.

esta obra vai contribuir para alterar o gosto dominante, fazendo emergir uma sensibilidade ligada à valorização da imaginação e da introspecção.

Por outro lado, está em desenvolvimento um domínio de descoberta quase inexplorado: a sondagem do *sujeito*, não como registo passivo ou mero reflexo do «mundo» ou da «realidade», mas como actor interveniente e condicionador no processo do conhecimento. Desde Descartes a Rousseau e a Kant que se vai fazendo uma lenta revolução no modo de pensar a arte, revolução que levará a contestar a objectividade da representação, a distinção ingénua entre ficção e realidade, etc.

Nesta linha, valoriza-se mais a imaginação e a fantasia, motores da capacidade criadora, do que o cumprimento das regras e o respeito dos modelos. Se a arte reproduzisse a beleza tal como ela existe no mundo, então o respeito horaciano pela proporção e pela congruência tinha razão de ser. Mas, como a arte é obra da mente de um sujeito, o artista, ou, antes, o génio, este tem de encontrar o seu próprio caminho, e é livre para o fazer.

Não esqueçamos que é no final do século XVIII, com Kant (1724–1804), que nasce a estética (*Crítica do Juízo,* 1790) como reflexão sobre a arte, sobre o belo e sobre o sublime.

Ora, esta reflexão sublinha a importância da imaginação como faculdade da mente, apta para a síntese e para — através das «ideias estéticas» — estabelecer a ponte entre o universal e o particular, entre o sensível e o supra-sensível.

Por sua vez, o tratado *Do Sublime* torna-se ponto de partida para se retomar a ideia de *inspiração,* que chama a atenção para a subjectividade criadora do artista, o que é favorecido também pelo interesse pela psicologia, como domínio científico. Esta problemática vai dar origem, em Inglaterra, a «uma filosofia do grande "génio" sem limitações»[63], que será, por sua vez, pouco

---

[63] *Ib*.: 347.

compatível com o princípio da imitação, e menos ainda com a regra da imitação dos clássicos[64].

O gosto influenciado pelo pseudo-Longino vem ao encontro do tratamento do tema do sublime por Kant, que analisa a reacção de insegurança e pequenez do homem perante espectáculos colossais e aterradores da natureza. Aprecia-se o grandioso, o enorme, o terrível, o primitivo. O conceito de belo transforma-se ao ponto de se admitir o «belo horrível». O Pré-Romantismo e o Romantismo irão explorar esta forma de sensibilidade com o gosto das trevas, da morte, do sepulcro, do monstruoso e do grotesco.

Toda esta mudança indicia uma profunda alteração na cultura e nas mentalidades. Trata-se daquilo a que Paul Hazard chamou a *crise da consciência europeia*, num livro escrito com grande erudição e uma ponta de humor, que mostra como, ao longo do século XVII, se geraram e amadureceram os primórdios do Iluminismo: o espírito de dúvida sistemática, a crítica das Escrituras, a soberania da razão e a sua ambição de tudo examinar, a atitude libertina, a tendência para a incredulidade, a crítica dos milagres e a rejeição de toda a autoridade.

A relação do Iluminismo, ou da *Aufklärung*, com o Neoclassicismo é complexa e contraditória.

Se, por um lado, o pensamento do Iluminismo era contrário a toda a tradição, acentuava o relativismo dos valores, criticava a autoridade (nos domínios religioso, político, estético), orientações que poderiam abalar o edifício do Neoclassicismo; por outro lado, o racionalismo desta filosofia estava profundamente de acordo com a estética clássica, também regida pela razão, e com

---

[64] «Ao adoptar e ampliar a ideia longiniana de que a verdadeira imitação poética é o convívio do espírito almejante do poeta com os grandes espíritos do passado, Young rejeita terminantemente a doutrina de que é uma boa coisa o estudo dos modelos clássicos.» *Ib.*: 347.

a rejeição daquilo que pudesse de alguma forma ter a ver com o Barroco.

Além disso, a valorização da imaginação, a mudança de gosto, a evolução do conceito de beleza, a atenção ao processo íntimo e subjectivo da criação, o interesse fundamental pelos sentimentos, claramente visível também em obras de alguns dos filósofos enciclopedistas (*As Confissões* de J.-J. Rousseau constituem o exemplo mais significativo), são já os primeiros sinais de uma sensibilidade que prenuncia o Romantismo.

Noutras áreas culturais verificam-se tendências análogas. Na Alemanha, com o movimento conhecido por *Sturm und Drang* (que traz um novo gosto, modelos literários diferentes, os primórdios da mentalidade histórica e um inédito conceito de crítica), com as obras de autores como Lessing, Herder, Goethe, Schiller e os irmãos Schlegel, Schleiermacher e Fichte (algumas destas figuras pertencentes ao chamado Círculo de Iena) — movimentos e obras que vão desembocar no idealismo alemão; em Inglaterra, com Young, a que já aludimos, S. Johnson e outros; em Itália, com Giambattista Vico, tomando corpo um conceito de poesia como

> o mais essencial da linguagem [...] o próprio espírito na sua manifestação directa. [...] Para o escritor alemão [Herder], nos alvores da humanidade, a identificação entre linguagem e poesia é absoluta. O grito foi convertido pela razão em signo, ou seja, em fábula, em mito, em metáfora. Como Vico, Herder parte do facto de que a primeira linguagem é poética e de que a linguagem não poética não é mais do que uma derivação daquela.[65]

Este conceito pré-romântico da poesia, que acentua nela a capacidade para dar conta e manifestar categorias absolutas, vai perdurar e verificar-se uma intuição fundamental da poética

---

[65] Asensi Pérez: 309-310.

moderna: a do lirismo como um «espaço de *experiência* pura, sentimental e alheia ao reflexivo e ao filosófico»[66].

1.7. Os Estudos Literários no Romantismo
1.7.1. A Reacção ao Neoclassicismo, o Iluminismo e a Transição para o Romantismo

Com o Neoclassicismo, aquilo que fora escola de uma arte viva — a imitação dos modelos *clássicos* — torna-se uma receita rígida, um programa normativo artificialmente imposto que não se adequava já à realidade em evolução.

Assim, a reacção contra esse código é violenta e duradoura, e exprime-se no Iluminismo e no Romantismo.

O Iluminismo opera uma profunda mudança ideológica, no sentido de estimular o homem, nas palavras de Kant:

> à saída da menoridade mental de que ele próprio é culpado. [...] A preguiça e a cobardia são as razões pelas quais uma tão grande parte dos homens, que a natureza desde há muito libertou da tutela de outros *(naturaliter maiorennes),* afinal acabam por ficar toda a vida em situação de dependência e menoridade; e também por isso se explica que seja tão fácil para outros arvorar-se em seus tutores. E tão cómoda essa situação de menoridade! [...]
> Mas, para que se realize essa emancipação *(Aufklärung),* mais não será necessário do que a existência de liberdade — de uma liberdade que é a menos prejudicial de todas as formas de liberdade: a de fazer em tudo uso público da razão.[67]

A razão é, assim, a única guia, de acordo com o princípio enunciado pelo mesmo filósofo: «*Sapere aude*! Tem a coragem

---

[66] García Berrio e T. Hernandez, 1990: 38.
[67] In *Literatura Alemã. Textos e Contextos (1700–1900),* org. de João Barrento, Lisboa, Ed. Presença, 1989: 63–66.

de te servires do teu próprio entendimento — este é, pois, o lema da *Aufklärung»*.

Desta confiança optimista na *razão* como fundamento e «luz» de todo o saber e nas capacidades humanas vai decorrer a crítica de toda autoridade, nomeadamente religiosa e política, o cepticismo — consciência dos limites dos conhecimentos tradicionais e da precariedade das instituições —, e a crença no *progresso,* que aumentaria indefinidamente com o avanço da ciência.

A Revolução Francesa inspira-se justamente nesta mudança de valores, e concretiza-a.

E o Romantismo assume a mesma viragem ideológica, com toda a complexidade que contém e apesar de algumas destas ideias entrarem em contradição com a sua sensibilidade mais profunda.

1.7.2. Tendências Dominantes da Poética Romântica

Mas, justamente para não laborarmos em erro ao usarmos a designação periodológica de «Romantismo», para não supormos que se trata de um movimento circunscrito e homogéneo, devemos ter presente — de acordo com Aguiar e Silva[68] — que «o Romantismo é um megaperíodo», ou seja: abrange vários séculos, vários movimentos («o simbolismo, o surrealismo, o expressionismo, o existencialismo»[69]), várias poéticas, várias formas ideológicas. E o conjunto dessas transformações opõe-se efectivamente àquilo que também globalmente se designa como *Classicismo* (época que vai do século XVI ao XVIII) e àquilo que de clássico há no Maneirismo e no Barroco. Em síntese, poderíamos dizer que se opõe ao universalismo e à falta de sentido histórico da cultura neoclássica, preconizando, em contraste, um enraizamento histórico e local que vão dar lugar ao medievalismo e ao nacionalismo.

---

[68] Silva, 1997: 489.
[69] *Ibidem.*

Uma profunda mudança social e cultural

A principal e mais duradoura tendência da poética romântica projecta-se contra o racionalismo científico e técnico, contra as mudanças de ordem científica e tecnológica (que deram lugar à Revolução Industrial) e que foram acompanhadas de profundas alterações económicas e político-sociais (a queda do *ancien régime* e a ascensão da burguesia); e ainda contra «uma concepção mecanicista do mundo, uma concepção burguesa, capitalista», «contra o utilitarismo e o conformismo, contra a mecanização da vida e da sociedade»[70] que resultam dessas profundas alterações.

Não é apenas o passado imediatamente anterior que se rejeita, no âmbito do domínio estético, mas é principalmente o sentido do processo histórico contemporâneo nas suas vertentes social, económica, política que o Romantismo questiona, instituindo-se então a função da arte como **visão crítica da realidade** envolvente.

De certo modo, esta função pode relacionar-se com aquilo que o Círculo de Iena, de um modo geral, e em particular Friedrich Schlegel, preconizaram: o ideal de uma escrita utópica, «poesia transcendental» ou «simpoesia» — um discurso englobante «absoluto e omnicompreensivo»[71] que conteria em si todos os géneros, temas e linguagens; esta poesia, tão englobante, abrangeria em si «a sua própria crítica e descrição»[72]; seria literatura e literatura sobre a literatura, metaliteratura, numa relação de contemplação de si mesma que se desenvolveria num processo de reflexividade até ao infinito. Surge assim a consciência do autoconhecimento que a literatura envolve em alto grau, da natureza **auto-reflexiva** que ela tem, da sua função autocrítica.

---

[70] *Ib.*: 490.
[71] Asensi Pérez: 354.
[72] *Ib.*: 355.

A teoria da reflexividade tem como consequência o aprofundamento de uma ideia nova: a de que

> a crítica literária não é algo que se acrescenta ao texto literário, algo de que se poderia prescindir, mas antes é alguma coisa que completa o dito texto, ao qual, sem o discurso crítico, faltava um elemento-chave para a sua própria constituição, quer dizer, a reflexividade.[73]

A reflexividade literária leva a que a atenção não se fixe apenas, nem principalmente, no conteúdo narrado ou referido, mas nos próprios processos enunciativos, literários.

O exemplo clássico da obra que introduz e desenvolve esta mudança de atitude é o *Dom Quixote*, de Cervantes, obra de que Fr. Schlegel se servirá para defender outro aspecto relacionado com a teoria apresentada: o **fragmentarismo**, um tipo de escrita (que é aliás a que Schlegel pratica) que combina materiais diversos, heterogéneos, de tal modo que «o trânsito de um para outro provoca uma interrupção no curso do texto»[74], a parábase. Esta forma de interrupção determina uma reacção de estranheza por parte do leitor, porque vai ao arrepio da expectativa que o próprio discurso criara (e de novo o *Quixote* fornece exemplos expressivos); este processo leva a que o texto literário se contemple a si mesmo, que «reflicta sobre os seus procedimentos»[75] e que leve o leitor a fazê-lo.

A ironia romântica

O autoquestionamento do texto, muitas vezes acompanhado de uma interpelação ao leitor, está na base daquilo que se chama a ***ironia romântica.***

---

[73] *Ib.*: 356.
[74] *Ib.*: 359.
[75] *Ib.*: 360.

Trata-se de uma forma de ironia completamente diferente da figura retórica assim designada, e à qual também se chama *antífrase;* ou seja: pela antífrase enuncia-se o contrário daquilo que se quer dizer. Como quando, num dia de temporal, se diz: «Está um lindo dia!...». Neste caso, o contexto leva a perceber o carácter irónico da frase.

Fr. Schlegel propõe um sentido de ironia que vem a ser, posteriormente, muito desenvolvido por filósofos e linguistas.

> Poder-se-ia dizer, de acordo com Friedrich, que há ironia justamente quando não sabemos se num texto há ironia ou não há, quando não estamos seguros sobre se esse texto significa uma coisa ou o seu contrário [...] Façamos uma pergunta ingénua: qual é o sentido de *D. Quixote*? Muito se escreveu sobre isso; e Cervantes pretende criticar, como ele mesmo confessa, os livros de cavalaria, ou pretende, pelo contrário, defender o idealismo que encarna a personagem de D. Quixote?
>
> Há elementos que apoiam uma tese e outros que apoiam a contrária, mas não há nenhum que se incline definitivamente para uma ou para outra. [...] Assim, a ironia de que fala Friedrich não é definível [...] não é decidível.[76]

Outro autor contemporâneo, Jean-Paul Richter, proporá o conceito de **humor**,

> algo que ao projectar sobre a realidade o seu contrário (não as coisas como são mas como deveriam ser) nos permite distanciarmo-nos dela e superar a contradição. Quando D. Quixote é armado cavaleiro na taberna, o texto de Cervantes está justapondo duas dimensões, a da realidade ou mundo finito (o taberneiro e os que com ele se encontram são gente vulgar

---

[76] *Ib.*: 361–362.

e maliciosa), e o da idealidade [...] (D. Quixote crê que se encontra num castelo onde o senhor que ali manda o vai armar cavaleiro). Tal justaposição cria um efeito de humor, facto que nos permite distanciar-nos e rir-nos duma realidade que não é propriamente cómica.[77]

Note-se bem que estes conceitos de ironia e de humor, fundamentais para entender a modernidade, estão, por outro lado, como Hegel sublinhou com vigor, na origem do subjectivismo mais niilista e dissolvente[78].

A consciência histórica

O Romantismo ficou marcado, por outro lado, pela emergência da *consciência histórica*[79:] abandona-se uma forma de saber

---

[77] *Ib.*: 363.

[78] *Ib.*: 372: «A conclusão a que nos leva esta visão do mundo e da arte resume-a Hegel dizendo que quando o eu adopta [esta posição irónica] tudo lhe parece mesquinho e vão, com excepção da sua própria subjectividade que, por isso, se converte em vazia e vã (em *Introdução à Estética,* Barcelona, Península, 1985: 118)».

[79] No século XIX, verifica-se uma revolução epistemológica donde procederá «le raz de marée qui assurera à la dimension historique une importance preponderante». Gusdorf (1960), 1974: 252. Naturalmente, a história tem uma longa tradição, mas em termos muito diferentes do conceito que dela hoje se faz. A história, tal como vinha da Idade Média, consistia em narrativas estabelecidas de uma vez para sempre, inquestionadas, e que apenas teriam de ser prolongadas com o acrescento dos acontecimentos posteriores. Sob esta forma, o género perdura por muito tempo, prolongando-se pelos séculos XVIII, XIX e até pelo XX, e nele se encontram versões históricas mitificadas que inspiram narrativas lendárias que persistem em livros da instrução primária. Nesta linha, desenvolve-se em França a história dos soberanos, que funciona como propaganda da monarquia, adquirindo os seus colaboradores um elevado prestígio social. Por outro lado, os grandes intelectuais do século XVII (Descartes, Pascal, Malebranche), desprovidos de senso histórico, excluem este saber do conjunto dos saberes válidos, uma vez que não se trata de conhecimentos inteligíveis, susceptíveis de serem captados pela razão. A história é assim considerada inútil, ociosa e até perigosa. Mas há outra tradição que vem do Renascimento, a tradição dos filólogos e dos humanistas que restituem os textos

organizada em função da *ordem* (o saber como «suma», compêndio) e passa-se a outra organização *historicamente* elaborada. Todo o conhecimento das ciências humanas, que surgem justamente nesta época, é um conhecimento histórico: assim é na linguística ou gramática histórica; na filologia; na história natural (antropologia); na economia política; na literatura[80].

Os fenómenos deixam de ser apreciados em função de categorias fixas para passarem a ser vistos na sua génese, crescimento e desenvolvimento, bem como na sua relação com o meio onde surgem e amadurecem. A literatura passa a ser encarada como expressão da sociedade.

A obra de Mme de Staël, que exerce grande influência nesta época, tem um título só por si significativo: *De la littérature considerée dans ses rapports avec les institutions sociales* (1800). Mme de Staël defende que cada época tem uma literatura diferente, dependente do seu contexto, do meio de onde surge — o que, desde logo, se opõe aos princípios universais e intemporais

---

antigos, estudando-lhes a língua, confrontando testemunhos, de modo a eliminar erros e a determinar-lhes o sentido exacto. É a partir desta prática que se vai apurando uma técnica especializada de trabalho minucioso e crítico sobre os textos e que se formará outro sentido histórico. A propensão para a crítica, tão característica dos grandes espíritos do século XVII (Bayle, Fontenelle), está, como a filologia, na origem do novo entendimento histórico. Tudo, na história, tem de passar pelo crivo do exame crítico. E esta actividade tem na sua mira, antes de mais, a crítica dos textos sagrados, a Bíblia. Os libertinos, por um lado, os eruditos cristãos, por outro, acabam por se encontrar na técnica e na liberdade de espírito que a crítica histórica implica e que envolve a desconfiança sistemática. Surgem assim, como necessidade de «resposta aos libertinos eruditos» (Gusdorf (1960), 74:199), trabalhos de erudição que procuram apenas estabelecer textos e factos, sem visões de conjunto nem interpretações; e onde se destacam as obras de história eclesiástica elaboradas sobretudo por duas ordens religiosas: os beneditinos e os jesuítas.

[80] «Dentro do "Sturm und Drang" o fundador da historiografia é Herder. Este tematiza a problemática da história literária [...] o crítico deve conhecer o ambiente global dos escritores se quer compreendê-los profundamente. O próprio Herder levou a cabo uma quantidade de estudos históricos, tanto linguísticos como literários.» Asensi Pérez, 309.

da poética clássica. E pretende estudar «a influência da religião, dos costumes e das leis sobre a literatura».

Mas, embora encontremos esta consciência nos pensadores românticos, a história como inventário metódico das obras do passado só vem a surgir como produto da investigação universitária em meados do século XIX, com figuras como Renan, Faguet e Lanson.

Criação e expressão

A ideia de **criação** constitui outro dos mais importantes princípios românticos, em oposição ao princípio de *imitação,* à norma do trabalho disciplinado e regulado pelas regras da razão clássica.

Se a obra literária resultava de um acto de imitação e dependia do conhecimento dos modelos e das normas, com o conceito de génio criativo tudo se altera, porque a obra não aponta o mundo exterior, deriva apenas da excepcionalidade do indivíduo que a cria, já que o génio significa exactamente a posse em alto grau do espírito criador.

Nesta ordem de ideias, o valor máximo não está na adequação aos modelos, mas justamente na diferença, na originalidade através da qual se exprime o ser excepcional. E esta excepção traduz-se justamente na expressão individual.

Vários pensamentos, entre os quais sobressaem «a teoria fichtiana do Eu absoluto»[81], o de Schleiermacher (a arte como

---

[81] «A teoria fichtiana do Eu absoluto influenciou profundamente a concepção romântica do eu e do universo, pois os românticos, interpretando erroneamente o pensamento de Fichte, identificaram o eu puro com o eu do indivíduo, com o génio individual, e transferiram para este a dinâmica daquele. O espírito humano, para os românticos, constitui uma entidade dotada de uma actividade que tende para o infinito, que aspira a romper os limites que o constringem numa busca incessante do absoluto, embora este permaneça sempre como um alvo inatingível. Energia infinita do eu e anseio de absoluto, por um lado; impossibilidade de transcender de modo total o finito e o contingente, por outra banda eis os grandes pólos entre os quais se desdobra a aventura do eu romântico.» Silva, 1982: 511–512.

autoconsciência e auto-expressão) e o de Schopenhauer (a criação artística como acto de vontade), convergem com tendências que já foram referidas no sentido de valorizar a personalidade do artista como *génio, indivíduo excepcional,* em rebeldia com a sociedade (e vários poetas vêm personificar, com a sua vida e com a sua obra, esta ideia e este destino: Novalis, Hölderlin, Byron, Leopardi[82]).

A noção de *criação* implica um conceito de literatura e de arte completamente diferente dos conceitos anteriormente vigentes. Nesta perspectiva romântica, a arte provém de uma força obscura, misteriosa; de uma energia inconsciente, irracional ou involuntária, fruto de um entusiasmo vital e rebelde às regras, ao estudo, à aprendizagem; a ideia de *génio* manifesta o relevo do indivíduo no Romantismo. Se se encontra aqui a presença do conceito platónico e longiniano de *inspiração,* associam-se-lhe novos aspectos: a faculdade criadora consiste num dom natural, que se alia à exploração dos domínios do inconsciente, do sonho e da *rêverie,* e que vai contar com o novo conceito de *imaginação,* agora a faculdade fundamental do poeta, através da qual este reinventa a realidade. A síntese destes elementos manifesta-se nas capacidades excepcionais que fazem do artista *um segundo criador.* Assim, o poeta assume-se com um poder demiúrgico com afinidade com o poder criador originário[83] e passa a ocupar o lugar central no processo criativo, orientação que se mantém até ao final do século XIX. Aquilo que o poeta cria de forma espontânea, inconsciente

---

[82] García Berrio y Hernández, 1990: 40–41.
[83] «A imaginação [...] é o equivalente, no plano humano, da própria força criadora infinita que plasmou o universo, repetindo o poeta, na criação do poema, o divino acto da criação originária e absoluta» Silva, 82: 521. «A analogia e o símbolo desempenham um papel fulcral na mundividência, no pensamento, na literatura e nas artes do Romantismo, porque constituem os meios privilegiados de apreensão e expressão da *alma* da Natureza e de revelação das secretas correspondências existentes entre o homem, os seres e as coisas.» Silva, 1997: 490.

e involuntária torna-se assim a sua *expressão:* expressão da sua interioridade, confissão, tradução da sua personalidade.

A noção de **expressão** constitui outra das ideias fundamentais do Romantismo e domina toda a reflexão literária feita nesta época: a literatura é expressão dos sentimentos, da afectividade do poeta ou, também, da sociedade — expressão do «espírito da época» e do «espírito do povo», de acordo com os conceitos germânicos de *Zeitgeist* e de *Volkgeist* (mais tarde, expressão da *raça,* do *meio,* e do *momento,* segundo a concepção de Taine). Como diz Asensi Pérez[84], assim como a estética clássica gira em torno da mimese, a romântica «gira em torno da ideia de "expressão"», ideia que se prolonga pelo século xx, particularmente na estilística:

> em consonância com esta maneira de entender a poesia, o crítico não deve interrogar-se sobre o valor representativo da obra poética, ou seja, se está de acordo ou não com a natureza exterior ao poeta, mas sim sobre o seu valor expressivo, quer dizer, com a sua sinceridade, espontaneidade, sobre a concordância entre intenção e forma usada para comunicá-la.

As «origens»
A estética romântica vai valorizar *o passado*, *as origens*. Como bem explica Aguiar e Silva, o homem romântico:

> profundamente desgostado da realidade circundante — encarnação do efémero, do finito e do imperfeito — em conflito latente ou declarado com a sociedade [...] procura ansiosamente a evasão: evasão no sonho e no fantástico, na orgia e na dissipação, ou evasão no espaço e no tempo. [...]

---
[84] Asensi Pérez: 394–395.

A evasão no tempo conduziu à reabilitação da Idade Média, época histórica particularmente denegrida pelo racionalismo iluminista. A Idade Média atraía a sensibilidade e a imaginação românticas pelo pitoresco dos seus usos e costumes, pelo mistério das suas lendas e tradições, pela beleza nostálgica dos seus castelos, pelo idealismo dos seus tipos humanos mais relevantes — o cavaleiro, o monge, o cruzado... —, mas solicitava, também, o espírito dos românticos por outras razões mais ponderosas.[85]

Por outro lado, a Idade Média é «o período de formação e florescimento originário das línguas, das literaturas e das tradições de cada nação europeia [...]. O medievalismo constituiu, em primeiro lugar, uma manifestação do historicismo nacionalista do Romantismo»[86].

Assim, o homem romântico investiga as raízes nacionais (o conceito de *nação* é outra noção chave romântica) e, ao mesmo tempo que se volta para a Idade Média — que será a época preferida dos escritores românticos —, menospreza o período imediatamente anterior, os séculos clássicos. Realiza assim o gosto pelo primitivo, pelo original, e também pelo popular, categorias apreendidas como formas do **exótico**. Na Idade Média incidem também as pesquisas dos primórdios da história literária: as investigações sobre a canção de gesta e sobre o romance bretão, feitas por Gaston Paris, bem como as descobertas dos irmãos Grimm dos contos e lendas tradicionais. No domínio da cultura portuguesa, o trabalho de Garrett, reunindo e publicando o *Romanceiro* (1.ª ed., 1843) e produzindo obras inspiradas neste filão da literatura folclórica, *Adozinda* e *D. Branca,* deriva do mesmo espírito e do mesmo gosto.

---

[85] *Ib.:* 517–518.
[86] Silva, 97: 491.

É uma visão nostálgica do passado a que se associa uma mitificação: imagina-se num tempo primordial, uma «linguagem natural», oposta à linguagem racional e científica. E essa linguagem natural teria íntimas afinidades com a poesia, e em especial com a lírica, coincidiria mesmo com ela, como assinalámos no parágrafo anterior, a propósito de algumas das orientações estéticas alemãs e italianas.

Revolução nos géneros literários

No domínio dos **géneros literários**, o Romantismo procura fundamentar a tripartição dos géneros clássicos em bases não apenas formais ou relacionadas com o nível de estilo, mas em elementos ontológicos ou antropológicos inerentes à comunicação literária. Goethe falara dos géneros em termos de **«formas naturais da poesia»**, adoptando uma perspectiva organicista (a metáfora do organismo ou da espécie biológica), mas, mais do que isso, dando expressão à ideia de que a literatura está sujeita às leis da natureza.

Entre outras teorias de muito interesse que surgem no Romantismo, destaca-se a de Hegel (1770–1831), que, numa obra da maior importância[87], elabora uma concepção sintética da tradição clássica e das teses propostas por alguns dos idealistas anteriores ou contemporâneos pela superação das suas principais oposições e produz assim uma reflexão sobre a arte, no âmbito das manifestações espirituais, reflexão que retoma os temas maiores da estética (regras, géneros, mimese, prazer estético, finalidades da arte, etc.[88]). Na sua obra, Hegel propõe uma classificação que estabelece os géneros como modalidades universais da relação dialéctica sujeito-objecto: a lírica corresponde ao predomínio do sujeito; a épica é o género objectivo, por excelência; o drama envolve a relação recíproca sujeito-objecto.

---

[87] Referimo-nos às *Lições de Estética*, publicadas postumamente em 1835.
[88] Asensi Pérez: 363–383.

No que respeita ainda aos géneros literários, importa não esquecer que culmina aqui um movimento que vem de trás, consagrando o *hibridismo dos géneros,* abolindo-se, por exemplo, a separação entre comédia e tragédia.

O texto mais famoso sobre esta matéria, texto que representou um pendão de revolta, é sem dúvida o prefácio do *Cromwell* (1827) de Victor Hugo. Nessas páginas agressivas e tumultuosas, Hugo condena a regra da unidade de tom e a pureza dos géneros literários em nome da própria vida, de que a arte deve ser a expressão. [...] Como ensina a metafísica cristã, o homem é corpo e é espírito, é grandeza e é miséria, e a arte deve ser forma adequada a esta verdade básica. A comédia e a tragédia, como géneros rigorosamente distintos, revelam-se incapazes de traduzir a diversidade e as antinomias da vida e do homem, motivo por que V. Hugo advoga uma nova forma teatral, o *drama,* apta a exprimir as feições polimorfas da realidade: «No drama, tudo se encadeia e se deduz como na realidade. O corpo desempenha aí o seu papel, tal como a alma; e os homens e os acontecimentos, movidos por este duplo agente, passam ora burlescos, ora terríveis, algumas vezes terríveis e burlescos ao mesmo tempo...». O drama participa dos caracteres da tragédia e da comédia, da ode e da epopeia, pintando o homem nas grandezas e nas misérias da sua humanidade.[89]

As alterações no público

Por outro lado, há que ter em conta um fenómeno de tipo muito diferente, mas que vai ter efeitos práticos da maior importância: o aumento muito significativo do número de livros impressos. Com este fenómeno conjuga-se uma procura do livro muito mais intensa, mercê de uma alfabetização mais difundida e de novas condições de vida propícias à leitura.

[89] Silva, 1967: 192–93.

Assiste-se também, ao longo do século XIX, ao aparecimento de bibliotecas ambulantes e de gabinetes de leitura e igualmente à emergência de um novo público, fundamentalmente de origem burguesa (que vai favorecer o desenvolvimento do romance sentimental), mas também de origem popular, a quem se destinam os folhetos de cordel (através dos quais se divulgam os romances picarescos).

Este novo público não tem uma preparação literária tradicional; desconhece os princípios da estética neoclássica — as suas regras, convenções e modelos, bem como os conteúdos mitológicos, da história antiga ou da tópica retórica. Prefere uma literatura sentimental, rica em peripécias e lances emocionais, de expressão concreta, marcada por imagens e símbolos que apelem mais ao sensorial do que ao intelectual e acompanhada da descrição realista. Em vez da linguagem culta e selecta, prefere uma expressão mais próxima da fala coloquial e familiar.

Conjugando este novo gosto com mudanças verificadas no Século das Luzes, a partir da influência crescente do tratado *Do Sublime,* a poética romântica assumirá decididamente uma dimensão **subjectiva**, centrada na criação do autor, atenta à análise do fenómeno poético como expressão *sentimental* e desenvolvendo a valência *psicológica*. (Aliás a visão do *autor* como uma instância central e determinante da literatura é relativamente recente. Lembremos a pouca importância desta figura na Idade Média e a consciência que os clássicos têm de prolongar uma tradição e de interpretar um sentimento ou uma ideologia colectivas, de ensinar um ideal de vida, não obstante o relevo que o Renascimento dá ao indivíduo e sobretudo à «maneira» excepcional de certos artistas.) Deste modo, deixam-se completamente de lado os cânones da poética clássica — descritiva ou preceptista — axiada sobre a objectividade do texto (sobre a sua linguagem, processos, técnicas, regras), e a atenção passa agora a concentrar-se na dimensão biográfica do escritor (o que constitui uma versão individualista da orientação histórica do saber romântico), uma vez que importa conhecer profundamente as condições que rodearam o génio no momento da criação. Só através desse conhecimento o estudioso pode aceder à empatia, à identificação com o autor que lhe permitirá entender a obra.

1.7.3. Os Estudos Literários do Romantismo: a História e a Crítica Românticas
A história literária

Os estudos literários, tal como os concebemos hoje, têm origem no século XIX.

Nos séculos anteriores verificara-se o aparecimento de numerosas obras de erudição, que acumulavam materiais heteróclitos, sobretudo de natureza biográfica e bibliográfica: eram «bibliotecas», dicionários ou mesmo histórias[90], obras monumentais que coligiam notícias extraídas das mais diversas fontes, que, por vezes, pela falta de critérios comuns e da hierarquização da sua importância relativa, se convertiam num acervo de informação reunindo os pormenores mais insignificantes aos dados de importância efectiva.

No século XIX, o saber sobre a literatura assume preocupações mais sistemáticas sob a influência do espírito científico e adopta formas entre as quais se destaca a ***história literária***. Este tipo de estudo apresenta o conjunto das obras literárias de uma comunidade nacional em termos de sucessão cronológica e causal.

O ano da publicação, em 1815, da *História da literatura antiga e moderna* de Friedrich Schlegel pode ser escolhido como a data simbólica do nascimento da história literária. Friedrich

---

[90] Refira-se, para o domínio da cultura portuguesa, a *Biblioteca Lusitana* de Diogo Barbosa Machado, quatro volumes publicados entre 1741 e 1759.

Schlegel estuda a literatura [...] como expressão e manifestação das nações e dos povos, ligada a outras manifestações da civilização e da cultura como a língua, a religião, o folclore, etc. A literatura devia ser estudada no seu desenvolvimento orgânico, nas suas várias épocas, procurando-se reconstituir a complexa interacção existente entre a herança e a criatividade individual e relacionar os autores e as obras com os grandes movimentos espirituais e culturais da sua época, com os acontecimentos políticos do seu tempo, com a sociedade de que faziam parte, etc.[91]

A diferença entre o espírito clássico e o historicismo romântico pode captar-se se tivermos em conta que a obra de La Harpe, *Lycée ou cours de littérature ancienne et moderne,* de 1799, que inclui filósofos e obras literárias. No mesmo sentido, Mme de Staël, na obra que publica no ano seguinte, diz o seguinte no «Discurso Preliminar»:

> Existe na língua francesa, sobre a arte de escrever e os princípios do gosto, tratados que não deixam nada a desejar; mas parece-me que não se analisou suficientemente as causas morais e políticas que modificam o espírito da literatura. Parece-me que não se considerou ainda como é que as faculdades humanas se desenvolveram gradualmente através de obras ilustres de todo o género, que foram compostas desde Homero até aos nossos dias.[92]

A crítica romântica

Além da história literária, encontramos ainda, no âmbito do século XIX, outro tipo de estudo (que aliás precede lógica e cronologicamente a história): a ***crítica monográfica***, cujo expoente máximo

---

[91] Silva, 1990: p. 27.
[92] *De la littérature* [...]: 65.

é Charles Augustin Sainte-Beuve (1804–1868), autor de uma obra que resulta, na sua parte mais significativa — compreendida entre 1849 e 1861 —, de artigos que apareciam, regularmente, à segunda-feira, em jornais franceses; daí vem o nome de *lundis*[93] para as recolhas desses artigos. Sainte-Beuve analisa a obra dos autores à luz das suas vidas, procurando captar a individualidade, o *retrato*[94] do autor e explicá-lo pelas circunstâncias biográficas.

> A literatura para Sainte-Beuve está tão visceralmente ligada ao homem, que se torna impossível estudar e julgar uma obra literária independentemente do homem que a criou: «tal árvore, tal fruto».
> Através da obra literária, o crítico deve procurar atingir o homem, esforçando-se por plasmar o seu retrato psicológico e moral, por definir a sua constituição íntima e profunda.[95]

Tratava-se de investigar todos os recessos da vida e da alma do escritor: Sainte-Beuve descreve assim o seu método:

> Enquanto não fizermos um certo número de perguntas sobre um autor, e enquanto não lhes respondermos [...] não podemos estar seguros de o apreendermos inteiramente, ainda que estas perguntas pareçam as mais estranhas à natureza dos seus escritos: Que pensava ele da religião? Como era afectado pelo espectáculo da natureza? Como se comportava no capítulo das mulheres, e no capítulo do dinheiro? Era rico, pobre; como era o seu regime, a sua maneira de viver o quotidiano? Qual era o seu vício, ou o seu ponto fraco? Nenhuma resposta a estas

---

[93] *Causeries du lundi, 1851–1857, e Nouveaux Lundis, 1863–1870.*
[94] Da crítica literária anterior aos *lundis* resultaram, entre outras, as obras *Portraits littéraires* e *Portais contemporains*.
[95] Silva, 1967: p. 414.

perguntas é indiferente para julgar o autor de um livro e o próprio livro, se este livro não for um tratado de geometria pura, se for, sobretudo, uma obra literária, isto é, onde há de tudo.[96]

Daqui deriva o modelo de estudo, que ainda hoje permanece, «a obra e o homem».

A mentalidade positivista

A história literária e a crítica oitocentista partem de orientações e de valores dos românticos: assumem um pendor nacionalista e formam-se a partir de disciplinas e reflexões contemporâneas: a filologia e o método histórico. Mas, tal como as outras ciências humanas, apresentam-se, na segunda metade do século XIX, muito marcadas igualmente pelas coordenadas ideológicas dominantes: o ideário do **positivismo** que inspirou o imenso progresso que as ciências naturais registaram nessa época, em particular a biologia, onde se destacam as teses de Darwin sobre a evolução das espécies.

São estas ciências que servem de modelo às ciências humanas, modelo que é aceite em termos de inspiração, mas também de subordinação servil e desajustada.

Exemplo dessa situação são as formas de explicação determinista que vêem o fenómeno literário dependente de relações de causalidade relativamente à *raça,* ao *meio* e ao *momento,* de acordo com a teoria de H. Taine[97] (1828–1893), bem como

---

[96] Sainte-Beuve, «Chateaubriand jugé par un ami intime», *Nouveaux Lundis,* Paris, Michel Lévy Frères, 1865–1870.

[97] «A raça, força interior, e o meio, força externa, produzem uma obra, e esta condiciona a obra que se lhe seguir [...] O *momento* representa a velocidade adquirida, a interacção das forças do passado e do presente, as relações que se instauram entre o elemento precursor e o elemento sucessor em qualquer processo histórico.
Esta orientação científica da crítica literária foi partilhada por muitos contemporâneos e discípulos de Taine, desde Ernest Renan e Emile Hennequin até Paul Bourget e Brunetière.» Silva, 1967: 419. Veja-se a orientação positivista do pensamento de

o conceito de «evolução» (importado da teoria de Darwin), que levará a entender o processo de transformação dos géneros literários em paralelo com a evolução das espécies, motivada pela luta pela vida e pela adaptação ao meio: F. Brunetière (1846–1906), *L'Évolution des genres dans l'histoire de la littérature* (1892).

Da mesma forma, a influência do positivismo vai manifestar-se no método que a história literária adoptará, o método histórico-filológico: este, pela sua própria vocação, tende a estabelecer *factos* literários, entre os quais se destaca a edição de textos, na forma mais fiel à vontade do autor.

De modo geral, o método da história literária era orientado por um ideal de *objectividade* absoluta[98], de acordo com a atmosfera positivista, mas de facto incompatível com a natureza dos estudos literários. Estes, se devem ser regidos por uma saudável isenção relativamente às opiniões pessoais do crítico ou do historiador, não podem escapar a uma situação que é inevitável e fundante na literatura — o endereço da mensagem de um sujeito a outro sujeito, o que desde logo estabelece, de raiz, condições de comunicação intersubjectivas que não podem ser ignoradas.

Mas, além disso, as histórias literárias seleccionam os seus próprios factos — as obras de que se ocupam, a construção dos quadros e dos contextos no âmbito das quais as integram, a sua interpretação e organização de acordo com critérios que, sendo fundamentados, não deixam de ter a marca pessoal dos leitores que os historiadores também são.

Taine neste passo: «La méthode moderne que je tâche de suivre, et qui commence à s'introduire dans toutes les sciences morales, consiste à considérer les ouvres humaines et en particulier les oeuvres d'art comme des faits et des produits dont il faut marquer les caractères et chercher les causes; rien de plus. Ainsi comprise la science ne prescrit ni ne pardonne; elle constate et elle explique.» *Philosophie de l'art,* Paris, Hachette, 1865: 20–21.

[98] Veja-se, a propósito da questão do ideal de objectividade, no § sobre a hermenêutica, a reflexão feita por Dilthey, por Heidegger e por Gadamer.

Contudo, por muitas reservas que tenhamos face aos pressupostos e à ideologia positivista, seria injusto não valorizar o vastíssimo trabalho que pode abrigar-se sob a denominação de *história literária*: os historiadores literários descobriram e ordenaram uma imensa quantidade de materiais, estabeleceram e editaram textos, determinaram fontes e influências e escreveram a história literária de múltiplas comunidades culturais.

Se a história literária é inevitavelmente filha do seu tempo, contém figuras, que, pela qualidade da sua obra, se eximem às objecções que podem ser feitas a outros autores. Estamos a pensar em Gustave Lanson (1857–1934), o paradigma do historiador literário.

> Na sua personalidade se operou a difícil conciliação das mais rigorosas exigências do método histórico-literário com as exigências de uma sensibilidade que nunca abdicou dos seus justos direitos, de um espírito que se recusou sempre a transformar a literatura em coisa morta ou desvitalizada. Por isso, o vocábulo *lansonismo* se tornou um sinónimo de história literária, e por isso também a descrição que se fizer do método histórico-literário deverá fundamentar-se sobretudo nas doutrinas de Lanson, porque aquilo que em muitos outros é excesso e caricatura, é em Lanson espírito de rigor e equilíbrio.[99]

A obra de Lanson (na qual destacamos a *Histoire de la littérature française*, 1895) não toma como modelo a história natural (que inspirara Brunetière), mas a sociologia. «Pretende evitar ao mesmo tempo "a imaginação impressionista" e o "dogmatismo sistemático", em proveito das verdades históricas experimentalmente verificadas.»[100]

---

[99] Silva, 1967: 421.
[100] Rohou, 1996: 11.

Lanson tem consciência de que o objectivo último da história literária consiste na leitura dos textos: «rien ne peut remplacer la dégustation des oeuvres», e por isso admite que «il y aura toujours dans nos études une part fatale et légitime d'impressionisme». Mas é preciso distinguir prazer e conhecimento: «Distinguer *savoir* et *sentir,* je crois bien qu'à cela se réduit la méthode scientifique de l'histoire littéraire»: «ne pas sentir où l'on peut savoir et ne pas croire que l'on sait quand on sent».

Trata-se de reduzir a margem de subjectividade «pela análise intrínseca e objectiva da obra»[101].

História e erudição

Para além de outros, a história literária oitocentista teve o mérito de investigar e dar a conhecer uma imensa quantidade de dados e informações que estabelecem o quadro — de autores, obras, géneros, épocas — sobre os quais trabalhamos.

Mas a descoberta das literaturas primitivas, medievais, folclóricas, bem como as dos séculos intermédios, só foi possível através do trabalho paciente e metódico de pesquisadores nas bibliotecas e nos arquivos, usando as técnicas da investigação histórica. Assim, o trabalho da história literária foi precedido da actividade de reunir documentação, de carrear materiais e de acumular elementos que, como vimos, fora começada no século XVIII. No século XIX, embora alguns românticos possam ter olhado com sobranceria para essas obras de erudição — que por vezes revelam grande insensibilidade relativamente ao valor estético dos escritos que referenciam —, a história literária só se tornou uma realidade graças à continuação e ao desenvolvimento desse labor erudito.

Vejamos quais as principais obras que, no que respeita à literatura portuguesa, realizam esse trabalho. Garrett, um dos iniciadores do Romantismo português, traça logo em 1826 um *Bosquejo da*

---

[101] *Apud Rohou, ibidem.*

História da Poesia Portuguesa. Em meados do século (de 1850 a 1855), José Maria da Costa e Silva desenvolve em múltiplos volumes um *Ensaio Biográfico-Crítico sobre os Melhores Poetas Portugueses*. Camilo Castelo Branco é autor de um *Curso de Literatura Portuguesa,* continuando as investigações de Andrade Ferreira. E Alexandre Herculano publica dois ensaios sobre as origens das novelas de cavalaria e do teatro português.

Entre estes nomes destaca-se o de Henrique Lopes de Mendonça, que merece, nos termos de J. A. Cardoso Bernardes[102], «o galardão de maior crítico e historiador literário do Romantismo» português, com os seus *Ensaios de Crítica* (depois republicados sob o título *Memórias da Literatura Contemporânea*), em 1855.

Estes estudos, como se deduz até dos títulos, não estão apenas voltados para a recolecção de factos e informações; alguns deles perseguem objectivos críticos e não fogem a apresentar juízos de valor. Como exemplo de obra de acumulação erudita, encontramos o *Dicionário Bibliográfico Português,* de Inocêncio Francisco da Silva, continuado por Brito Aranha e Martinho de Figueiredo, publicado de 1898 a 1918. É uma obra que resulta de um trabalho persistente e sistemático de recolha de informação e que ainda hoje mantém o seu valor como instrumento de investigação e elemento de consulta indispensável.

No fim do século, surge a obra de Teófilo Braga, *História da Literatura Portuguesa,* que representa, entre nós, a orientação positivista. Não obstante os preconceitos de época que a marcam, e a inexactidão de algumas informações, continua a ser um livro consultado porque a sua visão global e a arrumação dos materiais pelos grandes períodos da literatura portuguesa constitui a origem das histórias literárias posteriores.

---

[102] José Augusto Cardoso Bernardes, *História Literária*, in *Biblos*, vol. II, cols. 1024–1038. Este artigo traça um excelente quadro de conjunto da história literária portuguesa, fornecendo igualmente as coordenadas teóricas do tema.

Noutras áreas culturais, é igualmente nesta época, e em torno de uma visão semelhante de literatura, que aparecem grandes estudiosos que se tornam figuras tutelares dos estudos literários dos respectivos países: Francesco de Sanctis, em Itália; Menendez Pelayo, em Espanha; Mathew Arnold, em Inglaterra.

Na transição do século XIX para o século XX, verifica-se uma viragem na mentalidade dominante: a influência do idealismo alemão, o impressionismo crítico e uma nova concepção de literatura vão desvalorizar este labor erudito. Efectivamente, o trabalho paciente, minucioso, feito nos fundos das bibliotecas e dos arquivos e apresentado, por vezes, em repertórios organizados alfabeticamente em dezenas de volumes (como o citado *Dicionário* de Inocêncio) está nos antípodas da sensibilidade e da ideologia antipositivista desta época, marcada pelo Simbolismo que constitui ainda um avatar do Romantismo, o qual, como vimos, valoriza acima de tudo a criação e a excepcionalidade do génio.

1.7.4. O impressionismo crítico
Nos finais do século XIX e nas primeiras décadas do século XX, a crítica reage contra as pretensões eruditas e contra o espírito sistemático e metódico necessariamente ligado à concepção dos estudos literários como ciência. Algumas das obras que exprimem estas tendências — de Jules Lemaître, Anatole France, André Gide, Charles du Bos, Oscar Wilde — podem agrupar-se naquilo que ficou conhecido como *crítica impressionista,* expressão que deriva do facto de estes críticos assumirem deliberadamente fundamentar-se ou reduzir-se às impressões de leitura.

Contrariando o ideal de objectividade, reivindicam o fundamento subjectivo de toda a crítica, que, como é evidente, parte necessariamente da leitura feita por um sujeito. De facto, esta evidência não pode ser escamoteada, e lembrá-la-emos noutras ocasiões.

Partindo da consciência da inevitável subjectividade de toda a leitura, estes autores concebem a crítica como um encontro imediato e ingénuo com a obra literária; acentuam o prazer de ler e procuram praticar uma leitura de simpatia, de diálogo, fundamentada na intuição, na identificação entre leitor e autor.

Daí podem decorrer certos defeitos: a falta de atenção ao *objecto* ou o esquecimento de categorias genéricas, periodológicas, formais redundam em ausência de fundamentação, em superficialidade ou numa ingenuidade que equivale a ignorância. O crítico assume-se como «amador», por oposição a «profissional». Mas este amadorismo, se significa o realce concedido à adesão afectiva, pode também descambar em diletantismo e irresponsabilidade.

Por outro lado, a reivindicação da subjectividade traduz-se, por vezes, no egotismo do crítico. A. France afirma sem rebuços servir-se da obra que critica para falar de si mesmo[103]. Da mesma forma, A. Gide serve-se das leituras que recenseia para traçar a sua biografia intelectual. «Um livro não é mais do que um pretexto para exprimirmos os nossos pensamentos.»

Se assim for, se a obra criticada se reduzir a um pretexto, o impressionismo revela-se uma forma inferior de crítica.

Mas nem sempre isso acontece: estes autores, ainda que muito pouco metódicos ou objectivos, beneficiam da compreensão profunda que lhes vem de serem também criadores. Deste modo, a crítica prolonga a criação e torna-se ela própria uma forma de criação, uma criação no segundo grau.

---

[103] W. Wimsatt e Cl. Brooks lembram, para documentar a «candura» de A. France, a seguinte confissão: «Para ser franco, o crítico deveria dizer. "Senhores, vou falar de mim próprio, a propósito de Shakespeare, a propósito de Racine".» (1957) 1971: 591.

«Telle que je l'entends, la critique est [...] une espèce de roman à l'usage des esprits avisés et curieux, et tout roman est une autobiographie. Le bon critique est celui qui raconte les aventures de son âme au milieu des chefs d'oeuvre.» (texto citado por Carloni e Filoux, *La critique littéraire*, Paris, P U F, col. «Que sais-je?», 1966: p. 54).

Este é um estatuto de que, nos nossos dias, frequentemente a crítica se reclama. Alguns dos textos que o reivindicam exibem uma suficiência irritante, pretendendo sobrepor-se à obra que deveriam servir e gozar parasitariamente da sua energia artística. Mas há, sem dúvida, páginas de crítica penetrante, de comunhão profunda com a obra que analisam, que podem tornar-se tão admiráveis e tocantes como as páginas da criação no primeiro grau.

A estética da recepção pôs em relevo este aspecto da crítica, porque uma obra literária não termina na sua última página. O leitor e o crítico prolongam-na. E essa é a sua forma de existência.

2

As Disciplinas dos Estudos Literários

2.1. A História Literária
2.2. A Crítica Literária
2.3. A Teoria da Literatura
2.4. A Hermenêutica

2.1. A História Literária
É do domínio corrente a distinção saussuriana entre *sincronia* e *diacronia*. A sincronia, no que respeita à língua, estuda o seu funcionamento, olhando a um dado estado, supostamente estacionário, e ignora a sucessividade temporal; a diacronia, por seu turno, atende sobretudo à mudança dos estados, à sucessão dos elementos, à sua evolução e à ordem cronológica em que decorrem. Não são perspectivas contrárias, são apenas diferentes.

Enquanto a perspectiva sincrónica dá origem à descrição ou, na área que nos importa, à teoria, a perspectiva diacrónica faz surgir a **história**.

2.1.1. O Método Histórico-filológico
Como vimos, a **história literária**[104] nasce com o Romantismo, com o emergir da consciência histórica. E vai dar origem ao *método histórico-filológico* — a forma mais apurada que os estudos literários elaboram ao longo do século XIX. Globalmente, podemos dizer que a história literária do século XIX obteve resultados muito fecundos.

Gustave Lanson (1857–1934) tornou-se o paradigma deste método, que utilizou e desenvolveu de forma magistral[105] e no qual convergem os ensinamentos de outras disciplinas:

---

[104] Na primeira parte desta exposição, seguimos de perto V. M. Aguiar e Silva, no cap. «A história literária» da 1.ª versão da sua *Teoria da Literatura*, 1967: 429–458.
[105] V. G. Lanson, *Essais de méthode de critique et d'histoire littéraire*, Paris, Hachette, 1965.

a filologia clássica, a hermenêutica das escrituras e o método histórico[106].
O que pretende a história literária?

A história literária tem como finalidade o conhecimento dos textos literários, as suas relações com uma tradição literária, o seu agrupamento em géneros, a sua filiação em movimentos ou escolas, as conexões de todos estes fenómenos com a história da cultura e da civilização.[107]

Assim, o primeiro objectivo desta disciplina consiste no conhecimento das obras. Conhecê-las e dá-las a conhecer. Para desenvolver este programa, a história literária tem de se apoiar numa série de disciplinas, entre as quais se destaca a *filologia*, a qual tem como objectivo estabelecer o texto de forma tão fiel quanto possível à vontade do autor; para isso, dispõe de uma vasta tradição e de um conjunto de técnicas que levam à preparação de edições de vários tipos, nomeadamente as edições críticas e as diplomáticas. Pode recorrer também à *paleografia* (que ensina a ler documentos antigos, a conhecer diferentes tipos de letra, a resolver problemas que têm a ver com o suporte material do escrito — o papel, o pergaminho, o papiro), à *linguística*, à *bibliografia*, à *história da filosofia* e a outros ramos da história da cultura.

---

[106] Relembrem-se as reflexões de Gusdorf (p. 443), já transcritas no § sobre a hermenêutica: «A história não é uma ciência da natureza; não pode pôr-se em prática segundo os seus princípios, e reduzir-se afinal a uma reunião de átomos materiais. Exige uma metodologia particular que respeite a sua originalidade específica. "O mundo humano, afirma Droysen, é histórico de uma ponta à outra; é isso que o torna essencialmente diferente do mundo natural". Donde uma metodologia particular, que é preciso tentar elucidar, porque não se trata de "estabelecer as leis da história, mas antes as do conhecimento e da ciência histórica"».
[107] Silva, 1967: 433.

2.1.2. As Tarefas da História Literária

Para concretizar as finalidades acima descritas, a história literária compreende um certo número de tarefas. Antes de mais, **editar o texto,** se este não se encontra acessível, para o que o estudioso se socorre, como acabamos de ver, da filologia[108]. Esta actividade editorial recebe o nome de «crítica textual» e constitui uma tarefa básica da história literária. Mesmo que o texto esteja editado e acessível, o historiador da literatura tem de ser capaz de avaliar a sua qualidade. Que confiança merece este texto? É o problema que se coloca em face de manuscritos ou impressos. Na transmissão dos textos ocorrem com frequência erros, lapsos ou mesmo fraudes. Perceber qual a relação do testemunho em causa com a forma do texto que saiu das mãos do autor constitui uma necessidade elementar de todo o estudioso da literatura.

A crítica textual não se utiliza apenas para editar textos antigos. Ainda recentemente, a preparação da edição dos poemas do «Guardador de Rebanhos», do heterónimo de F. Pessoa, Alberto Caeiro, permitiu a Ivo de Castro — através do estudo dos manuscritos — tirar conclusões sobre a forma como os poemas foram elaborados, levando a relativizar a narrativa que F. Pessoa faz da sua criação e do aparecimento do heterónimo em questão.

Pode acontecer também que o leitor disponha de versões diferentes de uma obra, sem que isso se deva ao processo de corrupção das cópias. Por vezes, o autor altera o texto inicial, e pode mesmo remodelá-lo profundamente. É o que se passa com o romance de Eça de Queiroz *O Crime do Padre Amaro,* que tem, na primeira versão, de 1875, 73 páginas, na segunda, de 1876, 362 páginas e na terceira, de 1880, 675. Conhecer e comparar as diferentes versões de uma obra leva-nos, num caso como este, a acompanhar o processo criativo do autor.

---

[108] Para a noção de *filologia,* ver o artigo com o mesmo nome de Ivo de Castro, in *Biblos,* vol. 2.

A «crítica textual» limita-se ao estabelecimento do *sentido literal* do texto ou deve ter em conta o seu *sentido literário*? É uma questão polémica para a qual encontraremos respostas diferentes consoante discutamos com filólogos de origem linguística ou com editores oriundos dos estudos literários.

Em todo o caso, não podemos esquecer situações em que a compreensão literária de um texto constitui elemento indispensável para a sua edição adequada. E se o objectivo da filologia, tradicionalmente, consistia não só no restabelecimento da autenticidade dos textos, mas também na sua interpretação, tendo particularmente em conta o esclarecimento dos sentidos obscuros ou menos claros para o leitor distanciado no tempo de texto em questão, então é difícil não considerar as implicações do *sentido literário,* como no exemplo que propomos: a redondilha de Camões «(Vós) sois ũa dama» tem sido editada no século XX como uma sequência linear vertical de quatro estâncias. A estudiosa e filóloga Luciana Stegagno Picchio[109], que estuda o poema no âmbito do virtuosismo e das «agudezas» maneiristas próprias do *Cancioneiro Geral,* propõe outra forma de o editar, dispondo-o diferentemente na página, em duas colunas, de tal modo que a 1.ª estância fique ao lado da 3.ª e a 2.ª ao lado da 4.ª Deste modo, o leitor dispõe de duas leituras possíveis: ou lerá cada linha na horizontal, ligando cada verso da 1.ª estância ao verso correspondente da 3.ª, e o mesmo para a 2.ª e a 4.ª, ou optará pela leitura vertical (na sequência 1.ª, 2.ª, 3.ª e 4.ª). A primeira leitura revela o elogio da dama; a segunda, um insulto. E esta ambiguidade está de acordo com a didascália que se encontra na edição de 1668, que dá o poema «com duas contrariedades, louvando e deslouvando huma dama».

O gosto por estes equívocos e pela surpresa que contêm e o uso do poema como um jogo que faz parte dos divertimentos

---

[109] *Ars combinatória e Algebra delle proposizione in una lírica di Camões,* estratto da «Studj romanzi», vol. XXXXV, 1973.

cortesãos são elementos que só o conhecimento do funcionamento *literário* possibilita e que se tornam indispensáveis para a edição do texto.

Colocam-se de seguida as tarefas da *atribuição*. Quem é o autor do texto em questão? Por exemplo, a lírica de Camões não está isenta de problemas neste domínio; há sonetos e canções em relação aos quais subsistem dúvidas sobre se foram da lavra de Camões ou de poetas contemporâneos.

E importa distinguir um texto autêntico de um *apócrifo,* ou seja, de um texto falsamente atribuído.

Não é indiferente que as *Cartas Portuguesas,* publicadas anónimamente em França, em 1669, com o título *Lettres portugaises traduites en français,* sejam da freira portuguesa Soror Mariana Alcoforado ou do francês Guilleragues, que as terá concebido, criando o romance epistolar que elas configuram[110].

Nem sempre as dúvidas sobre a autoria de uma obra são susceptíveis de serem resolvidas. Apesar das investigações feitas, há textos que permanecem anónimos, como o romance picaresco *Lazarillo de Tormes,* publicado em 1554. Não obstante, a obra pode ser estudada. Mas, como é natural, a atribuição de uma obra a uma personalidade sobre a qual possamos ter informações, ou a um autor de outras obras, constitui um elemento importante para a sua contextualização.

Outra tarefa da história literária consiste na *datação* da obra: importa estabelecer a data da publicação e também a época da redacção. A circunstância histórica, as correntes culturais dominantes, as formas ideológicas e de sensibilidade, o sistema literário no âmbito da qual a obra se concebe, escreve e depois é

---

[110] Veja-se sobre este assunto, Cristina A. Ribeiro, «Cartas Portuguesas», in *Biblos*, vol. I, cols. 1006–1008.

publicada são contextos cujo conhecimento é altamente esclarecedor para a compreensão do texto.

Na sequência das outras tarefas, coloca-se a questão da *génese da obra*. O que levou ao seu aparecimento? Que circunstâncias rodearam esse aparecimento e o seu amadurecimento? Todo o ambiente cultural favorecia esta orientação de pesquisa, que procura compreender uma realidade pela sua origem, procurando refazer ao invés o percurso da obra acabada: Como foi concebida? E como se realizou?

A história literária oitocentista responde a esta questão sobretudo investigando a biografia do autor.

Foi com Sainte-Beuve, como vimos, que as averiguações biográficas se tornaram um método de acesso ao significado da obra literária. E quando, mais tarde, se contesta a pertinência dos estudos biográficos para o entendimento da obra literária, esta contestação faz-se justamente *Contre Sainte-Beuve:* este é o título da obra de M. Proust que se opõe polemicamente ao biografismo.

> O famoso método que faz (de Sainte-Beuve), segundo Taine [...], o mestre indiscutível da crítica do século XIX, este método, que consiste em não separar o homem e a obra, a considerar que não é indiferente para julgar o autor de um livro, se este livro não for um «tratado de geometria pura», ter primeiro respondido às questões que parecem mais estranhas à sua obra (como se comportava, etc.), a rodear-se de todas as informações possíveis sobre um escritor, a coleccionar a sua correspondência, a interrogar os homens que o conheceram, conversando com os que ainda estão vivos, lendo o que eles puderam escrever sobre ele, se já morreram, este método desconhece o que um convívio um pouco profundo connosco nos ensina: que um livro é o produto de um *eu* diferente daquele

que nós manifestamos nos nossos hábitos, na sociedade, nos nossos vícios.[111]

A contestação baseava-se no facto de esses estudos postularem uma relação linear e directa entre a vida e a obra, segundo a teoria romântica da expressividade: a obra exprimiria o autor com sinceridade, o que sabemos não ser exacto; quantas vezes uma obra surge precisamente em contradição com a vida, para contrabalançar limitações e fracassos! Cita-se frequentemente o caso de Stendhal, para quem os romances são de certa forma a compensação daquilo que o autor não realizou na vida; os sonhos, as ambições que pessoalmente não concretizou, mas que projectou imaginariamente nos seus heróis.

Houve ainda outras razões para desvalorizar o biografismo: estudiosos da literatura, não dispondo de documentação que permitisse reconstituir a vida de um autor, procuraram na obra ecos de alegadas experiências biográficas, o que deu lugar à invenção de biografias fantasiosas, que, ainda por cima, distorcem o sentido dos textos. Foi o caso da famosa «tese da infanta», nos estudos camonianos de José Maria Rodrigues, e dos amores pela condessa de Linhares, na *Vida Ignorada de Camões,* de J. Hermano Saraiva, entre outros exemplos.

Por estas razões, o biografismo esteve banido, durante décadas, dos estudos literários; hoje reconhece-se que — com as reservas necessárias, ou seja, com a consciência da diferença entre factos históricos, biográficos, e dados literários, que implicam sempre transposição, ficcionalidade; e com a consciência de que a obra pode não ser expressão, mas reacção — a vida de um autor se torna um elemento esclarecedor da obra, entre muitos outros. O erro seria absolutizá-lo, confundir o plano literário

---

[111] Marcel Proust, *Contre Sainte-Beuve,* Paris, Éd. Gallimard (1954), 1993: 126–27 (tradução nossa).

com o biográfico ou atribuir a este uma função explicativa da obra[112].

Outro factor contribuiu para o descrédito dos estudos biográficos: a estética do modernismo chamou a atenção para a necessidade de *distanciamento* do autor relativamente às suas próprias experiências e emoções, o que, de certo modo, está implícito no passo de Proust que transcrevemos. Quem diz distanciamento diz insinceridade, ou *fingimento* (nos termos de F. Pessoa). Estes pressupostos, como é bom de ver, não encorajam a procura da génese da obra nas circunstâncias biográficas do escritor[113].

Ainda no domínio do estudo da génese de uma obra, a história literária investiga as ***fontes e influências***. Qualquer texto nasce no âmbito de uma tradição literária, tendo na sua origem e no seu processo de elaboração estímulos que partem de obras anteriores ou contemporâneas lidas pelo autor.

Este tipo de estudo, de modo semelhante ao do biografismo, mereceu reservas porque foi frequentemente praticado sem ter em conta a elaboração que o texto faz da fonte que assimila. Desta forma, o enunciar das fontes e influências pode apresentar-se como mero inventário que pouco esclarece o texto em estudo. Ou então este pode aparecer como uma colecção de influências, colagem de textos alheios, se a perspectiva adoptada for a da erudição seca e factual. Ora, importa ter em conta que não serão

---

[112] Não rareiam os exemplos de biografias conscienciosas: a de António Nobre feita por Guilherme de Castilho (Cf. Paula Morão, «Guilherme de Castilho, biógrafo de António Nobre», *Colóquio/Letras*, 127–128, Jan.–Jun. 1993, pp. 127–128); a de Gomes Leal feita por Vitorino Nemésio (cf. José Martins Garcia, *Vitorino Nemésio — à luz do Verbo*, Vega, Lisboa, s. d., pp. 285 e ss.

[113] Tanto esta problemática como a biografia e autobiografia como tema literário são o foco do n.º 3 de *Românica, Revista de Literatura,* Departamento de Literaturas Românicas da FLUL de Lisboa, Ed. Cosmos, 1994. Veja-se em particular a síntese de Paula Morão, «O secreto e o real — caminhos contemporâneos dos escritores intimistas»; 21–30, e a «Bibliografia selectiva»; 187–193.

tanto os textos alheios que se tornam estímulo para a obra nova, mas antes o escritor desta que encontra neles ecos de aspirações ou de problemas que são seus e que de alguma forma se articulam com as suas necessidades expressivas.

Na sequência deste tipo de estudos, tem vindo a tomar-se consciência de que nenhum texto vive isoladamente, pelo contrário, surge inserido num vasto sistema, o sistema literário; e aí entra em diálogo, aproveita, cita, contradiz ou parodia textos anteriores ou contemporâneos. Este domínio de pesquisa é hoje denominado **intertextualidade**. Nenhum texto nasce do nada. O seu autor conhece, melhor ou pior, uma série de obras cujos ecos se repercutem no texto que cria. A análise do jogo que se estabelece entre os textos, jogo que vai da citação, da imitação, da tradução assumida até à mais radical contestação, constitui uma forma privilegiada de interpretação do texto e de compreensão das relações que estabelece com o contexto histórico e literário em que se insere[114].

O soneto de Camões «Transforma-se o amador na cousa amada» apresenta neste 1.º verso o decalque de um verso de Petrarca. Mas, mais do que sabê-lo, importa perceber de que modo este verso de Petrarca (que o leitor contemporâneo facilmente identificava) é usado ao longo do soneto camoniano. Só esta etapa implica um real entendimento do soneto. Importa perceber como o texto — que apresenta inicialmente essa afirmação petrarquista como uma «verdade» incontestável — vem demoli-la em seguida pela análise lógica, psicológica e filosófica do con-

---

[114] Gusmão, 1999: 59–60: «Neste responder [responder às perguntas através das quais o escritor se situa no sistema literário], a cena não tem que se passar a dois, como na versão da "angústia da influência" de H. Bloom, nem acontece na configuração de uma única tradição, como em Eliot. Para resistir a Pascoaes, por um lado, e a Whitman, por outro, Pessoa inventa Caeiro e escolhe Cesário Verde [...]. Joaquim Manuel Magalhães, para resistir ao poder devastador de Herberto Helder, vai valorizar ou mesmo inventar uma tradição que reúne Nemésio, Cinatti e Sena [...]».

ceito que ela contém. «Se nela está minha alma transformada / que mais deseja o corpo de alcançar?» É que esta *transformação* consiste numa *conformação* da alma do sujeito com «a linda e pura semideia» em termos de conformação do *acidente* com o seu *sujeito*. Ao introduzir estas categorias aristotélicas, Camões reduz, *ipso facto,* a transformação em causa a uma pura e simples concretização psicológica: «está no pensamento como ideia», ou seja, enquanto eu penso nela; logo que deixe de pensar nela, a *ideia* muda. Para além de retirar toda a autoridade ao princípio petrarquista enunciado (que se vê assim reduzido ao registo de uma banalidade), vai destruir a fundamentação filosófica dessa teoria do amor (de índole neoplatónica) usando quase sarcasticamente o termo «ideia» (crucial para essa filosofia), num sentido completamente alheio ao que tem em Platão. E, a partir daí, afirmar com ênfase a razão do seu desejo, o que equivale, por outro lado, a sorrir do prestígio de Petrarca.

Por esta via se chega a um domínio muito vasto, mas que está frequentemente implícito na problemática que acabamos de referir: o domínio da **literatura comparada**, designação da disciplina que estuda as relações de escritores de nacionalidade, línguas ou culturas diferentes.

Na averiguação de fontes, o estudioso pode deparar-se com o aparecimento de certas configurações do pensamento e da expressão que, pelo facto de muito se terem repetido, se foram transformando em lugares-comuns, estereótipos, ideias feitas, *clichés*. Este domínio foi particularmente estudado por Ernst Robert Curtius, num livro clássico, *Literatura Europeia e Idade Média Latina,* e ficou a partir dessa obra conhecido por **tópica**, do estudo dos **topoi**, ou dos tópicos.

Reconhecer um passo como um *topos* significa que este se apreende como um lugar-comum literário, o que implica tomar consciência da tradição que o suporta, dos seus modelos e de uma cadeia de transmissão que o leitor competente deve conhecer.

Por exemplo, o *topos* «armas e letras» tem uma importante função em *Os Lusíadas*. Compreendê-lo implica antes de mais entender que o ideal de herói de Camões alia a valentia e a cultura. Mas implica, em segundo lugar, a consciência de que Camões actualiza aqui um traço que sedimentou em obras anteriores, e revela de que modo o poeta se relaciona com a tradição literária em que se insere. Se a primeira leitura estabelece uma relação entre o texto e o seu referente (o mundo de que fala e para que fala), na segunda, estabelece uma relação com o sistema literário[115].

Passando a outro plano, encontramos o estudo de **temas**. Também aqui, deparamos com temas recorrentes, que têm a sua tradição: o tema do amor, da morte, da viagem; de certos mitos com grande repercussão literária, como Orfeu, Narciso e outros, ou de figuras que, não pertencendo à mitologia, adquiriram relevo paradigmático, como D. Juan e Fausto, que são os exemplos mais significativos.

O historiador deve ainda enquadrar a obra no ***género*** a que pertence, tal como perceber e explicar como o modelo de género preexistente condicionou ou veio a ser modificado pela obra em questão; e, por outro lado, deve perceber de que modo e por que razões evoluem os géneros. Fará, assim, a *história dos géneros:* história da tragédia, da epopeia, da novela pastoril, etc., bem como com a ***história de movimentos ou correntes***: história do Romantismo, do Maneirismo, do Simbolismo...

---

[115] Exemplos de outros tópicos: o *locus amoenus* ou paisagem ideal; o mundo às avessas; *puer senex,* ou seja, a aliança da graça da criança com a prudência e a maturidade do velho. Tópicos da oratória: a modéstia do orador; o elogio da assembleia com o objectivo da *captatio benevolentiae,* etc.

Deverá interessar-se ainda com a fortuna da obra, isto é: com o êxito que ela obteve ou não no momento da publicação, e em épocas posteriores. Surgem assim, para os grandes autores, as *histórias da crítica:* história da crítica de Dante, de Shakespeare, de Camões... Hoje, estudando a interpretação da obra ao longo dos tempos, o modo como se altera e as razões desta mudança, a estética de recepção fez deste domínio uma das áreas privilegiadas da história literária.

Em todos estes campos, o historiador da literatura estará permanentemente em contacto com o universo em que a literatura mergulha: as correntes estéticas e intelectuais; o gosto predominante nas diferentes épocas; os problemas filosóficos, sociais e políticos do tempo em que o texto se elabora. Assim, a história literária acabará por estabelecer relações com a **história da cultura e das mentalidades**, com a **sociologia** e com a *história geral*.

A história literária não se confina a uma série de monografias justapostas e incomunicáveis entre si; pelo contrário reconstitui e interpreta todos aqueles factores trans-individuais que definem a atmosfera cultural e existencial de um período histórico, que condicionam a actividade criadora do homem, que constituem, enfim, o contexto estético, humano, social, filosófico e religioso em que se situam as obras literárias singulares.[116]

2.1.3. Uma Nova Exigência Histórica

Os críticos impressionistas tinham visto com maus olhos a história literária, na medida em que achavam que a obra se esgueirava por entre a multidão dos factos apresentados nesses trabalhos cheios de saber e de autoridade. Entendiam que essas histórias falavam de tudo menos do que era o cerne das obras literárias.

---

[116] Silva, 1967: 454.

Por outro lado, pode questionar-se o carácter propriamente *histórico* desses estudos. De facto, o que são a maioria das histórias da literatura senão inventários de autores e de obras cronologicamente organizados? «Séries de monografias justapostas», como Aguiar e Silva diz na transcrição acima. Já Brunetière observara que estas obras «não são Histórias, mas apenas Dicionários, onde os nomes estão classificados por ordem cronológica, em vez de alfabética»[117].

Os historiadores do século XIX pretendiam encontrar explicações históricas relacionando as literaturas com o *ambiente* (raça, meio e momento); a evolução dos géneros com a adaptação a novas condições socioculturais; os textos com determinismos económico-sociais, na perspectiva marxista; e os autores com as suas biografias.

O saldo deixou a desejar porque as explicações são pouco convincentes; na maioria dos casos, reduzem a relação da obra com as suas condicionantes aos termos de mero resultado mecanicamente produzido, efeito derivado de uma causa, ou reflexo directo, desconhecendo o carácter inventivo, ficcional, transformativo e criador da obra relativamente aos materiais que incorpora, ao mundo que representa ou deforma, aos condicionalismos que a motivam ou contra os quais reage.

Esse parcial fracasso não obsta, contudo, a que a exigência de explicação histórica continue a fazer sentido: por que razão e de que modo evoluem os temas, as formas, os géneros, os sistemas literários?

Em que termos se deve estabelecer a relação inegável entre a literatura e a vida económica, política, social, a religião e outros factores culturais?

Lanson, apesar da consciência que tinha do carácter individual da obra literária, chamava a atenção para a forma como o escritor de mérito interpreta e dá voz aos problemas colectivos.

---

[117] *Apud* Rohou: 22.

Por outro lado, entrevira que a leitura e a recepção das obras eram coordenadas básicas da história: «Quem lia? E o que se lia? Eis as duas questões essenciais». Por isso entendia necessário determinar a interpretação dos primeiros leitores, bem como a evolução das interpretações.

No entanto este projecto lucidamente delineado era demasiado ambicioso para esta primeira fase da nova disciplina, e estas dimensões da história ficaram apenas formuladas como intenções.

Hoje, depois do importante trabalho realizado por um século e meio de investigações (que importa continuar), reconhecendo a limitação dessa história, mas aproveitando os materiais, as informações e as formas de organização propostas, pode equacionar-se de forma mais ajustada o propósito da história literária:

> a história literária deve ser centrada sobre as obras literárias enquanto tais, quer dizer, como obras de arte resultando de um trabalho de imaginação, de composição e de estilo [...]. O seu objecto próprio é a evolução dos modos temáticos e formais da literariedade e a sua explicação pela evolução das condições concretas da prática literária e pela da função literária no quadro da lenta transformação dos condicionamentos e aspirações dos homens e dos seus meios de os assumir.[118]

Centrar a história literária na obra (como J. Rohou faz nesta proposta) leva a pensar na prioridade da crítica sobre a história e a lembrar outro tipo de objecções à mesma: as da «nova crítica» ou do estruturalismo, que em nome da imanência da leitura e do carácter singular da obra condenavam a pertinência da abordagem histórica.

Mas, como é evidente, não há imanência sem contexto, e a compreensão da obra na sua tradição, na diacronia, bem como

---

[118] Rohou: 31.

no sistema literário contemporâneo, são dimensões de que uma verdadeira leitura não pode prescindir.

O soneto de Camões brevemente comentado é disso exemplo claro; sem o conhecimento do que foi o petrarquismo, e sem a noção do debate actuante no Renascimento entre a mundividência neoplatónica e a aristotélica, não é possível apreender o essencial do sentido do poema.

Isto é válido para qualquer outro texto. Sem negar o carácter profundamente singular da obra literária, e a sua radical dependência do homem único que é o seu autor, temos de reconhecer também que toda a obra assume aspectos comuns ao sistema literário em que se integra — quer o vejamos em termos de género quer de período.

Mesmo os autores mais originais (um Flaubert, um Fernando Pessoa) adoptam formas preexistentes, inserem-se numa tradição, sofrem o impacto das condições históricas em que vivem, condições estas que, na sua maioria, são de carácter não literário.

E a originalidade da obra só se avalia no contexto em que surge.

> Ela é original por relação ao seu tempo, na medida em que reage por uma posição particular, para a qual, se necessário, inventa os meios de expressão: é assim que os escritores contribuem para fazer a história. [...] Alguns parecem julgar que a história é um pedestal sobre o qual repousariam as obras literárias, ou um sistema [...] que as determinaria. Não: é um conjunto interactivo de práticas, onde a literatura, que contribui para modificar a linguagem, as visões, aspirações e comportamentos, em resumo, a identidade cultural dos homens, desempenha um papel específico e importante, *ao mesmo tempo condicionado e condicionante.*[119]

---

[119] *Ib.*: 26 (itálico nosso).

2.1.4. A Teoria e a Estética da Recepção

Lanson observara que, ao contrário das outras formas de história, o passado da história literária é um *passado que permanece*. Permanece como? Através da leitura das obras. Cada leitor reactualiza a obra, volta a fazer o percurso para o qual o autor a escreveu.

Enquanto os estudos literários estiveram dominados pelo paradigma do autor, do acto da criação, a obra foi vista como um objecto pontual: concebido, escrito e concluído. «Os métodos [da história da literatura] apreenderam o facto literário no circuito fechado da estética da produção e da representação.»[120]

A teoria da recepção, colocando-se na perspectiva do efeito produzido, do ponto de vista do público, torna-se sensível ao tipo de permanência da obra através de sucessivas leituras e interpretações que vai suscitando, e articula assim o passado da obra com o presente da leitura.

Esta escola nasce em 1967, na Universidade de Constança, e tem como principal figura Hans Robert Jauss, crítico, historiador e teórico que vai equacionar a relação entre autor, obra e leitor, introduzindo assim uma dialéctica que dá novo sentido ao desígnio de historicidade e é susceptível de vir a explicar em termos mais satisfatórios os problemas da evolução literária.

O leitor, que não pode ser visto como um consumidor passivo, mas como sujeito de uma compreensão activa, «desenvolve por seu turno uma energia que contribui para fazer a história». O estudo do diálogo entre a obra e o público «restabelece a ligação cortada pelo historicismo entre as obras do passado e a experiência literária de hoje»[121]. Cada leitor traz consigo um novo ponto de vista, e, a partir desse elemento que interfere no processo como um novo factor, o texto retoma em cada leitura um sentido sempre novo.

---

[120] Jauss, 1978: 48.
[121] *Ib.*: 49.

Para explicar este ponto de vista e esta dialéctica, Jauss vai introduzir o conceito que será estudado a propósito da hermenêutica de *horizonte de expectativa,* definido como

> o sistema de referências objectivamente formulável que, para cada obra ou momento da história em que aparece resulta de três factores principais: a experiência prévia que o público tem do género a que ela pertence, a forma temática de obras anteriores cujo conhecimento ela pressupõe, e a oposição entre língua poética e língua prática, mundo imaginário e realidade quotidiana[122].

Este horizonte de expectativa, se for visto como o horizonte interpretativo do leitor, difere do horizonte de compreensão do texto, que depende do contexto (político, social, religioso, estético...) em que ele emerge e do modo como procura responder aos desafios que esse contexto lhe coloca. O objectivo da estética da recepção será o de mostrar como a obra produz uma «mudança de horizonte» e de equacionar a distância dos horizontes, a que Jauss chama «afastamento estético», o qual se pode tornar «um critério de análise histórica»[123].

A leitura do público contemporâneo da obra dar-nos-á a medida da sua importância histórica; a sequência das recepções pode permitir-nos perceber como variaram os cânones; e será particularmente interessante analisar a dialéctica da recepção e da criação, de modo a ver como uma obra nova procura resolver «os problemas — éticos e formais — deixados pendentes pela obra precedente, e pôr, por sua vez, outros novos»[124]. Para este efeito, Jauss vai utilizar a «lógica da pergunta e da resposta», segundo

---

[122] *Ib.:* 54.
[123] *Ib.:* 58.
[124] *Ib.:* 70.

a qual Gadamer entende que «não se pode compreender um texto senão quando se compreendeu a que pergunta ele responde»[125].

A estética da recepção poderá equacionar de forma mais ajustada as relações de sincronia e de diacronia, uma vez que nem todos os fenómenos simultâneos relevam da mesma «curva temporal»: pertencem a histórias particulares diferentes, razão pela qual a simultaneidade dos acontecimentos é por vezes mais aparente do que real. Assim, importa «reconstituir o horizonte literário de um determinado momento», ver como o público «encara a produção do *seu* tempo» e determinar o sistema literário de cada época:

> porque a literatura possui uma espécie de gramática relativamente estável [...] géneros, modos de expressão, estilos, figuras retóricas; a este domínio de estabilidade opõe-se o domínio muito mais sujeito à variação de uma semântica: temas literários, arquétipos, símbolos, metáforas.[126]

A estética da recepção mantém a velha pergunta da relação da obra com a sociedade, de modo a restabelecer a ligação entre a história literária e a história geral. Jauss lembra que a função social da literatura consiste na criação, sublinhando na palavra todo o sentido de *novidade* que ela pode ter.

> O horizonte de expectativa próprio da literatura distingue-se do da *praxis* histórica da vida porque não só conserva as marcas das experiências feitas, mas também antecipa possibilidade não ainda realizadas, alarga os limites do comportamento social, suscitando aspirações, exigências e metas novas, e abre assim as vias da experiência futura.[127]

---

[125] Gadamer, 1960: 284–285.
[126] Jauss, 1978: 78.
[127] *Ib.*: 83.

O exemplo de *M.ᵐᵉ Bovary*, estudado a partir do processo judicial movido a Flaubert depois da publicação do romance, é muitíssimo esclarecedor. Flaubert utiliza um novo processo literário, a narração impessoal, recorrendo frequentemente ao «discurso indirecto livre». Deste modo, o livro não explicita o juízo moral do seu autor. O narrador não emite opinião pessoal sobre o caso relatado, uma vez que o propósito do autor é justamente o de se retirar, atribuindo assim ao leitor o dever de julgar por si e de assumir posição sobre o tema e a acção do livro. Deste modo, a obra foi lida e considerada como «imoral», porque a ausência de condenação do adultério dava lugar a uma incerteza incómoda para os hábitos culturais do momento. Particularmente, o discurso indirecto livre da personagem, inserido sem transição ou qualquer sinal de pontuação que o distinguisse, no discurso do narrador, levava a que as apreciações «romanescas» que Ema faz do seu destino pudessem ser tomadas como «objectivas» e atribuíveis ao narrador, quando efectivamente exprimem apenas a vida interior da personagem. «Por essa razão, [...] o novo processo rompia com uma velha convenção do género romanesco: a presença constante de um julgamento moral unívoco e garantido estabelecido sobre as personagens.»[128]

O leitor constitui, contudo, uma figura mais complexa do que parece à primeira vista. Tal como o autor empírico — a pessoa real do escritor — não se confunde com a voz que fala numa obra (recordemos a discordância de Proust relativamente à crítica biografista que confunde as duas instâncias), também o leitor real de uma obra não corresponde exactamente ao destinatário que uma obra configura, prevê ou deseja: esta problemática cria outro ramo da teoria ou estética da recepção, e é objecto de estudo de Umberto Eco, em *Lector in fabula*[129]: a sua categoria de *leitor-modelo*

---

[128] *Ib.*: 85.
[129] Eco (1979), 1993. A questão é também tratada por W. Iser, *Der Akt des Lesens* (1976), trad. francesa, *L'acte de lecture*, Bruxelas, 1985.

«designa o modo como o "texto postula a cooperação do leitor como condição própria da sua actualização" [...]. Particularmente importante, na proposta de Eco, é o facto de que este autor indica [...] que o texto trabalha de forma a [construir esse leitor]»[130].

A relação da obra com a sociedade entendida em termos mais tradicionais, ou seja, em termos de relação de dependência ou de derivação, pode hoje ser reformulada e reequacionada através de um importante contributo da escola semiótica de Tartu, que estabelece um conceito de *cultura* como o conjunto da informação, o património não genético de uma comunidade, isto é: a sua memória não transmitida por hereditariedade. Assim, a cultura pode ser vista como uma instância com a qual se podem estabelecer relações não de causalidade directa — como pretendia a história positivista —, mas de paralelismo, e outras afinidades proporcionadas pelo facto de a língua ser o principal instrumento que a cultura utiliza. Para além de ser um sistema formal, a língua transporta consigo uma «enciclopédia» de informações desde logo marcada pela fase de conhecimentos que a colectividade que a fala atravessa.

Ora, sendo «os textos, e os textos literários em particular os principais fornecedores de cultura»[131], eles importam da cultura contemporânea os condicionalismos que a marcam. «É assim que intervêm novamente os condicionalismos históricos ainda agora suprimidos: pelo menos na medida em que a cultura os reconhece e está disposta a exprimi-los.»[132]

Lotman, a principal figura da Escola de Tartu, considera que a cultura visa justamente dar conta da organização estrutural do mundo, e que a semiótica deve explicar essa organização em termos de «modelos de mundo», ou «sistemas modelizantes de

---

[130] Gusmão, 1999 b: 7.
[131] Segre, 1999: 164.
[132] *Ib.*: 165.

mundo». Estes conceitos metodológicos permitem não só estudar este domínio, mas ainda perceber como evoluem os sistemas literários: em cada época convivem vários códigos literários — uns em ascensão, outros em declínio, outros dominantes —, e da interacção de todos eles resulta a evolução que se verifica.

Lotman distingue ainda longas durações dominadas por «estéticas de identidade» (que visam a imitação dos modelos) e outras em que vigoram «estéticas de oposição» (que valorizam a diferença e a originalidade); a compreensão da mudança literária deverá ter em conta todos estes factores e a sua heterogeneidade.

2.1.5. Problemas da História Literária
Como se distingue a história literária de outras formas de história?
A história literária tem a particularidade de não se formar apenas a partir de *documentos,* como as outras formas de história; as obras que são o seu objecto de estudo não pertencem apenas ao passado, mas permanecem presentes nas leituras que as actualizam. Por esse motivo, os textos que estuda, para além do seu valor documental, são **monumentos artísticos**. Com isto queremos dizer que uma obra literária não informa apenas sobre um acontecimento, ou sobre o seu autor, não se limita a reflectir a cultura e a mentalidade da sua época, ou as suas condições socioeconómicas, porque **reage** também contra vários aspectos do seu contexto, recria-o, manifesta uma **interpretação do mundo**, que por vezes procura **transformar** utilizando recursos verbais e **ficcionais**, e fá-lo através de uma **arte** que implica o conhecimento de uma certa tradição literária e um trabalho sobre ela.

O historiador político utilizará os documentos para reconstituir um acontecimento, ou as causas de um movimento, ou as consequências de uma batalha. Trata-se, portanto, de um saber que utiliza os documentos conferindo-lhes valor transitivo: informam sobre outra coisa.

Diversamente, o objectivo do historiador da literatura reside nos próprios textos que estuda. O valor desses textos não é transitivo. Os textos são o próprio objecto visado nesse conhecimento. Vejamos um exemplo:

Nos estudos camonianos, deparamo-nos com documentos: registos da Casa da Índia; a carta de perdão de D. João III; notícias dadas por Diogo do Couto sobre as circunstâncias do regresso de Camões de Goa para Lisboa e sobre o roubo do «Parnaso» em que Camões estava trabalhando; o parecer de Frei Bartolomeu Ferreira, censor do Santo Ofício sobre a publicação de Os Lusíadas, etc. Estes documentos dão-nos informações preciosas sobre a biografia de Camões ou sobre as circunstâncias que rodearam a publicação da sua obra.

Mas encontramos também, em numerosos textos poéticos, indicações cujo conteúdo informativo e documental recolhemos cuidadosamente: as redondilhas, que documentam a índole cortesanesca de uma parte da sua obra e o convívio do poeta com aristocratas; a estância 128 do canto X, que refere o naufrágio sofrido na foz do rio Mecong; passos das elegias ou das canções onde Camões alude a expedições militares em que participou, etc. Mas estes textos, se têm valor documental evidente, não deixam de ser, antes de mais, textos literários.

Esquecer esta evidência, e a complexa e aleatória relação que em certos textos literários se estabelece entre o conteúdo enunciado e a referência vivencial para que o texto aponta, pode produzir leituras ilegítimas e desorientadoras. Qual o valor documental de um trecho de conteúdo biográfico, mas que assume uma forma deliberadamente velada e enigmática, como as estâncias 3.ª e 4.ª da canção X²., «Vinde cá…»?

Reduzir um texto literário ao seu teor documental equivale a perdê-lo enquanto texto literário.

O historiador político, económico ou social [...] também escolhe os seus factos pelo interesse ou importância que eles apresentam, mas o estudioso da literatura vê-se diante de um problema especial de valor; o seu objecto, a obra de arte, está não apenas impregnado de valor, mas é em si mesma uma estrutura de valores.[133]

Este aspecto torna imperativo que a história literária estabeleça juízos de valor sobre as obras que trata. A história implica assim uma actividade de avaliação estética, que se pode exprimir, explicitamente ou de modo implícito, na escolha das obras tidas em conta. Neste ponto, a história não se dissocia completamente da crítica literária e, como já vimos, não assume o ideal de olímpica objectividade, porque é sobre esses juízos que assenta o seu critério de selecção.

Põe-se então o problema de saber se esse juízo deve ou não ser dominado pela perspectiva histórica
A questão admite respostas entre dois extremos:

— a leitura literária deve fazer-se *apenas no âmbito da história literária;*
— a leitura e o juízo estético sobre uma obra deve ser feito *independentemente de categorias históricas.*

A primeira resposta, **tese do absolutismo histórico**[134], implica que uma obra apenas possa ser entendida no seu contexto histórico-literário. De que este contexto seja indispensável ninguém duvidará. O exemplo do soneto de Camões mostra-o claramente. Mas a tese preconiza que a leitura se faça *apenas* em termos históricos.

---

[133] Wellek, 1963: 24.
[134] Veja-se Wellek, 1963: «Teoria, crítica e história literária», 13–28.

Deste modo, torna-se indefensável, por diversas razões:

- a reconstituição perfeita do contexto histórico está-nos vedada.
   Devemos e podemos aproximar-nos dela; mas nunca seremos, por exemplo, contemporâneos de *Os Lusíadas* ou da *Crónica de D. João I,* de Fernão Lopes.
- Por outro lado, não podemos despir-nos dos nossos critérios, do nosso gosto, da imersão num contexto que difere, na esmagadora maioria dos casos, do da obra em questão.
- Mesmo que fosse possível a identificação com o contexto histórico da obra, esse ponto de vista seria estreito: um texto literário desenvolve um potencial de significação, como defende Jauss[135], que não é imediatamente legível no seu tempo, mas que de facto tem, e que mais tarde é verificável.

A segunda resposta, a tese anti-histórica, leva a consequências inaceitáveis:

- Um juízo sem consciência histórica pratica anacronismos grosseiros; ou conduz à pura e simples incompreensão da obra.
- Os defensores de um juízo independente de categorias históricas receiam que a leitura em função do seu contexto histórico dificulte ou impeça um juízo estético, o qual deveria ser feito à margem de padrões históricos. Consideram que a apreciação histórica é sempre *relativa* (relativa à sua época, ao gosto dominante); receiam que, se a apreciação estética se faz *em relação* à época, essa relatividade invalide a apreciação em questão — se um texto vale para além do seu

[135] Jauss, 1978: 66.

contexto histórico, então deve ser apreciado independentemente desse contexto, ou seja, à margem de categorias históricas.

Essa objecção é respondida por R. Wellek:

> A génese de uma teoria não invalida necessariamente a sua verdade. Os homens podem corrigir os seus preconceitos, criticar as suas pressuposições, elevar-se acima das suas limitações temporais e locais, visar à objectividade, chegar a algum conhecimento e verdade.[136]

Ou seja: a emergência de uma teoria ou de um juízo em determinado contexto não os torna válidos apenas para esse contexto. A ligação de uma obra a determinadas circunstâncias não impede que ela valha para além dos limites que essas circunstâncias apontam. A consciência da *relatividade* dos juízos (que deriva da finitude humana) não pode ser abusivamente confundida com uma afirmação de *relativismo,* em nome do qual, no nosso tempo, somos levados a renunciar a critérios e a diferenciações indispensáveis, nivelando o que não deve ser nivelado, desistindo de juízos que nos comprometam, considerando equivalentes coisas muito diferentes, em nome de uma impossibilidade de conhecer a verdade que ninguém usa, contudo, na sua vida prática.

No caso em apreço, a relatividade do juízo estético significa que este depende de factores históricos e é condicionado por eles; uma posição relativista seria a de considerar que todas as interpretações e todos os juízos são «relativos», logo, igualmente válidos, o que não é verdade. Para lá da imensidade de interpretações possíveis, algumas há que são, pura e simplesmente, erradas, inaceitáveis.

---

[136] Wellek, 1963: 23.

- Por fim, as categorias em nome das quais se faria esse juízo estético independente — supostamente não históricas ou superiores às contingências históricas — não existem. Não há categorias ou princípios absolutos, isentos de historicidade. Sempre que julgamos, assumimos critérios e gostos que são do nosso tempo. E arriscamo-nos — por ingenuidade cultural — a cometer, de novo, anacronismos[137].

Em conclusão, poderíamos dizer que a compreensão histórica de uma obra é indispensável; mas poderá não ser suficiente para o seu entendimento e apreciação.

Ou, como diz P. Aullón de Haro: «A compreensão do tempo originário [de uma obra] não é a metacrítica, mas sim apenas uma das suas condições»[138].

2.2. A Crítica Literária
2.2.1. A Palavra «Crítica»

Em grego clássico, *krités* significava *juiz,* tal como o verbo da mesma raiz queria dizer *julgar, separar, distinguir, escolher.* E este julgamento dizia respeito, em certos contextos, à obra literária. O termo foi menos usado entre os latinos e na cultura medieval, reaparecendo no Renascimento, em latim: *ars critica,* para designar a actividade dos editores de textos antigos. «Gramático, crítico, filólogo são termos quase permutáveis para os homens empenhados em reviver a Antiguidade.»[139] Os humanistas reconstituíam os textos antigos, corrigindo e criticando as versões correntes, de modo a recuperar o original e a editá-lo. Esta actividade crítica equivale à crítica textual ou ecdótica

---

[137] A questão será retomada por Jauss, na 4.ª tese do ensaio «Une histoire de la littérature: un défi à la théorie littéraire», 1978: 65–69.
[138] P. Aullón de Haro, 1994: 23.
[139] Wellek, 1963: 31.

(a que nos referimos a propósito da filologia). No século XVII, o termo *crítica* torna-se mais comum, em sintonia com a emergência do espírito de dúvida (veja-se a «dúvida metódica» de Descartes), com a contestação dos saberes que tinham começado a ser desacreditados no Renascimento. A atitude de cautela e de cepticismo em face do saber estabelecido, das autoridades e das normas generaliza-se; o espírito crítico torna-se uma exigência de todo o conhecimento[140].

A *crítica literária,* com o sentido e a função que hoje lhe atribuímos, surge nos meados do século XVIII; até aí, as apreciações de obras singulares, de acordo com os padrões e as normas do Neoclassicismo, eram constituídas por avaliações das obras em função do cumprimento das regras estabelecidas pelas poéticas; é esta a forma de crítica que Boileau defende e pratica, uma crítica que censura os criadores para que aperfeiçoem a obra de acordo com a arte da escrita concebida em termos estáticos: «Je vous l'ai déjà dit, aimez qu'on vous censure, / Et souple à la raison, corrigez sans murmure»[141]. Voltaire, filósofo das Luzes, que neste aspecto pensa em termos rigidamente neoclássicos, confia a guarda do templo do gosto à crítica: «Car la Critique, à l'oeil sévère et juste, / gardant les clés de cette porte auguste, / D'un bras d'airain fièrement repoussait / Le peuple goth qui sans cesse avançait»[142].

---

[140] «O que havia sido um termo estritamente limitado à crítica verbal de escritores clássicos identificou-se pouco a pouco com todo o problema de compreensão e julgamento e até mesmo com a teoria do saber e do conhecimento.» *Ibidem*, p. 33. Note-se, contudo, que o amadurecimento e a ousadia do espírito crítico não se fazem apenas por um processo de generalização do seu exercício. O século XVII fortalece o espírito crítico justamente prosseguindo na senda da filologia clássica do século XVI, na busca do rigor filológico e no desenvolvimento das técnicas que a edição de textos suscita, em particular a edição e o exame crítico das Escrituras Sagradas (cf. Gusdorf, «L'éveil du sens historique», 1974: 187–227).
[141] Canto IV, vv. 59–60.
[142] *Mélanges,* Gallimard, «La Pléiade», p. 141.

Goethe considera esta forma de crítica «destrutiva», em oposição à crítica «construtiva» que compreende e valoriza o que cada obra tem de específico e de novo.

A partir de finais do século XVII, inícios do século XVIII, os problemas suscitados pelos géneros não previstos pela preceptística neoclássica (em especial o romance) são de tal forma incompatíveis com a crítica dominada pela concepção normativa da literatura de então que começa a surgir uma crítica que assume a feição de uma «apreciação e juízo de um autor ou de uma obra baseados no bom gosto e na cultura»[143]; por outro lado, certas tendências que observámos a propósito do Iluminismo — a descoberta do sujeito, o aparecimento da psicologia, a maior importância concedida à imaginação, a tradução do tratado *Do Sublime* — favorecem a atenção que se passa a dar ao ponto de vista do leitor ou do destinatário, ao seu gosto e às suas preferências. Ora, como vimos também a propósito do Romantismo, durante esta época começa a operar-se uma lenta mas profunda modificação no público leitor: este público aumenta, como resultado das novas condições socioeconómicas que decorrem da Revolução Industrial e da correlativa ascensão da burguesia, bem como do desenvolvimento da instrução; este novo público, com uma sensibilidade e um gosto diferentes relativamente à tradição do Neoclassicismo, passa a dedicar mais tempo à leitura e necessita então de orientação e esclarecimento para seleccionar o que há-de ler e para educar o gosto. A crítica literária desempenha a partir daí «uma função importante não só do ponto de vista da formação do gosto e da discriminação dos valores estéticos, mas também, indirectamente, sob ponto de vista da formação e difusão dos valores ideológicos, morais e políticos»[144].

---

[143] Silva, 1990: 25.
[144] *Ibidem.*

O termo *crítica literária* designa dois tipos de actividade relativamente diferentes: a crítica estudiosa, fundamentada, que muitas vezes se confunde com a crítica universitária, crítica também chamada «científico-humanística»[145]; e a crítica jornalística, feita em jornais ou revistas, voltada para a notícia da actividade editorial e adquirindo por isso o carácter de imediatez requerido pela vocação informativa. Em alemão há termos diferentes para designar estas actividades: *Literaturkritic* e *Literaturwissenchaft*. Mas em português, como em francês, inglês, italiano, espanhol, etc., o mesmo termo designa os dois tipos de actividade.

Nem sempre se visa, prioritariamente, com a crítica, orientar o leitor e educar o gosto; quando os estudos são mais demorados, procura-se, em geral, compreender e explicar a obra, refazendo de certo modo em sentido inverso o percurso criativo do escritor.

2.2.2. A Crítica Literária, a História e a Teoria da Literatura
A crítica em face da história literária
Caracterizemos a crítica, em face das outras disciplinas dos estudos literários. A «história literária constrói-se sobre a acumulação e sistematização especializada de actos críticos singulares»[146]. Não se faz história a partir do nada; ela supõe todo um trabalho prévio de leitura, questionamento e crítica das obras uma a uma, por muito informais que essas formas de recepção possam ser.

Mas esta abordagem, ou seja, a crítica, dará menos importância à integração nas correntes e nos períodos literários, e sobrevalorizará a obra concreta. Tenderá a estudá-la de forma *imanente*[147]

---

[145] Aullón de Haro, 1994: p. 19.
[146] García Berrio, 1994: 56.
[147] É possível que esta dicotomia *imanente/transcendente* provenha de uma recordação do que foi a leitura hermenêutica dos textos na Idade Média, que procurava sob o sentido literal, o alegórico, sendo este muitas vezes de conteúdo «transcendente» no sentido religioso do termo: divino, místico, escatológico.

(ou fenomenológica), isto é: sem que a análise *transcenda* para outros domínios; olhando apenas à obra em si mesma.

Pode acentuar-se exageradamente esta característica, e a crítica assumirá então uma feição anti-histórica, recusando a referência da obra a todo o seu contexto. Falamos, então, de imanentismo.

No século XX, é esta a tendência predominante, de forma mais ou menos radical. A polémica que opôs Roland Barthes, representante da «nova crítica», e R. Picard, defensor dos estudos literários de feição tradicional, fortemente contextualizados[148], polémica que tem lugar nos anos de sessenta do século XX, constitui um dos pontos mais expressivos do extremar de campos que se verificou.

Na sequência deste extremar de campos e sob a influência do estruturalismo, a crítica assumiu uma forma sobretudo descritiva, apoiando-se num discurso muito especializado e em métodos e terminologias com pretensões científicas.

A crítica em face da teoria da literatura

Enquanto a teoria realça o sistema, os princípios, as categorias, a crítica distingue-se pela atenção à obra concreta; ocupa-se assim com a obra única, encarada autonomamente, a obra singular e irrepetível.

Num texto literário, o teórico verá o ponto de partida para o estudo de um tipo de discurso (o poema bucólico, o romance, etc.), de um certo processo (a descrição, a versificação, por exemplo), de um problema (a função da obra literária, ou qualquer outro)... Em relação à mesma obra, o crítico procurará entender-lhe o sentido, captar-lhe a forma. A obra constitui assim o fim último do seu estudo, ao passo que o teórico utilizará a obra para documentar um qualquer aspecto da ciência da literatura.

---

[148] R. Picard, *Nouvelle critique ou nouvelle imposture?* (1965); resposta de R. Barthes, *Critique et Vérité* (1966). Ver mais informação no § sobre o Estruturalismo.

Esta atenção à obra única, singular, tem de ser sublinhada, porque é ela que define a finalidade e confere à disciplina o seu estatuto epistemológico:

> Cada operação justamente dita de actividade crítica pressupõe por isso um repto singular, uma confrontação selectiva e irrepetível que afasta o pensamento científico-humanístico das ciências naturais e o aproxima da Arte, do universo de uma epistemologia cujo objecto é irredutível à generalização legislativa.[149]

Se a história e a teoria podem assumir ambições até certo ponto científicas — na medida em que visam aspectos comuns ou genéricos, a crítica literária não é solicitada por esta orientação: a concentração na obra única confere-lhe uma vocação que a aproxima da criação literária.

A propósito da afinidade da crítica com a arte, recorde-se o que dissemos, sobre a crítica impressionista, salientando o estatuto de *criação* que por vezes esta actividade assume[150].

2.2.3. A Crítica Literária no Século XX

A crítica literária no século XX afirmou-se demarcando-se, tanto do **impressionismo crítico**, e do amadorismo a que este pode conduzir — confinando-se a uma reacção afectiva de «identificação da alma do crítico com a alma do escritor e com a obra, num

---

[149] Aullón de Haro, 1994: 24.
[150] «O Crítico Profissional pode ser, como Sainte-Beuve certamente foi, um escritor criativo falhado. [...] O Crítico Profissional, contudo, não é *necessariamente* um poeta, dramaturgo, ou romancista falhado: tanto quanto sei, o meu velho amigo da América, cujos *Shelburne Essays* têm algo do aspecto monumental de *Causeries du lundi*, não tentou a escrita criativa. Outro velho amigo meu que foi Crítico Profissional, não só de livros, mas também de teatro, Desmond MacCarthy, confinou a actividade literária ao artigo ou recensão semanal, e ocupava o seu lazer com *conversas deliciosas*, em vez de devotá-los aos livros que nunca escreveu.» Eliot (1932), 1992: 234.

diálogo de amor e de admiração[151]» —, como da **história literária**, interessada na contextualização da obra, quer o contexto seja entendido como a biografia quer como ambiente cultural, condições socioeconómicas ou fontes e influências literárias.

Demarcando-se destas formas, a crítica visava uma prática *descritiva,* interessada no funcionamento interno da obra, e procurava atingir a *objectividade,* o que leva a desvalorizar as manifestações da subjectividade do crítico, e esse acto, entre todos, subjectivo, que consiste em julgar, avaliar, apreciar. Se a crítica deve emitir juízos, pronunciar-se sobre o valor da obra, em última análise a fonte desse juízo não pode deixar de ser o gosto subjectivo do leitor.

Dão-se entretanto dois acontecimentos que vão alterar a orientação assumida: o reencontro com a *hermenêutica,* que justamente sublinha a importância da subjectividade do leitor e que propõe a interpretação como diálogo com a obra, e o aparecimento de uma nova corrente dos estudos literários, a *estética da recepção,* que revaloriza o papel do leitor no sistema literário.

A influência destes movimentos contribui para renovar a crítica literária, dando nova energia a esses vectores menosprezados no trabalho crítico.

2.2.4. Objectividade e Subjectividade. Adesão e Ironia. Análise e Compreensão

Esta polaridade — objectividade/subjectividade — não se esgota nos termos em que a referimos, considerando-a apenas na dimensão gnoseológica.

De facto, certas poéticas modernas, particularmente a do Futurismo, concebem a obra de arte literária como *objecto,* por oposição ao conceito clássico, que a via como *representação*[152].

---

[151] Silva, 1990: p. 26.
[152] Lotman, p. 352.

A objectualidade, assim definida, não tem a ver com a relação cognitiva da leitura e da crítica, mas com a relação da obra com o seu modelo. Quando se fala de uma obra como *objecto,* neste sentido, pretende-se negar a sua essência mimética ou a sua função expressiva, enquanto manifestação da sinceridade do autor, a escrita como tradução das suas vivências, transparência da sua experiência. Pretende-se, diferentemente, mostrar como ela existe como estrutura organizada, modelo com leis próprias que são, antes de mais, internas, imanentes.

Entretanto, escolas como a do Nouveau Roman francês procuraram uma aproximação da acção tanto quanto possível independente do narrador. A «escola do olhar», que se pode documentar com os romances de Robbe-Grillet, *La jalousie* (1959) em especial, pretendia-se uma literatura objectiva[153].

Acentua-se que a obra é um *objecto* para evidenciar a sua existência independente das vivências do seu autor, das suas emoções e intenções; e independente também do modelo a que se refere.

Num sentido muito diferente, os defensores de uma crítica «objectiva», ou, se quisermos, indiferente ou alheada dos valores da obra, receiam as leituras empolgadas ou ingénuas; defendem o distanciamento de modo a não serem vítimas de interpretações precipitadas; sublinham a importância da análise e da utilização dos instrumentos que as tradições dos estudos literários põem ao seu dispor, influenciados como estão pela consideração teórica da literatura.

Noutra linha ainda, a tradição crítica do século XX herda e reivindica a cultura da desmistificação — na sequência de Nietzsche, Freud e Marx. Trata-se da atitude de *suspeita,* de desconfiança em face das relações sociais e de todo o produto cultural que as regista, uma atitude segundo a qual todas as manifestações culturais são encaradas como máscara, aparência enganadora, encobrimento, mentira, disfarce.

---

[153] G. Genette, *Discurso da narrativa*: 218.

Esta formação cultural não pode deixar de preconizar a desconfiança, a cautela, a lucidez desenganada e até corrosiva; importa não ser vítima da má-fé ou de uma candura próxima da ignorância.

Quando se fala na necessidade de distanciamento e de lucidez, em preparação cultural e em instrumentos de análise, surge, explicitamente ou não, uma velha mas persistente objecção que tem a ver com o receio de que o conhecimento artístico anule o prazer estético. Este receio, completamente infundado, manifesta contudo a intuição de que a literatura solicita uma forma de conhecimento não indiferente ao texto, não puramente intelectual ou assepticamente objectivo; um entendimento que, pelo contrário, implica adesão afectiva (ou raiva, repulsa), uma tomada de posição, um juízo de valor, que, portanto, empenha fortemente a personalidade de quem o assume.

Note-se que a adesão ou a repulsa, a afectividade e o juízo de valor não são incompatíveis com a inteligência, com a lucidez, com a razão; podem e devem ser objecto de justificação. Aliás, esta dimensão cognitiva e intelectual envolve igualmente o próprio sujeito, que quanto mais está implicado na leitura e na crítica melhor entende que o texto o elucida a ele também: na medida em que leio, compreendo-me melhor. E compreendo a cultura, a dimensão social que ela incorpora e que através dela em mim actua e me faz agir. Evidencia-se assim o lado de *autoconhecimento* que todo o conhecimento literário envolve. «A crítica literária é uma equação na qual *eu* sou também uma das incógnitas. Se a resolvo para conhecer a obra, resolvo-a também para me conhecer a mim.»[154]

Ricoeur trata de forma modelar esta questão, sublinhando, a propósito do «conflito das interpretações», que só se pode interpretar *a partir de um ponto de vista*[155] e que ninguém está isento de

---

[154] Permito-me citar um ensaio meu anterior. Matos, M. V. Leal de, 1987: 14.
[155] A minha crítica é *situada;* depende do «meu lugar» e do «meu tempo», é historicamente dependente. A leitura que hoje faço *de Os Lusíadas* passa em parte pelos olhos de F. Pessoa e não era possível há cem anos.

pressupostos e preconceitos; e sublinhando igualmente a impossibilidade do juízo absoluto, definitivo e último, no mundo da cultura, que, por natureza, é objecto de interpretações discordantes. Cada juízo, cada interpretação, emerge dessa mesma cultura que pretende interpretar. Por isso Ricoeur apela tão profundamente à hermenêutica e àquilo a que chama «hermenêutica crítica»: a ideia de *crítica* aparece assim como contraponto da subjectividade inevitável e necessária; a capacidade que tenho de ajuizar, examinar, discutir, corrigir e melhorar a minha actividade interpretativa; a crítica como autocrítica.

Com esta consciência, podemos de novo relembrar a dimensão de **apelo** da obra literária. Ela não nos pede apenas um estudo objectivo. Apela a nós. Para aderirmos ou recusarmos os seus valores, as suas propostas. Quando lemos, não analisamos com a frieza do cientista. A literatura pede-nos uma tomada de posição: sim ou não. A favor ou contra. Uma posição de empenhamento e de paixão. Retomando uma formulação impressionista, Doubrovski sintetiza com invulgar pertinência: «Un écrivain […] est un homme qui, dans son œuvre, parle de l'homme aux hommes; le critique est un homme qui lui répond»[156].

Em última análise, a polaridade subjectividade/objectividade exprime também um duplo movimento que todo o crítico deve observar: aproximação e distanciamento; adesão e ironia.

Toda a crítica séria e responsável pressupõe a análise. Pode partir de impressões mal articuladas, indistintas, confusas; de intuições difíceis de explicar. Mas exige em seguida o esforço

---

[156] Doubrovski, Serge, *Pourquoi la nouvelle critique*, Paris, Mercure de France, 1956, p. 247. Veja-se também o estudo de Manuel Gusmão (1999), 59: «Em geral, quem escreve não tem sequer que se pôr estas diferentes perguntas ["Venho depois de quem? Venho com e contra quem?", etc.], mesmo se as podemos encontrar, mais ou menos expressas, em alguns dos mais fortes, pelo menos desde o romantismo. Mas de algum modo, aquele que escreve [ou a sua escrita] responde-lhes. Esta é, em parte, a "responsabilidade da literatura" (M. Bakhtin)».

analítico, onde o estudioso emprega os conhecimentos, os instrumentos de observação, a cultura de que falávamos.

Em todo o caso, uma certa insistência, talvez excessiva, na análise, feita ao longo de várias décadas, se tem produzido estudos com resultados subtilíssimos, pode também ter conduzido a desvios nocivos: pensa-se às vezes que analisar é criticar, que analisar é suficiente. A metáfora tão difundida, «desmontar», insinua a ideia de que é possível conhecer um organismo desfazendo-o nas suas peças soltas.

Analisar é dividir, e o primeiro movimento da crítica tem de ser o de cindir aquilo que o texto reuniu e ligou. Separar, dividir aquilo que só faz sentido junto. Mas este primeiro passo exige outro de sentido contrário: reestabelecer as relações, religar, integrar as partes, apreender em conjunto, enfim, compreender.

2.2.5. Ambiguidade

A poética do nosso século tem dado especial importância a um aspecto que é característico da linguagem e, portanto, da literatura: a ambiguidade[157]. É uma questão observada e discutida desde sempre (com relevo para *Crátilo,* de Platão), mas que a poética contemporânea tem enfatizado ao ponto de a ver como elemento constituinte do próprio discurso literário. Naturalmente, quando se dá maior atenção ao processo da leitura, à recepção da obra, esta questão ganha relevância.

A ambiguidade provém, entre outros factores, do processo de simbolização, fundamental na literatura. O símbolo é, segundo Hegel, essencialmente ambíguo.

---

[157] A ambiguidade «define-se pela possibilidade de fazer corresponder a um determinado enunciado linguístico diferentes análises e interpretações», Aquien, M., 1993: 50.
Veja-se também sobre este assunto o artigo «*Ambiguidade*», de Maria de Lourdes Ferraz, in *Biblos,* vol. l, cols. 210–211.

Por vezes confunde-se *ambiguidade* com *polissemia,* mas esta tem a ver com a infindável série de formas que um sentido pode revestir, com as figuras sempre novas que podem ser inventadas para dizer uma coisa. Em contrapartida, a ambiguidade aponta para a função contraditória do símbolo. Todo o símbolo comporta, como Ricoeur faz notar, uma «textura paradoxal» que ao mesmo tempo esconde e mostra, mascara e descobre[158]. Esta «textura paradoxal», ou função contraditória, consiste no facto de o símbolo apontar simultaneamente em sentidos diversos: regressão e progressão; arqueologia e teleologia.

Este excurso é necessário para entender outra característica da crítica. Se esta se faz com o propósito de compreender a obra, a verdade é que nessa actividade se implicam outras incógnitas: o eu do leitor-crítico, a sua situação. Como vimos, só se lê a partir de um certo lugar, a partir de um ponto de vista.

Deste modo, esta actividade, que deve ser, sem dúvida, elucidativa, não fecha um problema, mas, pelo contrário, alarga-lhe o horizonte e implica problemáticas novas.

Esta é uma vertente que a teoria da desconstrução tem valorizado. Aguiar e Silva, explicando-a, sublinha:

> Nenhuma leitura pode, em termos epistemológicos, reivindicar um estatuto de racionalidade científica que a tornaria verificada, corroborada, em termos popperianos, e por conseguinte uma leitura estabilizada [...]. O texto literário não possui, não encerra um significado verdadeiro, perfeitamente limitado e concluso, que o leitor possa desocultar e apreender objectivamente. O significado de qualquer texto é constitutivamente *indeterminável* e *indecidível.*[159]

---

[158] Ricoeur (1965), 1995: 519.
[159] Silva, 1993: 77.

Por esta razão, a crítica literária é uma actividade interminável, que cada geração é chamada a retomar, na resposta à interpelação que a obra literária faz de cada vez a cada um de nós.

Como vemos, é necessário não prescindir dos dois aspectos da questão. A obra existe objectivamente, independente deste ou daquele leitor, susceptível de ser lida por outros e disponível para o futuro.

Mas suponhamos que ninguém a lê. Que está perdida (como o tratado sobre a comédia que Aristóteles teria escrito, no romance de Umberto Eco, *O Nome da Rosa*). Nessa situação, a sua existência é imperfeita. Inacabada. Falta-lhe essa «resposta», esse destinatário que, ao ler a obra, a constitui na sua identidade e no seu destino. Falta-lhe a dimensão de actualização que só a leitura lhe confere. Ela existe no «aqui e agora» de cada leitura, e na relação que este «agora» cria com o passado e com o futuro.

Esquematizando, poderíamos dizer que encontramos hoje duas formas de crítica:

— uma, fortemente apoiada na análise (linguística, estrutural ou semiótica), procurando desvendar o modo como o texto funciona; ligada à teoria e a técnicas ou métodos de análise rigorosos, usando terminologias que revelam preocupações científicas;
— outra, que se propõe como mediação, intermediária entre a obra e o autor, vendo-se como um pólo do diálogo interpretativo, reassumindo a subjectividade e renovando a perspectiva valorativa ou judicativa.

Uma «terceira via»

Neste debate onde se acentua a subjectividade do crítico como fundamento do seu conhecimento, e a necessidade de objectividade, de critérios rigorosos e de racionalidade, a posição de René

Wellek aparece como uma «terceira via»[160]: nela se propõe que o crítico utilize os conhecimentos da teoria da literatura (princípios, instrumentos, rigor conceptual e terminológico) para proceder ao estudo das obras literárias concretas. Deste modo reduzirá a margem de subjectividade e de impressionismo e, por outro lado, submeterá as hipóteses da teoria à validação da prática, do confronto com o real empírico, que são, neste caso, as obras literárias. Mas, como faz notar Aguiar e Silva[161],

> não poderá nunca constituir-se como um conhecimento estritamente científico, porque o seu objecto de estudo — a obra concreta, individual — se exime a tal tipo de conhecimento. A crítica literária, na sua compreensão da obra, tem de desenvolver operações interpretativas que co-envolvem a subjectividade, a historicidade e o universo de valores do crítico-leitor.

Assim, esta reflexão sobre a crítica literária conduz-nos a averiguar outro conceito, justamente ligado ao termo *interpretação*, o conceito de *hermenêutica*.

2.3. A Teoria da Literatura
2.3.1. A Palavra «Teoria»
Dissemos já que o século XX é o século da teoria da literatura.

Mas, considerando que a palavra *teoria* significa, etimologicamente, visão de conjunto, concepção global de uma questão, pode admitir-se talvez que essa forma de abordar a literatura tenha acompanhado desde sempre a criação literária; e torna-se claro que a encontramos nos textos da Antiguidade Clássica referidos, de Platão a Longino, passando por Aristóteles e Horácio, para apenas citar os principais.

---

[160] R. Wellek, 1963: «Termo e conceito de crítica literária»: 29–55.
[161] Silva, 1990, p. 26.

2.3.2. A Teoria da Literatura do Século XX
A consciência epistemológica

A teoria da literatura do século XX representa, como já observámos, uma reacção enérgica contra algumas insuficiências dos estudos literários anteriores.

Por um lado, a consideração historicista da literatura revelava, nos termos e categorias usadas, a falta de fundamentação epistemológica. Há sempre uma epistemologia subjacente ao nosso trabalho intelectual; temos sempre uma filosofia — ao menos implícita — naquilo que fazemos. Convém tomar consciência dela para podermos apreciar-lhe os fundamentos e a coerência. Doutro modo, passamos a ser instrumentos ingénuos de um pensamento alheio que influencia os nossos pontos de vista e tomadas de posição. A teoria da literatura corresponde precisamente ao questionamento dessa situação de ignorância ou de ingenuidade epistemológica.

Importava pensar e definir a terminologia e, com ela, as categorias e os princípios a que um uso vacilante e indeciso esbatia o significado, deixando-os numa imprecisão incompatível com um saber rigoroso. Como diz Aguiar e Silva, «a teoria da literatura deve ser o fundamento epistemológico e metodológico de todos os ramos disciplinares do campo dos estudos literários»[162].

«Toda a leitura e todo o ensino da literatura são implícita ou explicitamente teoréticos, porque pressupõem conceitos do que é a literatura, do que é um texto literário, do que é a linguagem, etc.»[163]

Por outro lado, os esquemas mentais no âmbito dos quais se elaboravam os estudos históricos (relação vida/obra, pesquisa de fontes e de influências) e os da crítica impressionista (escuta das reacções subjectivas que a obra desperta no crítico-leitor) acabavam por fazer esquecer o texto literário, que desaparece por entre

---

[162] Silva, 1990: 18.
[163] Silva, 1993: 77.

as circunstâncias biográficas, os factos apurados pela investigação erudita, o deslinde das influências e a descrição dos estados de alma do leitor.

Em consequência desta reacção, os estudos literários vão incidir quase exclusivamente no texto literário, abandonando os contextos da obra (biográfico, histórico-literário e outros). Assim nos encontramos com uma abordagem **imanente** da literatura, ou seja, uma abordagem que não transcende, que não transvaza, para outros domínios, que se concentra na obra literária e que privilegia na obra a matéria verbal. E esta forma de abordagem determina que o tipo de teoria que se vai fazer dirija a sua atenção para o interior da obra literária muito mais do que para as suas relações com o exterior.

A linguagem
Outro factor vai determinar a feição que a teoria da literatura assumirá ao longo do século xx: o relevo absolutamente fundamental que adquire **a linguagem** na consciência científica da área das ciências humanas.

Efectivamente, vai-se dando uma progressiva tomada de consciência do lugar único e fundante que a linguagem desempenha como núcleo das manifestações humanas, desde o sonho à religião, à literatura, a todas as formas de comunicação. Em consequência, ela assume uma absoluta centralidade nas diversas áreas da cultura e «é *capaz* de usos tão diversos como a matemática e o mito, a física e a arte»[164]. A linguagem torna-se assim objecto de estudo não apenas da linguística, mas igualmente da antropologia, da história das religiões, da psicanálise e das mais importantes orientações da filosofia contemporânea, de Heidegger a Wittgenstein[165].

---

[164] Ricoeur (1965), 1995: 13.
[165] «Il me paraît qu'il est un domaine sur lequel se recoupent aujourd'hui toutes les recherches philosophiques, celui du langage. C'est là que se croisent les investigations de Wittgenstein, la philosophie linguistique des Anglais, la phénoménologie issue de Husserl, les recherches de Heidegger, les travaux de l'école bultmanienne

Coseriu entende que «é sintomático da atitude moderna em face da linguagem a consciência de que esta se encontra hoje no centro de interesse do homem». Que a linguagem é importante e deve ser investigada é uma afirmação compartilhada «não só [por] gramáticos e linguistas, mas também por pedagogos, médicos, engenheiros, estudiosos da comunicação, matemáticos, etc.»[166].

No início do século XX, esta importância da linguagem traduz-se no papel preponderante que a linguística estrutural adquire depois de Saussure, tornando-se a ciência-piloto das ciências humanas, de modo que os seus conceitos operativos se transferem para os domínios das outras ciências, as quais procuram igualmente adoptar a sua metodologia.

Como é natural, os estudos literários não podiam escapar a esta tomada de consciência e assumem assim um interesse privilegiado pelo tecido verbal da obra literária.

A teoria da literatura do século XX

A teoria da literatura do século XX restringe-se à imanência do texto (em reacção a orientações anteriores e sob a influência da linguística, que fixa a incidência do seu estudo na matéria verbal da obra), quer se trate de análises de elementos frásicos, e portanto de estudos microtextuais, quer se trate de estruturas globais do texto, em particular as narrativas, passando assim ao nível macrotextual.

Só com orientações pós-estruturalistas (a estética da recepção, a pragmática), bem como sob a influência da poética do imaginário, se recupera a consciência dos problemas estéticos, antropológicos e filosóficos que não devem ser ignorados numa visão de conjunto da problemática literária.

---

et des écoles de l'exegèse néo-testamentaire, les travaux d'histoire comparée des religions et d'anthropologie portant sur le mythe, le rite et la croyance, — enfin la psychanalyse», *ibidem*.

[166] Coseriu (77), 1991: 57–58. Vejam-se também os §§ 3.3.1. a 3.3.3. sobre a atenção que a filosofia concede hoje à linguagem.

Assim, depois de um estreitamento assumido pela teoria da literatura do século XX (que produziu, não devemos esquecê-lo, progressos absolutamente notáveis), será agora possível caminhar no sentido de uma «poética geral» ou de uma «teoria da literatura bem fundada»[167].

Posteriormente às décadas de cinquenta e de sessenta, em que a teoria da literatura gozou de um ambiente de euforia, verificou--se um movimento no sentido contrário motivado, entre outros factores, pelo cepticismo empirista de correntes filosóficas e literárias e pela orientação do pensamento desconstrucionista.

Antes disso, na década de setenta, a estética da recepção, lançando as bases de uma reformulação da *temporalidade*, tivera como efeito uma crescente consciência da condição histórica dos fenómenos literários e, indirectamente, lançara algum descrédito sobre a sua formulação teórica.

Por outro lado, a pragmática filosófica, bem como a pragmática literária, tal como a crítica desconstrucionista, marcada pelo cepticismo pós-moderno — considerando que se torna impossível determinar o que é a literatura, uma vez que a heterogeneidade e variabilidade dos fenómenos literários apontam para conceitos relativos e indeterminados de literatura —, inviabilizam o projecto de uma teoria com abrangência geral, isto é, com ambição de englobar todo o sistema.

Ficou célebre um artigo de Paul de Man, «A resistência à teoria», que se tornou o emblema de um sentimento de saturação, nas décadas de oitenta e de noventa (apesar de não ser dessa resistência de que fala o autor, mas da impossibilidade de reduzir a literatura às suas formulações teóricas). De facto, verificou--se uma saciedade com as abordagens teóricas, sintomática na medida em que evidenciava a necessidade do regresso aos textos concretos.

---

[167] García Berrio, 1994: 53.

Mas essa saciedade significa sobretudo uma reacção relativamente à produção de discursos estéreis que glosam infindavelmente temas da ideologia em moda em torno da escrita, mas muito pobres na produtividade em relação aos textos que supostamente criticam ou sobre que teorizam. E dela não se pode concluir o desinteresse por uma teoria da literatura válida.

Insurgindo-se contra as reservas formuladas, contra o cepticismo e contra a desafecção da teoria exibidos por alguns pensadores, García Berrio afirma a necessidade e a importância da teoria da literatura e propugna uma orientação de «globalismo dialéctico»[168], ou seja, uma orientação que não esqueça a natureza dos objectos literários, «produtos estéticos únicos» e ao mesmo tempo «formas históricas». A teoria da literatura tem de ter em conta a singularidade da obra literária, bem como a sua condição inevitavelmente dependente do seu momento histórico, pelo que só mantendo nítida consciência de ambas as dimensões se pode desenvolver um trabalho com pretensão a tornar-se «a condição culminante, legítima e necessária, que possa dar sentido e orientar fundadamente muitas outras actividades críticas individualizadas»[169].

2.3.3. Definição

Assim, poderíamos definir a teoria da literatura como o estudo do sistema literário na sua globalidade, quer na atenção à imanência da obra quer na consideração dos problemas filosóficos abordados na poética tradicional e postos entre parênteses ao longo do século xx. Este estudo visará a depreensão dos «universais expressivos e estéticos»[170].

Não deixa de ser significativo que a teoria da literatura tenha tido um surto excepcional no contexto epistemológico formalista

---

[168] *Ib.*: 58.
[169] *Ib.*: 62.
[170] *Ib.*: 57.

e estruturalista, uma vez que um dos seus conceitos-chave é justamente o conceito de *sistema*. Efectivamente, a *forma mentis* destas orientações predispõe para a visão teórica dos fenómenos.

2.3.4. A Teoria da Literatura, a História e a Crítica Literárias
A teoria da literatura em face da história literária
A teoria da literatura mantém relações de «necessidade recíproca»[171] com a história literária. Esta, naturalmente, preocupa-se com as obras concretas, ou com a sua inserção em correntes, épocas e escolas literárias; e tem também, como observámos, de proporcionar «a legibilidade e compreensão das obras artísticas, depurando a edição dos textos e actualizando as chaves linguísticas»[172] ou outras. A teoria da literatura «toma os seus materiais elaborados e depurados pela História da literatura», materiais que se tornam «critérios inevitáveis para verificar e controlar as suas construções teóricas»[173].

Por outro lado, a teoria da literatura tende para uma visão universalista, ao passo que a história está orientada para a particularização.

As construções teóricas carecem de validade se não forem solidamente fundamentadas em conhecimentos literários rigorosos e abundantes; efectivamente, muitos textos supostamente teóricos produzidos na sequência da voga da teoria não passam de «especulações apriorísticas»[174] desinteressadas de submeter as hipóteses à validação que teria de lhes vir do confronto com obras concretas.

Reciprocamente, a história literária precisa do olhar teórico: «o historiador da literatura não deve esquecer a natureza

---

[171] *Ib.*: 54.
[172] *Ibidem*.
[173] *Ibidem*.
[174] Silva, 1967: 32.

especificamente artística, e não só histórica e conjuntural dos seus objectos de estudo»[175].

A teoria da literatura em face da crítica literária

A crítica literária incide no texto singular, e o crítico possui clara consciência dessa singularidade; trata-se de um texto único, diferente de todos os mais, irrepetível. Contudo, há na obra literária aspectos que se repetem noutras obras, que são comuns; por exemplo, o género ou o período literário. Uma visão de totalidade e de sistema, como a da teoria da literatura, permite apreciar globalmente o fenómeno literário, independentemente das inúmeras variações que lhes dá cada obra concreta.

A crítica literária destina-se, em princípio, aos mesmos leitores das obras literárias, uma vez que — como actividade essencialmente mediadora — pretende facilitar a leitura, enquanto a teoria da literatura tem outros destinatários, os estudiosos e professores, que constituem um público muito mais estreito e especializado. Portanto, se a crítica deve visar a clareza da sua escrita, a teoria da literatura não pode deixar de usar uma metalinguagem técnica.

Aguiar e Silva, já em 1967, apontava à teoria da literatura a função de se tornar «uma disciplina propedêutica largamente frutuosa para os diversos estudos literários»[176].

Além disso, pela sua tendência para a generalização, a teoria da literatura representa um degrau, um patamar superior ao estudo da literatura pela história ou pela crítica, na medida em que ascende a níveis de maior generalidade nos problemas que aborda.

Ora, muitos dos conteúdos da literatura são comuns a outros domínios da arte ou das ciências humanas e podem ser observados no ângulo mais abrangente de disciplinas como a antropologia, a estética ou a filosofia.

---

[175] García Berrio, 1994: 55.
[176] Silva, 1967: 32.

A teoria da literatura constitui assim, a reflexão globalizante e sistemática que permite estabelecer o diálogo, a conexão com essas disciplinas.

2.3.5. As Matérias da Teoria da Literatura
A definição que Aguiar e Silva dava em 1967 de teoria da literatura aponta para as principais matérias que a compõem: «as estruturas genéricas da obra literária, as categorias estético-literárias que condicionam a obra e permitem a sua compreensão, [...] um conjunto de métodos susceptível de assegurar a análise rigorosa do fenómeno literário»[177].

Assim, a teoria da literatura deverá, antes de mais, responder à questão: O que é a literatura? Qual a relação da literatura e da realidade? O que distingue o discurso literário de outras formas de linguagem e de comunicação?

Em conexão com este, surge a pergunta sobre as funções da literatura.

Ocupar-se-á também dos géneros literários e da periodologia.

Uma vez que estas questões serão abordadas em capítulos posteriores, apenas consideraremos desde já as funções da literatura.

2.3.6. As Funções da Literatura
O problema das funções ou das finalidades da literatura — que se enuncia na pergunta **«Para que serve a literatura?»** — levanta uma questão fundamental, mas que deve ser confrontada com a possibilidade de se rejeitar a própria pergunta.

Isto é, há que perguntar se a literatura se legitima pelo serviço que presta à sociedade ou se existe por si mesma, tendo sentido em si, não se justificando apelar a uma instância exterior, de onde lhe viria a função ou a «utilidade».

[177] *Ib.*: 32–33.

Por muito que adoptemos um conceito de literatura como actividade estética com valor intrínseco, sem necessidade de se justificar pela sua utilidade prática, não podemos, contudo, esquecer que, desde a Antiguidade — com a *República* de Platão —, se reconhecem *efeitos* da poesia na sociedade. Ou seja, não se pode ignorar que esses efeitos (psicológicos, sociais, morais, políticos...) existem. Deve a literatura ser ou não instrumentalizada (esse é um aspecto do debate), mas seria cegueira ignorar que tem efeitos no público: ensina, informa, moraliza, desmoraliza, diverte, etc.

Além disso, são por vezes os próprios escritores que revelam a consciência das consequências nocivas que uma certa literatura exerceu nos leitores: Cervantes, em *Don Quixote*, pretendia combater o delírio provocado pelo consumo excessivo de romances de cavalaria; e Flaubert, em *Mme Bovary*, denuncia os erros da educação feminina, marcada pelo sentimentalismo de uma certa literatura romântica.

Por outro lado, como faz notar Aguiar e Silva,

> os numerosos mecanismos de censura e de repressão que, desde há milénios, têm sido concebidos e postos em execução a fim de impedir que os textos literários possam exercer, em liberdade, os seus possíveis efeitos perlocutivos demonstram bem a relevância dos factores pragmáticos da comunicação literária[178].

Vejamos então as diversas respostas que a reflexão sobre as funções da literatura foi propondo ao longo dos tempos:

Representação
Uma das mais conhecidas é a que foi dada por Aristóteles na *Poética*: a da literatura como **representação**, com base no conceito

---

[178] Silva, 1982: 324.

de **mimese**, ou de imitação, que a obra desenvolve[179]. Trata-se, *grosso modo,* de referir a aptidão da literatura para o conhecimento, uma vez que a mimese está relacionada com o desejo de conhecer. (Este conceito será desenvolvido num dos próximos capítulos.)

Catarse
A representação, como finalidade global, não é incompatível com outro tipo de efeitos que cada género poético pode causar, efeitos directamente relacionados com a índole específica do género. Na comédia, o riso; na tragédia, aquilo a que Aristóteles chama **catarse** ou purgação ou purificação das paixões: «a tragédia [...] por meio da comiseração e do temor, provoca a purificação (catarse) de tais paixões»[180].

Podemos compreender esta ideia como uma descarga emotiva através da qual o leitor ou o espectador se liberta da perturbação de uma vida agitada por pulsões excessivas, conturbadas ou brutais.

Mas, em rigor, para entender a noção de catarse, temos de ter presente o contexto em que tinha lugar a representação das tragédias, na Grécia antiga: como vimos, as tragédias faziam parte de grandes festas de multidão, tumultuosas, em que a embriaguez era comum. Nesta situação, o espectador identificava-se facilmente com as personagens trágicas, o que conduzia a situações de descontrolo emocional e a comportamentos frenéticos, através dos quais o indivíduo se dissolvia na turba e se entregava à vivência de paixões violentas.

É esta situação que Platão tem em mente quando condena a mimese: não é com estes espectáculos que se pode formar o cidadão.

---

[179] Como se viu no primeiro capítulo, antes de Aristóteles, já Platão referira a natureza mimética da poesia, mas no sentido de negar a sua aptidão para o saber.
[180] Trad. de M. H. da R. Pereira, *Hélade*, p. 416.

E é esta posição que Aristóteles enfrenta e contra a qual reage: a identificação do espectador com a personagem dá-se, efectivamente, mas, ao contrário do que Platão entende, pode ter uma acção curativa. Através da catarse, ou purgação, o indivíduo libertar-se-ia do excesso e da violência das forças irracionais.

Como diz Asensi Pérez, o que o

> espectador extrai da sua identificação não é um modelo de conduta socialmente reprovável, mas antes o contrário, um efeito de libertação dos sentimentos de temor e de piedade, considerados negativos pelos gregos [...] ao contrário do que Platão julgava, a tragédia possui uma função social positiva pois liberta os cidadãos de afecções psicológicas doentias[181].

Este tema é tão sugestivo como gerador de perplexidades. Que significa exactamente *catarse*? Diversas interpretações têm sido propostas no decurso da reflexão sobre literatura[182].

Toda a obra determina efeitos catárticos? Na expressão de Aristóteles, ela está apenas atribuída à tragédia. Parece ser portanto um efeito que diz exclusivamente respeito a certos géneros e a certas obras. Mas há quem fale de uma forma genérica dos efeitos catárticos da arte.

Carlos Reis[183] diz que

> Exactamente por não se encerrar num «sentido estreitamente circunstancial», a obra de arte com frequência dinamiza [...] uma relação de índole catártica. [...] Aristóteles abre caminho a uma utilização da literatura como fenómeno cultural *capaz* de exercer uma acção profiláctica (e mesmo de certa

---

[181] Asensi Pérez, 1998: 80–82.
[182] Veja-se Silva, 1967, no cap. «As funções da literatura», pp. 71–78.
[183] Reis, 1995: 92 e ss.

forma curativa), junto dos seus leitores, dos seus temores e dos seus traumas.

Trata-se aqui de apontar para os efeitos literários, que se exercem a nível individual ou social, sobre o domínio do psíquico e do psicanalítico, envolvendo ao mesmo tempo aspectos de ordem moral ou ética.

O mesmo autor dá como exemplos a lírica de Camões, que nos toca «pela premência do sentimento amoroso»; o *Frei Luís de Sousa* de Garrett, que nos torna «sensíveis à pequenez humana perante os arbítrios do Destino»; e o romance de Vergílio Ferreira, que desencadeia em nós «o sentido da fugacidade do tempo e da inevitabilidade da morte».

> Essas (e muitas outras) obras desempenham uma função catártica que é a que conduz ao desvelamento e potencialmente à purificação das nossas paixões. Paixões que, afinal, não são só nossas nem exclusivamente do nosso tempo, mas património multissecular, legado e também incessantemente retomado pelas grandes obras literárias.

Pode também falar-se de catarse como efeito que assume uma obra ou um episódio, no seu conjunto, quando se colocam em relação dialéctica com certas vivências. J. de Sena considera o episódio da Ilha dos Amores, *de Os Lusíadas,* como «catarse total não apenas de todos os recalcamentos, mas das misérias da própria História, e das misérias da vida no tempo de Camões e fora dele». E note-se como conclui: «É a reconciliação, a transcendência»[184].

Segundo Aguiar e Silva, Racine representa, nas literaturas modernas, o autor que melhor assume os termos da teoria aristotélica, na

---

[184] J. de Sena, *A Estrutura d'«Os Lusíadas» e Outros Estudos Camonianos e de Poesia Peninsular do Século XVI,* Lisboa, Portugália ed., 1970, p. 67.

sua interpretação «mitridática»: «a tragédia de Racine [...] representa a assunção, pela luminosidade e harmonia do *logos* poético, dos domínios mais sombrios do homem»[185].

Como se vê, trata-se de uma ideia muito rica e muito complexa. Apenas com os exemplos citados, percebemos que nela coexistem as noções de empatia, comoção, terapêutica preventiva e curativa, clarificação psicológica, purificação emocional, superação e aceitação do sofrimento, apaziguamento, compensação e utopia.

Expressão

Outra resposta, esta dada pelo Romantismo, apresenta a literatura como **expressão**. Expressão da interioridade do autor, confissão, desabafo; tradução do interior no exterior, conceito do qual decorre uma estética da autenticidade.

Em versão menos individualista, pode também considerar-se a literatura com expressão de uma época, ou de um povo.

Evasão

A literatura pode ainda ser **evasão**, forma de o autor ou de o leitor se desligarem dos problemas do quotidiano, da rotina cinzenta e sobrecarregada do dia-a-dia.

Esta função pode realizar-se de uma forma esteticamente superior, como saída superadora da banalidade ou da fealdade da vida, de um conflito com a sociedade, de vivências depressivas, da consciência do absurdo de uma vida na perspectiva da morte, confrontada com a degradação, com a ignomínia da injustiça ou com diversas formas de perversão e de crimes; em suma, com o problema do mal. Em face destes problemas, a arte aparece como o domínio da utopia, da descoberta do sentido, ou ainda com uma actividade capaz de nos dar o sentimento de — através da enunciação e da denúncia — conseguir uma certa forma de domínio

---

[185] Silva, 1967: 76.

sobre aquilo que nos perturba e que nos esmaga, ou, por fim, da afirmação de um mundo outro, onde triunfa a força criadora da beleza.

Mas a função de **evasão** pode também revestir formas que se aproximam da literatura de massas: o romance de capa e espada, o folhetim, o romance cor-de-rosa, o policial, o de espionagem...

Frequentemente, nestes géneros (onde é possível encontrar também livros de qualidade), a maioria das obras merece a condenação que delas se faz por motivo de serem *alienantes,* quer dizer, são livros que *distraem* dos reais problemas do mundo e da vida, que constituem uma forma de leitura leve ou leviana.

Diga-se em abono da verdade que um pouco de distracção não faz mal a ninguém. Condenável é apenas o consumo maciço deste tipo de livro, que, como qualquer droga, embrutece e sujeita.

Literatura comprometida

Em sentido contrário, a literatura pode conceber-se em função de objectivos morais, sociais, políticos ou religiosos. Uma literatura que se vê como forma de **intervenção e de transformação** da sociedade.

É isso que se passa na literatura do Humanismo e do Renascimento, que tem sempre presente a função pedagógica e cívica do escritor.

No Realismo e no Naturalismo encontra-se outra versão da mesma função, quando se pretende denunciar, através da obra literária, condições de vida e situações sociais injustas; esta orientação articula-se com tendências políticas reformistas ou revolucionárias.

Nos anos trinta a cinquenta do século xx, orientação semelhante se verificou com o Neo-Realismo, de influência ideológica marxista, dando lugar àquilo que se chamou *littérature engagée,* na expressão de Jean-Paul Sartre. **Literatura comprometida**. Assim, a literatura coloca-se *ao serviço de* uma causa, de forma militante. Neste caso, de um compromisso político; mas, *mutatis mutandis,* semelhante função têm as obras que se colocam ao serviço de uma posição moral, de uma causa religiosa ou social.

Nesta posição, defende-se um conceito *instrumental* de língua, que o escritor usará na defesa ou promoção dessas causas, como J.-P. Sartre faz em *Qu'est-ce que la littérature?*

Autonomia da arte

Quando a literatura aceita esta condição de subordinação, arrisca-se a aproximar-se da *propaganda* e a esquecer-se daquilo que noutros momentos se reivindica fortemente: a **autonomia da arte**. Esta autonomia tem sido afirmada, a partir de Kant e da sua *Crítica do Juízo,* por diferentes formas, no sentido de dizer que a literatura não encontra o seu objectivo em qualquer finalidade exterior a ela mesma. A sua natureza é intransitiva ou, nos termos de Kant, «uma finalidade sem fim»; o seu sentido realiza-se no âmbito da sua própria mensagem, no cultivo do seu valor estético. Dizer *autonomia da literatura* significa que ela não depende dos papéis ou das funções que desempenha, dos serviços que presta, mas que existe por si mesma.

A forma mais conhecida que assume a reivindicação da autonomia é o princípio da **arte pela arte**.

Este princípio (que, em rigor, pode ser encontrado já em Horácio — se se acentuar uma das funções apontadas pelo autor: o *dulce,* que, segundo esta *Arte Poética,* deveria andar ligado ao *utile*), manifesta-se principalmente ao longo do século XIX, na confluência da estética alemã e de obras de pensadores românticos franceses[186], mas passará a ter grande projecção com a obra do poeta e novelista norte-americano Edgar Allan Poe, a partir de meados do século.

---

[186] A história do movimento está esboçada resumidamente por W. e Brooks, cap. XXII, «A arte pela Arte», 569–596; e por Aguiar e Silva, 1967, 35–56.

Embora a formulação da tese implique principalmente a recusa do didactismo em literatura e da sua subordinação a qualquer orientação pedagógica ou de propaganda, pode fazer-se também em sentido diferente. É o que se passa com a influência de Poe no ideário estético de Baudelaire, o qual defende princípios semelhantes e introduz, nesta problemática, outra: a da afirmação da arte em oposição à natureza. Ao contrário dos iluministas e dos românticos — que defendiam o princípio optimista da bondade original da natureza (recorde-se a tese do «bom selvagem») —, Baudelaire fala das *«Flores do Mal»*, isto é, da emergência da beleza a partir do mal e através do mal.

Só a arte (manifestação da cultura e, nessa medida, produto «artificial», tal como a filosofia ou a religião) pode elevar o homem acima da condição natural que é sinónimo de degradação[187].

Esta orientação realça a autonomia da arte em face da realidade natural. E, embora não se possa falar de Baudelaire como de um teórico da «arte pela arte»[188], a sua lição faz-se em sentido idêntico, no sentido da reivindicação da autonomia da arte, o que equivale a sublinhar que o seu sentido e o seu valor residem nela mesma e não numa instância exterior.

Em Inglaterra, verifica-se uma orientação idêntica, que, mais tarde, inflecte para o esteticismo e mesmo para um certo dandismo, cuja principal manifestação se encontra na obra de Oscar Wilde. São significativas as suas afirmações de que «a beleza revela tudo porque não exprime nada» e de que «toda a arte é inútil»[189].

---

[187] No pensamento estético de Baudelaire, não são incompatíveis as afirmações da autonomia da arte e da sua imensa responsabilidade moral, que lhe vem da obrigação de manifestar o horror do mal e do diabólico poder da perversão.
[188] Cf. Wimsatt e Brooks, p. 579: «Baudelaire, ao ser menos do que um puro teórico da arte pura, é uma das testemunhas desta teoria mais digna da nossa respeitosa atenção».
[189] *Apud* Wimsatt e Brooks: 581.

O prolongamento desta tendência levou à visão do poeta aristocraticamente isolado na sua «torre de marfim».

Noutra linha, a «arte pela arte» vem a adquirir uma versão decorativista: a arte como decoração, ornamento, conceito que se pode aplicar ao movimento parnasiano, o qual valoriza justamente o lavor da palavra e enuncia o seu ideal estético em termos plásticos. Veja-se o título da obra de Théophile Gautier *Émaux et camées*, «esmaltes e camafeus», título que traduz o gosto pela miniatura, pelo cinzelado precioso da ourivesaria, pelo requinte da decoração minuciosa. Aliás, é sugestiva a relação que podemos estabelecer — na sequência do movimento dos pré-rafaelitas —, na pintura desta corrente, com o *modern style* ou *arte nova*, a qual, por sua vez, reage também à invasão da fotografia recentemente aparecida.

No prefácio dessa obra, Théophile Gautier produz uma série de afirmações provocatórias que são significativas quanto ao contexto social e aos perigos que nele se configuram para a arte:

> um romance não é um par de botas sem costura; [...] um drama não é um caminho-de-ferro [...] Só o que não serve para nada é verdadeiramente belo; tudo o que é útil é feio, por ser a expressão de uma qualquer necessidade, e as do homem são ignóbeis e repulsivas.[190]

Como faz notar C. Reis, neste caso a afirmação da autonomia da arte faz-se «num contexto de aburguesamento da arte, de acentuação da sua utilidade social e de exploração do seu valor comercial»[191].

Vemos assim como a «arte pela arte» se afirma em situações e contextos diferentes, dando origem desse modo a versões diversas de um mesmo princípio.

---

[190] *Apud C.* Reis: 49–50.
[191] *Ibidem:* 49.

Por outro lado, podemos ainda observar que esta recusa da dimensão do *útil,* ou do *didáctico,* leva à elaboração da noção de *desprendimento,* segundo a qual só pode ser artisticamente fruído aquilo que para nós não seja percepcionado na esfera do útil ou do interesse. Esta noção acaba por vir a influenciar a formação da teoria do *distanciamento* que iremos encontrar algum tempo mais tarde (em Eliot ou F. Pessoa) como condição essencial para a criação artística. E, nesta versão, o *distanciamento* já envolve uma crítica ao expressivismo romântico, apesar de a sua proveniência estar marcada — obliquamente — por uma origem também romântica.

Vemos assim que a ideia da «arte pela arte» admite entendimentos diversos:

— uma arte fechada sobre si mesma, formalista e por vezes frívola, esquecida dos problemas humanos, uma arte que começa e acaba no cultivo dos seus mesmos processos; e
— uma arte que não admite estar ao serviço de outra coisa porque é dentro de si que encontra o seu *sentido,* tal como sucede com os grandes valores humanos: o amor, a amizade, a solidariedade, a lei moral.

Conhecimento

Articulada ou não com as funções anteriores, a literatura concebe-se também como **conhecimento**, concepção que oscila entre a feição mais banal, que deriva necessariamente da noção de *representação* (e aqui importa não esquecer as posições antagónicas de Platão e de Aristóteles — considerando um que as artes imitativas afastam da verdade e o outro, pelo contrário, que estas têm justamente virtualidades gnoseológicas excepcionais) e a feição esotérica, segundo a qual o poeta é um *visionário,* e a arte uma via privilegiada de acesso a formas de conhecimento inacessíveis ao homem comum, ao vulgo.

Esta função adquiriu versões diversas:

— a preceptística do Renascimento via na literatura uma forma de *instrução,* de alargamento da cultura do leitor. A literatura devia ser, entre outras coisas, informativa;
— quando a arte aprofunda o processo simbólico que sempre a constitui, tende a tornar-se revelação de sentidos ocultos da realidade: essa tendência observa-se em muitos poetas românticos, e particularmente nos simbolistas. Rimbaud afirma: «O Poeta torna-se vidente através de um longo, imenso e racional desregramento de todos os sentidos»[192]. F. Pessoa, de modo disseminado em toda a sua obra, e mais claramente na poesia ortónima, ilustra bem esta orientação: veja-se o poema «Iniciação», entre muitos outros.

No século XIX, com W. Humboldt, historiador, filólogo e filósofo, sob cuja inspiração foi fundada a Universidade de Berlim, em 1810, ganha relevo o conceito de *concepção do mundo* através da qual o homem vai interpretando o real ao longo da história. E, naturalmente, o fenómeno literário aparece como expressão da visão do mundo, *cosmovisão* ou *mundividência,* de um escritor, de uma época ou de uma geração; o que significa que numa obra se manifesta uma imagem da sociedade, de estilos de vida, da mentalidade do momento concreto em que aquela é escrita, com os seus problemas próprios, que são igualmente enunciados por outras expressões culturais, como a ideologia, os costumes, a filosofia e a religião.

Valorizamos uma obra justamente — entre outros factores — pela «coerência que [essa visão do mundo manifesta] em relação ao seu tempo e espaço histórico, bem como [em relação] à consciência colectiva dominante»[193].

[192] Rimbaud, *Oeuvres,* Paris, Garnier, 1960: 346.
[193] C. Reis: 85.

Enuncia-se assim, nesta perspectiva, uma estreita relação que se estabelece entre o texto literário e a história do seu tempo. Esta ligação pode assumir muitas formas e «chegar à representação explícita dos seus temas, figuras e eventos»[194], como no romance histórico, por exemplo.

Mas, seja qual for o tipo de relação estabelecida com a história, não se suponha que a função do texto literário se confunde com a qualidade de *documento* ou *ilustração* de uma época. Não se nega o valor documental que a obra possa assumir; mas, devido à natureza literária, as relações que estabelece com a realidade são muito complexas e aleatórias, por comparação com as que se estabelecem entre um documento e a circunstância histórica a que se reporta.

Aliás, se valorizamos a coerência histórica de uma mundividência, valorizamos ainda mais a capacidade que a obra tem de transcender as suas circunstâncias históricas, isto é, a capacidade de a obra não se esgotar nessa referência ao contexto histórico concreto em que surge; apontamos assim para o *valor trans-histórico* de um texto. Ou seja, apreciamos que um texto seja «algo mais do que "comunicação de sentido estreitamente circunstancial, mercadoria datada ou gesto urgente de persuasão para uma acção histórica pontual"»[195].

E a obra transcende a sua circunstância na medida em que as suas raízes mergulham no domínio do **imaginário**, seja pessoal ou colectivo, seja inconsciente ou cultural.

Com a palavra «imaginário» pretendemos referir-nos ao campo do psíquico mais profundo e mais enraizado na natureza humana, que é guardado na memória ou no inconsciente sob a forma de arquétipos e de símbolos e que, recolhendo marcas da experiência biográfica, aponta para um domínio muito mais vasto,

---

[194] *Ibidem.*
[195] Martínez Bonati, *apud C*. Reis: 91.

o domínio colectivo — dos costumes, das tradições, do folclore, do mito —, abrangendo em certos casos vivências mais gerais, inerentes à natureza humana. Este domínio tem sido explorado pela psicanálise (Freud e Jung), pela antropologia e pelo estudo da imaginação simbólica (E. Cassirer, G. Bachelard e G. Durand).

No espaço do texto que integra a obra literária confluem, pois, o mundo das coisas representadas e o mundo das pulsões do sujeito que as representa. Por isso Jean de Burgos refere-se à escrita como «lugar de emergência do *antropos* e de inflexão do cosmos e que, longe de poder definir o texto como um mundo fechado ou votado apenas às estruturas da linguagem, apenas toma forma e significação através da relação com os dois mundos que nele vêm trocar forças e de onde retira primordialmente a sua substância».[196]

O interesse cognitivo da literatura, ou a função de conhecimento que ela desempenha, pode assumir ainda outra forma: a do **alargamento da experiência individual** que a estética da recepção lhe atribui. Com efeito, Jauss mostra que, na linha de K. Popper, a literatura exerce o papel análogo ao que a «decepção da expectativa» desempenha no progresso científico; efectivamente, a literatura permite ao leitor progredir no conhecimento do mundo, em particular no domínio social, da sensibilidade, da ética, sem ter de se defrontar com todas as experiências dolorosas, difíceis ou frustrantes que esse conhecimento e essa maior experiência envolveriam.

No âmbito desta teoria[197], Jauss lembra que «a literatura francesa pode reivindicar o mérito de ter sido, ao longo da sua evolução

---

[196] C. Reis: 94; a citação é de J. de Burgos, *Pour une poétique de l' imaginaire*, Paris, Seuil, s./d.: 82.
[197] Cf. Jauss, p. 81: neste ponto, Jauss refere-se às conclusões de uma conferência de Gerhard Hess.

durante o período moderno, a primeira a descobrir certas leis da vida em sociedade».

É por isso que muitas obras são, *a posteriori,* vistas como mitos ou então apreciadas pelo profundo valor simbólico que condensam: porque anteciparam, antes da formulação científica, certas configurações paradigmáticas da experiência que as ciências humanas vieram mais tarde a explorar: haja em vista a psicologia e a psicanálise, a sociologia, a antropologia e o abundante uso que estas ciências fazem dos exemplos literários.

Deste modo, a literatura torna-se um lugar privilegiado de manifestação do imaginário.

Conclusão

Aguiar e Silva considera que as duas grandes funções da literatura, o *conhecimento* e o esforço de *transformação do real,* são simbolizadas por dois grandes mitos da Antiguidade:

> Se o mito de Orfeu representa as virtualidades cognitivas da comunicação literária, o mito de Prometeu simboliza a capacidade da comunicação literária contribuir para transformar o real [...]. A concepção prometaica da comunicação literária [...] consubstancia-se paradigmaticamente em textos literários que instituem uma ruptura declarada e violenta [...] e encontrou a sua teorização mais radical e mais consistente na chamada «estética da negatividade», defendida por pensadores como Adorno e Marcuse: o texto literário não reflecte nem justifica conformistamente o real estabelecido, mas corrói e anula, pelo seu poder de negatividade, esse mesmo real.[198]

Mas, se se acentua com frequência esta orientação disruptiva, importa não esquecer a importância da função social de

---

[198] Silva, 1982: 326–327.

integração, «nos antípodas dos fenómenos de ruptura», que a literatura tem assumido ao longo dos tempos e que está na base do seu ensino.

> Com efeito, ao longo da história, a comunicação literária tem frequentemente veiculado a *legitimação,* a nível do *universo simbólico,* do sistema de crenças, de normas éticas e de acção, prevalecentes numa determinada sociedade, integrando assim os seus leitores numa específica tradição cultural [...] e defendendo ou exaltando [...] os valores religiosos e morais, as ideologias, as instituições e os padrões de comportamento considerados como fundamento e paradigma da vida individual e da vida social. A comunicação literária, sob esta perspectiva, constitui um factor de socialização, um meio eficaz de contribuir [...] para a realização de um processo educativo que assegura o ordenamento ético-político, o equilíbrio social, a perdurabilidade de uma visão do mundo e de uma civilização.[199]

2.4. A Hermenêutica
2.4.1. Definição

A palavra *hermenêutica,* ou a expressão *arte hermenêutica,* deriva do nome do deus Hermes, mensageiro de Zeus, habitualmente ligado à função de estabelecer comunicações ou de transmitir mensagens. O verbo grego *ermêneuein* significa *interpretar.*

Ricoeur define a hermenêutica como: «toda a disciplina que procede por interpretação, e dou aqui à palavra interpretação o seu sentido forte: o discernimento de um sentido oculto num sentido aparente»[200].

---

[199] *Ibidem:* 327–328.
[200] Ricoeur, 1969: 260. V. também Ricoeur, 1965, 42–44: «Mas estes três mestres da suspeita não são três mestres do cepticismo: são seguramente três grandes "destrutores"; e, contudo, isso mesmo não deve confundir-nos; a destruição, diz Heidegger em *Sein und Zeit,* é um momento de completamente nova fundação,

2.4.2. A Tradição Hermenêutica

A interpretação, e a teoria que a integra — a hermenêutica —, está tradicionalmente ligada à explicação das epopeias homéricas, a *Ilíada* e a *Odisseia,* na escola helenística de Alexandria, e, em seguida, com a primeira tradução da *Thora,* por judeus helenizados, ao estudo e comentário das Escrituras Sagradas, da Bíblia, e — por essa via — vem relacionar-se mais tarde com a teologia. Na civilização cristã, tem um particular desenvolvimento no seio das comunidades protestantes, que, não aceitando a orientação da Igreja para a leitura individual, bem como para a interpretação e a pregação do texto sagrado, se encontraram na necessidade de definir um conjunto de regras capazes de dar coerência e sentido à sua prática interpretativa.

Na sequência do Romantismo alemão, a hermenêutica ganha um alcance muito para lá da exegese bíblica, alargando-se a domínios cada vez mais vastos e tendendo para um conceito muito mais abrangente.

Vimos já como, no século XIX, na cultura francesa, na linha de pensamento marcada pelos filósofos das Luzes, pelos *idéologues* da Revolução Francesa e, mais tarde, pelo positivismo, o modelo das ciências matemáticas e naturais se tornou preponderante relativamente aos outros domínios do saber. Estes ou assumiam esse modelo ou viam-se relegados para um estatuto inferior. Algo de semelhante se passou em Inglaterra, por influência de uma persistente corrente de filosofia empirista[201].

Pelo contrário, na Alemanha, sob a influência do Romantismo e do movimento nacionalista de reacção à expansão imperialista de Napoleão, emerge uma investigação sobre a metodo-

---

compreendendo a destruição da religião, enquanto ela é, segundo a palavra de Nietzsche, um "platonismo para o povo". É para lá da "destruição" que se coloca a questão de saber o que significam ainda pensamento, razão e mesmo fé».

[201] Cf. Gusdorf: 437–442.

logia específica das ciências humanas[202], com base na reflexão suscitada em torno da ciência histórica. Com a fundação da Universidade de Berlim, em 1810, segundo o modelo concebido por W. von Humboldt, e com a colaboração de pensadores como Fichte, Schleiermacher, entre outros, vai desenvolver-se uma epistemologia globalizante, onde a filosofia não se dissocia dos outros saberes (filologia, história, direito, teologia) e onde se assumem princípios que não conduzirão a dicotomias que se encontram adjacentes às ciências da natureza, particularmente a que distingue e opõe *sujeito* e *objecto.* Reconhece-se a especificidade das ciências humanas, que se ocupam «de factos psíquicos cujas propriedades intrínsecas não podem reduzir-se a realidades de uma outra ordem»[203]. Importa assumir que as disciplinas que visam o conhecimento do homem, num contexto de referência à experiência interna, «por muito rigorosas que se procurem tornar, devem aceitar o pressuposto das intenções e das significações constitutivas do domínio humano»[204].

Assim se desenvolve, no seio da cultura alemã, uma forma de hermenêutica válida não apenas para os textos bíblicos: apuram-se técnicas de análise gramatical e aprofunda-se o conhecimento das circunstâncias históricas de cada texto; vê-se surgir, a par da hermenêutica teológica, uma hermenêutica filológica, uma hermenêutica jurídica e, sobretudo, a hermenêutica histórica.

> A história não é uma ciência da natureza; não pode pôr-se em prática segundo os seus princípios, e reduzir-se afinal a uma reunião de átomos materiais. Exige uma metodologia particular que respeite a sua originalidade específica. «O mundo humano,

---

[202] A própria distinção entre ciências humanas e ciências da natureza é da responsabilidade de um dos filósofos e historiadores literários mais intervenientes neste contexto: Wilhelm Dilthey.
[203] Gusdorf: 443.
[204] *Ib.*: 453.

afirma Droysen, é histórico de uma ponta à outra; é isso que o torna essencialmente diferente do mundo natural.» Donde uma metodologia particular, que é preciso tentar elucidar, porque não se trata de «estabelecer as leis da história, mas antes as do conhecimento e da ciência histórica». Ora este conhecimento é da mesma natureza que aquele que nos permite entendermo-nos com um interlocutor: «Nós não captamos cada palavra, cada frase isoladamente, mas toda a expressão particular é para nós uma expressão de uma interioridade; e nós compreendemo-la como testemunho desta vida interior [...]. O detalhe é compreendido no todo donde procede; e o todo a partir do detalhe no qual se exprime [...]. A compreensão é o conhecimento mais perfeito que nos seja humanamente possível. Ele cumpre-se de modo quase imediato; de repente, sem que tenhamos consciência do mecanismo lógico que trabalha durante esse tempo. É por isso que o acto de compreensão é uma intuição imediata, um acto criador como uma faísca entre dois corpos portadores de electricidade, como um acto de engendramento (de geração). Na compreensão, a natureza ao mesmo tempo sensível e espiritual do homem afirma-se totalmente, ao mesmo tempo dando e recebendo, fecundante e fecundada. A compreensão é o mais humano dos actos; toda a actividade verdadeiramente humana repousa sobre a compreensão, procura e encontra a compreensão».[205]

A história apoiava-se necessariamente na interpretação de documentos, de fontes históricas escritas, e, por essa via, estava familiarizada com a hermenêutica textual. Por extensão, acaba por assumir-se, teoricamente, como uma «ciência» hermenêutica: «Não só as fontes se apresentam como textos, mas a realidade histórica ela mesma é um texto que importa compreender».[206]

[205] *Ib*.: 453.
[206] Gadamer: 218.

À medida que a hermenêutica se aplica a domínios alheios ao estudo da Bíblia, surge a eventualidade de uma hermenêutica literária, tornada possível com «a ideia de que a interpretação é um problema geral, que se coloca sempre que o problema da atribuição do sentido se põe»[207]. Trata-se da «exigência de uma hermenêutica "profana" ([que se verifica pela primeira vez] nos escritos de J. H. Ernesti), e [que] através de um processo de secularização progressiva [...] culminou em Schleiermacher»[208].

2.4.3. Schleiermacher e a Hermenêutica Geral

Friedrich Daniel Ernest Schleiermacher (1768–1834) desempenha nesta fase um importante papel, visando uma **hermenêutica geral**, centrada no acto de compreensão, comum a diversos domínios onde se coloque a questão da interpretação. Esta hermenêutica geral procurará definir «princípios que possam servir de base a todos os tipos de interpretação de textos»[209].

Não se trata apenas de unificar os processos comuns a ramos diferentes de aplicação e de assim produzir um método autónomo e válido para qualquer discurso; trata-se principalmente de aprofundar a questão: *O que é compreender?* Esta abrange todas aquelas áreas onde a compreensão não é imediata e que envolvem riscos de desentendimento, de mal-entendidos. Segundo Schleiermacher, «a hermenêutica é a arte de evitar os mal-entendidos»[210].

Por outro lado, Schleiermacher desenvolve não apenas uma análise linguística, mas também psicológica, uma vez que entende que uma ideia só se compreende bem na sua origem, no contexto em que surge; assim, a interpretação conduz à indagação psicológica,

---

[207] Tamen, 1997: 999.
[208] *Ibidem*.
[209] Palmer: 50.
[210] *Apud* Gadamer: 189.

à procura da génese da obra. Trata-se de refazer no sentido inverso o caminho do discurso, de reconstruir a sua origem.

Esta *démarche* não pode fazer-se de modo apenas racional e por via gradual, mas, pelo contrário, tem qualquer coisa de adivinhação, procede de uma comunhão com a individualidade criadora, de uma «espécie de congenialidade»[211] com ela, e por esse motivo é bem mais uma *arte* do que um método.

«Assim se desenvolve na Alemanha, nos caminhos da pesquisa concreta, nos domínios da filologia clássica, da exegese bíblica e da historiografia, uma nova tomada de consciência da originalidade irredutível das ciências humanas.»[212]

2.4.4. Dilthey e o Método das Ciências Humanas

A personalidade que ficou ligada a esta tomada de consciência e que fez dela como que o fio condutor da sua obra foi W. Dilthey (1833–1911). Biógrafo de Schleiermacher e historiador da metafísica ocidental, o seu projecto consistia em elaborar para as ciências do espírito uma «crítica da razão histórica» de certo modo correspondente à *Crítica da Razão Pura* de Kant, isto é, estabelecer o fundamento epistemológico das ciências do espírito, explicitar o tipo de certeza e o modo de inteligibilidade que são próprios deste domínio.

Prolongando as orientações do Romantismo alemão que valoriza, entre todos, o conceito de *vida,* Dilthey irá explorar a noção de *experiência vital* (Erlebnis). A vida compreende-se «a partir da experiência da própria vida»[213] e tem de ser encarada em termos de *sentido*. «A vida é a experiência humana conhecida a partir de dentro.»[214]

---

[211] *Ib.*: 208.
[212] Gusdorf: 454.
[213] Palmer: 109.
[214] *Ibidem*.

É pelo facto de experimentarmos a partir de dentro a historicidade interna da vida que estamos aptos para a pesquisa e para o conhecimento histórico: trata-se de «um processo que releva da historicidade de uma vida e que tem por modelo não a constatação de factos, mas a fusão singular da recordação e da expectativa num todo que chamamos experiência»[215].

Esta experiência constitui um dado imediato, pré-reflexivo, anterior à análise intelectual, e não admite assim a distinção entre *sujeito* e *objecto,* porque ambos estão fundidos nela, resultando nos *valores,* nos *sentimentos* e nos *sentidos* que constituem o cerne da experiência da vida, bem como o conteúdo das ciências humanas.

Para distinguir as experiências vividas dos contextos de causalidade, próprios daquilo que se produz na natureza, Dilthey vai utilizar noções que toma à fenomenologia de Husserl, as noções de *intencionalidade* e de *estrutura.*

Husserl acentua a implicação do sujeito na relação com o objecto, através da noção de *intencionalidade:* «Toda a consciência é consciência de qualquer coisa; todo o comportamento é comportamento em relação a qualquer coisa»[216]. Consciência, comportamento, desejo, etc., estão sempre *orientados,* visam alguma coisa.

Isto evidencia que na experiência humana se verifica a envolvência recíproca do *sujeito* e do *objecto*; e as expressões de vida que concretizam as várias formas de experiência cultural (arte, religião, direito, etc.) são susceptíveis de serem pensadas através da noção husserliana de *estrutura,* entendida como «uma totalidade relacional, que repousa não sobre a série temporal da produção causal, mas sobre relações internas»[217].

---

[215] Gadamer: 241.
[216] *Ib.*: 245.
[217] *Ib.*: 243; veja-se também na pág. 245 o exemplo referido: «Une structure psychique, disons un individu, forme son individualité en développant son potentiel, tout en subissant l'effet conditionnant des circonstances. Ce qui en ressort,

São estas relações internas, bem como as que ligam o todo às partes, que relacionam qualquer manifestação ao seu contexto, que são próprias ao domínio da vida.

A partir daqui, Dilthey poderá reformular o conceito básico nas ciências da natureza, o conceito de *dado*: se este pode ser concebido com existência puramente objectiva nas ciências da natureza, nas ciências do espírito, os elementos sobre os quais se trabalha implicam — na sua detecção e na significação que se lhes atribui — o sujeito que pretende compreendê-los. «Todo o *dado* é aqui *produto*.»[218]

Dilthey ficou sobretudo conhecido por distinções que hoje consideramos demasiadamente contrastivas entre as formas de inteligibilidade das ciências da natureza e das ciências humanas: «*Explicamos* a natureza; há que *compreender* o homem»; a explicação consistiria em encontrar cadeias de causalidade, enquanto a compreensão visaria um conhecimento mais intuitivo, divinatório, sintético (com afinidades com aquilo a que Pascal chamou o *esprit de finesse),* que implica, para além de outras fases, a captação instantânea ou aquilo que veio a chamar-se a «pré-compreensão».

Apesar do valor desta intuição, não poderíamos hoje manter de forma tão segura a separação absoluta dos dois tipos de operações cognitivas[219].

---

l'"individualité" véritable, c'est à dire, le caractère de l'individu n'est pas une simple conséquence de facteurs d'ordre causal et ne peut être uniquement compris en fonction de cette causalité, il représente plutôt une unité intelligible, l'unité de vie qui s'exprime en chacune de ses extériorisations et qui peut dès lors être comprise à partir de chacune d'entre elles. Indépendamment de l'ordre de la production, quelque chose se condense en une figure autonome».

[218] *Ib.*: 247 (itálico nosso). Tal como se disse mais tarde, «Les faits sont faits»; em português, «os factos são feitos».
[219] Cf. Palmer: 111.

2.4.5. A Hermenêutica Filosófica
A fenomenologia hermenêutica de M. Heidegger

Martin Heidegger representa um desenvolvimento e, por outro lado, um corte com as posições de Dilthey e de Husserl.

A fenomenologia de Heidegger visava retomar a partir do fundo a questão do *ser* e não o entendimento de aspectos epistemológicos particulares como o da especificidade das ciências humanas. A orientação filosófica de Heidegger não é epistemológica, mas ontológica. Trata-se de pensar o ser, e pensá-lo a partir da sua fundação, enquanto «estar aí», existência, *Dasein*[220].

A reflexão sobre os *factos,* central no pensar do historicismo, assume em Heidegger a maior importância, não apenas porque o autor retoma esse pensamento, mas também porque o *Dasein é* necessariamente enraizado no seu tempo e, por isso, histórico.

Heidegger estabelece que o tempo é o horizonte do ser. A tese de Heidegger é a de que o próprio ser é tempo. O seu livro principal intitula-se justamente *Ser e Tempo (Sein und Zeit,* 1927).

O que distingue o *Dasein* de toda a restante existência é a *compreensão* que ele tem do ser. A existência humana inclui necessariamente esta compreensão.

---

[220] «Termo alemão forjado por M. Heidegger em *O Ser e o Tempo.* Significa literalmente "estar-aí", e designa o modo de ser, e o modo de relação ao Ser, próprios ao existente humano. Se uma pedra se limita a coexistir no espaço com outras pedras, o homem não é só nem sobretudo um ser definível como aquele que ocupa uma certa extensão: ele é "presença intencional ao mundo" que ele percebe, deseja, e sobre o qual age, etc. Este estatuto ontológico próprio ao existente humano traduz-se também pelo facto que um tal existente sente angústia, ou seja, está "em questão para si mesmo". A indeterminação radical do futuro, como conjunto concreto dos meus "possíveis", exprime o movimento de uma liberdade sempre já dada a si mesma, que não se escolheu como liberdade, e que se antecipa a si mesma ultrapassando-se perpetuamente em direcção aos seus possíveis. O tema do *Dasein* significa ainda que o existente humano recebe a sua determinação ou a sua "essência" própria na ausência total de toda a "essência" (ao menos no sentido naturalista de virtualidade predeterminando um ser e a sua maneira de ser).» Dumont e Vandooren, 1972: 95.

A compreensão — em vez de ser uma das modalidades da intelecção, uma forma de conhecimento — torna-se «*a forma pela qual o Dasein,* que é um ser-no-mundo, *se realiza originariamente.* Antes de qualquer diferenciação da compreensão nos diversos ramos de interesse pragmático e teórico, a compreensão é o modo de ser do *Dasein* na medida em que ele é poder-ser e "possibilidade"»[221].

Trata-se de uma análise existencial que permite ver que «a compreensão é o carácter ontológico originário da própria vida humana»[222]. Gadamer dirá, no prefácio da 2.ª edição de *Verdade e Método,* que a hermenêutica «designa o movimento básico da existência humana, constituído pela sua finitude e historicidade, e por conseguinte abrangendo a globalidade da sua experiência no mundo. O movimento da compreensão é englobante e universal».

O que está em causa não são já os textos, mas o próprio ser. A partir daqui é a própria filosofia que se torna hermenêutica.

Por isso, a compreensão, mesmo que seja apenas o exercício de uma habilidade específica qualquer, envolve, quando se pratica, a conquista da liberdade que deriva do autoconhecimento, e «implica a possibilidade universal de interpretar, de entender relações, de tirar conclusões»[223]. Qualquer compreensão acaba por envolver também um «compreender-se», um acréscimo de autoconhecimento.

E se as coisas que a compreensão visa entender não são já factos brutos (coisas que estão aí independentemente de mim e que se deixam observar e medir) é porque têm a ver com o modo de ser do *Dasein,* «com a particularidade do modo de ser que é comum [...] ao que conhece e ao que é conhecido», modo de ser comum que é justamente a historicidade[224].

---

[221] Gadamer: (264) 280.
[222] *Ibidem.*
[223] *Ib.*: 281.
[224] *Ib.*: 282.

Assim, se só fazemos história porque somos nós mesmos seres históricos, «isso quer dizer que a historicidade do *Dasein* humano, em toda a sua mobilidade, a da recordação e do esquecimento», não pode ser entendida como limitação ao conhecer, mas como a própria condição em que se funda a investigação e a descoberta.

É justamente porque somos seres **finitos**, dependentes de uma certa tradição e projectados para o futuro que a história nos aparece como tarefa a construir e a compreender.

«Só agora, sobre a base da orientação existencial do *Dasein* humano para o futuro, é que a estrutura da compreensão histórica revela integralmente a sua fundação ontológica.»[225]

Para Heidegger, «a filosofia é (ou devia ser) hermenêutica»[226].

Gadamer: crítica à estética contemporânea e à consciência histórica

Hans-Georg Gadamer reuniu em 1960, em *Warhheit und Methode (Verdade e Método. As grandes linhas duma hermenêutica filosófica),* diversos estudos onde assume e prolonga as posições de Heidegger, apresentando «não só uma revisão crítica da estética moderna e da teoria da compreensão histórica [...] como também uma nova hermenêutica filosófica baseada na ontologia da linguagem»[227].

Na crítica à estética contemporânea, Gadamer entende que a forma de conceber a arte como coisa separada da vida, uma esfera à parte, acarreta consequências nocivas: não apenas se perde a consciência da função da arte e do papel do artista, como deixa de ter fundamento o sentimento de sacralidade que a experiência da obra artística nos dá.

---

[225] *Ibidem.*
[226] Palmer: 15.
[227] *Ib.*: 167.

É errónea, além disso, a forma de ver na obra de arte um objecto — autónomo, fechado em si mesmo, em relação ao qual a referência ao exterior seria supérflua e sem razão de ser; bastaria percepcioná-lo e fruí-lo. Ora, desta forma esquecemos que a obra de arte

> nos abre um mundo [...] Alargam-se os horizontes do nosso próprio mundo e da nossa autocompreensão, de modo a vermos o mundo «a uma nova luz»" — como se fosse a primeira vez [...] quando vemos uma grande obra de arte e penetramos no seu mundo, sentimo-nos «em casa»" e não de fora. Imediatamente dizemos: é na verdade assim! [...] A legitimação da arte não está no facto de produzir um prazer estético mas sim no facto de *revelar o ser*[228].

Por essa razão a arte é *conhecimento,* e não apenas percepção e fruição.

Deste modo, Gadamer critica a distinção tão corrente entre *fundo* e *forma:* «A mediação da arte tem de ser pensada como um todo»[229]. Pelo contrário, tentar separar o estético ou reduzir a arte à *forma,* separando-a do seu conteúdo, constitui uma incompreensão de base: a arte constrói, na obra, o seu próprio mundo; não está a copiar outra coisa. A própria concepção de arte como *representação* lhe parece pobre. Quer a estética da *arte pela arte,* valorizando a forma pura, quer a estética de raiz romântica, que vê a obra como expressão da experiência, produziram o *subjectivismo,* a redução da arte ao sujeito, e a valorização da obra como *objecto,* ambas formas que esquecem que a arte não se desliga da história e do lugar onde nasce. «Só quando tivermos ganho um horizonte de interrogação que transcenda o velho modelo [...] encontraremos

---
[228] *Ib.:* 172–173 (itálico nosso).
[229] Gadamer: 121.

o caminho para compreendermos a função, a finalidade, o *como* e o *que,* a temporalidade e o lugar da obra de arte.»[230]

Tanto a fundamentação subjectivista da arte como o conceito de obra de arte como mero objecto devem, nesta perspectiva, ser condenados:

> a «consciência estética» não deriva da natureza da expressão artística mas é uma construção reflexiva baseada na metafísica subjectivista. É precisamente a experiência artística que mostra que a obra de arte não é um mero objecto que se opõe a um sujeito auto-suficiente. A obra de arte tem o seu ser autêntico no facto de que, ao tornar-se experiência, transforma aquele que a experimenta; a obra de arte age[231].

O aprofundamento da consciência histórica que Gadamer prossegue leva ao desenvolvimento de questões afins: o desiderato de um conhecimento *objectivo,* como o único válido, implicaria um ponto de vista sobranceiro à história, ele mesmo não histórico. Ora, essa condição não existe, pura e simplesmente: estamos sempre imersos na história, e tudo o que compreendemos está inevitavelmente referido ao nosso presente. É a condição da relatividade histórica inerente ao conhecer da consciência.

A forma de objectividade a que a arte deve aspirar é de outra ordem, e inspira-se na filosofia de Heidegger:

> opõe-se à objectividade professada pelas ciências naturais, por Dilthey, pela escola histórica, pela metafísica moderna e, em última instância, pelo pensamento tecnológico moderno com todo o seu pragmatismo. É a objectividade que consiste

---

[230] Palmer: 175.
[231] *Ib.:* 178.

em deixar que a coisa que aparece seja realmente aquilo que é para nós[232].

Como Heidegger diz na *Carta sobre o Humanismo,*

> o ser é o «elemento» em que vivemos. Mas na verdade não há aqui tensão [...] pois a linguagem é a casa do ser e nós vivemos na e pela linguagem. Gadamer e Heidegger concordariam em que a linguagem é o reservatório e o meio de comunicação da tradição [...] a linguagem é um «meio», como a água o é. Para Heidegger e Gadamer, a linguagem, a história e o ser não estão apenas inter-relacionados mas sim misturados, de modo que a linguisticidade do ser é simultaneamente a sua ontologia — o seu «tornar-se ser» — e o meio da sua historicidade[233].

Outro tema da hermenêutica de Gadamer consiste na reflexão sobre os **pressupostos**, juízos prévios ou preconceitos que qualquer mentalidade ou visão do mundo inclui. Habitualmente, reagimos aos preconceitos com a atitude que herdámos do Iluminismo, considerando que importa apenas arredá-los, bem como ao «obscurantismo» que os enforma, de modo a eliminarmos assim os entraves que eles constituem para entender o real. Contudo, é necessário perceber que é impossível descartarmo-nos dos nossos preconceitos, ou pressupostos, sem adoptarmos outros, uma vez que «dentro ou fora das ciências não pode haver compreensão sem pressupostos. Donde vêm os pressupostos? Da tradição em que nos inserimos. Essa tradição não se coloca contra o nosso pensamento [...] antes é produto de relações, é o horizonte no interior do qual pensamos»[234].

---

[232] *Ib.*: 183.
[233] *Ib.*: 181.
[234] *Ib.*: 186.

Em contrapartida, importa valorizar a *distância temporal* e a *distância estética*. Relativamente à historicidade da interpretação, oscilamos entre a tese da filologia (ou da arqueologia) — quando dizemos que é anacrónico julgar uma obra do passado com critérios actuais e procuramos desligar-nos dos nossos pressupostos para nos abrirmos aos conceitos e valores de um tempo volvido — e a tese do esteticismo, que (além de esquecer que o seu gosto e os seus princípios estéticos são tão históricos como quaisquer outros) advoga a fruição da beleza formal (ingenuamente pensada como um absoluto), pondo entre parênteses o conteúdo que esta transporta.

Gadamer, pelo contrário, insiste na ideia de que o significado de uma obra «é sempre para nós»[235], está inevitavelmente sujeito à perspectiva do nosso presente. Por isso, «a verdadeira tarefa da hermenêutica é a integração e não a reconstituição»[236]. Por esta razão, em última análise, não tem sentido falarmos de «interpretação correcta» ou de interpretação definitiva.

Deste modo, a distância temporal não é necessariamente um escolho: se a compreensão fosse apenas dificultada pela distância, toda a obra contemporânea seria imediatamente entendida na plenitude da sua significação. Ora, todos sabemos como se nos torna difícil entender também certas obras contemporâneas. Mais tarde, com o tempo, o que é importante vem à tona, o verdadeiro significado afirma-se, enquanto passam a segundo plano aspectos que à primeira vista pareciam essenciais. «Só com a passagem do tempo poderemos alcançar "o que o texto diz"; só gradualmente é que a sua verdadeira significação histórica emerge e começa a interpelar o presente.»[237] A distância temporal «não só faz com que se eliminem certos juízos prévios peculiares à natureza do

---

[235] *Ib.*: 187.
[236] *Ib.*: 190.
[237] *Ib.*: 188.

tema, como provoca o aparecimento daqueles que nos levam a uma compreensão verdadeira»[238].

Nesta ordem de ideias, Gadamer valoriza igualmente a *distância estética:* «o espectador tem de estar a uma certa distância do palco para se aperceber da unidade pretendida e para não se distrair com a *maquillage* dos actores»[239].

A reflexão sobre a historicidade levanta o problema — suscitado particularmente pela hermenêutica bíblica e pela hermenêutica jurídica — da necessidade da *«aplicação»*. Desde o século XVIII considerava-se a necessidade de possuir, em face da hermenêutica sacra, a *subtilitas explicandi* e a *subtilitas applicandi,* subtileza que Palmer traduz como «finura de espírito».

> A hermenêutica jurídica não constitui um «caso especial», mas antes se adapta à tarefa de restituir à hermenêutica histórica a sua total amplitude problemática. Consegue reconstituir a antiga unidade do problema hermenêutico, encontrada no século XVIII simultaneamente pelo jurista, pelo teólogo e pelo filósofo.[240]

Assim, a hermenêutica jurídica e bíblica poderiam servir de modelo à hermenêutica literária. O objectivo não estaria em «medir a diferença entre um texto e a situação actual»[241], como faz a arqueologia. Mas, sem ignorar essa diferença, em saber dar relevo ao que o texto significa para a situação actual: «Compreender o texto é sempre já aplicá-lo»[242].

Gadamer põe em dúvida a necessidade da «congenialidade» com o autor anteriormente referida. Para lá dessa empatia, existente

---

[238] Gadamer: 282.
[239] Palmer: 188.
[240] Gadamer: 311.
[241] Palmer: 191.
[242] Gadamer: 291.

ou não, importa compreender *o texto*. Para isso, o esforço do intérprete no sentido de se adaptar, de absorver e entender o conteúdo do texto significa bem menos que ele se apropria da obra e domina o assunto, e, pelo contrário, que se deixou orientar pelo texto e abrir ao mundo que ele descobre. Trata-se menos de dominar do que de servir[243].

O princípio da aplicação «faz com que aceitemos o significado do texto construindo uma ponte sobre a distância temporal que separa o intérprete do texto. Assim se ultrapassa (por meio da aplicação) a alienação significativa que ocorreu no texto»[244].

De novo encontramos aqui as exigências contraditórias que constituem o problema hermenêutico: a exigência de «servir» o texto, de nos vergarmos à sua vontade, e a necessidade de o lermos à luz do presente.

> O intérprete deve ser orientado pela exigência do texto e no entanto traduzir em termos de presente o significado dessa exigência [...]. Na interacção e fusão dos horizontes, o intérprete acaba por ouvir a questão que provocou o aparecimento do texto.[245]

Na prática, a resposta a esta exigência traduz-se na proposta da ***desmitologização*** da autoria do teólogo R. Bultmann.

> A desmitologização [...] não é uma tentativa de tipo iluminista, de purificar a Bíblia do mito, avaliando tudo à luz das pretensões racionais; antes procura situar as pretensões que a Bíblia hoje sustenta. Estas não são uma pretensão à verdade científica *mas sim* um apelo a decisões pessoais. Por este motivo, tomar uma atitude «científica» para com a Bíblia e tratá-la como um

---

[243] Palmer: 191.
[244] Gadamer: 295.
[245] Palmer: 192.

objecto que não nos interpela de um modo pessoal, é na verdade silenciar a Bíblia; [...]. Mas, de acordo com Bultmann, a Bíblia não é um tratado científico, nem uma biografia impessoal; é proclamação, kerygma, mensagem.[246]

Esta proposta adequa-se justamente ao domínio dos estudos literários.

O «significado» de Milton, Shakespeare, Dante, Sófocles ou Homero não pode apenas ser visto em termos do mundo que cada uma dessas grandes obras construiu; ler uma obra é um evento, um acontecimento que ocorre no tempo, e o significado que a obra tem para nós é um produto da integração no nosso actual contexto e de integração na obra. Em toda a autêntica compreensão de uma obra literária, ocorre algo como uma desmitologização. Em todo o acto de compreensão se dá uma aplicação ao presente. A ilusão de que ao lermos uma peça de Shakespeare «regressamos ao mundo de Shakespeare» abandonando o nosso próprio contexto, só nos mostra que o encontro estético conseguiu tornar invisível o factor de *subtilitas applicatio*. E no entanto é importante recordar que um americano de Connecticut na Corte do Rei Artur verá as coisas à maneira de um americano de Connecticut e não à maneira dos Cavaleiros da Távola Redonda.[247]

Sem cometer anacronismos ou procurar disfarçar ou «travestir» o passado de presente, o que importa na interpretação literária é fazer falar a obra na nossa actualidade, «para a nossa autocompreensão ou, mais exactamente, para a experiência que temos do ser»[248].

---

[246] *Ibidem*.
[247] *Ib.*: 193.
[248] *Ib.*: 194.

A hermenêutica dialéctica e a estrutura da pergunta-resposta

Gadamer sustenta que «em toda a experiência se pressupõe a estrutura da interrogação»[249]. Como Palmer faz notar, trata-se de uma atitude semelhante à ironia socrática ou à *docta ignorantia* de Nicolau de Cusa, situação que conhecemos quando tomamos consciência de que não sabemos alguma coisa e desejamos aprender.

Note-se, contudo, que a pergunta não resulta de um desconhecimento total, uma vez que é feita com certa orientação. Nem toda a pergunta é pertinente. Por isso se diz que há perguntas absurdas, mal feitas. «O ponto de vista a partir do qual a questão se coloca pode ser errado.»[250]

O que há a fazer é entrar no assunto, aprofundar a questão.

> Um diálogo verdadeiro é o contrário de uma discussão, pois uma discussão acaba se dermos uma resposta aberta à questão: «Um diálogo não tenta derrotar a outra pessoa, antes testa as suas afirmações à luz do próprio tema.»[251] [No diálogo hermenêutico] um dos nossos parceiros [...] é o texto na rigidez da sua forma escrita.[252]

A tarefa da hermenêutica consiste em fazer falar o texto, utilizando o método da pergunta e da resposta. Mas que perguntas fazer? A interrogação certeira deve compreender o horizonte significativo do texto, isto é, penetrar no contexto donde ele emerge, perceber de que modo ele próprio vem responder a perguntas que esse contexto lhe colocou. O tema do texto implica uma pergunta à qual ele constitui resposta.

Além disso, temos de ultrapassar o significado do que foi dito explicitamente. «O significado de qualquer afirmação é sempre

---

[249] Gadamer: 344.
[250] Palmer: 202.
[251] Gadamer: 349.
[252] Palmer: 202.

relativo à questão a que responde; isto é, ultrapassa necessariamente aquilo que foi explicitamente dito.»[253] O não-dito do texto (os seus pressupostos, as questões que estão no seu horizonte e tudo aquilo que no momento da escrita parecia evidente e desnecessário explicitar) é tão importante como o que o texto diz. E só compreenderemos o texto e o seu horizonte quando reconstituirmos essa negatividade. Neste processo, naturalmente, alargamos também o nosso próprio horizonte, recebendo a tradição que herdámos e fundindo os dois horizontes.

E a possibilidade dessa fusão, apesar de toda a distância, de toda a diferença entre eles, radica no facto de ambos serem «universais e fundamentados no ser. Assim, o encontro com o horizonte do texto [...] leva à auto-revelação e à auto-compreensão; o encontro transforma-se num momento de revelação ontológica»[254].

É assim que procede o diálogo da experiência, dialéctica que resulta do reconhecimento de que as coisas não são como pensávamos, e que então formula a pergunta. Todo este procedimento, bem como a acumulação de saber que resulta do ininterrupto diálogo da experiência humana, se faz *por meio* da linguagem, através desse *meio* universal e comum que é a linguagem.

Gadamer rejeita o conceito da linguagem que assenta na teoria do signo, a qual, na sua opinião, faz prevalecer a sua função instrumental. «Sempre que a palavra é vista enquanto mera função de signo, a relação essencial da *fala* e do pensamento transforma-se numa relação instrumental.»[255]

Gadamer posiciona-se contrariamente à linguística saussuriana e a toda a linguística moderna que dela deriva e que assenta no princípio da arbitrariedade do signo (mas que, segundo Gadamer, tem origem no pensamento grego); para Gadamer, a palavra vista

---

[253] *Ib.*: 203 (itálico nosso).
[254] *Ibidem*.
[255] Gadamer: 410 (itálico nosso).

como signo reduz a possibilidade da interrogação — que apenas poderá agora incidir no *como* da transmissão do significado, em vez de promover a pergunta sobre o ser. O poder da palavra no sentido de revelar o ser fica esquecido, em face da função de designação inerente ao signo. De um modo completamente diferente, torna-se necessário compreender que as palavras não pertencem ao homem, mas à situação, ao ser. O homem apreende-as, apreende o património da linguagem, mergulhando nele através da experiência. «O pensamento que procura exprimir-se não se relaciona com a "mente", mas com os factos, com o tema.»[256] Também aqui, Gadamer considera um erro valorizar a *forma;* quando assim se faz, desaparece a temporalidade, o evento que o discurso é, e acaba por se dar relevo à subjectividade em vez de prestar atenção à «natureza da coisa que se exprime»[257].

> A linguagem, tal como a própria compreensão é um fenómeno englobante [...]. Tal como a compreensão a linguagem engloba tudo quanto pode tornar-se objecto para nós. [...] Tal como o ser e a compreensão, a linguagem é mediação, não é instrumento.[258]

> A linguagem que vive no discurso, a linguagem que engloba toda a compreensão e todos os intérpretes de textos, está de tal modo fundida com o processo do pensamento (e consequentemente com a interpretação) que pouco nos fica quando abandonamos o que as linguagens nos dão em matéria de conteúdo e pretendemos pensar a linguagem como forma. A inconsciência da linguagem ainda não deixou de ser o autêntico modo de ser da linguagem.[259]

---

[256] *Ib.*: 403.
[257] Palmer: 206.
[258] *Ib.*: 207.
[259] Gadamer: 382.

Opondo-se ao conceito instrumental da linguagem, Gadamer vai propor outra forma de a conceber: a linguagem é revelação do ser. A linguagem revela aquilo que existe, abre e alarga o mundo.

> O nosso próprio mundo de linguagem, este mundo em que vivemos não é um recinto fechado que impede o conhecimento das causas tal como elas são; antes engloba essencialmente tudo o que a nossa vista consegue alcançar em comprimento e em altura. É certo que uma tradição vê o mundo diferentemente de outra. Os mundos históricos no decurso da história diferiram uns dos outros e do mundo de hoje. No entanto, o mundo é sempre humano, e isto significa que ele é um mundo linguisticamente criado que está presente em todas as heranças.[260]

> É tão grande o poder de dizer da linguagem, que ele cria o mundo interior do qual tudo pode ser revelado; o seu alcance é tão grande que podemos compreender os mais diversos mundos que se exprimem na linguagem; tão grande é o seu poder de revelação que mesmo um texto relativamente curto pode abrir um mundo diferente do nosso, um mundo que no entanto conseguimos compreender.[261]

Quando os homens falam e se compreendem, o seu discurso envolve o dito e o não dito, e este pode ser explorado e atingir a expressão pelo uso da linguagem, porque esta se origina no próprio ser.

> Este fenómeno encontra-se de uma forma intensa na fala poética [...] Porque o poeta é o experimentador especulativo por excelência; através da sua abertura ao ser revela no ser novas

---
[260] *Ib.*: 423.
[261] Palmer: 209.

possibilidades. O poeta, como Hölderlin nos disse, liberta-se conscientemente das palavras e dos costumes comuns, usuais e já gastos. Ao olhar em volta, encara o mundo como se fosse pela primeira vez, novo e irreconhecível.[262]

O intérprete, embora possa estar imerso num mundo convencional e estereotipado, dominado pelos hábitos e pela repetição, ao entrar em contacto com o poema, abre-se a um encontro diferente com a realidade. O poeta traduz no poema a sua abertura ao ser; o intérprete aceita confrontar o seu horizonte com outro e submetê-lo à modificação, «à luz da nova compreensão do ser que emerge do encontro com o significado do texto»[263].

Vemos assim que a hermenêutica se alarga a toda a experiência: «A hermenêutica é [...] um meio universal do ser da filosofia e não apenas uma base metodológica para as disciplinas hermenêuticas»[264].

> A compreensão, diz Gadamer, é sempre um evento histórico, dialéctico, linguístico — na ciência, nas ciências humanas, na cozinha. A hermenêutica é a ontologia e a fenomenologia da compreensão.
> A compreensão não é concebida de modo tradicional como um acto da subjectividade humana, mas como o modo essencial que o *Dasein* tem de estar no mundo. As chaves para a compreensão não são a manipulação e o controlo, mas sim a participação e a abertura, não é o conhecimento, mas sim a experiência, não é a metodologia, mas sim a dialéctica [...] *Wahreit und Methode* revela portanto todo um novo horizonte de considerações sobre a teoria hermenêutica [...] desenvolve

---

[262] *Ib.*: 212–13.
[263] *Ib.*: 214.
[264] Gadamer: 450–51.

a ontologia da compreensão numa hermenêutica dialéctica que põe em causa os axiomas fundamentais da estética moderna e da interpretação histórica.[265]

2.4.6. P. Ricoeur: Desmistificação e Recolecção do Sentido

Na sequência desta linhagem de pensamento situa-se o filósofo francês Paul Ricoeur, cuja obra parte do questionamento da psicanálise freudiana para a elucidação da reflexão sobre a cultura, bem como da obra literária, com particular incidência na simbólica.

Entre várias ideias que seria interessante sublinhar, salientemos, de momento, as duas dimensões essenciais e não contraditórias que constituem a tarefa da hermenêutica: a desmistificação e a revelação do sentido.

Ricoeur assume o património que os grandes pensadores do século XIX, Marx, Nietzsche e Freud, nos deixaram e na linha do qual a interpretação não pode deixar de ser vista como um «exercício de suspeita»[266].

Partindo do princípio, fundamental em psicanálise, de que todo o desejo actua sob disfarce, o esclarecimento do sentido implica perceber a máscara e desfazê-la. Assim, toda a crítica e toda a hermenêutica assumem uma faceta *desmistificadora*, de modo a reduzir a ilusão e revelar o que está disfarçado, escondido, encoberto.

> Se remontarmos à sua intenção comum [aos três pensadores referidos], encontra-se a decisão de considerar a consciência no seu conjunto como consciência «falsa». Por aí eles retomam, cada um num registo diferente, o problema da dúvida cartesiana, para o levarem ao próprio âmago da

---

[265] Palmer: 216–219.
[266] Ricoeur (1965), 1995: 42.

fortaleza cartesiana. O filósofo formado na escola de Descartes sabe que as coisas são duvidosas, que elas não são tal como aparecem; mas não duvida que a consciência não seja tal como ela se vê a si mesma; nela, sentido e consciência do sentido coincidem; a partir de Marx, Nietzsche e Freud, nós duvidamos disso. Depois da dúvida sobre a coisa, entrámos na dúvida sobre a consciência.

Mas estes três mestres da suspeita não são três mestres do cepticismo; são seguramente três grandes «destrutores»; e contudo isso mesmo não deve confundir-nos; a destruição, diz Heidegger em *Sein und Zeit*, é um momento da nova fundação, incluindo a destruição da religião, na medida em que ela é, segundo a palavra de Nietzsche, um «platonismo para o povo». É para lá da «destruição»" que se põe a questão de saber o que significam ainda pensamento, razão e mesmo fé.

Ora os três desembaraçam o horizonte para uma palavra mais autêntica, para um novo reino da Verdade, não só por meio de uma crítica «destrutiva», mas também pela invenção de uma arte de interpretar.[267]

Porém, este é apenas o primeiro passo. Há na hermenêutica um segundo processo, que é o da revelação do sentido. Assim, na hermenêutica, como em todo o processo reflexivo, se o primeiro movimento tem de ser o de cindir aquilo que a «função simbólica» sintetizou, reuniu ou ligou — movimento de *análise* que divide a unidade, que separa aquilo que só faz sentido em conjunto —, este necessita de ser seguido pela compreensão que exige outro movimento de sentido contrário: o da reunião, da inteligência, da recomposição. À desmistificação tem de seguir-se uma operação de reunião, de conciliação daquilo que a análise dividiu. Para descobrir, a interpretação não tem apenas de

[267] *Ib.*: 32–44.

desmascarar, mas também de se deixar conduzir, de se deixar converter. A hermenêutica é também reconstituição, recolecção, restauração do sentido.

> É no símbolo que reside a conciliação das duas hermenêuticas. Não se poderia parar numa antitética que distinguisse «duas fontes da moral e da religião»; porque a profecia da consciência não é exterior à sua arqueologia.[268]

Tal como os outros autores estudados, também Ricoeur entende a enorme importância do fenómeno linguístico, e se interessa, por isso, pela literatura: «Se a literatura é, por excelência, o lugar desta interpretação [...] é porque a linguagem é a única expressão integral, exaustiva e objectivamente inteligível da interioridade humana»[269].

2.4.7. Os Sentidos Tradicionais da Hermenêutica

Como Palmer faz notar, há três sentidos tradicionais da hermenêutica, todos eles ligados à origem da palavra — o deus Hermes, portador e mediador de mensagens — e todos eles também tendo por orientação última a ideia de *tornar compreensível*.

A hermenêutica como «dicção», declamação ou proclamação
Este sentido tem a ver com a situação do sacerdote (no templo de Delfos ou o sacerdote cristão), que não apenas transmite ou explica a palavra, mas a proclama.

E, partindo daí, refere-se à situação de todo aquele que diz, que declama uma mensagem: este *dizer* implica desde logo uma interpretação; se se diz bem ou se faz uma «leitura expressiva», é porque se compreende.

---
[268] *Ib.*: 566.
[269] *Ib.*: 568.

Ora, dizer, declamar envolve de algum modo aquele que diz; cada leitor, cada declamador imprime algo de seu, do seu estilo, ao texto que diz. Trata-se de uma *execução,* de uma *actuação,* de um desempenho, exactamente da mesma forma que falamos da execução de uma peça musical por um solista célebre.

Esta actuação ou desempenho implica que eu, enquanto leitor, compreendi, e procuro transmitir essa compreensão e que, ao transmiti-la, imprimo qualquer coisa de mim, a minha própria interpretação, ao texto que leio.

E, com efeito, a literatura não deve esquecer a sua dimensão *oral,* por muito que estejamos imersos na civilização da escrita. Efectivamente, a *linguagem falada* tem um poder muito diferente da escrita, um poder de certa forma mágico (lembremos o «Abre-te, Sésamo!» e outras formas da linguagem dos contos maravilhosos), que percebemos quando a palavra proferida ou ouvida nos alerta para a acção irreversível que desencadeou[270]. Neste momento, a irreversibilidade da palavra coincide com a irreversibilidade do tempo, com todo o seu peso de consequências.

É justamente esse poder da palavra que a poesia pretende fazer acordar.

Dizer um texto oralmente, despertando todas as suas virtualidades rítmicas, sonoras, captando a sua harmonia, a música ou o ruído das suas palavras, experimentando o arrepio e o movimento físico que ele desencadeia, constitui uma experiência completamente diferente da leitura silenciosa. Daí que a hermenêutica,

[270] Cf. Steiner 1993: 61 «A irreversibilidade da palavra uma vez proferida, obsidia muitas culturas e sensibilidades. Como os mitos e os contos de fadas nos ensinam, o voto inconsiderado, a promessa descuidada [...], o veredicto errado, a senha perdida do «Abre-te, Sésamo», jamais podem ser desditos ou recuperados pela memória. [...] Expulsa do silêncio, a linguagem cumpre a sua tarefa irreparável. Teseu não pode revogar (no sentido etimológico, literal) dos seus lábios e garganta apavorados a maldição infundada mas homicida que lançou sobre o seu filho.» Cf. também Horácio, 390: *nescit vox missa reverti* (a palavra que for lançada já não pode regressar).

de acordo com antigas tradições, sobrevalorize o ouvido e não a vista.

Há ainda outro aspecto a ter em conta: uma execução só acontece uma vez. É um evento. Pode repetir-se, mas será já outra. Tomamos assim consciência do que há na palavra de acontecimento temporal, histórico; em contraste com uma concepção que valoriza sobretudo a escrita, enquanto informação, aqui percebemos o acontecimento, o evento. A diferença das duas concepções está patente no ditado latino *Verba volunt, scripta manent,* qualquer que seja o aspecto que queiramos valorizar.

Vejamos, por exemplo, como carece de sentido uma leitura da Bíblia na linha da simples informação. Podemos ler dessa forma o manual de instruções de um aparelho. Mas, no que respeita à Bíblia, toda a dimensão de proclamação, de apelo para o todo da personalidade, de acontecimento ancorado no tempo e proferido no sentido de despertar uma decisão pessoal, tudo isso se perde.

A hermenêutica como «explicação»[271]

Neste sentido, tem-se presente que Aristóteles define interpretação, no *Peri Hermeneias,* como «enunciação», sendo esta a formulação de um juízo (no exemplo dado, «a árvore é castanha»). Esta operação de enunciação através da qual se diz qualquer coisa (verdadeira ou falsa) é anterior à lógica; a lógica parte do conhecido para o desconhecido, desenvolve operações de análise ou de síntese. Na enunciação, apenas se formula verbalmente qualquer coisa.

Ora, importa tomar consciência de que dizer, enunciar uma coisa, é já interpretá-la. Só sei uma coisa quando consigo dizê-la. Só tomo consciência de uma situação quando, de algum modo,

---

[271] Usamos neste momento a palavra «explicação», sem qualquer alusão à distinção entre compreensão e explicação; no seu sentido elementar de clarificar, esclarecer.

a enuncio. Isso não significa que o primeiro enunciado seja claro, límpido, racional. Pelo contrário, pode até ser confuso, enigmático, como num sonho. Ou como os oráculos de Delfos. Mensagens obscuras que solicitam outras explicações posteriores.

Mas o que estas têm de insubstituível é o facto de serem primordiais. Não se referem a um texto, mas a uma situação, a qual recebe pela primeira vez uma formulação verbal[272].

Ora, por muito preliminar e confusa que seja uma primeira enunciação, esta já envolve uma interpretação. É isso que Aristóteles expressa quando considera que a enunciação, apesar de anterior à lógica, constitui, não obstante, uma *pré-compreensão,* uma intuição interpretativa preliminar.

Vejamos um exemplo: quando me disponho a ler o jornal, ou quando me sento para ver o noticiário da televisão, ou quando vou ao cinema, ou quando venho para uma aula, já me predispus a uma determinada atitude que está moldada pelo acontecimento que estou à espera de encontrar.

Quando leio um poema ou um romance, as categorias métricas ou as estruturas narrativas que me ocorrem são condicionadas pela elementar interpretação prévia que fiz daqueles textos logo que os li ou que os nomeei.

Por isso, como Palmer faz notar, «método e objecto não podem separar-se [...] todo o método é já interpretação»[273].

Seguir-se-á uma análise e uma série de pesquisas, mas os instrumentos que escolho já provêm do primeiro contacto

---

[272] Um exemplo eloquente parece-me ser o pequeno diálogo travado entre Luís XVI e um dos seus cortesãos mais próximos, o duque de Liancourt, num dos momentos mais críticos de 1789, a tomada da Bastilha: «Mais quoi? C'est donc une revolte?» «Sire, c'est une révolution». (Michelet, *Histoire de la Révolution française,* Paris, R. Laffont, 1979, p. 158). Esta primeira formulação verbal não foi, sem dúvida, plenamente interpretada pelo rei, nesse momento. Mas certamente permitiu-lhe dar-se conta de que a dimensão e o alcance dos acontecimentos que presenciava eram bem mais graves do que supunha.

[273] Palmer: 33.

interpretativo. A análise não é, portanto, o primeiro momento da interpretação, mas «uma forma derivada»[274].

Surge então o problema de o meu *horizonte*[275] *de compreensão* não coincidir com o horizonte interpretativo do texto, que depende de um contexto histórico, cultural diferente.

A «fusão dos dois horizontes deve ser considerada um elemento básico de toda a interpretação explicativa»[276]. O leitor tem de conseguir «meter-se no círculo mágico do horizonte de interpretação»[277] de um texto.

Mas podemos perguntar: Como conseguir isso se já se exige uma pré-compreensão e se o meu horizonte não coincide com o do texto? Parece haver aqui uma exigência contraditória. Como posso compreender um texto se se torna necessário que, para o compreender, eu já tenha percebido de que fala o texto?

É a este problema que se chama *círculo hermenêutico*.

Na verdade, trata-se de um processo dialéctico, um processo dinâmico que vai de uma pré-compreensão parcial para uma compreensão cada vez mais abrangente. A minha interpretação parcial é apenas provisória. Tem de ser confrontada com leituras sucessivas, com a globalidade do texto, com a assimilação de informações sobre o contexto social, cultural, político... do texto, de modo a torná-la mais consistente e adequada.

Neste processo, vou aproximando o meu horizonte do horizonte do texto. E é *nessa fusão de horizontes* que consiste o *problema hermenêutico*.

A hermenêutica como tradução
Toda a tradução implica um choque, um conflito de horizontes causado pela diferença das duas línguas, porque cada língua implica

---
[274] *Ibidem*.
[275] Este termo provém da fenomenologia de Husserl.
[276] Palmer: 35.
[277] *Ibidem*.

uma visão do mundo que não coincide com a visão do mundo da outra língua; «a língua é um repositório de uma experiência cultural; existimos nesse *médium* e através dele»[278].

O exemplo da tradução da Bíblia é um dos mais flagrantes, porque se trata de transferir um objecto cultural de um contexto para outro, tentando manter-lhe o sentido. Neste domínio avulta a orientação proposta por R. Bultmann: a teologia da **desmitologização**. Não se trata de apresentar a Bíblia excluindo todo o seu conteúdo mitológico, mas de lembrar que importa lê-la muito para lá do seu contexto histórico, volvido e sem interesse para a maioria dos leitores; que importa procurar nela a validade que, para lá desse contexto, ela continua a ter; o significado que ela hoje pode ter para mim.

Até no âmbito da mesma língua esta operação de «tradução» se torna necessária: textos medievais ou textos clássicos têm um universo de referência muito distante do nosso. Palmer fala de *metafísica,* de *ontologia* dos textos ou, em termos mais correntes, do seu «sentido de realidade» e do «modo de estar no mundo». Só na medida em que dominamos a metafísica e a ontologia de um texto ficamos em situação de o compreender.

> Por exemplo, um pré-requisito essencial para compreender a *Odisseia é* o reconhecimento básico de que as coisas naturais são dotadas de vida e de intenções, de que o universo é uma questão de terra e de água até onde o podemos enxergar, de que cada processo natural é o resultado da vontade de um ser sobrenatural, e de que os deuses são chefes sobre-humanos com todas as fraquezas dos seres humanos, sendo, no entanto, seres que actuam numa versão mais elevada do código do herói grego, centrado na honra.[279]

[278] *Ib.*: 37.
[279] *Ib.*: 39.

Este exemplo é extensível a qualquer obra que esteja distante de nós. Como recuperar a significação do texto? Ou, na versão pedagógica do problema: Como transmiti-la?

> Como é que uma peça grega poderá ser traduzida para uma língua moderna? Ou como é que devem ser compreendidos os antigos termos? Como devemos evitar que as obras antigas se assemelhem a meras comédias? [Ou seja, não levadas a sério.] O que muitos professores de clássicas têm feito, é verdadeiramente desmitologizar quando defendem a relevância de um trabalho na base do seu perene significado humano.[280]

Realmente, se não entendermos essa necessidade, ou se massacrarmos os nossos alunos, aprendizes de leitores, com instrumentos técnicos rebarbativos ou com aproximações mais interessadas por questões teóricas ou metaliterárias do que com o estabelecimento da relação directa que os textos mantêm connosco, arriscamo-nos a deixar que «a literatura morra» ou mesmo a precipitar essa morte. Ela morrerá na ausência da sua relação vital com o leitor, que é a sua maneira de existir. «As interpretações teológicas e literárias terão de ser humanamente significativas para os dias de hoje, caso contrário perderão todo o valor.» Por esta razão, «os professores de literatura têm de se tornar peritos em "tradução", mais do que em análise»[281].

2.4.8. Os Estudos Literários e a Hermenêutica
Em síntese, podemos dizer que a hermenêutica representa uma linha divergente daquela que deriva da cultura iluminista que pressupunha uma confiança optimista na razão e no progresso

---
[280] *Ib.*: 38.
[281] *Ib.*: 39.

linear da humanidade[282] e postulava que a natureza racional do homem deveria permitir o fácil entendimento entre todos, arredadas que fossem as barreiras do obscurantismo e do preconceito.

Na linha do Iluminismo e do positivismo, por muito que se lhe oponham, os estudos literários redundam na «nova crítica» e nos diversos formalismos, onde a consciência histórica tende a reduzir-se e onde se preconiza uma relação objectiva com o texto literário, uma relação independente do observador.

Pelo contrário, na hermenêutica, a história não constitui apenas uma perspectiva dos estudos literários, mas uma dimensão intrínseca da existência da obra, porque deriva da experiência pessoal do autor e apela à experiência pessoal do leitor.

Pensar historicamente significa rejeitar qualquer esquema apriorístico da história (religioso ou ideológico) e aceitar como única orientação a necessidade da pesquisa.

O círculo hermenêutico, e o caminho que leva à fusão de horizontes, parte da dificuldade inicial de entender o outro, texto ou pessoa.

---

[282] A noção de progresso é controversa e ganha em ser esclarecida: «J'ai dit que notre civilisation occidentale était née sur une certaine direction de l'histoire étroitement liée à l'idée de progrès. Mais il y a deux façons d'entendre la notion de progrès. Une est qu'on ne revient jamais en arrière, que la loi de la nature, aussi bien que la culture, est la transformation, et que même quand nous nous penchons sur notre passé nous le repensons de façon à produire quelque chose de nouveau. L'autre est que tout ce qui vient après est meilleur que ce qui existait avant. Les deux idées ne sont pas identiques. En faisant quelque chose de différent, on peut aussi produire des monstres. Le XIXe siècle avait divinisé l'idée de progrès comme perfectionnement infini et sans retour. L'idée hégélienne d'un progrès cumulatif est en effet peut-être la grande faute de la civilisation moderne. Notre siècle a compris que le progrès n'est pas forcément continu et cumulatif. Il peut connaître des phases ascendantes et des revers. Le XIXe siècle marque à la fois le moment de la grande célébration de ce progrès cumulatif et le commencement d'une crise morale profonde. Il a produit un fondamentalisme du progrès auquel nous devons échapper. L'écologie contemporaine représente peut-être le moment le plus important de cette mise en cause du progrès.» U. Eco, in J.-Cl. Carrière *et alii*, *Entretien sur la fin des temps*, Paris, Libr. A. Fayard, 1998: 255.

Tanto a descoberta das literaturas antigas como o estudo da Bíblia estão ligados ao estudo das línguas estrangeiras, por vezes desaparecidas, e supõem a estranheza, a alteridade, a obscuridade daquilo que difere de mim e está ligado à descoberta da individualidade do *tu,* pela qual se tem acesso à sua singularidade.

Humboldt via a individualidade como mistério. Mas onde a razão não penetra o sentimento pode abrir um caminho: a compreensão implica uma adesão de simpatia que permite a antecipação intuitiva, a adivinhação, a pré-compreensão.

Assim, mesmo nos estudos literários tradicionais, a crítica filológica, se procurava o estabelecimento da «lição» exacta, tão fiel quanto possível à vontade do autor, e, desse modo, visava a objectividade, na operação de reconstituição — pelo que esta evidenciava de diferença relativamente ao universo de referência do editor —, reclamava a necessidade de comunicação e de diálogo entre os dois momentos: o da escrita e o da leitura.

A hermenêutica, provindo de uma tradição diferente, estava igualmente familiarizada desde sempre com as dificuldades que num texto se deparam ao leitor, dificuldades provenientes de este se sentir alheio ao universo de referência do texto, do qual dista mais de dois milénios: a língua, os costumes, o quotidiano, a cultura e a civilização de onde emerge o texto bíblico (sociedade agrária, ligada à pastorícia, muito pouco alfabetizada, etc.).

Schleiermacher acentuava que é preciso compreender um autor «melhor do que ele mesmo se compreendeu». A hermenêutica pretende ser um entendimento que explicita o que estava implícito, que traz à consciência o que permanecia inconsciente ou semi-inconsciente.

Tudo isto põe em relevo a importância da ideia de *estranheza,* de *alteridade,* central na hermenêutica. Mas, ao mesmo tempo, e apesar da contradição, a hermenêutica implica também uma noção de homogeneidade, de identidade do sujeito hermenêutico com o objecto a estudar. «Todo o texto é suficientemente estranho para pôr um problema, mas suficientemente familiar para que o problema seja solúvel.»[283]

Outro princípio essencial à hermenêutica assume toda a validade nos estudos literários: a consciência da dependência do sentido das partes relativamente ao todo, princípio que se verifica antes de mais no discurso: a palavra só se entende na frase. Daqui deriva a importância do *contexto*, contrariamente às orientações que vêem no texto uma entidade autónoma ou imanente.

O movimento entre o todo e as partes é o movimento circular, do círculo hermenêutico, um

> círculo do ponto de vista lógico, no sentido em que o todo a partir do qual deve ser compreendido o particular não é dado antes deste [...]. Compreender é sempre mover-se num círculo assim e é por isso que o retorno repetido do todo às partes, e inversamente, é essencial. A partir daí, este círculo alarga-se cada vez mais, porque o conceito de todo é relativo e a afectação a contextos sempre maiores reage sempre também sobre a compreensão do particular. Schleiermacher aplica à hermenêutica o processo de uma descrição dialéctica ou polar [...] dando assim conta do carácter intrinsecamente provisório e infinito da compreensão.[284]

Para além das afinidades e das diferenças, o encontro da hermenêutica com os estudos literários na escola de Constança com *a teoria e a estética da recepção* vem facilitar um efectivo intercâmbio entre as duas tradições.

Por um lado, o relevo que tem na hermenêutica a figura do leitor, e as mais diversas espécies de leitores, torna-a uma referência inevitável para a estética da recepção. Desenvolve-se a

---

[283] Gadamer: 260.
[284] *Ib.*: 209.

consciência de que a leitura constitui uma continuação indispensável da escrita e colabora com ela e de que o leitor, cada leitor, com a sua circunstância, recebe a obra através do seu sistema de significações, através de um universo cultural que difere do do emissor e portanto também do do próprio texto. A leitura implica o confronto de dois sistemas e a *fusão* desses sistemas, desses dois universos culturais. Para referir esses universos, a estética da recepção vai adoptar o conceito de *horizonte*[285], em particular na fórmula de «horizonte de expectativa».

Por outro lado, assiste-se na mesma corrente a uma revalorização da dimensão histórica da literatura, bem como a uma reformulação da história literária e dos seus problemas.

De modo geral, pode dizer-se que é imprescindível possuir hoje, pelo menos, uma sensibilidade hermenêutica, uma vez que esta disciplina recolhe e elabora (apelando para a sua milenar experiência) toda a insatisfação, toda a consciência da insuficiência que o modelo formalista, estruturalista ou imanentista desperta nos leitores e nos críticos, sobretudo se tivermos em conta a sua versão mais estreita, mais realista (no sentido filosófico), mais apegada aos «dogmas» do fechamento do texto, da sua objectividade, da morte do autor, da personagem como ser de papel, da indiferença à história, etc.

---

[285] «L'horizon est la métaphore de ce qui s'approche sans jamais devenir objet possédé.» Ricoeur: 548.

3

Os Estudos Literários no Século XX

3.1. O Formalismo Russo e o Estruturalismo Checo
3.2. O New Criticism
3.3. A Estilística
3.4. O Estruturalismo
3.5. A Semiótica

3.1. O Formalismo Russo e o Estruturalismo Checo
3.1.1. História

«Formalistas» é o nome genérico que se dá a um conjunto de estudantes e críticos literários — ligados aos movimentos de vanguarda, o Futurismo e o Cubismo — e cujo trabalho se inicia em 1915, no Círculo Linguístico de Moscovo. Nesta primeira fase, salientam-se os nomes de Buslaev, Vinokur e R. Jakobson.

Em 1916, em São Petersburgo, cria-se a Sociedade para o Estudo da Linguagem Poética, ou OPOJAZ (sigla dessa sociedade), onde vamos encontrar figuras como B. Eikhenbaum e V. Chklovski.

Os dois grupos têm finalidades semelhantes: definir o objecto e o método específico dos estudos literários como «ciência autónoma»[286], visando um ideal de conhecimento científico e demarcando-se de posições tradicionais.

Consideram que «o objecto da ciência literária não é a literatura, mas a literariedade»[287], ou seja, trata-se de estudar não tanto as obras literárias como as propriedades gerais e constantes da linguagem literária. Elegem, assim, a linguagem como o terreno dos seus trabalhos e partem da oposição da linguagem poética à linguagem quotidiana para determinarem o que caracteriza aquela.

Por 1927, os trabalhos desta «escola» chegam à sua maturidade, de modo que aspectos parcelares dos diversos estudos

---

[286] Eikhenbaum, in *Théorie de la Littérature*, 1965: 31.
[287] *Apud* Eikhenbaum, *Ib.*: 37.

tendem a ser integrados numa visão de conjunto; e pode dizer-se que esse momento corresponde ao do aparecimento da noção de *estrutura,* da obra vista como um todo organizado e não como adição de mecanismos. A esta fase corresponde também a assimilação gradual que os formalistas vão fazendo da fenomenologia de Husserl e dos princípios linguísticos da obra de Saussure.

Exercem uma intensa actividade de análise literária e de elaboração teórica, responsável pela primeira teoria da literatura com este nome, embora a actividade analítica dos formalistas seja mais importante, mas menos conhecida.

Esta teoria literária só vem a tornar-se conhecida muito mais tarde, a partir dos anos de cinquenta, porque o primeiro estudo sobre ela data de 1955 (Victor Erlich, *Russian Formalism)* e a primeira tradução dos estudos mais importantes é a de T. Todorov *(Théorie de la Littérature),* de 1965. Por outro lado, a actividade dos formalistas vem a extinguir-se e a perder as suas características por motivos de natureza ideológica: o dirigismo cultural da revolução marxista não comungava dos princípios formalistas, e, apesar de algumas das críticas revelarem inteligência e atenção às orientações do grupo (Trotsky e Bakhtin), os formalistas vêm a ser silenciados, ou a fazer «autocrítica», por volta de 1930.

Entretanto, Jakobson, que vivia na Checoslováquia desde 1920, cria o Círculo Linguístico de Praga, congregando à sua volta outros estudiosos: J. Mukarovski, René Wellek, Trubetzkoy. O formalismo russo é continuado no **estruturalismo checo**. Mas este, por sua vez, vem a enfraquecer na Segunda Guerra Mundial, com a emigração para o Ocidente de algumas das suas figuras mais salientes, e a desaparecer por fim, na sequência da ocupação soviética da Checoslováquia, no fim da guerra.

Ainda hoje não conhecemos a totalidade do trabalho destes estudiosos, porque muitos continuam por traduzir. Mas, como diz Aguiar e Silva: «Não é fácil encontrar, em tempos anteriores, uma reflexão tão profunda e tão rigorosa como a dos formalistas acerca da natureza da linguagem literária»[288].

A orientação destes estudos consiste na atenção para a obra em si mesma, orientação imanente. Recusam as aproximações psicológica, filosófica ou sociológica.

E vão utilizar o método *formalista* ou, como preferem designá-lo, *descritivo* ou *morfológico*.

Em 1925, Boris Eikhenbaum, no artigo «A teoria do método formalista»[289], faz um balanço do movimento que visa, inicialmente, a definição da linguagem poética e elabora aquilo a que se pode chamar uma «teoria do verso», que analisa diversos processos métrico-fónicos. Num segundo momento, com os trabalhos de Chklovski, Tomachevski e do próprio Eikhenbaum, desenha-se uma «teoria da prosa», onde ganha relevo o estudo da construção do texto narrativo, uma actividade analítica e teórica pioneira no que respeita a um domínio genérico, sem antecedentes na tradição da poética: a novela, o romance e o conto. Uma série de análises de textos concretos (Cervantes, Sterne, Tchekov, Gogol e Tolstoi) leva ao estudo do ponto de vista e à depreensão de categorias como *assunto, fábula, intriga*. Noutra linha, Tomachevski, no estudo da temática, procura a «estrutura nuclear da prosa narrativa. *Temas* e *motivos* são unidades mínimas de cuja agregação resulta o texto»[290].

Neste domínio, a obra com maior fortuna e divulgação veio a ser a de Vladimir Propp, que não integrou qualquer dos núcleos dos formalistas e se definiu mais tarde como um estruturalista *avant la lettre*[291], mas que é difícil não associar ao movimento dos seus compatriotas. A sua obra, *Morfologia do Conto* (1928), que pretende igualmente detectar as unidades mínimas do conto

---

[288] Silva, 1967: 466.
[289] Eikhenbaum, *ib.*: 31–75. Nas pp. 73–74, o autor faz uma síntese das principais teses dos formalistas.
[290] García Berrio e T. Hernández, 1990: 74.
[291] Hénault, 1992: 80.

popular russo, vem a adquirir perspectivas de validade universal relativamente à narrativa (ao nível das personagens e das «funções» da acção). Embora com divulgação tardia, foi traduzido para as principais línguas cultas e tornou-se o fundamento de um dos ramos mais fecundos e interessantes da narratologia.

3.1.2. Teoria

Ao longo destes trabalhos, o movimento formalista leva a uma reformulação dos conceitos tradicionais de *fundo* e *forma;*

> os formalistas libertavam-se da correlação tradicional forma/fundo e da noção de forma como invólucro, como um recipiente no qual se deita um líquido (o conteúdo). Os factos artísticos testemunhavam que a *differentia specifica* da arte não se exprimia nos elementos que constituíam a obra, mas na utilização particular que deles se faz. Assim, a noção de *forma* obtinha um sentido outro e não reclamava nenhuma noção complementar, nenhuma correlação [...].[292]

«A noção de forma confundia-se pouco a pouco com a noção de literatura.»[293] Este conceito englobante resulta da clara consciência de que aquilo que torna um texto artístico não são os seus elementos, formais ou conteudísticos, mas «a utilização que deles se faz». Se a forma se identifica com esta «utilização particular», não necessita de outro conceito correlativo.

Outros trabalhos apontam para noções mais unilaterais: no início do movimento, são analisados como factores «formais» mecanismos linguísticos encarados independentemente do seu conteúdo semântico; nesta linha, os formalistas admitiam a existência de uma poesia transracional, ou seja, sem significado.

---

[292] Eikhenbaum, *Ib.*: 43.
[293] *Ib.*: 48.

Neste âmbito, verificou-se a influência do filósofo G. Spet e, através dele, da fenomenologia de Husserl, a cujas teses os formalistas vão buscar os conceitos de *matéria* e de *forma*. «Se dois elementos [...] se colocam juntos e constituem uma relação, esses dois elementos são a matéria em face da forma dessa mesma relação.»[294]

Este conceito vai inspirar a concepção do *referente,* em relação ao signo, e está na base da noção de *estrutura* que aparece cerca de 1927. A estrutura funciona em oposição à matéria ou material não organizado; e compreendem ambos, estrutura e material, um aspecto formal e um outro semântico.

«Em todos estes trabalhos avulta o conceito de *função,* conceito-chave dos formalistas; os elementos não são considerados em si mesmos (personagens, acções, traços linguísticos, etc.) mas no papel que desempenham na economia da obra — que é um sistema de funções.»[295]

É característica a concepção que os formalistas fazem da **obra de arte**, concepção que se encontra exposta no artigo de V. Chklovski, «A arte como processo» (ou como *artifício,* ou como *mecanismo,* noutras traduções). Discordando da ideia de que «a arte é um pensamento por imagens»[296] e discordando igualmente da lei segundo a qual a criação tem como objectivo a economia de esforço, ou da atenção, na percepção, o autor afirma que esta lei poderá aplicar-se à comunicação quotidiana, mas não funciona na linguagem poética.

Já Eikhenbaum estabelecera que a arte tem de ser compreendida «como meio de destruir o automatismo perceptivo».

Chklovski considera que a imagem é um processo, entre outros, de intensificar a impressão. A arte constitui uma forma de obter uma experiência imediata e forte das coisas, uma experiência forte

---

[294] Fokkema e Ibsch, 1997: 39.
[295] Permito-me aproveitar trechos de um artigo anterior sobre o mesmo tema. Matos, 1987: 187.
[296] Chklovski, in *Théorie de la Littérature,* 1965: 76.

e não desgastada. Efectivamente, o uso quotidiano da linguagem conduz ao desgaste, ao automatismo e ao lugar-comum. A arte tem de proceder ao invés deste processo, *desautomatizando,* provocando o *estranhamento.*

> E eis que para dar a sensação da vida, para sentir os objectos, para experimentar que a pedra é pedra, existe o que se chama a arte. A finalidade da arte é dar a sensação do objecto como visão e não como reconhecimento; o processo da arte é o processo de singularização dos objectos e o processo que consiste em obscurecer a forma, em aumentar a dificuldade e a duração da percepção. O acto de percepção em arte é um fim em si e deve ser prolongado; *a arte é um meio de experimentar o acontecer do objecto, o que já aconteceu não importa para a arte.*[297]

Os objectos devem ser apresentados de modo que o leitor os veja como se fosse a primeira vez, de modo a *singularizá-los;* assim, valoriza-se a deformação da realidade e tudo aquilo que dificulte a percepção. Chklovski vai recordar a poesia dos trovadores, que, a par do *trobar leu,* compreende também o *trobar clus,* de poetas como Arnaut Daniel, «com o seu estilo obscuro e as suas formas difíceis [...]. Assim a língua da poesia é uma língua difícil, obscura, cheia de obstáculos»[298].

Os formalistas não se desinteressaram dos problemas da **história literária**. A própria concepção de obra de arte que acabamos de mencionar implica o confronto do texto com textos anteriores. Como sentir que um vocábulo ou que uma metáfora está gasta, é rotineira, se tornou automática senão com o recurso ao conjunto da série literária?

---

[297] *Ib.*: 83.
[298] *Ib.*: 95.

«A forma nova não aparece para exprimir um conteúdo novo, mas para substituir a antiga forma que já perdeu o carácter estético.» Daí que as obras sejam consideradas no âmbito de um sistema dinâmico em que se vai sempre alterando o património herdado. «A imagem inicial da forma enriqueceu-se com traços novos da dinâmica evolutiva, da variabilidade permanente.»[299]

O estudo de referência desta matéria é o ensaio de J. Tynianov, *Da evolução literária,* que se debruça sobre «a génese dos fenómenos literários e [sobre] o estudo da variabilidade literária, ou seja, da evolução da série»[300]. A noção base que vai utilizar é a de *substituição de sistemas.* Quer a obra literária quer a literatura constituem sistemas. No interior destes sistemas, os elementos entram «simultaneamente em relação com a série de elementos semelhantes que pertencem a outras obras-sistemas, ou a outras séries, e, por outro lado, com outros elementos do mesmo sistema (função autónoma e função sínoma)»[301].

A partir destes elementos, poderá fazer-se uma história não tanto dos episódios ocasionais da literatura, mas da «dinâmica das formas literárias»[302], particularmente do processo de formação dos géneros e da sua substituição.

O artigo de Jakobson «Do realismo artístico», constitui uma brilhante exemplificação da teoria exposta.

Por outro lado, os formalistas percebem que a evolução não se faz de forma linear e pacífica, mas num processo dialéctico que implica conflitos e rupturas, bem como a coexistência de situações complexas: citando Chklovski, Eikhenbaum adianta que «cada época contém não uma, mas várias épocas literárias. Elas existem simultaneamente na literatura, e uma delas vai à cabeça

---

[299] Eikhenbaum, *Ib.:* 1965: 51.
[300] Tynianov, in *Théorie de la Littérature,* 1965: 121.
[301] *Ib.:* 123.
[302] Eikhenbaum, *Ib.:* 71.

e passa a ser canonizada. As outras existem como não canónicas, escondidas»[303]. Esta intuição virá mais tarde a ser desenvolvida na obra semiótica de Lotman.

Para além do contexto literário, o programa teórico dos formalistas apontava ainda a relacionação da obra com o contexto extraliterário. Tynianov explora a relação da literatura com outras séries artísticas e, sobretudo, a função social da literatura, a relação com a vida social «que entra em correlação com a literatura antes de mais pelo seu aspecto verbal»[304]. É particularmente interessante o ponto 11 do ensaio, que mostra como se interinfluenciam mutuamente a literatura e a vida social: o estudioso aponta o caso de personalidades literárias, como Byron, e de mitos criados em torno de escritores (para a literatura portuguesa, o caso de Camões seria um exemplo excelente).

3.1.3. O Estruturalismo Checo
Como vimos, a obra dos formalistas encontra continuidade no **estruturalismo checo** (1924-48) através dos professores emigrados Roman Jakobson e Trubetzkoy, este último o fundador da fonologia.

Merece menção especial a obra de Mukarovski. A sua concepção da obra literária é feita em termos semiológicos. Aliás, verifica-se de modo geral, no estruturalismo checo, a influência de obras de orientação semiótica ou afim: Husserl, K. Bühler e Saussure.

Retomando o modelo da teoria da linguagem de Bühler, adopta, além das funções consideradas por este (representação, expressão e apelo), outra, a *função estética,* hierarquicamente superior às restantes e chama a atenção para o próprio signo.

Com base na distinção de Saussure entre significante e significado, Mukarovski considera a dimensão material da obra, a que

---
[303] *Ib.*: 69.
[304] Tynianov, *Ib.*: 1965: 131.

chama *artefacto*, e praticamente assimila o significado à função estética, a qual coloca na dependência da interpretação.

O artefacto constitui assim o aspecto objectivo da obra; esta fica sujeita a interpretações subjectivas e variáveis ao longo da história (tese muito semelhante à da estética da recepção).

Neste processo, Mukarovski considera ainda a intervenção das *normas* estéticas e sociais que evoluem e que condicionam a interpretação.

No seu estudo, *Função Estética, Norma e Valor como Factos Sociais* (1935), defende que, sendo o valor estético criado pela energia que resulta da função estética, «a valorização está sujeita ao desenvolvimento social, isto é, aos dados sociológicos e antropológicos que formam o fermento em relação ao qual se realiza a avaliação»[305].

Por outro lado, vê a obra de arte com «signo autónomo»: quer isto dizer que o seu significado não depende da referência a objectos da realidade, não depende do seu valor documental, não depende do seu valor de verdade. Este conceito equivale àquilo a que chamamos *ficcionalidade*. Mukarovski crê que «"a concentração da função estética sobre o signo mesmo" é uma consequência da autonomia que caracteriza os fenómenos estéticos»[306].

> Nesta discussão da relação entre valor e norma, Mukarovski adere firmemente à tradição formalista, em particular ao conceito de desvio ou deformação. A submissão a uma norma estética não é garantia do valor estético. A norma deriva dos valores estéticos e é um princípio regulador *a partir de fora* da arte. Por isso, fora da arte, o valor estético depende do cumprimento da norma. Dentro da arte a norma estética prevalecente viola-se em certa medida e, como resultado dos valores estéticos aparentes

---

[305] Fokkema e Ibsch, 1997: 51.
[306] *Ibidem*.

cria-se, parcial ou completamente, uma nova norma. O valor estético não é, pois, um conceito estático, mas antes um processo que evolui sobre o fundo da tradição artística actual e em relação com o contexto cultural e social sempre em mudança.[307]

3.2. O New Criticism
3.2.1. O Termo

New Criticism é o nome que se dá a uma tendência que surge nos EUA, nos anos de trinta a quarenta do século XX, sob a influência de personalidades inglesas da década anterior, como T. E. Hulme, T. S. Eliot, poeta e crítico, L A. Richards e W. Empson.

Não se trata, como no caso dos formalistas russos, de um conjunto de estudiosos agrupados, com programa, interesses e doutrina comuns. Os *new critics* são figuras que manifestam orientações semelhantes que lhes vêm da reacção que todos representam ao tipo de crítica que se praticava nas primeiras décadas do século, de recorte impressionista ou de tendência marxista, e da referência comum às obras dos autores referidos.

Como diz Gómez Redondo:

> O propósito de trazer aproximações à obra literária diferentes [daquelas que desenvolviam antes] surge nas universidades do Sul dos Estados Unidos, em torno dos anos trinta, e adquire forma logo na obra de John C. Ransom, publicada em 1941, com o nome definitivo que se aplicará ao grupo: *The New Criticism,* onde se estabelecia uma nova análise da obra de Richards, Winters e Eliot. Ransom era professor da Universidade de Vanderbilt e aí coincidiu com Allen Tate, colaborador da revista *The Fugitive;* foi seu aluno Cleanth Brooks, a quem costumam juntar-se os nomes de Robert Penn Warren e de Keneth Burke, cuja *The Philosophy of Literary Form* (também de 1941) pode

---

[307] *Ib.*: 51–52.

considerar-se um intento de fundir a crítica marxista com estas novas considerações. Passados dez anos, *Language as Gesture* (1952) de R. P. Blackmur encerra esta orientação.[308]

3.2.2. Influências Comuns

I. A. Richards (1893–1969) — cuja obra incide principalmente sobre estética e sobre semântica — estabelece a distinção entre dois usos discursivos diferentes: o emotivo e o referencial, o que constitui uma forma de abordar a linguagem poética. Consciente dos complexos significados que esta desentranha, chama a atenção para a impossibilidade de os captar fora de uma perspectiva contextual.

Por outro lado, manifesta uma particular atenção ao fenómeno da *polissemia,* o que vem a reflectir-se na forma de valorizar na literatura a sua condição inevitavelmente *ambígua,* tema este que virá a ganhar grande importância e que tem o seu primeiro teorizador em **William Empson** (1906—1984), seu discípulo, na obra *Seven Types of Ambiguity* (1930).

Estes temas exerceram uma importante influência no pensamento do New Criticism, embora, noutros aspectos, os mencionados críticos defendam posições antagónicas às de Richards, particularmente no que se refere ao psicologismo da sua doutrina estética.

T. S. Eliot (1888–1965) — que aliás nasceu nos EUA, mas exerceu a sua actividade literária em Londres — é um autor com influência decisiva no pensamento dos *new critics*. Destaquemos, entre as suas teses, as seguintes:

• a criação deve ser vista como ***despersonalização***, ao invés dos românticos, para quem a arte era *expressão,* confissão do

---

[308] Gomez Redondo: 47.

poeta, manifestação directa da sua personalidade. A este conceito chama também Eliot «teoria impessoal»:

> Quanto mais perfeito o artista, mais completamente estão separados nele o homem que sofre e o espírito que cria e, de maneira mais perfeita, o espírito digere e transmuta as paixões que são o seu material.[309]

> O poeta possui, não uma «personalidade» a exprimir, mas um meio particular, que é somente um meio e não uma personalidade, no qual se combinam impressões e experiências de maneiras peculiares e imprevistas. [...]
> Há muita gente apreciadora da emoção sincera em verso, e há um número mais reduzido de pessoas que pode apreciar a excelência técnica. Mas muito poucos sabem quando há expressão de emoção *significativa,* emoção que tem vida no poema e não na história do poeta.[310]

Como se depreende, esta concepção conduz o interesse do crítico não ao autor, mas à obra, que aparece assim como um organismo — com vida própria, estrutura, dinamismo; e é justamente isso que se torna objecto de estudo, e não os dados biográficos, psicológicos ou sociológicos que eram analisados segundo a matriz historicista e positivista contra a qual Eliot reage.

• a teoria do ***correlativo objectivo***: na sequência do tema da *despersonalização,* Eliot considera que

> o único modo de expressar emoção na forma de arte é descobrindo um «correlativo objectivo»; por outras palavras, um conjunto de objectos, um sistema, uma cadeia de acontecimentos

---
[309] T. S. Eliot, 1962: 29.
[310] *Ib.:* 31 e 35.

que será a fórmula dessa *emoção específica;* de tal maneira que quando os factos exteriores, que devem resultar em experiência sensorial, são facultados, a emoção é imediatamente evocada[311].

Uma ideia muito semelhante encontra-se frequentemente expressa por F. Pessoa, nas suas reflexões sobre a obra literária, e está hoje praticamente consagrada nos termos do seu poema *Autopsicografia:* «O poeta é um fingidor / Finge tão completamente / Que chega a fingir que é dor / A dor que deveras sente. // E os que lêem o que escreve, / Na dor lida sentem bem, / Não as duas que ele teve / Mas só a que eles não têm».[312]

Eliot, na citação transcrita, não distingue claramente a emoção da personagem (no caso deste seu artigo, a personagem Hamlet) e a emoção do autor[313] (Shakespeare); parece mesmo assumir a confusão entre elas:

> Na personagem de Hamlet, é a paródia de uma emoção que não pode encontrar escape na acção; no dramaturgo, é a paródia de uma emoção que ele não pode exprimir em arte. [...] Temos simplesmente de admitir que, neste caso, Shakespeare tentou resolver um problema que se revelou demasiado para ele.[314]

Ou seja, com a tragédia *Hamlet,* Shakespeare tenta resolver um problema excessivo, problema que diz respeito à sua personalidade empírica, à sua biografia e ao seu inconsciente.

---

[311] T. S. Eliot (1932), 1992: 20.
[312] F. Pessoa, *Poesias,* Ed. Ática, 6.ª ed., 1961.
[313] Como se compreende, falar na emoção do autor resulta do facto de a perspectiva crítica não ter como principal e único objecto a obra. Aliás, mesmo no ensaio que abordámos, *A Tradição e o Talento Individual,* apesar das afirmações em contrário, Eliot continua a ter presente não apenas a poesia, mas também o poeta. E o correlativo objectivo tem a ver fundamentalmente com a experiência deste, com a sua «emoção específica».
[314] Eliot (1932), 1992, 21.

«Porque de algum modo o tentou, é um enigma insolúvel; sob que compulsão de que experiência tentou expressar o inexprimivelmente horrível, não podemos jamais saber.»[315] Ou seja, não temos nem teremos nunca acesso ao dado primordial que está na origem da criação literária; digamos que temos de aceitar estar-nos vedado esse elo da cadeia (da comunicação), o que liga o autor à obra, e a motiva.

Aquilo a que podemos aceder é à «fórmula dessa emoção específica», por outras palavras, o seu «correlativo objectivo»[316].

Voltando a F. Pessoa, é possível encontrar, no mesmo volume dos *Poemas,* outro texto que concretiza exactamente o seu conceito de *fingimento,* equivalente ao de «correlativo objectivo»: o poema «O menino de sua mãe».

A crítica tem visto no texto uma projecção autobiográfica (Almada Negreiros, nos incisos em pedra, na parede à esquerda da entrada da Faculdade de Letras de Lisboa; e João Gaspar Simões, *Vida e obra de F. Pessoa. História de uma geração,* Lisboa, Bertrand, 1950). Mas o texto impede-nos de admitir um biografismo directo: Fernando Pessoa não era jovem no momento da redacção do poema, nunca foi soldado, não foi ele que faltou à mãe, mas, de uma ou de outra forma, foi esta que lhe faltou a ele. Quem morreu jovem foi o seu pai. O poema não reflecte nenhum destes elementos biográficos. E, no entanto, os críticos que o conheceram pessoalmente vêem no poema um auto-retrato:

> *O menino de sua mãe,* poesia que F. Pessoa escreve em 1926, pouco depois do falecimento de D. Maria Madalena, foi-lhe inspirada, confiou ele a um amigo, por uma litografia entrevista na

---

[315] *Ibidem.*
[316] Aproveito aqui um estudo mais demorado desta questão, de que transcrevo alguns passos: Matos, 2000: 28.

parede de uma sala de pensão [...]. O facto, contudo, de ter sido escrita pouco depois da morte de sua própria mãe, em razão do muito que sabemos que contraria a paradoxal pretensão do poeta que se vangloriava de em arte não saber senão mentir, ajuda-nos a compreender uma das crises mais sérias da sua existência inteira. "O menino de sua mãe" não era o jovem soldado morto descoberto na litografia anónima da sala de jantar da pensão lisboeta — mas o próprio Fernando Pessoa. [...] Foi a mãe quem lhe dera esse nome — *Filho único, a mãe lhe dera / Um nome e o mantivera* —, mas Fernando António merecia-o por direito próprio (J. G. Simões, *op. cit.*: 29–30).

Se tivermos em conta que o poema constrói uma personagem fictícia — o jovem soldado morto e abandonado no campo de batalha — que se enuncia na 3.ª pessoa, o que é muito raro num texto lírico (por definição, o domínio da subjectividade), e que essa forma de enunciação acarreta um inevitável efeito de *distanciamento,* sensível no ritmo sereno (que contrasta, aliás, com a pungência que o poema provoca), sensível também na recusa dos efeitos retóricos, da eloquência, da dimensão panfletária, percebemos que se trata de um exercício perfeitamente conseguido daquilo que F. Pessoa propõe quando fala da poesia como *fingimento*[317].

3.2.3. Principais Tendências
Na exposição que faz do conjunto das «teses» do New Criticism, Aguiar e Silva tem presente um ensaio, «Criticism, Inc.»[318], de J. Ransom, mestre e inspirador dos *new critics*, onde este ensaísta descreve as principais tendências que o movimento assume.

---

[317] *Ib.*: 29.
[318] «Publicado no livro de Ransom intitulado *The World's Body,* New York, Scribner's Sons, 1938», Silva, 67: nota 15, p. 488.

Posição anti-impressionista

Trata-se, antes de mais, de excluir as reacções pessoais do crítico, as efusões da sua subjectividade, e de pôr em primeiro plano o objecto que a obra literária constitui. Uma realidade não se define pelos seus efeitos, mas pela sua natureza e constituição. Assim, a crítica não deve cair na «falácia afectiva» (W. Wimsatt), que leva à confusão entre aquilo que o texto é e os efeitos psicológicos que provoca no leitor.

Como podemos observar, trata-se de uma questão controversa: a retórica sempre se interessou pelos efeitos do discurso, e, hoje em dia, a estética da recepção reactiva o problema, valorizando justamente a *recepção,* a leitura.

Crítica e paráfrase

Ransom insiste em desfazer a confusão persistente entre **crítica e paráfrase**. A crítica não consiste apenas em elaborar um discurso equivalente à obra do ponto de vista semântico ou em resumir o seu conteúdo.

Esta reflexão relaciona-se com a distinção aludida entre linguagem referencial e linguagem emotiva, através da qual se exprime a consciência da especificidade da *linguagem literária*. E a tomada de consciência dos diversos processos que concorrem na formação dessa realidade complexa que é a linguagem literária conduz à evidência de que parafrasear um texto literário constitui uma *heresia*. A «heresia da paráfrase» (Cl. Brooks) é um tema forte do New Criticism.

> Ontologicamente, a obra poética apresenta-se como uma estrutura indivisível, como uma totalidade orgânica, que não é possível cindir em *o que se diz* e *o como se diz*.[319]

---

[319] *Ib.:* 495.

A paráfrase constitui um exercício pedagogicamente útil. Quantas vezes a usamos para realizar a primeira leitura de um texto difícil!

Mas há textos e textos. Em relação a alguns deles, esse exercício é legítimo e útil: pensemos na necessidade de deslindar a sintaxe complexa de *Os Lusíadas,* tal como podemos, naturalmente, resumir a acção de qualquer capítulo de *Mau tempo no Canal.*

Mas torna-se completamente inadequado e inútil tentar parafrasear os sonetos de «Os passos da cruz» ou «Hora absurda» de F. Pessoa.

Parafrasear é dizer um texto por outras palavras, encontrar um equivalente semântico. Mas haverá um equivalente semântico? Ou seja, dizendo um texto «por outras palavras», o que fica do texto? Decerto se perde muito, para não dizer o essencial. Então concluiremos que a paráfrase adultera o texto, corrompe-o, e vicia o nosso entendimento porque julgamos possuir um equivalente semântico quando, de facto, perdemos completamente o texto.

O que é «O menino de sua mãe» sem a métrica, sem o ritmo, sem as antíteses, a hipálage da «cigarreira breve» ou da «brancura embainhada de um lenço»? Apenas uma mensagem banal que perdeu a pungência, o dramatismo, a comoção que o texto condensa, e que nenhuma paráfrase poderá despertar.

Contudo, continuaremos a fazer paráfrases, porque são exercícios úteis de aproximação ao texto.

Continuaremos a fazê-las, mas é bom que não percamos de vista que há nesse exercício qualquer coisa de *herético* (e vale a pena ter presente a origem religiosa do termo: a heresia profana, ofende, desvia, deturpa uma mensagem sagrada)[320].

---

[320] Não deixemos de ter consciência de que — num sentido muito mais amplo do termo — a condição da crítica literária é a de ser, inevitavelmente, paráfrase ou glosa do texto que «serve».

A falácia da comunicação

O tema da paráfrase levanta o problema várias vezes aludido, e fulcral, que é o da velha dicotomia entre *fundo e forma*. Facilmente se cai nesta dicotomia se se considera que a obra literária é antes de mais portadora de uma *mensagem,* o que equivale a dar um excessivo destaque aos aspectos intelectuais, conteudísticos. Este conceito, rejeitado pelos *new critics*, incorre na chamada «falácia da comunicação», censurada pela frase do poeta A. Mac Leish, muitas vezes citada, «A poem should not mean but be».

O New Criticism não admite a distinção desses dois lados da obra, *forma e conteúdo*. A sua posição é tão radical que Brooks vai ao ponto de criticar as noções de *denotação e conotação,* de Winters, por entender que estão viciadas pela separação, no texto, dos aspectos racionais, por um lado, e dos aspectos afectivos, por outro.

Nesta ordem de ideias, importa igualmente não confundir o poema com os seus conteúdos e com o estudo erudito destes.

Censura à erudição

A censura à erudição constitui outro tema do New Criticism, que reage ao estado dos estudos literários da universidade norte-americana de então. Ransom critica os estudos históricos, bibliográficos e biográficos. Particularmente estes últimos, quando vêem na obra o reflexo de circunstâncias da vida do autor, conduzem, como já tivemos ocasião de observar, a uma leitura redutora ou mesmo ao esquecimento da obra.

De modo geral, a pesquisa erudita, quando mal orientada, ou seja, quando se esquece da centralidade da obra, leva à investigação de uma multidão de pequenos factos, por vezes insignificantes, no meio dos quais o texto literário fica afogado, e pode desaparecer o interesse pela leitura e pela relação directa e viva que nela estabelecemos com a obra.

A falácia da intenção

Voltando à questão do biografismo, o New Criticism denuncia aquilo a que chama «**falácia da intenção**», ou seja, o erro que consiste em considerar que o sentido de uma obra é aquele que o autor lhe quis dar e que é esse que a crítica deve procurar reconstituir.

Ora, a própria experiência de escrita de cada um de nós mostra que, ao escrevermos, à medida que escrevemos, se explicitam sentidos, intenções, finalidades que não estavam na nossa intenção prévia, anterior à escrita do texto; que o texto, à medida que toma forma, dá corpo a efeitos, a sentidos que — ou corrigimos porque os consideramos inadequados ou assumimos porque, afinal de contas, correspondem ao que desejávamos dizer sem que isso fosse inteiramente consciente e claro antes da redacção.

Por outro lado, há textos que excedem em muito as intenções do autor. E há críticas que revelam sentidos que seguramente sabemos não terem estado na consciência e nas finalidades do escritor, mesmo depois da obra concluída. Na obra camoniana, encontra-se uma importante dialéctica entre o *mar* e a *terra,* expressão de sistemas de valores antagónicos, e com significados simbólicos a diversos níveis, que Camões não desejou explicitamente[321].

A leitura, quando se faz ao longo dos séculos, vai desentranhando sentidos que sem dúvida excedem a intenção consciente do autor. Não posso deixar de ler *Os Lusíadas,* hoje, através da perspectiva e da reflexão que me dá o conhecimento da *Mensagem* de Fernando Pessoa, a qual, apesar de rasurar todas as relações com Camões, é uma reescrita da epopeia.

Ora, Camões — as suas intenções — não têm nada a ver com isto. Mas a crítica não pode deixar de estar ancorada no seu tempo

---

[321] Permito-me remeter para um estudo exactamente sobre este tema: Matos, 1995; republicado em 2011: 135–156

e de ler, hoje, *Os Lusíadas* da perspectiva de um leitor do fim do século XX[322].

Em contrapartida, também não podemos negar, ou menosprezar, as intenções explícitas e conscientes que orientaram efectivamente Camões na elaboração do poema: as de censurar os portugueses, de lhes mostrar os seus defeitos, de os admoestar. E, apesar disso, exaltá-los, celebrar a gesta dos descobrimentos, dá-los como exemplo aos outros europeus, no momento crítico e dilacerante que a Europa vive na segunda metade do século XVI[323]. Estas — e muitas outras — faziam parte das intenções de Camões, e muito má seria a nossa leitura se abstraíssemos desses aspectos que estão contidos nas intenções explícitas e conscientes e que eram captados necessariamente pela recepção que os contemporâneos fizeram do poema.

De novo, temos de observar que hoje não é fácil descartar pura e simplesmente o problema da intenção do autor, que a hermenêutica e a estética da recepção voltaram a pôr em destaque. Em todo o caso, não o podemos tratar com ligeireza, ou com rigidez, ignorando as objecções válidas que acabamos de resumir.

Crítica e conteúdos

Reportando-nos ainda a outras formas da investigação erudita em torno da obra, encontramos um tipo de estudos cujos títulos os apresentam como efectivamente voltados para ela, mas que na maior parte dos casos a esquecem, para ficarem apenas nos seus «arredores».

Retomemos mais uma vez o caso de Camões: encontramos monografias sobre «A flora em Camões», «A astronomia em

---

[322] Reflexões semelhantes se podem fazer a propósito do sentido e função da mitologia em *Os Lusíadas*. Permito-me remeter para um breve estudo em que equaciono a questão. Matos, 1993: cap. 3, «Real e imaginário», 35–52.
[323] Cf. *Os Lusíadas*, VII, 1–14.

Camões», «A filosofia em Camões», «A mulher em Camões», e assim por diante.

Isto é: analisam-se aspectos que efectivamente se reportam ao conteúdo da obra, mas esta é tratada afinal como mero documento, apreciado em função das suas contribuições para o estabelecimento de uma imagem referencial desses conteúdos.

Não desvalorizemos estes trabalhos: com efeito, não podemos estudar Camões sem o integrarmos no horizonte científico, religioso, filosófico do seu tempo; sem observarmos, por exemplo, a forma como o amor, o ideal humano, a geografia, a cosmologia eram vistos na cultura sua contemporânea.

Mas só faremos estudo verdadeiramente literário, ou seja, só compreenderemos a obra camoniana, se entendermos a *forma* como o poeta selecciona e assimila esses elementos culturais. Isto é — se a olharmos como coisa *autónoma*.

Esta questão, afinal, não tem apenas a ver com a erudição, mas também com tendências muito enraizadas nos estudos literários, segundo as quais a obra é vista ao serviço de *outra* coisa[324].

> Sob este aspecto o «new criticism» representa uma declarada reacção contra os críticos do chamado «novo humanismo» que, encabeçados por Irving Babbit, desempenharam um importante papel na cultura norte-americana durante os primeiros anos do século XX, e contra os críticos de inspiração marxista e socialista, como V. L. Parrington, Gr. Hics, e J. T. Farrell, pois os primeiros subordinavam a literatura à moral, e os segundos sacrificavam-na à revolução social.[325]

Mais uma vez, em face destes desvios, o New Criticism sublinha a autonomia da literatura.

---

[324] Sobre esta matéria, cf. o § 2.3.6., «As funções da literatura».
[325] Silva, 1967: 502–503.

A close reading
Todos os pontos assinalados enunciam críticas; dizem aquilo que o New Criticism censura, as orientações de que este movimento deseja demarcar-se. São enunciados negativos. E como se define este movimento positivamente?

O New Criticism propõe aquilo a que chama *close reading,* que se poderia traduzir, em paralelo com as propostas de outras escolas, por crítica imanente, pois visa directamente o texto como objecto verbal, excluindo todas as aproximações extrínsecas: biografia do autor, fontes e influências, etc. O que importa é captar o modo específico, a forma pelo qual a linguagem se organiza, e constrói a obra em questão. E esse objectivo atinge-se através de análises descritivas minuciosas, demoradas, atentas aos múltiplos aspectos específicos da linguagem literária (a função de figuras retóricas — como anáforas, hipérboles, alegorias; os efeitos dependentes do contexto; as imagens, metáforas e símbolos; a conotação e a denotação; as ambiguidades, os paradoxos, a ironia; etc.) e também à organização global própria daquela obra. Através, portanto, de um «exame microscópico»[326].

De acordo com o princípio da objectividade, o New Criticism defende a *crítica ontológica,* que vê a obra como «um modelo *(pattern)* de forças organizadas, como um todo autónomo e auto-suficiente»[327], noção afim da de estrutura, que está na base do estruturalismo.

Tradição e intemporalidade
Ao estudar-se assim minuciosamente um texto, numa perspectiva imanente, o que equivale a olhar apenas para o seu interior, acabam por descurar-se as relações de dependência histórica,

---
[326] *Ib.*: 499.
[327] *Ib.*: 489.

tendência que também nesta corrente crítica se manifesta: privilegia-se a sincronia sobre a diacronia. Aliás, esta corrente encontra um suporte teórico nos escritos de T. S. Eliot, o qual estabelece que «toda a literatura europeia desde Homero, e nela a totalidade da literatura da sua pátria, *possui uma existência simultânea e compõe uma ordem simultânea*»[328]. No contexto, esta afirmação tem um carácter menos surpreendente e radical; trata-se de explicar o sentido da *tradição* (noção que Eliot aprofunda e examina): e, assim, de fazer entender que tradição envolve esforço, «tem de ser obtida com árduo labor» e implica a aquisição de «sentido histórico»; e o «sentido histórico compreende uma percepção não só do passado do passado mas da sua presença; [...] Esse sentido do histórico, que é um sentido do intemporal bem assim como do temporal, e do intemporal e do temporal juntos é o que torna um escritor tradicional»[329].

Ainda que compreendamos a razão de ser da posição aqui afirmada, e o seu equilíbrio, a verdade é que «muitos dos partidários [do New Criticism] ignoram simplesmente a condição histórica da obra literária»[330].

Ao contrário dos formalistas russos e dos estruturalistas checos, que visavam fundamentalmente níveis de grande generalidade e adoptavam uma atitude descritiva, os *new critics* distinguem-se pela atenção ao texto concreto, ao texto singular, que estudam com grande minúcia, e pela orientação que dão ao seu conhecimento literário, que deve ter como objectivo apreciar, avaliar esteticamente as obras literárias. Vemos assim que o formalismo russo promoveu uma visão teórica da literatura, enquanto os *new critics* desenvolveram o seu trabalho na linha da crítica literária.

---

[328] T. S. Eliot, 1962: 23 (itálico nosso).
[329] *Ibidem*.
[330] Silva, 1967: 499.

Contudo não está ausente desta orientação a perspectiva teórica, como se vê pela publicação da *Teoria da Literatura* de René Wellek e Austin Warren, em 1949, teoria que veio a ser a única conhecida na Europa até ao momento em que são traduzidos os formalistas russos.

3.3. A Estilística
3.3.1. A Palavra «Estilo»

A palavra *estilo,* que começa por significar o instrumento pontiagudo *(stylus)* com o qual se escrevia sobre tabuinhas cobertas de cera, adquire desde tempos remotos o significado de *modo de escrever.* São conhecidas as fórmulas de Platão «tal carácter, tal estilo»; de Séneca, «o estilo é a fisionomia da alma»; e, sobretudo, a de Buffon (século XVII) «o estilo é o próprio homem», que ganha em ser colocada no seu contexto[331].

Deste modo, estabeleceu-se desde sempre a relação entre estilo e expressão da individualidade (quer assuma as formas de *arte, técnica,* ou *génio).*

Neste sentido, o estilo torna-se, na Antiguidade Clássica, objecto de estudo da retórica, que prescreveu principalmente — em relação ao estilo — a norma da *adequação* ou do *decoro,* que estipula que o estilo deve ser adaptado às circunstâncias[332].

3.3.2. Origem da Estilística

Tal como o formalismo, o New Criticism e o estruturalismo, a estilística representa igualmente uma reacção contra os estudos

---

[331] «Os conhecimentos, os factos e as descobertas alteram-se facilmente, transformam-se, ganham até em ser moldadas por mãos mais hábeis. Estas coisas são exteriores ao homem; o estilo é o próprio homem. Portanto, o estilo não pode alterar-se, nem transportar-se, nem modificar-se», *apud* P. Guiraud, 1957: 32–33.

[332] «Quintiliano desenvolve muito explicitamente algumas dessas condições de decoro — que estilo é conveniente a diferentes situações ou funções de um homem, jovem ou de idade, filósofos, homens de Estado, príncipes…», Ferraz, 1995: 411.

literários tal como eram praticados em finais do século XIX, particularmente na sua versão positivista[333].

E apoia-se, do ponto de vista científico, na nova forma de conceber a linguagem que é a da linguística da escola de Genebra: em Ferdinand de Saussure e, mais precisamente, em Charles Bally, que sucede a Saussure na Universidade de Genebra e que publica em 1909 o *Traité de stylistique française*. Nesta obra (bem como no *Précis de stylistique*), Bally afirma: «La stylistique étudie les faits d'expression du langage du point de vue de leur contenu affectif, c'est-à-dire, l'expression des faits de la sensibilité par le langage et l'action des faits de langage sur la sensibilité»[334].

Assim — contrariamente à linguística histórica de influência positivista e materialista que procurava entender a linguagem como um objecto concreto e explicar em termos deterministas e evolucionistas os fenómenos linguísticos —, este novo conceito de linguagem, atento aos aspectos expressivos e afectivos, torna-se muito mais apto à exploração das dimensões individual e psicológica, indispensáveis ao estudo da obra literária.

Contudo, note-se bem, Bally faz ainda uma *estilística da língua*, e não uma *estilística da fala,* ou do discurso, aquela que interessa directamente à literatura.

A análise saussuriana retoma ao mesmo tempo a oposição de Humboldt entre a linguagem criadora e livre do indivíduo e a linguagem fixada e normalizada da colectividade; esta distinção

---

[333] «Já em 1942 em *La poesia de S. Juan de la Cruz* se revoltava Dámaso Alonso contra as histórias da literatura que eram "necrópolis de nombres y datas". Alguns anos antes, Croce escrevera: "la storia artística e letteraria ha per soggetto principale le opere d'arte stesse; quelli altri lavori chiamano e interrogano le opere d'arte ma solo come testimoni e documenti da cui ricavari la verita di fatti non esttetici" (*Estética*, p. 143).» Belchior, 1980: 30.

[334] *Ap*. Guiraud, 1957: 48–49.

clássica a partir daí entre a fala e a língua repõe ao linguista o problema do estilo. [...]

É por essa razão que a escola saussuriana recuou geralmente em face do estudo do estilo individual que lhe aparece como um acto livre, isolado, original e incomensurável que escapa à observação, à análise e à classificação.

Pelo contrário, interessou-se pelo estudo dos estilos colectivos, dos factos de língua considerados nas suas relações com os grupos sociais, culturais, nacionais, etc. [...]. Mas é sobretudo o estudo das relações do pensamento e da língua que chamou a atenção dos linguistas saussurianos.[335]

Bally tem continuadores em J. Marouzeau, Marcel Cressot e Pierre Guiraud.

3.3.3. A Estilística Literária

Desde o sentido que assume na retórica, o estilo relaciona-se com o conceito de *desvio*. As formas estilísticas, o modo de caracterizar os estilos a adoptar ou a analisar, são vistas como *ornatos* ou artifícios que *se afastam,* que *divergem* da linguagem corrente, da linguagem *standard.* Mas o conceito de desvio não é tão claro como parece, porque não é fácil defini-lo, como também não é pacífico definir a «norma» relativamente à qual ele se afasta.

De qualquer modo — quer assuma ou não o estilo como desvio —, a estilística vê a obra literária como **linguagem** que importa estudar nela mesma. Aliás, é interessante observar que esta escola constitui o ponto máximo da aproximação da literatura e da linguística[336], que se revela, entre outras manifestações, na formu-

---

[335] *Ibidem:* 40–42.
[336] Vejam-se os termos através dos quais Aguiar e Silva (1967: 510) descreve a distância entre as duas disciplinas: «Em geral, o filólogo manifestava uma suspeitosa hostilidade para com a arte e sofria de uma crassa ignorância dos problemas de

lação dos currículos universitários de letras. As licenciaturas em Filologia Românica ou em Filologia Germânica assentavam fundamentalmente — por influência da estilística — no ensino simultâneo da literatura e da linguística, o que, em Portugal, teve expressão nítida nas reformas de estudos das Faculdades de Letras de 1957.

E os estudos estilísticos incidem sobre qualquer dos domínios gramaticais:

- ora sobre a camada sonora, sobre a *fonologia:* acentos, entoações, onomatopeias e outros efeitos de motivação fonética, aliterações, harmonia; bem como sobre prosódia, articulação, etc.;
- ora sobre a *morfologia:* uso de categorias gramaticais; escolha de certos tempos e modos verbais; diminutivos e aumentativos; formas de derivação, etc.;
- ora sobre a *sintaxe:* formas de construção da frase, simples ou complexa, subordinação ou coordenação; a ordem das palavras, paralelismo, enume ração, clímax, perífrase, elipse, ou seja, sobre as «figuras de palavra», etc.;
- ora, ainda, sobre a *semântica:* denotação e conotação, efeitos evocativos das palavras, e «figuras de pensamento», em particular os tropos (símile, metáfora, sinédoque e metonímia, símbolo e alegoria) e ainda ironia, eufemismo e disfemismo, etc.

Mas, adoptando qualquer das modalidades deste quase inesgotável programa, a estilística situa-se claramente na dimensão gramatical, ou seja, situa-se no *nível frásico*; quer dizer, estuda as

estética; o historiador literário, em contrapartida, quase nunca possuía os conhecimentos linguísticos especializados que lhe permitissem descrever e analisar convenientemente o estilo de uma obra ou de um autor».

unidades linguísticas inferiores ou iguais à frase; a frase constitui a dimensão máxima da sua análise. O seu propósito situa-se a este nível, e só por excepção — fazendo induções por analogia — transborda para outras dimensões da obra literária. Tenha-se em conta, porém, que «o programa científico que então se preconizava para os estudos literários presumia também que ao estudo mais tradicional da filologia, se aliassem os estudos de psicanálise e de sociologia»[337].

Assim, se encontramos neste programa afinidades com o formalismo (consciência daquilo que diferencia a linguagem literária da linguagem comum e a adopção de uma estratégia de estudo imanente à obra), também podemos observar, neste caso, uma importante diferença: enquanto o formalismo enuncia objectivos que se realizam de preferência no nível transfrásico (basta pensar no domínio da narratologia), a estilística acantona-se na frase, que adopta como seu domínio de estudo preferencial, se não exclusivo; mesmo que pretenda, a partir daí, compreender a totalidade da obra de um autor.

Este horizonte transfrásico que o formalismo, tal como o estruturalismo, adoptam à partida confere-lhes vantagem no domínio da crítica literária, ao passo que a estilística, não questionando a gramática tradicional, fazia incidir a sua atenção nos mecanismos internos da frase; e o salto que dava para a interpretação global era feito apenas em nome da *intuição* (faculdade com a maior importância para os teorizadores da estilística).

Em contrapartida, a reivindicação clara que a estilística faz do plano da *fala* para os estudos literários revela da parte destes estudiosos uma lucidez que os estruturalistas não tiveram, ao assumirem de forma passiva o lado *língua* da teoria e da estratégia de Saussure.

---

[337] Ferraz 97, «Estilística»: 406.

3.3.4. História

Além das origens linguísticas franco-suíças (F. de Saussure e C. Bally) a estilística radica por outro lado no idealismo alemão — a obra de Karl Vossler (*Filosofia da Linguagem*) está na base do trabalho do mestre da estilística alemã, Leo Spitzer (1887–1960) — e noutras formas de reacção contra o positivismo e contra o racionalismo, particularmente o intuicionismo de B. Croce, autor de uma doutrina estética[338] que defende que, em arte, intuição e expressão coincidem e que é a linguagem que dá forma a este complexo de expressão e de criação individual. «A consequência desta posição é clara — explica Gómez Redondo[339] — se a linguagem é um acto individual e irrepetível, estética e linguística coincidem, já que as "expressões" da linguagem hão-de ser interpretadas como "expressões" de poesia.»

> A Espanha, como observam García Berrio e T. Hernández, «encontrou no apogeu da estilística um momento pleno de desenvolvimento crítico. O ambiente estava preparado, por sua vez, pelo auge dos estudos literários em chave linguística de R. Menéndez Pidal [...]. Alguns dos mais destacados cultivadores do método, como Dámaso Alonso e Rafael Lapesa, são discípulos directos de Menéndez Pidal e fiéis continuadores da escola. Pela sua parte, Amado Alonso, talvez o filólogo mais profundo e completo do grupo, não é tão-pouco independente da «escola espanhola»; de facto, a sua precoce assimilação do estruturalismo saussuriano europeu, ou dos estímulos imediatos de Spitzer e da «nova crítica» americana apresentam-no como o nosso crítico mais aberto e cosmopolita. [...] Entre os discípulos espanhóis de Dámaso Alonso, os mais destacados, C. Bousoño e

---

[338] Benedetto Croce, *Estética come scienza dell'espressione e linguistica generale* (1902).
[339] Gómez Redondo, 1996: 68.

sobretudo F. Lázaro Carreter, conhecem um período de formação estilística profundamente assimilado.[340]

A obra de Helmut Hatzfeld (com estudos críticos notáveis sobre autores espanhóis e portugueses) e a sua *Critical Bibliography of the New Stilistics Applied to the Romance Literature 1953– –1965* (The University of North Carolina Press, 1966) dão «conta da extrema variedade e quantidade dos estudos de estilística»[341].

Em Portugal, a estilística foi determinante na formação de uma geração de críticos universitários de influência decisiva nos estudos literários portugueses: os professores da Faculdade de Letras de Lisboa Jacinto do Prado Coelho, autor de obras de referência sobre F. Pessoa e Camilo Castelo Branco (que se destacam numa obra muito vasta); Maria de Lourdes Belchior, com estudos marcadamente estilísticos sobre Frei Agostinho da Cruz, Francisco Rodrigues Lobo e Frei António das Chagas; e, entre outros, David Mourão-Ferreira, cuja produção crítica está reunida em diversos volumes, *Hospital das Letras, Vinte Poetas Contemporâneos, Tópicos de Crítica e de História Literária,* etc.; além de Esther de Lemos.

O magistério destes professores marcou com traços indeléveis as gerações seguintes, mesmo quando orientadas para novos rumos dos estudos literários.

3.3.5. O método

Os mestres da estilística não são dogmáticos no que respeita à metodologia, e pode dizer-se que são criadores, também nesse domínio. Debrucemo-nos sobre os métodos dos mestres, que nos permitem observar a forma como trabalham os textos e que contêm, além disso, um notável interesse pedagógico.

---

[340] García Berrio y T. Hernández, 1990: 79.
[341] Ferraz, 1997, «Estilística»: 408.

Leo Spitzer
Sobre o método do filólogo vienês, diz P. Guiraud:

> Recusando a divisão tradicional entre o estudo da língua e o da literatura, instala-se no centro da obra, procurando a sua chave na originalidade da forma linguística — no estilo. [...] Estas ideias, embora não sendo novas [...] chegam na sua hora, num momento em que a crítica positivista se encontra num impasse, assumidas ao mesmo tempo pela corrente anti-racionalista que vai de Bergson a Croce, passando por Freud e por toda a literatura e as artes modernas.[342]

Vejamos como Spitzer descreve o seu método, de acordo com a exposição que dele faz no ensaio introdutório da obra *Linguística e História Literária*[343]. Partindo da ideia de que «o documento mais revelador da alma de um povo é a sua literatura», considera:

> teria sido temerário comparar o conjunto de uma literatura nacional com o conjunto de um idioma nacional como tentou fazer prematuramente Karl Vossler; eu comecei mais modestamente com este problema: poderemos definir a alma de um determinado escritor francês pela sua linguagem particular? [...] Mas eu propus-me encontrar uma definição mais rigorosa e científica do estilo de um escritor particular [...]. A estilística, pensava eu, preencherá o vazio entre a linguística e a história da literatura. Por outro lado, recordava a advertência do adágio escolástico: «*individuum est ineffabile*», não se pode definir o indivíduo. Estaria por força destinado ao fracasso qualquer intento de definir um escritor particular pelo seu estilo? Eu respondia assim: todo o *desvio* estilístico individual da norma corrente tem de representar

---
[342] Guiraud: 71.
[343] Spitzer (1948), 1961: 7–53.

um novo rumo histórico empreendido pelo escritor; tem de revelar uma mudança no espírito da época.

Entre outros aspectos que mereceriam comentário, notemos a noção de traço estilístico como *desvio* relativamente à norma corrente. Este desvio vai ser sistematicamente interpretado em termos *psicológicos:*

> a qualquer emoção, ou seja, a qualquer afastamento do nosso estado psíquico normal, corresponde, no campo expressivo, um afastamento do uso linguístico normal; e, em contrapartida, um desvio da linguagem usual é indício de um estado psíquico desabitual. Uma particular expressão linguística é, em suma, o reflexo e o espelho de uma particular condição do espírito.[344]

Explicitando a convicção de encontrar no estilo de um escritor uma pista para a sua visão do mundo (*Weltanschauung*), Spitzer explica como adopta o «método filológico», que descreve como um movimento de vaivém entre o traço estilístico, o pormenor linguístico que o estudioso detecta e o âmago da obra, no qual procura o princípio explicativo desse e doutros aspectos da mesma, através da descoberta do seu «denominador comum» ou «étimo espiritual».

> [...] o pensamento de um escritor é como um sistema solar, dentro de cuja obra giram atraídas todas as categorias de coisas: a linguagem, o enredo, a trama são apenas satélites desta [...]. O linguista, como o seu colega o crítico literário, deve elevar-se sempre à causa latente por detrás desses chamados recursos literários e estilísticos.[345]

---

[344] Spitzer, *Critica stilistica e storia del linguaggio,* Bari, Laterza, 1954, *apud* Silva, 1967: 510.
[345] Spitzer (1948), 1961: 25–26.

Esta hipótese de explicação deverá depois ser testada através de uma verificação sistemática na obra.

> O meu método pessoal consistiu em passar da observação do pormenor para unidades cada vez maiores [...]. É, no meu modo de ver, o *método filológico,* indutivo, que pretende mostrar a importância do aparentemente fútil, em contraste com o pensamento dedutivo, que começa por supostas unidades dadas, e que é antes o método seguido pelos teólogos [...] e pelos matemáticos [...]. Em filologia, que se ocupa do meramente e totalmente humano [...] o método dedutivo só é aplicável como comprovação do princípio descoberto pela indução, que se apoia na observação.[346]

Outro aspecto a sublinhar consiste no papel insubstituível que Spitzer confere à *intuição* do crítico, «corrente de afinidade» entre este e o poema, «clic» ou estalido percebido como indício de que se deu um encaixe, um ajuste que franqueia a compreensão da obra.

> Por que razão insisto tanto na impossibilidade de oferecer ao leitor uma exposição raciocinada passo a passo, aplicável à obra artística? Por uma razão: a de que o primeiro passo, do qual dependem todos os outros nunca pode ser idealizado. Está aí previamente e *é-nos dado* pela consciência de um pormenor que nos chama a atenção juntamente com *a convicção de que esse pormenor contém uma relação fundamental com o conjunto da obra artística.* Isso significa que fizemos uma «observação», ponto de partida para uma teoria; que fizemos uma pergunta para a qual há que encontrar resposta. Começar omitindo este primeiro passo malogrará qualquer intento de interpretação [...].

[346] *Ib.:* 42.

Desgraçadamente não conheço outra maneira de garantir a «impressão» ou convicção que acabo de descrever: é o resultado do *talento, da experiência e da fé*. E ainda então o primeiro passo não depende da nossa vontade. Quantas vezes com toda a minha experiência teórica do método, experiência que fui acumulando ao longo dos anos, permaneci, tal como um dos meus alunos principiantes, com os olhos em branco sobre uma página que não queria entregar-me o seu segredo! O único caminho para sair deste estado de esterilidade *é ler e reler, paciente e confiadamente, num esforço para chegarmos a ficar marcados, valha a expressão, pela atmosfera da obra*. De repente, uma palavra, um verso destacam-se e sentimos que *uma corrente de afinidade se estabeleceu agora entre nós e o poema*. Frequentemente comprovei que, a partir deste momento, com a ajuda de outras observações que se juntam à primeira, e da experiência anterior da aplicação do círculo filológico, e com o reforço das associações proporcionadas pela minha prévia educação (tudo isso potenciado, no meu próprio caso, por uma urgência quase metafísica de solução) não tarda a produzir-se aquele característico «estremecimento», indício seguro de que o pormenor e o conjunto encontraram um *denominador comum,* o qual nos dá a *etimologia da obra*.[347]

Em resumo, este método parte da observação de uma particularidade linguística superficial que a intuição pressente como digna de nota, averigua se esta constitui um traço característico da obra e procura em seguida investigar o seu motivo, a sua origem — um modo de o autor sentir ou conceber a vida, ou seja, um dado da sua psique —, o qual aparece assim como o «étimo espiritual», a explicação da particularidade linguística observada, que esclarecerá igualmente o todo da obra, se outras observações confirmarem a justeza desse achado.

---

[347] *Ib.*: 42–51 (itálico nosso).

Como conclui Gómez Redondo, «a principal contribuição de Spitzer para a crítica literária consiste na vinculação que estabelece entre linguística e história literária»[348]:

> Ora bem, visto que o documento mais revelador da alma de um povo é a sua literatura, e dado que esta última não é mais do que o seu idioma, como escreveram os melhores linguistas, não poderemos conceber esperanças fundamentadas de chegar a compreender o espírito de uma nação na linguagem das obras significativas da sua literatura?[349]

Dámaso Alonso

Dámaso Alonso é o estudioso (professor, poeta, tradutor e ensaísta) — criador da escola estilística espanhola — cuja obra merece igualmente relevo especial.

O crítico assume-se, na sua obra principal, *Poesia española. Ensayo de métodos y límites estilísticos* (1962) como «poeta catedrático»[350], isto é, alguém que faz do ensino da literatura modo de vida. Desta forma, admite desde logo uma afinidade com as obras que estuda: também ele é criador poético, e daí lhe vem a faculdade de penetração indispensável para a indagação da obra literária.

O seu método assenta sobre a noção de *motivação* do signo poético. Quer dizer: assumindo os conceitos operativos e a terminologia de Saussure, aponta, não obstante, uma diferença fundamental: a linguagem poética não resulta de relação arbitrária (não motivada) entre o significante e o significado, mas, pelo contrário, é uma linguagem motivada: «Para Saussure, o signo, quer dizer, a vinculação entre significante e significado, é sempre arbitrária.

---
[348] Gómez Redondo, 1996: 75.
[349] Spitzer (1948), 1961: 20.
[350] Alonso, 1962: 111.

Pois bem: para nós, em poesia, há sempre uma vinculação motivada entre significante e significado. Este é precisamente o nosso axioma inicial»[351].

Na definição do seu método, o estudioso espanhol demarca-se do **impressionismo crítico**:

> Porque uma coisa é o diletantismo e as brilhantes fórmulas gerais que deixam tantos basbaques de boca aberta, mas que não resolvem nada, e outra é a aproximação ao mistério da poesia [...]. E todo este livro é só uma tentativa para procurar zonas de penetração para um conhecimento científico da poesia.[352]

Isto não impede que este mesmo autor possa ser citado como um exemplo do que há de melhor na crítica impressionista: efectivamente, não só a actividade crítica é vista como actividade artística[353], como se faz nesta obra a valorização constante da intuição, tomada como condição *sine qua non* da criação, bem como da recepção poética. Isto sem falar na escrita de D. Alonso, toda ela impregnada de afectividade, uma escrita muito pessoal, exclamativa, interjectiva, vibrando a cada passo e não escondendo a emoção que a origina.

D. Alonso distingue **três tipos de conhecimento da literatura. O primeiro tipo**, ou grau, coincide com o conhecimento do leitor:

> As obras literárias foram escritas para um ser terno, inocentíssimo e profundamente interessante: «o leitor». As obras literárias não nasceram para ser estudadas e analisadas, mas para ser lidas e directamente intuídas. [...]

---

[351] *Ib.*: 32–33.
[352] *Ib.*: 112.
[353] Vejam-se as pp. XXX–XXX.

De ambos os lados da obra literária há duas intuições: a do autor e a do leitor. [...] A obra supõe estas duas intuições e não está perfeita sem elas.[354]

Trata-se de um conhecimento directo, imediato — que não passa pela necessidade de qualquer outro saber ou pela aquisição de competências específicas; um conhecimento que não é reflectido ou analítico; «consiste numa intuição totalizadora que [...] vem como que reproduzir a intuição totalizadora que deu origem à própria obra, quer dizer, a do seu autor»[355].

Por outro lado, este conhecimento não se exprime, não se verbaliza: é «inefável». Ou, se se comunica, reduz-se a afirmações banais, incaracterísticas.

Contudo, este conhecimento, hierarquicamente considerado, não é inferior aos outros; pelo contrário, «não o há mais alto»[356]. Constitui a realização a que a obra aspira e, se corresponder à intuição do seu criador, de nada mais necessita para atingir a plenitude.

O segundo grau de conhecimento é o do crítico, que afinal se identifica com o «leitor ideal». As faculdades intuitivas que cada leitor possui — mais aptas para certas obras, menos para outras — estão no crítico como que «exacerbadas», desenvolvidas globalmente pela cultura e pela experiência. Mas não há estudo que substitua a intuição, porque, da miríade de aspectos que um poema apresenta, só ela sabe seleccionar aqueles que devem ser postos em relevo para enunciar a impressão recebida[357]. Porque ao crítico compete a actividade expressiva, de modo a comunicar a sua leitura; aquilo que era «inefável» na experiência do leitor

---

[354] *Ib.*: 37–38.
[355] *Ib.*: 38.
[356] *Ib.*: 45.
[357] Vejam-se as pp. XXX–XXX.

passa agora a ser dito, enunciado. Nesse sentido o crítico deverá possuir capacidade de síntese, porque a sua leitura servirá de *guia* ao leitor comum. Esta responsabilidade pedagógica implica a faculdade de *valorar:* saber discriminar, distinguir a obra de arte da obra inferior, «simulada», sem inspiração autêntica.

A este propósito, D. Alonso contrasta esta forma de conhecimento com aquilo que encontra na história literária: «vastas necrópoles», onde uma «fúnebre, tristíssima erudição» enterrou a par obras-primas e aquelas que só tiveram sentido no seu tempo. Nesta perspectiva, o crítico considera que o verdadeiro conhecimento das obras literárias não pode ser histórico, porque as obras literárias válidas para lá do seu tempo são «a-históricas», são eternas, e portanto «não têm história, são imutáveis, seres perfeitos em si mesmos». Em consequência, «não há história literária», mas apenas a história da cultura literária[358].

Esta constitui uma das mais radicais afirmações do imanentismo dos estudos literários do século xx. Mesmo que percebamos o seu sentido e que ela esteja parcialmente justificada no seu contexto epocal, não deixamos de a sentir hoje como uma formulação empobrecedora da riqueza significativa da obra literária.

Atinge-se o **terceiro grau do conhecimento literário** quando as questões ou as categorias utilizadas pelo crítico se tornam «problemas filosóficos»[359] e passam a ser objecto de consideração teórica. Temos então o nível «científico» do conhecimento literário. Mas «em que medida, de que modo pode a arte [...] ser objecto de conhecimento científico?». Como conciliar a natureza única, singular, da obra literária com a orientação do conhecimento científico que visa o que há de comum, o que é genérico? A «sistematização indutiva de certas categorias genéricas e de

---

[358] Vejam-se as pp. XXX-XXX
[359] *Ib.*: 396.

normas» que essa teoria elaborará ficará sempre aquém da obra; «escapar-lhe-á necessariamente o essencial»[360]. E por isso se trata de uma «empresa condenada ao fracasso».

Partimos pois, para o conhecimento científico do facto poético, Quixotes conscientes de antemão da nossa derrota. Muitos fenómenos temos de analisar, muitas normas poderemos induzir. Não penetraremos no mistério. Mas poderemos, sim, limitá-lo, extrair da confusão da sua atmosfera muitos factos que podem ser estudados cientificamente.[361]

Esta a condição inevitável da estilística. E, sendo ela a ciência da *fala,* a estilística literária consistirá no estudo da fala literária, «abarcará a complexidade da própria fala — tanto o conceptual como o afectivo»[362]: deve realçar-se esta insistência no conceptual (o conteúdo intelectual, o pensamento), uma vez que as anteriores formulações pareciam apontar apenas para o lado afectivo e emocional da mensagem.

D. Alonso formula estas asserções no futuro; trata-se efectivamente de uma tarefa a promover e a construir. E que terá como primeiro passo «a investigação das relações múltiplas entre significante e significado». Estas relações podem ser investigadas quer a partir do significante, e teremos então uma abordagem da **«forma exterior»** (estudos que se iniciam tendo como ponto de partida a estrutura estrófica dos poemas — a ode — ou a configuração de uma estância — a lira), quer a partir do significado, e diremos então que se trata de uma aproximação da **«forma interior»** (os conteúdos culturais, filosóficos, religiosos ou outros).

---

[360] *Ib.*: 400.
[361] *Ibidem*.
[362] *Ib.*: 401.

Assinalemos por fim a orientação «totalizante» do estudo de D. Alonso, que por diversas vezes sublinha a concepção do texto como um *organismo:* «A Estilística estuda organismos, estruturas sincrónicas de valores»[363]. E é o funcionamento global destas estruturas, o «portentoso momento em que o amorfo se vitaliza em organismo», esse momento *auroral,* que a estilística procura iluminar.

Embora a estilística seja entendida habitualmente em referência aos ensaístas que assinalámos, os estudos de estilo prosseguem, combinando-se com os desenvolvimentos da linguística e dos estudos literários: assim, são de referir ainda Jean Cohen, representante de uma certa estilística estrutural, e os americanos Michel Riffaterre e Samuel S. Levin, que assimilam os princípios da linguística generativa e que representam a estilística funcional.

3.3.6. A estilística de Auerbach

Digamos ainda uma palavra sobre um autor da primeira metade do século, Erich Auerbach, que representa outra tradição e um enfoque diferente da obra literária, mas que, não obstante, devemos incluir na estilística.

A sua obra mais conhecida, *Mimesis. A representação da realidade na literatura ocidental,* de 1946, ocupa-se exclusivamente — e com uma mestria inexcedível — da forma através da qual os autores literários *representam o real.* Assim, partindo de textos da *Odisseia* e da *Bíblia* (Velho e Novo Testamento) e concluindo com um texto de Virginia Woolf, percorrendo portanto vinte e cinco séculos de literatura, Auerbach investiga o estilo de cada um desses autores, determinando-lhes o contexto espiritual e analisando-os justamente como forma de interpretação e transmissão do real. Por essa razão, o seu estudo está voltado

---

[363] *Ib.:* 195 (itálico do autor).

para as ideias e para as formas sociais que se manifestam em cada estilo. E o conjunto dos estudos desta obra apresenta-se como uma série de tópicos sobre a evolução da «representação literária da realidade na cultura europeia»[364]. Assim, a estilística apresenta-se como fundamento de uma história das mentalidades e da cultura.

Nesta linha vai igualmente a obra de Carlos Bousono, que, apesar de discípulo de D. Alonso, segue uma orientação semelhante à de Auerbach: «a partir das reflexões de Ortega y Gasset sobre o valor da *circunstância para a* estruturação do eu, reintegra na estilística o "eu social" do escritor, considerando a cosmovisão do artista como um dos fundamentais elementos geradores do seu estilo»[365].

3.4. O estruturalismo

O estruturalismo constitui um movimento cultural fortemente influente nos estudos literários do século XX, que se manifesta com maior evidência nos anos sessenta e setenta, mas tem a sua origem na obra de Saussure, que lança os fundamentos da linguística estrutural, e de Troubetzkoy, o iniciador da fonologia.

A obra de Saussure (*Cours de Linguistique Générale,* publicado em 1915, data já posterior à morte do autor) fornece uma concepção da linguagem e uma série de conceitos operativos, de instrumentos intelectuais necessários para estudar a língua como estrutura e como sistema: língua/fala; sincronia/diacronia; significante/significado; sintagma/paradigma; valor, contexto e referente. Estes conceitos operativos serão utilizados nos diversos âmbitos de aplicação do estruturalismo que foram a antropologia (Lévi-Strauss), a psicanálise (Lacan), a economia política (Althusser) e os estudos literários.

---

[364] Auerbach, 1971: 20.
[365] Silva, 1967: 521.

3.4.1. A Noção de Estrutura

Convém ter presente que a noção de *estrutura* da linguagem comum não é a que convém ao estruturalismo.

A noção comum, dicionarística, de *estrutura* tem origem na arquitectura, para referir os elementos que sustentam um edifício; a partir daí, o termo *estrutura* adquire um sentido mais alargado, que implica a ideia de organização, ou seja, uma certa relação, entre o todo e as partes. Neste sentido, que não é ainda estruturalista, as estruturas definem-se por oposição àquilo que é amorfo. Os cristais, por exemplo, aparecem como matéria fortemente organizada, em contraste com o barro ou a poeira, dos quais diremos que são amorfos.

Já nos referimos à influência de E. Husserl — o fundador da fenomenologia — no pensamento dos autores da hermenêutica, e poderíamos ter referido a mesma influência nos formalistas russos. Efectivamente, a sua noção de *estrutura,* entre outras, e a forma de pensar da fenomenologia constituem elementos que precedem a corrente estruturalista e que não deixaram de a marcar. Como vimos, para Husserl, a estrutura é uma «totalidade relacional que repousa não sobre a série temporal da produção causal, mas sobre relações internas»[366], podendo este conceito ser exemplificado com a noção de «individualidade» de uma pessoa que não se manifesta completamente em cada uma das suas expressões, embora se possa compreender a partir do conjunto delas.

No âmbito do estruturalismo, encontramos a noção de *estrutura,* que provém do método que Saussure propõe para a linguística: o método binário, que emparelha sistematicamente, para os comparar, elementos com afinidades e com diferenças; assim se depreendem eixos ou relações comuns, por meio dos quais se procede à ordenação de termos em conjuntos que aparecem como variantes não de uma variável originária, mas de uma sintaxe que

---

[366] Gadamer: 245. A questão já foi abordada no § 2.4.4.

a todas explica. *Estrutura* significa então o todo que cada elemento sempre pressupõe.

Deste conceito saussuriano destaca-se outro que claramente nele tem origem, não só na noção de sintaxe ou combinatória, mas também na imagem do jogo de xadrez utilizada por Saussure. Neste sentido, que é o da glossemática, elaborado por Hjelmslev, e que equivale também à noção de *modelo* proposta por Lévi--Strauss, a estrutura aproxima-se dos modelos matemáticos e dos sistemas formais e adquire uma natureza predominantemente abstracta, de tal modo que os elementos se definem apenas pelas suas regras de combinação, independentemente do seu conteúdo fónico ou semântico.

Os quatro conceitos referidos distinguem-se sobretudo pela relação que estabelecem com a realidade empírica. No primeiro caso, temos coincidência entre a estrutura e a realidade empírica. No segundo e no terceiro casos, se não há distinção clara, não se pode afirmar o mesmo tipo de coincidência anterior: o todo está implícito nas partes, mas não parecendo participar na mesma forma de existência. É uma estrutura que explica a ordem do sistema, tal como esclarece o seu dinamismo, mas que não se pode confundir com cada uma das suas manifestações empíricas. No último caso, a falta de coincidência é nítida: as manifestações concretas e empíricas são completamente separáveis da combinatória que se define em termos meramente formais e abstractos.

3.4.2. A Origem do Estruturalismo

Ao contrário do que geralmente se supõe, o estruturalismo não provém de uma transferência directa dos princípios e conceitos da linguística estrutural para os outros domínios de aplicação. Exerce um papel orientador fundamental a obra antropológica de Lévi-Strauss, que se torna o farol do pensamento e da actividade estruturalista.

Foi decisivo para o desenvolvimento do estruturalismo o encontro de Lévi-Strauss, durante a sua emigração nos Estados Unidos, nos anos quarenta, com R. Jakobson e com Troubetzkoy, tal como a influência destes estudiosos na sua obra.

Troubetzkoy, levando à prática um primeiro domínio da linguística estrutural, a fonologia, mostra o modelo a seguir; a linguística vai aparecer como «ciência-piloto» das ciências humanas, e o projecto estrutural consistiria em conseguir nos diversos domínios o mesmo tipo de desenvolvimento que a fonologia teve.

A *fonologia* não se ocupa de todos os sons, mesmo linguísticos, como fazia a *fonética*; ocupar-se-á exclusivamente daqueles que são portadores de diferenças significantes. Serão estes os «traços distintivos» ou caracteres *pertinentes,* noção fundamental no estruturalismo e que destaca — entre a indefinida imensidão das diferenças — apenas aquelas que são relevantes para o estudo da matéria em questão.

Lévi-Strauss passa a utilizar em etnologia, ou antropologia, o método da fonologia: as estruturas de parentesco e os seus termos, à imagem dos fonemas, adquirem significação pela sua posição no sistema.

Esta primeira fase da transferência do modelo e do método da fonologia para a antropologia é concretizada com prudência e rigor (*Tristes tropiques* e *Anthropologie structurale*).

Em fase posterior *(La pensée sauvage,* 1962), generaliza o uso do modelo linguístico, e aquilo que fora um método usado por analogia evolui para uma doutrina ou para uma ideologia estruturalista.

3.4.3. O Estruturalismo nos Estudos Literários

No domínio dos estudos literários, o momento do aparecimento de teorias e de críticas de inspiração estruturalista é assinalado por uma polémica onde se defrontam, por um lado, Roland

Barthes («Les deux critiques»[367], «Qu'est-ce que la critique?»[368] e *Sur Racine,* 1963) e, pela crítica e ensino tradicional, Raymond Picard (*Nouvelle critique ou nouvelle imposture?,* 1965). R. Barthes replica com *Critique et vérité* (1966), texto programático vigoroso que define as linhas de força do movimento que se opõe à crítica universitária, a qual mantinha a orientação do historicismo cediço. Nesta polémica — a partir da qual passa a ser usada a expressão «nova crítica» e que contribui para agrupar as principais figuras do estruturalismo literário — vêm ao de cima outros pensamentos que os estudos literários tinham assumido: as influências de Sartre, de Freud e de Marx.

Nas obras de crítica estrutural, estabelece-se oposição entre a abordagem histórica, tradicional, e um tipo de crítica «de interpretação» que visa a determinação *do sentido,* o significado de um significante, que se apresenta como elemento de um sistema — a concepção do mundo que uma obra supõe, ou seja, o sistema antropológico que ela constrói, sistema que, quando descrito, recorre frequentemente a categorias de Lévi-Strauss. Como vimos, apesar da natureza linguística da mensagem literária, o modelo assumido nesta fase da crítica estruturalista é antropológico e não linguístico.

Mas, para a determinação do sentido, do significado, importava o estudo da linguagem na perspectiva semântica.

Ora, se a constituição da fonologia fora possível na década de trinta, a aplicação dos princípios do estruturalismo ao estudo do significado, à semântica, levantava dificuldades muito maiores. Duas escolas abrirão caminho nesta área: a escola de Copenhaga, a glossemática, com Hjelmslev; e a escola norte-americana, o distribucionalismo, que não deriva do estruturalismo.

Hjelmslev chama a atenção para o facto de os diversos campos de significação não estarem organizados, nas diversas línguas, de

---

[367] In *Modern Language Notes.*
[368] In *Times Literary Supplement.*

formas absolutamente correspondentes. Cada língua faz a «representação» do real à sua maneira, recortando-o de uma forma que pode não encontrar analogia em muitas outras línguas. Para dar conta deste facto, Hjelmslev elabora dois pares de conceitos fundamentais para o estudo da significação: postula a existência de duas *substâncias,* a da *expressão* e a do *conteúdo.* Qualquer delas, quando articuladas, se manifesta, em pressuposição recíproca, na *forma da expressão* e *na forma do conteúdo.*

Estes conceitos, além de permitirem ultrapassar a velha dicotomia forma/conteúdo, mostram como cada um dos planos é constituído a partir de substâncias e adquire formas específicas, qualquer delas susceptível de ser estudada.

A semântica estrutural constitui-se definitivamente com a obra de Algirdas Julien Greimas *(Sémantique structurale,* 1966).

O domínio mais conhecido da presença estruturalista nos estudos literários foi o da **narratologia**, constituído a partir da obra de V. Propp, *A Morfologia do Conto,* traduzida para inglês em 1958 e recenseada por Lévi-Strauss em 1960. A obra de Propp vai inspirar diversas perspectivas da análise da narração, entre as quais se devem salientar a de Cl. Bremond e a de A. J. Greimas. Embora por formas diferentes, ambos procuram atingir a «gramática narrativa», ou «lógica da narrativa», tentando depreender os dados abstractos que, no plano paradigmático, tal como no sintagmático, explicam as combinações que a narração realiza.

Além dos autores citados, deve mencionar-se também a obra de Tzvetan Todorov, autor que traduz para francês, em 1965, textos dos formalistas russos. Assim, além da influência da obra de Propp, encontramos em Todorov a marca de outras categorias propostas pelos formalistas para o estudo da narração, como a distinção entre «fábula» e «assunto», que Todorov transpõe para a existência de dois planos da enunciação (de acordo com Benveniste), o do *discurso* e o da *história.* Por outro lado, as suas análises não se situam apenas ao nível da lógica da narrativa, mas procuram a relação com o nível do texto concreto, e não esquecem o problema do carácter literário da obra, tão importante para os formalistas.

Para além dos domínios assinalados, na área da crítica e da teoria literárias, o estruturalismo tem como consequência decisiva a consideração da obra literária como *realidade verbal, linguística;* daí o aparecimento de estudos minuciosos, de grande rigor, de conteúdo quase exclusivamente gramatical, como a célebre análise do soneto de Baudelaire, «*Les chats*», feita por Lévi-Strauss e por Roman Jakobson, estudo que se torna um paradigma da análise estrutural, considerado exemplar por muitos estudiosos, mas também modelo questionado na sua legitimidade e no seu alcance metodológico e teórico por outros (Ruwet e Riffaterre).

Ainda Jakobson produz outros estudos fundamentais: *Deux aspects du langage et deux types d'aphasie,* onde a metáfora e a metonímia são vistos como princípios organizadores de toda a linguagem. Relacionam-se com dois eixos actuantes na produção do discurso, o eixo da combinação e o eixo da selecção. Torna-se possível analisar os discursos de acordo com o eixo dominante e explicar a partir dele dois tipos de afasia, bem como características próprias de certas formas literárias. Compreende-se assim que as duas figuras, a metáfora e a metonímia, tenham de se pensar, não como ornatos, mas como processos de enunciação fundamentais.

É bem conhecido, também, o ensaio de Jakobson, *Linguistique et poétique,* no qual expõe a sua teoria sobre a *função poética* da linguagem. Reelaborando o esquema da linguagem como acto de comunicação (a partir da proposta de K. Bühler — funções *expressiva* ou emotiva, conativa ou *apelativa* e *denotativa*, cognitiva ou referencial — e da adição da função *fática* por Malinovski), Jakobson chama a atenção para a necessidade de considerar a presença de um novo elemento, o código, do qual decorre uma nova função, a metalinguística. Mas o que importa neste ensaio é a análise da situação que se dá quando a linguagem se orienta para a *mensagem,* se concentra na própria *mensagem;* surge então a *função poética.*

Mencionemos, entre outros estudos importantes, uma proposta de Hjelmslev, relativa às categorias de *conotação*[369] e de *metalinguagem:* tendo em conta a concepção referida de duas substâncias articuladas em formas correspondentes, a forma da expressão e a forma do conteúdo, e considerando que há linguagens que se constroem a partir de outras, a conotação surge como o segundo nível de linguagem que se apoia no plano da expressão do primeiro nível, e a metalinguagem será a linguagem de segundo nível que tem por base o plano de conteúdo do primeiro nível.

3.4.4. Os Pressupostos Estruturalistas

Considerando os estudos literários de matriz estrutural no seu conjunto, há que notar que o estruturalismo não consiste apenas num método de análise, inócuo de pressupostos, mas transporta consigo uma epistemologia, alguns princípios que não deixam de se repercutir nos trabalhos que adoptam essa orientação.

Assim, consideremos, com Ricoeur[370], o «sistema de postulados» que caracterizam essa epistemologia:

- a dicotomia estabelecida entre língua e fala redunda, na prática, na precedência dada ao *sistema* (língua) sobre o *processo* (fala);
- na prática, também, o estruturalismo privilegia a orientação *sincrónica* sobre a *diacrónica,* o que relega a história para

---

[369] Esta noção de conotação é independente e diferente da que foi referida no âmbito do New Criticism.
[370] Ricoeur, 1969: 269 e ss.

segundo plano[371], bem como os fenómenos de génese e de evolução;
- o modo de conceber a linguagem desvaloriza os aspectos *substanciais* (fónicos ou semânticos) e realça os aspectos *formais*, o que tem como consequência que a definição dos signos se faz, não positivamente, pelos conteúdos, mas negativamente, pelas diferenças;
- finalmente, e usando os termos de Hjelmslev, «é cientificamente legítimo descrever a linguagem como sendo essencialmente uma entidade autónoma de dependências internas, numa palavra, uma estrutura» (*Essais linguistiques,* p. 21). Assim, o sistema de signos que é uma língua não se define por referência ao exterior, às coisas, ao mundo, mas apenas pelo seu interior. Este princípio ia ao encontro da orientação de Lévi-Strauss, segundo a qual importava abandonar a *ilusão realista.*

É este postulado que se designa como princípio do *fechamento (clôture)* da linguagem e que preside a todos os outros.

Na sequência da adopção destas proposições, verifica-se no estruturalismo a *crise de uma filosofia do sujeito*: o sujeito perde a sua razão de ser quando tudo é explicado pelas estruturas, e no âmbito do sistema anónimo em relação ao qual a iniciativa do sujeito e as suas intenções não têm pertinência.

O diagnóstico desta crise foi feito logo em 1967, por Jean Marie Domenach[372]:

> Há uma tentativa convergente (na filosofia actual) que procura inverter a ordem dos termos em que a filosofia tem vivido

---

[371] Note-se, aliás, que na língua, como modelo de compreensão, os estruturalistas privilegiam as relações paradigmáticas às sintagmáticas, por influência ainda de Lévi-Strauss.

[372] «Le système et la personne», *Esprit* (Maio de 1967), pp. 772–73 *(apud* Palmer: 218).

até ao presente, negando a actividade autónoma da consciência. Eu não penso, *sou pensado*; eu não falo, *sou falado;* não me relaciono com algo, sou *relacionado* com. É da linguagem que tudo vem e é para a linguagem que tudo vai. O sistema que é captado no centro de si próprio é proclamado senhor do homem... o sistema, um pensamento que é frio, impessoal, erigido à custa de toda a subjectividade, individual ou colectiva, nega por fim a própria possibilidade de um sujeito capaz de expressão e de uma acção independente.

Essa crise resulta, entre outros factores, do estabelecimento inquestionado da teoria do fechamento ou da *clôture* da linguagem, que, negando a referência ao exterior, fazia aparecer a estrutura e o sistema dinamizado apenas pelas suas próprias configurações e leis internas. Mas importa compreender que a *clôture* correspondeu a uma necessidade epistemológica da linguística estrutural para se constituir como ciência, limitando o seu campo, simplificando-o de modo a obter no seu objecto de estudo a homogeneidade conveniente. Assim, o estruturalismo considera sobretudo o sistema, a *langue,* em detrimento do discurso, da *parole.*

Trata-se, contudo, de uma condição artificial, limitativa, de uma abstracção que põe entre parênteses a realidade da experiência linguística[373].

Já em 1966, o eminente linguista Eugenio Coseriu advertia para «o perigo de entender as línguas — que se abstraem do falar e se objectivam com o fim de as investigar — como *produtos* estáticos e de deixar de considerar a linguagem como *produção»,* bem como para «o perigo de que se passe por alto a relação da

---

[373] Manuel Gusmão (1999: 51) considera que «A dicotomização saussuriana entre *langue* e *parole* [...] reproduz um gesto inicial de redução na definição do objecto de conhecimento. Essa *redução* tende a rigidificar-se *sempre que se perde de vista o seu carácter metodológico e operatório, e se confunde com uma posição ontológica»* (itálico nosso).

linguagem com o extralinguístico e de que se esqueça o facto importante de que a linguagem, apesar da sua autonomia, é precisamente uma forma de conhecimento da "realidade" extralinguística»[374].

Efectivamente, quando retomamos a obra literária, reencontramos a linguagem na sua plenitude, e não devemos portanto continuar a subordinar-nos a essa operação de redução, pois desse modo corre-se o risco de perder de vista o real encontro com a linguagem concreta.

> A ordem semiológica não constitui o todo da linguagem; é preciso passar *da língua ao discurso*: apenas neste plano se pode falar de significação [...]. Não é possível parar na dimensão negativa do desvio, do recuo, da diferença; é preciso aceder à *dimensão positiva, a saber* [...] *a possibilidade para um ser de se voltar para o mundo, de o visar, de o apreender, de o captar, de o compreender. E este movimento é inteiramente positivo; é aquele em que [...] os signos são de novo voltados para o universo.*[375]

Ao reassumir o discurso, o falante retoma a função referencial (que no sistema existia apenas como virtualidade). Ao falar, o homem fala do mundo e usa os signos voltando-os para as coisas, para o real, assumindo o movimento centrífugo de, como sujeito, constituir interlocutores, e dizer alguma coisa.

> A função simbólica [...] é a capacidade de actualizar a regra num acontecimento, numa instância de intercâmbio, da qual o discurso é o protótipo; este compromete-me como sujeito e situa-me na reciprocidade da pergunta e da resposta.[376]

---

[374] Coseriu (1977), 1991: 20 e 18 (sublinhado nosso).
[375] Ricoeur, 1969, p. 256 (sublinhado nosso).
[376] *Ib*.: 257.

Aliás, não devemos esquecer que, no próprio seio do estruturalismo, a obra de Émile Benveniste[377], particularmente na parte significativamente intitulada «L'homme dans la langue», estuda aqueles processos através dos quais a língua se torna enunciado concreto, discurso, e em que o falante se assume como sujeito. Analisando a categoria de *pessoa* (e os indicadores deícticos, pronomes e advérbios) e a categoria de *tempo* — com base na qual distingue a *história* e o *discurso*[378], dois modos de enunciação diferentes, com sistemas verbais exclusivos —, explica como o processo de enunciação interfere no enunciado, bem como as marcas e a perspectivação que a referência (pessoal e temporal) determina nos textos. Verifica ainda que a categoria *de pessoa* depende de outra, a de *sujeito,* a qual constitui o ponto axial, explícito ou não, de todo o discurso. Estes estudos, onde se demonstra que «o fundamento da subjectividade está no exercício da língua», constituem a base de toda uma ulterior *teoria do sujeito.*

Assim, não obstante a tendência do estruturalismo para omitir a instância do sujeito, encontramos nesta teoria o problema brilhantemente equacionado em termos linguísticos.

Além da omissão da instância do sujeito, vimos também que o estruturalismo dá prioridade à perspectiva sincrónica, daí resultando uma desvalorização da diacronia, e, portanto, da dimensão histórica. Nesta linha, o estruturalismo genético de L. Goldmann, que pretendia estudar a homologia entre as estruturas literárias e as sociais, parecia uma das formas de atenuar essa tendência.

De qualquer modo, a visão acrónica do estruturalismo, culminando na falta de sensibilidade à história num século dominado pela teoria, foi um dos factores responsáveis pelo êxito da teoria da recepção de Hans Robert Jauss, que ganha expressão nos anos

---

[377] Benveniste, 1966.
[378] Cujo aproveitamento por Todorov já foi referido.

setenta e que constitui a forma mais significativa de reformular em termos actuais os problemas da história literária.

Outra crítica feita ao estruturalismo tem a ver com a tendência de considerar a linguística como a única chave de descodificação da literatura, tendência que deriva do facto de aquela ter assumido o papel de «ciência-piloto» do código do saber estrutural, mas que se deve sobretudo ao facto de ser a linguagem o modo de expressão da literatura. Essa tendência, com razão apelidada de «imperialismo linguístico», desconhece o facto de — através da linguagem — interferir na literatura uma multiplicidade de códigos não linguísticos: histórico-culturais, ideológicos, filosóficos, sociológicos, etc.

Pela mesma razão se tem de negar, com Todorov, a ilusão de uma leitura ou crítica rigorosamente *imanente*. Um texto nunca se lê só nele mesmo, mas sempre a partir de outro lugar, que é o do leitor — com a sua situação objectiva e subjectiva irredutível —, tal como a hermenêutica e, na sequência dela, a estética da recepção relembraram com oportunidade. Mas, como vemos, a formulação destas reservas implica já um assumir de pressupostos que extravasam o estruturalismo.

Prosseguindo a formulação de uma perspectiva crítica, diremos que o estruturalismo parece estar fascinado pela técnica que no século xx atingiu uma eficiência e sucessos que estão para lá de toda a imaginação. A preocupação com as técnicas, com os processos do trabalho literário, e o conceito da obra como estrutura ou sistema funcionando independentemente do seu autor, como *objecto* singularmente considerado, parece ser o signo sob o qual se desenvolve o labor teórico do estruturalismo, obcecado pela pergunta do *como,* e quase desinteressado do *porquê* e do *quem*.

Por outro lado, ao dar prioridade às estruturas sobre o processo, à língua sobre o discurso, o estruturalismo presta-se particularmente bem à construção de teorias, e pode prestar-se menos à análise de textos concretos. Talvez por isso, parece depender das paixões do rigor e da teorização, o que provirá mais uma vez da rivalidade mal assumida com as ciências exactas. Efectivamente, vemos proliferar nos estudos estruturais nomenclaturas difíceis, embora — contrariamente ao que seria de esperar de quem pretende seguir o modelo científico — nem sempre unívocas.

O rigor referido obtém-se pelo recurso à lógica, que permite construir patamares metalinguísticos através dos quais se enuncia o texto-objecto, permanecendo contudo o ajustamento e a coerência interna destas metalinguagens apenas susceptíveis de analisar em metalinguagens superiores, outros patamares que se encaixam com os primeiros, formando um jogo de espelhos vertiginoso.

Nesta vertigem, o estudioso descobre outra face do *fechamento* da linguagem: a identidade do objecto de estudo e do instrumento de análise. Não há outro lugar para falar da linguagem senão a própria linguagem.

A consciência deste facto, bem como a postulação de vários níveis lógicos que permitem distinguir linguagem-objecto e metalinguagem, eram necessárias. Mas não chegam para satisfazer a pretensão do estruturalismo à cientificidade. Falta-lhe o outro lado do método científico — a verificação. Aqui, o estruturalismo revela-se com frequência deficiente: prolifera em teorias, acumula terminologias sempre mais esotéricas e arrevesadas, com prejuízo da crítica dos textos, da confrontação com o objecto de estudo, a única instância que poderia conferir validade às teorias que se apresentam.

3.5. A Semiótica
3.5.1. Introdução

A semiótica corresponde ao voto expresso por Ferdinand de Saussure no *Cours de linguistique générale*: «podemos conceber uma ciência que estude a vida dos sinais no seio da vida social [...]. Chamar-lhe-emos semiologia [...]. A linguística não é mais do que uma parte dessa ciência geral, as leis que a semiologia descobrir serão aplicáveis à linguística, e esta achar-se-á assim ligada a um campo bem definido no conjunto dos factos humanos»[379].

Assim, a linguística aparece como um dos sistemas de signos que constituem a semiótica, embora seja «o mais importante» entre eles.

Deste modo, o projecto de Saussure distingue-se do da linguística (e, portanto, daquele que foi adoptado pelo estruturalismo), pois visa abranger um universo de realidades mais vastas: todas as práticas significantes. Contudo, as orientações fundamentais de que derivam desde logo os princípios que deram à linguística as suas bases como ciência — e sobre os quais se funda o estruturalismo — contêm virtualidades que vão para além da linguística; são os seguintes esses princípios: 1.º O carácter diferencial da língua: «Na língua apenas há *diferenças*»[380]; 2.º O seu carácter *sistemático*; 3.º A *arbitrariedade* do signo; 4.º A *pressuposição recíproca*: «o fenómeno linguístico apresenta perpetuamente duas faces que se correspondem, cada uma delas valendo apenas na relação com a outra»[381].

Em 1964, no n.º 4 da revista *Communications*[382], que tem precisamente como título «Recherches sémiologiques», Roland Barthes[383] inverte os termos em que Saussure estabelecera a questão e coloca

---

[379] Saussure, 1971: 44. Pensa-se que as referências de Saussure à semiologia talvez estejam mais explícitas nas suas notas manuscritas do que no *Cours*.
[380] Os «conceitos [...] são puramente diferenciais, definidos não positivamente pelo seu conteúdo, mas negativamente pelas suas relações com os outros termos do sistema», *ibidem*, 198.
[381] Hénault, 1992: 42.
[382] Paris, Éd. du Seuil, 1964.
[383] *Éléments de sémiologie*.

a semiologia, não numa situação hierarquicamente superior, subordinando a si a linguística, mas, pelo contrário, sublinhando o papel insubstituível da linguagem relativamente a todos os outros sistemas significantes e mostrando que estes passam obrigatoriamente por ela:

> Não é seguro que existam na vida social do nosso tempo sistemas de signos de certa grandeza para além da linguagem humana [...] desde que se passe a conjuntos dotados de verdadeira profundidade sociológica, reencontra-se de novo a linguagem [...] não há sentido a não ser nomeado e o mundo dos significados não é outro senão o da linguagem. [...] A semiologia está portanto talvez chamada a absorver-se numa *translinguística*. [...] É preciso em suma admitir desde agora a possibilidade de inverter um dia a proposta de Saussure: a linguística não é uma parte, mesmo privilegiada, da ciência geral dos signos; a semiologia é que é uma parte da linguística: precisamente esta parte que tomaria a seu cargo *as grandes unidades significantes* do discurso.

Embora este n.º 4 das *Communications* já contenha, além dos «Éléments de sémiologie», ensaios sobre narrativa, imagem e cinema, é o n.º 8 da mesma revista, de 1966, centrado na «Análise estrutural da narrativa», que se abre a uma maior variedade de campos: o mito, a paraliteratura, a anedota, o cinema, numa tentativa de constituição de uma plataforma comum a uma grande diversidade de práticas significantes. Esta intenção enforma também diversos trabalhos fundamentais de A. J. Greimas: *Du sens, Du sens II, Sémiotique et sciences sociales,* entre outros, e, igualmente, a produção dos colaboradores do Groupe de Recherches Sémio-linguistiques da École des Hautes Études en Sciences Sociales de Paris, que inicia a publicação regular a partir de 1978[384].

---

[384] Primeiro *Actes Sémiotiques — Bulletin;* de seguida, *Actes Sémiotiques — Documents.*

Convém notar, todavia, que a semiótica pode reclamar-se de raízes mais antigas: foi fundada pela obra do lógico americano Charles Sanders Peirce (1839–1914), que distingue vários tipos de sinais — ícone, índice, símbolo, signo e interpretante (distinções que se mantêm válidas) — e que concebe a semiótica (assim mesmo chamada) como «um quadro de referência que engloba todo e qualquer outro estudo» (Todorov), o que lhe confere um imenso âmbito, praticamente equivalente ao de uma filosofia do conhecimento.

Podem ainda apontar-se outras fontes para a semiótica, em especial a lógica, com relevo para as obras do alemão Gottlob Frege (1848–1925) e do inglês Bertrand Russel (1872–1970). Também se poderiam procurar eventuais precursores da semiótica em obras de autores da Antiguidade e da Idade Média, particularmente os estóicos, cuja filosofia se baseia numa atenta observação e análise dos sinais. Note-se, contudo, que estes autores desconhecem uma distinção fundamental na semiótica: a que separa os sinais naturais (índices ou sintomas), dos sinais emitidos com intenção de comunicar[385]. E por essa razão, entre outras, essa aproximação reveste um significado muito superficial.

3.5.2. Referências e Distinções

De acordo com a proposta de R. Barthes, em *Éléments de Sémiologie,* a disciplina corresponderia ao estudo dos sistemas de significação inspirado no modelo linguístico[386], conceito que não deixa

---

[385] «Attendait-on que cette *Histoire de la sémiotique* commençât avec Aristote, Alain de Lille, Thomas d'Aquin ou les Modistes des XIIIe et XIVe siècles? [...] Pour la théorie sémiotique qui a été ici présentée selon l'ordre historique, il ne convient pas de se lancer dans une quête tous azimuts de précurseurs. Le siècle qui vient de s'écouler a vu la découverte et l'élaboration d'idées sémiotiques, pour lesquelles il n'y avait pas de devanciers. Saussure et Hjelmslev l'ont proclamé avec la dernière énergie. Ils ont par avance dénoncé le "virus du précurseur", le préjugé d'anticipation qui méconnaît la cohérence interne du savoir d'un temps.» Hénault, 1992: 120.
[386] A questão da relação entre a generalidade dos sistemas semióticos e a linguagem recebe uma importante formulação da parte de E. Benveniste, que considera que

de ser também saussuriano, uma vez que no *Cours* se admitia que a linguística viesse a ser «o padrão geral da semiologia».

Na linha que vem de Peirce e da lógica, pretende-se incidir sobre a simbolização nos sistemas lógico-matemáticos[387] e sobre a linguagem científica em geral; esta proposta conduz a semiótica a um conceito extremamente difuso, praticamente susceptível de se identificar com a epistemologia das ciências.

No domínio das ciências sociais, a actividade semiótica tem-se exercido nos mais diversos campos e de formas muito diferentes.

Uma das primeiras manifestações encontra-se na obra de Jan Mukarovski, que incide sobre o carácter semiológico da literatura e das outras artes, em termos que vieram a ser prosseguidos por Iuri Lotman.

Depois da guerra, nos EUA, desenvolvem-se os estudos de semiótica gestual e de comunicação animal, enquanto na União Soviética se investigaram os «sistemas secundários» não idênticos à linguagem. Em França, analisaram-se os sistemas culturais de carácter social: parentesco, mitos (Lévi-Strauss), moda (R. Barthes), alimentação, tal como se aplicou a semiótica ao estudo dos textos literários, em especial à narrativa (A. J. Greimas, Cl. Bremond).

Em 1969, começa a publicar-se a revista *Semiótica* e, pela mesma altura, forma-se o grupo *Tel Quel,* que edita a revista com o mesmo nome e onde publicam autores com obras no domínio da semiótica, com destaque para Julia Kristeva. A palavra semiótica começa a surgir em títulos no início dos anos setenta: *Essais de sémiotique poétique* (1972), *Sémiotique narrative et textuelle* (1973). E, em 1978, inicia-se a publicação das *Actes Sémiotiques*

---

a língua tem a propriedade de ser um «interpretante universal», quer dizer, tem a aptidão de verbalizar todos os outros sistemas de significação (1974: 43). «Pour lui, les langues naturelles sont des semiotiques privilégiés car elles peuvent "traduire" les effets de sens de toutes les autre semiotiques, alors que le contraire n'est pas vrai.» *Apud* Hénault, 1983:180.

[387] A lógica matemática foi criada por Frege.

do Groupe de Recherches Sémio-Linguistiques, onde publicam todos os autores da escola semiótica de Paris.

A vastidão do campo de análise tornou-se imensa. Abrange estudos de linguagem, de comunicação animal, de cinema, teatro e outros espectáculos (circo, pantomina), pintura, música, moda, alimentação, mitologia, comportamentos sociais, etc.

Apesar de todo o seu desenvolvimento, a semiótica continua a deparar-se com problemas fundamentais por resolver, nomeadamente o seguinte: procura instituir-se num nível de grande generalidade, tornando-se independente da linguística; mas, quando tenta constituir-se noutros domínios, não pode impedir-se de se formular segundo modelos da linguagem verbal, e os signos não linguísticos que depreende não se determinam eficazmente. Assim, a semiótica parece ameaçada pela absorção pela linguística ou pelos seus modelos, vendo-se portanto obrigada a deixar de lado o problema geral da significação, para se limitar ao da significação linguística.

A nossa atenção incidirá particularmente na **escola semiótica de Paris**, que deriva de Saussure e Hjelmslev e tem como principal figura Algirdas Julien Greimas.

3.5.3. O Projecto Semiótico
Saussure e Hjelmslev
F. de Saussure tornara intelectualmente válida a hipótese do tratamento científico de aspectos do conteúdo da linguagem, do significado, por outras palavras, a semântica. Mas não fornecera instrumentos para proceder a esse tratamento.

Com efeito, a linguística derivada de Saussure reduzira-se praticamente, até aos anos de sessenta, ao domínio da fonética, com os trabalhos de fonologia de Troubetzkoy e Jakobson.

Para a exploração sistemática do plano do significado em termos estruturais, vai ser absolutamente determinante a obra (extremamente complexa e abstracta, mas incontornável) de Hjelmslev, *Prolegómenos a Uma Teoria da Linguagem* (1943).

Hjelmslev procura *articular* (relacionar entre si, hierarquizar) noções que em Saussure eram independentes: *forma* e *substância*, por um lado, e *conteúdo* e *expressão*, por outro. Em vez de partir, como Saussure, do pensamento e da cadeia fónica como «nebulosas» e «massas amorfas» preexistentes à língua, Hjelmslev parte da noção de *sentido:* aquilo que mensagens «sinónimas» em diferentes línguas têm em comum. E a comparação das línguas leva-o a concluir que «o sentido "não formado" [...] toma forma de modo diferente em cada língua. Cada uma delas estabelece as suas fronteiras na "massa amorfa do pensamento" valorizando factores diferentes tomados numa ordem diferente»[388], tal como os mesmos *grãos de areia* ou a mesma *nuvem* podem desenhar formas diferentes[389]. «O sentido torna-se de cada vez a substância de uma forma nova e não tem outra existência possível a não ser a de substância de uma forma qualquer.»[390]

Assim, Hjelmslev mostra que só estabelecemos substâncias a partir do uso concreto, da *manifestação* das formas. Dizemos ou ouvimos frases, falamos, escutamos, produzimos discursos ou lemo-los e assim se dá corpo a uma substância — a língua, quer no aspecto do conteúdo quer no aspecto da expressão. Deste modo, a *substância,* sendo uma abstracção, é uma abstracção necessária para pensarmos o todo — a língua; «é apenas em virtude da forma do conteúdo e da forma da expressão que existem a *substância do conteúdo e a substância da expressão* que aparecem quando se projecta a forma sobre o sentido, como uma rede tensa projecta a sua sombra sobre uma superfície contínua»[391].

A *forma* e a *substância* estão relacionadas por uma «solidariedade» a que Hjelmslev chama *função semiótica,* e, do mesmo modo, a função semiótica liga a expressão e o conteúdo.

---

[388] Hjelmslev, 1968: 76.
[389] Estas são as imagens usadas por Hjelmslev.
[390] *Ibidem*.
[391] *Ib.:* 81.

Outro tema da teoria da linguagem de Hjelmslev que marcará igualmente a semiótica consiste no modo como articula as noções de *linguagem, conotação* e *metalinguagem,* nos termos que tivemos ocasião de ver a propósito do estruturalismo.

E não esqueçamos, por fim, o conceito hjemsleviano de *estrutura,* que assenta, como vimos[392], no *primado da relação.* De facto, o caminho iniciado por Saussure e prosseguido por Hjelmslev vai no sentido do afastamento progressivo dos dados empíricos (os factos observáveis) e da construção de uma teoria da linguagem; no sentido da assunção da língua como objecto formal e não substancial, redutível a um sistema de relações.

Greimas: a escola de Paris

O projecto científico de semiótica vem a definir-se mais concretamente com o livro que será «a obra fundadora daquilo que iria tornar-se a semiótica»[393], *Sémantique structurale* de A. J. Greimas (1966).

Nesta obra, através de um travejamento de grande coerência (que resulta da interdefinição dos termos teóricos), vemos aparecer conceitos operativos da teoria semiótica posterior: o conceito de *sema,* ou de *categoria sémica,* e o método da análise sémica; o *semema,* a *estrutura elementar da significação,* e a *isotopia.*

Greimas explicita os postulados que estão na base da sua teoria e que vão marcar todos os seus trabalhos posteriores, bem como a produção do que virá a ser a escola semiótica de Paris, constituída em torno da sua teoria. São os seguintes esses postulados:

- «**a percepção** [é] o lugar não linguístico onde se situa a apreensão da significação»[394]. Neste ponto, Greimas assume-se

---

[392] Veja-se, supra, o § Estruturalismo.
[393] Coquet, 1985, LVIII.
[394] Greimas, 1966: 8.

confessadamente devedor da fenomenologia de Merleau-
-Ponty.
• Tomando como ponto de partida o carácter **fechado** do universo linguístico (a *clôture*) — proveniente, como já vimos, de nada se poder dizer a respeito dele a não ser mediante o uso dos termos do mesmo universo, a língua, e proveniente ainda da relação apenas «arbitrária» entre esta e o seu referente —, Greimas assume esta natureza como um princípio de orientação científica e rejeita «as concepções [...] que definem a significação como a relação entre os sinais e as coisas» e, nomeadamente, recusa-se a «aceitar a dimensão suplementar do *referente,* introduzida pelos semânticos "realistas" (Ullmann)»[395].

Jean-Claude Coquet comenta acertadamente: «O "real" visado pela semiótica não pode ser senão segundo, construído; está excluído que a adequação ao facto bruto, primeiro, sirva de critério para avaliar a aplicabilidade da teoria»[396]. Sem discutir a última parte desta afirmação, que é controversa[397], tomemos nota do carácter «construído», não imediatamente apreensível do objecto da semiótica (como, de resto, acontece com todos os objectos do conhecimento científico...).

• Partindo da *língua-objecto* que o estudo visa, verifica-se que, para produzir um discurso sobre ela, o estudioso faz apelo a um certo número de conceitos que podemos designar como *metalinguagem.* Greimas, na linha de Hjelmslev, distinguindo entre metalinguagens científicas e não científicas,

---

[395] *Ibidem:* 13.
[396] Coquet, 1982: 23.
[397] Cf. Hénault, 1992: 104: «La notion de "théorie" prend chez Greimas une notion éminemment descriptive, se caractérise par son aptitude à réaliser des analyses concrètes». Aliás, Greimas não deixa nunca de afirmar o respeito pelo «princípio de empirismo»: cf. 1991, *Sémiotique des passions:* 7.

considera que a metalinguagem científica deve ser construída de modo a constituir «um corpo de definições coerente»[398]; mas, por sua vez, a operação de construir uma metalinguagem só se torna possível num plano hierarquicamente superior.

Teremos portanto, relativamente à linguagem-objecto, uma **hierarquia de metalinguagens**: a metalinguagem descritiva, a metalinguagem metodológica (que, além de definir os conceitos descritivos, elabora os instrumentos de análise — processos e modelos) e, ainda, um terceiro nível *epistemológico* (que verifica «a homogeneidade, a coerência dos processos e dos modelos utilizados no primeiro nível e que estabelece os postulados de base»[399]).

- A semiótica, como já se disse, não considera os factos observáveis empiricamente. Na linha de Saussure, entende-se que uma teoria só se torna possível estabelecendo-se num plano mais abstracto, formal. Não interessarão ao estudioso todos os dados da matéria em questão, apenas os dados ***distintivos ou pertinentes***. Tal como à fonologia não interessam todos os traços da fonética, apenas os que são portadores de diferenças significantes. Não é pois a análise directa do fenómeno linguístico (ou de qual quer outra prática significante) que está em causa, mas a análise das *unidades* que esta teoria da linguagem constrói.

Por outro lado, a *Sémantique structurale* prossegue o projecto de lançar a investigação para o **nível transfrásico**, pois é esse que se torna responsável pela coerência do discurso. Para a prossecução deste projecto, a obra de Propp *Morfologia do Conto* e os estudos de antropologia de Georges Dumézil e Lévi-Strauss constituíram

---

[398] Greimas, 1966: 15.
[399] Coquet, 1982, p. 19.

corpora de interesse excepcional, sobre os quais Greimas vai exercer um trabalho de formalização e de estruturação que fará aparecer as grandes unidades invariantes da narrativa: *funções*[400] e *actantes* (sujeito e objecto, destinador e destinatário, adjuvante e oponente). Esta formalização encontra a sua maior dificuldade na integração de funções que contêm elementos sintagmáticos e cronológicos essenciais (tais como as categorias sémicas *antes* e *depois*) relutantes a deixar-se reduzir a uma apresentação paradigmática e acrónica, o que vem a ser resolvido através da solução constituída pela unidade «prova».

Esta formalização do universo narrativo constitui a «**primeira síntese**»[401] da escola de Paris.

A investigação de Greimas e do movimento que se gera em torno do seu magistério prossegue, alargando-se para domínios muito diversificados: argumentação e retórica, discurso jurídico, semiótica do espaço (arquitectura e urbanismo), discurso folclórico e mítico (onde se distinguem os trabalhos de J. Courtès e de Elli e P. Maranda), discurso religioso (CADIR e Groupe d'Entrevernes: Jean Delorme, Louis Panier), discurso político (L. Marin, E. Landowski), sócio-semiótica, psico-semiótica (patologia da linguagem, psicanálise, psicolinguística), semiótica não verbal (gestualidade, comportamentos animais e humanos), os *media,* o discurso didáctico, semiótica visual (imagem, pintura, fotografia, publicidade, cinema, domínios das linguagens «planares» estudados nos trabalhos de J.- M. Floch), semiótica musical... Nestes domínios são testados os modelos teóricos e surgem problemas específicos dos campos abordados. Entretanto, nos Países Baixos, Teun van Dijk começa a desenvolver uma gramática textual, inspirada no generativismo

---

[400] Greimas usa a palavra *função* no sentido que lhe era dado por Propp, ou seja, «uma acção considerada de acordo com a sua situação no decurso da narrativa» (Hénault, 1992: 93).
[401] Hénault, 1992: 104.

(que, aliás, constitui também uma referência comum de toda a semiótica). Por outro lado, a teoria prossegue, evidentemente, aprofundando as pesquisas no domínio linguístico e confrontando-se com perspectivas novas, nomeadamente com a *pragmática*, e, bem assim, desenvolvendo a semiótica da obra literária.

No decurso desta elaboração, emergem desequilíbrios entre aspectos teóricos que estão aptos a serem equacionados a nível lógico-matemático (como a «estrutura elementar da significação») e outros aspectos cuja complexidade se explicita em investimentos antropomórficos (como, por exemplo, as estruturas narrativas). É neste contexto que se percebe que as relações registadas em estruturas diversas são, de facto, *oposições* de ordem completamente diferente.

Em face deste problema, torna-se vantajosa uma representação mais complexa dessas diferenças; Greimas inspira-se na obra de R. Blanché, *Structures intellectuelles* (1966) para conceber o «quadrado semiótico» que comporta não apenas relações de *oposição* (*contrárias* e *contraditórias*), mas também relações de *complementaridade* e de *implicação*. Em fase posterior, Greimas percebe que este esquema serve não só para «registar as relações opositivas, mas igualmente as operações que as geram. O quadrado podia a partir daí representar um processo evolutivo e o percurso do sujeito operador dos actos de transformação»[402].

Assim se desenha uma **nova síntese** que pretende apresentar uma teoria geral do discurso e em que a semiótica procura dar conta do nível profundo, onde é gerada a significação (através do *quadrado semiótico*, também chamado «*modelo constitutivo*»), do nível intermédio (estruturas narrativas) e do nível superficial, o nível do discurso.

No termo desta fase, a situação conceptual do projecto semiótico exprime-se no dicionário: *Semiotique. Dictionnaire raisonné*

---

[402] *Ib.*: 114.

de la théorie du langage (da responsabilidade de A. J. Greimas e J. Courtès, Paris, Hachette, 1979). O *dicionário* marcaria um ponto de chegada relativamente estável, se não se tivessem entretanto produzido no seio da escola outros avanços teóricos que questionam a situação que o *dicionário* estabelece.

Antes da sua publicação e logo em seguida, emergem alguns problemas que revolvem profundamente a síntese representada neste segundo momento:

— a *semiótica do sujeito*, resultado dos trabalhos de Jean-Claude Coquet;
— a dificuldade de tratar semioticamente a problemática do *devir*, do *tempo* no seu movimento *contínuo*, gradual, e todos os fenómenos *fluidos* que não se compadecem com oposições de categorias distintas e «discretas», descontínuas;
— os valores, as axiologias que parecem carecer de explicitações «aspectuais», mais do que de unidades «discretas».

Estes problemas, entre outros, procuram ser de certa forma enunciados e «respondidos» num segundo tomo do *dicionário,* que saiu em 1986, sob a chancela dos mesmos autores, Greimas e Courtès, mas que acolhe a colaboração de quarenta investigadores e que tem como subtítulo *Compléments, débats, propositions.* Contudo, aquilo que poderia ser uma síntese mais abrangente é em geral considerado um trabalho heteróclito e menos coerente do ponto de vista teórico.

3.5.4. Semiótica Literária
Semiótica da comunicação ou semiótica da significação?
Um primeiro problema se coloca à semiótica na sua aplicação à literatura: deve ela restringir-se aos factos da comunicação ou abranger o que, para lá da comunicação deliberadamente

produzida, é da ordem da significação? Tratou-se de uma questão polémica porque dela decorrem tomadas de posição fundamentais.

Em reacção contra a dispersão a que conduziria um conceito de semiótica de origem peirciana, surge a **semiótica da comunicação**: autores como G. Mounin, Buyssens e Prieto só admitem a análise de sistemas comunicativos, isto é, daqueles que são compostos por sinais produzidos com intenção de comunicar, rejeitando portanto os *índices* ou *sintomas*. (Se considerarmos uma nuvem um indício de chuva, ou a febre um sintoma de doença, compreenderemos que estes signos são de natureza diferente dos da linguagem verbal ou dos do código da estrada.) Considerando que só o *sinal* implica a intenção de comunicar, afirmam estes autores só ser possível a semiótica dos sinais intencionais e convencionais, portanto, a semiótica da comunicação. Avançam ainda que a «semiótica da significação encontrará na semiótica da comunicação um modelo muito mais apropriado do que o que lhe fornece a linguística» (Prieto) e entendem não ser legítimo transferir os elementos de análise da semiótica da comunicação para domínios da significação sem se ter demonstrado previamente se estes estão estruturados sob a forma de sistemas comunicativos.

Importantes estudos se têm desenvolvido na senda da semiótica da comunicação, determinados em parte pela importância que os meios de comunicação de massas e outras formas de comunicação assumem na nossa civilização e denunciando um pendor «behaviorista», mais atento ao significante do que ao significado.

Em oposição, autores como Barthes, Greimas e outros chamam a atenção para a inadequação de uma semiótica aplicada à literatura que não conjugue o estudo dos signos com o dos sintomas (ou *índices*), isto é, a necessidade de uma semiótica da significação. Esta inadequação depende da natureza mesma da literatura, que — sendo um sistema semiótico **do segundo grau**, um sistema **conotativo** (ou seja, nos termos de Hjelmslev, um sistema cujo plano da expressão é já, ele mesmo, um sistema semiótico: a língua) — depende essencialmente de significações secundárias ou «conotações», as quais se produzem justamente no texto concreto, significações essas que, na maioria dos casos, são alheias à intenção comunicativa e até inconscientes para o emissor. Como disse José Guilherme Merquior, o texto literário compõe-se «de sinais cuja secreta função consiste em serem os suportes de sintomas. A significação literária nasce no seio do "décalage" entre sinal e sintoma»[403].

Portanto, se o estudo da obra literária não pode abstrair dos sistemas de sinais socialmente estabilizados, comunicativos, não pode também esquecer que a sua especificidade e valor poético têm de ser procurados do lado das significações secundárias, os sintomas, as conotações, certamente estruturados e relacionáveis com o universo cultural onde nascem, mas sem o carácter convencional e institucionalizado que caracteriza os sistemas de signos intencionais.

É evidente também que a problemática da comunicação não pode deixar de interferir pertinentemente na semiótica literária, pois as leis da captação da mensagem condicionam a viabilidade da obra poética: a sua abertura ou fechamento dependem não só do uso particular que o emissor faz dos códigos existentes, mas também da capacidade do receptor para os apreender na obra.

Assim, o estudo dos *códigos* veio a tornar-se um dos mais relevantes da semiótica literária, e, como se vê, esta questão traz ao de cima o problema das condições de leitura, o que explica que importantes obras de autoridades em semiótica (de entre as quais se destaca Umberto Eco) aliem esta temática àquela que está a ser equacionada contemporaneamente na Alemanha, na escola de Constança, a *estética da recepção,* que, por sua vez, já absorve os desenvolvimentos da pragmática filosófica. A semiótica da comunicação está vocacionada para estudar as relações do emissor e do receptor, para perceber que a literatura não se pode definir apenas através de características imanentes ao texto, mas que exige

[403] Merquior, 1974.

também a determinação das situações contextuais que afectam a comunicação entre o autor e o leitor.

Retomando a questão dos códigos, verifica-se que na mensagem literária actua, além do linguístico, uma pluralidade de códigos: *estilísticos* (convenções mais ou menos normativizadas, muitas vezes até definidas por *Artes Poéticas,* relativas a determinado período literário: registos de palavra e sua combinação, preceitos retóricos, técnicas métricas ou rímicas, etc.); relativos a *estruturas narrativas, actanciais* e *funcionais; temporais* (relações entre o tempo da narração e o tempo narrado); relativas ao *ponto de vista* ou *focalização* (por meio da qual se determina a perspectiva adoptada pelo narrador e o seu estatuto); códigos *temáticos* (temas recorrentes e mais ou menos estereotipados ou *tópicos* característicos de certos géneros ou período literário); códigos *ideológicos* (formas de mentalidade, ideias ou preconceitos predominantes, valores defendidos em determinado momento histórico e político), etc.

Note-se que talvez não seja legítimo colocar os diversos códigos indicados no mesmo plano: alguns — os que se referem às estruturas narrativas, por exemplo, têm um nível de generalidade e abstracção muito superior à de outros que sistematizam factos colhidos pouco mais que empiricamente. Além disso, convém notar que o que se pretende com a indagação dos códigos deve ser bem menos a sua inventariação, ou a catalogação do texto relativamente às categorias que os códigos proporcionam, do que a possibilidade de enunciar claramente o fenómeno da diferença que marca o texto literário autêntico. Importa não só averiguar o grau de previsibilidade que determinam, como também o imprevisto que a criação da obra opõe a essa previsibilidade. E importa ainda estudar a hierarquização dos códigos, as mútuas interferências no interior da obra, bem como as substituições de códigos ao longo da história literária[404].

---

[404] Veja-se, mais adiante, as referências à semiótica soviética, particularmente à obra de J. Lotman.

Os códigos são, de certo modo, contextos no âmbito dos quais a obra tem de ser entendida. Contextos de hábitos, técnicas, convenções, ideias, uns interiores, outros exteriores ao sistema literário. Estes contextos não só permitem captar o carácter único e diferente de cada obra, como também possibilitam ultrapassar os limites do frásico e da própria obra com critérios que tendem para a homogeneidade, a generalidade e a sistematicidade. Os códigos têm efectivamente um estatuto supratextual, inerente a conjuntos onde as obras figuram como elementos singulares, o que viabiliza portanto o estudo das «leis» desses conjuntos (estilísticos, de género, de época, de mentalidade, etc.).

Semanálise

Na vasta, difícil e por vezes confusa obra de Julia Kristeva[405] articula-se o propósito da análise textual com implicações de ordem filosófica — marxista, e psicanalítica — referida a Freud, de que resulta o aparecimento de novos conceitos instrumentais como *produtividade, intertextualidade, feno-texto e geno-texto, ideologema,* entre outros.

Através do conceito de *produtividade,* a obra literária é considerada na óptica das relações de trabalho, como produto social para consumo e troca; mas a noção de produtividade não se esgota com a escrita, pois, segundo Kristeva (e outros membros da equipa *Tel Quel*), o texto está em produção contínua, que se actualiza sempre que a leitura desperta as potencialidades latentes que o texto encerra. Neste aspecto, não é já a teoria marxista do valor que inspira esta noção, mas a psicanálise, que, através de instrumentos como a análise do trabalho do sonho, vai permitir o estudo do engendramento do texto: produção e transformação, deslocações e condensações são fenómenos comuns ao inconsciente e à actividade literária.

---

[405] *Sémiotiké. Recherches pour une sémanalyse.* Paris, Éd. du Seuil, 1969.

A *intertextualidade,* um dos conceitos mais úteis e difundidos, aponta para a relação inevitável que o texto mantém com múltiplos textos anteriores e contemporâneos que nele actuam e são legíveis. Para além de permitir enunciar de forma mais adequada antigos problemas como os das influências, a intertextualidade coloca a obra no contexto mais vasto que é o do sistema literário, com as múltiplas relações que traz a primeiro plano: de época, de género, de corrente literária, etc. O texto não é uma estrutura fechada sobre si mesma: articula-se com todo o sistema literário e com outros sistemas sociais: a história, a política, a ideologia, as outras artes, a religião, etc. A intertextualidade aparece assim como instrumento eficaz para recuperar a dimensão histórica da obra literária que o estruturalismo quase esquecera.

Com Kristeva, a semiótica evolui para a semanálise, «teoria da produção do sentido e do seu sujeito», através da qual se pretende surpreender o sentido no seu engendramento, na sua produção, no seu trabalho específico, objectivo que a teoria do significante de Freud torna possível e que levará ao questionamento das noções de signo e de sujeito. Nesta tentativa de captar o *processo* do texto, o que ele tem de dinâmico, faz-se apelo à gramática generativa, que permitirá averiguar as relações entre estruturas profundas e de superfície, problemática de que derivam as noções de geno-texto e de feno-texto: o texto no seu engendramento — engendramento que deixa sempre marcas – e o texto como produto, como fenómeno acabado.

Observa-se, no decurso desta elaboração teórica, uma deslocação e mesmo uma transformação no objecto de estudo. Essa mudança torna-se particularmente sensível na noção de **texto**. Deixa de ser a literatura como forma estética o objecto da semiótica literária (a literatura é aliás vista em ruptura decisiva com a actividade literária decorrente do Classicismo, a partir do final do século XIX, com autores como Mallarmé, Lautréamont, Artaud...) para passar a ser o *texto,* onde se manifesta o trabalho da escrita na «exploração do mecanismo do funcionamento da língua / da significação». Visa-se o processo, a produção e não o produto; e não tanto a significação como a «significância»; não tanto a estrutura como a estruturação.

Quando o texto é encarado nesta perspectiva, temos uma nova modalidade de crítica, a «análise textual», que pretende reconstituir o processo de passagem do geno-texto ao feno-texto, não tanto pela reconstituição do trabalho da escrita, mas pela intervenção da actividade da leitura, e não só do jogo dos seus elementos internos, mas ainda na articulação com outros textos que nele actuam (textos literários e outros). Este trabalho de «análise textual» não visa o sentido do texto, mas a sua pluralidade significante, uma vez que Kristeva, com Barthes e elementos da *Tel Quel*, parte do princípio da «infinidade significante» do texto (princípio ao qual se opõe Greimas)[406].

Toda esta elaboração teórica se exerce em ruptura com a semiótica «clássica» (por assim dizer), em especial com a da comunicação, e mesmo com os estudos literários anteriores, os quais são acusados de positivismo e de uma falsa neutralidade ideológica. Aliás, a crítica da ciência (não só da ciência literária, mas da ciência *tout court*) constitui uma das ambições desta reflexão que se sente vocacionada para «ciência crítica e crítica da ciência», num jeito de expressão muito à moda do tempo.

A vastidão e ambição deste projecto (poderia dizer-se megalomania) tem suscitado legítimas dúvidas quanto à sua exequibilidade e quanto à simples possibilidade da sua coerência: muitos dos discursos predominantemente teóricos escritos nesta linha, apesar da complexa aparelhagem lógica, filosófica e até matemática que os tornam de difícil abordagem — apesar disso, mas

---

[406] «As leituras possíveis podem com efeito ser em número infinito, mas estas variantes relevam unicamente *da performance* dos leitores sem por isso "destruírem" ou "destruturarem" o texto».

também por isso mesmo (porque a máquina que põem a funcionar é muito pesada e não pode ser verificada facilmente)[407] —, não se revelam propostas pertinentes, capazes de «agarrar» a realidade, e constituem frequentemente discursos que giram sobre si mesmos.

Novas aberturas teóricas

Greimas reflecte ainda, a partir de 1968[408], acerca da ***semiótica do mundo natural***, ou seja, da relação que o sujeito enunciador estabelece com a significação pré-verbal, explorando a articulação com o domínio do que se designa globalmente por referente.

Parte do princípio de que aquilo que desencadeia a percepção não se identifica com o real indiferenciado, mas com um primeiro grau de diferenciação do real que o sujeito do conhecimento capta, antes de mais, através da instância de mediação que o corpo constitui, através das reacções afectivas básicas que distinguem o bom do mau, o útil do perigoso, etc.; assim se gera a categoria *proprioceptica* (relativa à percepção do próprio), ou *tímica,* que se articula em *eufórico versus disfórico.*

Este domínio pré-verbal, mas já fortemente investido de significações, coincide com o domínio do imaginário, radicado nas quatro substâncias elementares (ar, água, fogo e terra), explorado por Gaston Bachelard na sua vasta obra, obra que Greimas toma como base para a sua indagação.

Está assim apontada uma importante área de pesquisa que vale não apenas por si mesma, mas também pela contribuição que pode trazer à semiótica geral, aos estudos de semióticas não verbais (espaciais, por exemplo) e também, naturalmente, às semióticas verbais segundo a articulação seguinte: «As categorias do plano da

---

[407] Cf. «Julia Kristeva» *in* Sokal, A. e Bricmont, J., *Imposturas Intelectuais,* Lisboa, Gradiva, 1999: 47–56.
[408] «Conditions d'une sémiotique du monde naturel», in *Langages,* Juin 1968; estudo publicado depois en *Du sens:* 49–91.

expressão da semiótica natural correspondem às do plano do conteúdo da semiótica verbal»[409] ou da semiótica que fornece a expressão: pictural, musical ou outra. Neste processo, dá-se o encontro entre as categorias do mundo natural, «significações nebulosas, aleatórias», e as condições do conhecimento humano (linearidade da língua, natureza planar da pintura, etc.), encontro em que se produz a função semiótica da qual resultam os signos[410].

Em 1973, **as modalidades** começam a interessar a semiótica[411], dando lugar a um domínio da linguística discursiva que estuda as relações lógicas que encadeiam os enunciados (narrativos e de estado) e que dão lugar às modalizações (do *querer*, do *saber*, do *poder* e do *dever*). Com base nesta teoria, Jean-Claude Coquet estabelece uma tipologia do **sujeito** de grande alcance heurístico e antropológico[412].

Em seguida, a pressão destes estudos — aos quais deveria (segundo o modelo da gramática frásica) suceder uma análise dos «aspectos», para dar conta da impressão de *continuidade* perceptível, quer no domínio do mundo natural quer no do mundo cultural — impõe a urgência de outro campo de exploração com um sabor novo na semiótica (que até aqui investira sobretudo em aspectos mais cognitivos e racionais do sentido). Trata-se do estudo da afectividade que os seus autores (Greimas, Fontanille) acham susceptível de ser apreendida com maior nitidez nas manifestações extremas: *a semiótica das paixões*.

Assim se desenvolve um percurso coerente que, tendo encontrado, relativamente à apreensão do mundo natural, o corpo como instância de mediação entre o exterior, o interior e o sen-

---

[409] *Ibidem*.
[410] Vejam-se as exemplificações expostas por Anne Hénault, 1983: 179.
[411] Coquet, 1973. *Sémiotique littéraire*, M. Mame.
[412] *Le discours et son sujet* (2 vols.), Paris, Kliencksieck, 1984.

tido, o encontra de novo como «centro de referência da *mise-en--scène* passional»[413], capaz de dar conta da vida sensível como uma «proprioceptividade "selvagem"»[414] passível de explicar o «vital» e a energia dos sentidos e dos afectos.

Com a sua última obra, *De l'imperfection*[415], Greimas volta-se para a *estética*, designando assim outro domínio que a escola de Paris tem prosseguido.

A semiótica soviética

Há outra corrente semiótica que prolonga os trabalhos dos formalistas russos, em especial de Tynianov, e de continuadores, como Mikhaïl Bakhtin; trata-se da escola soviética de semiótica, cuja figura mais saliente é a de Iuri Lotman, professor da Universidade de Tartu.

Lotman elabora o conceito de *sistema modelizante*, que, combinado com a sua concepção de cultura, permite formular teoricamente questões importantes no domínio da história literária.

A história literária conduzira a «impasses» que impediam a prossecução do seu projecto. A saber: as tentativas de explicação da literatura dos séculos XIX e XX, positivista, primeiro, marxista, depois, visavam estabelecer relações de causalidade entre as obras literárias e o «meio» (a esfera do social, do económico), por um lado; e o «momento» (os acontecimentos políticos, históricos), por outro. Ora, a prática mostrara a impossibilidade ou o carácter falacioso dessas relações, e revelara deste modo o fracasso ou as insuficiências desses projectos.

«Se com os factos literários podem subsistir relações, embora não imediatas, de causa e efeito, com os factos culturais existe paralelismo e movimento concorde.»[416]

---

[413] Greimas e Fontanille, 1991: 19.
[414] *Ib.*: 18.
[415] Périgueux, P. Fanlac, 1987.
[416] Segre, 1999: 163.

A *cultura* revela-se assim como a mediação necessária entre a história (o económico, o histórico, o social) e a literatura enquanto estudo de textos.

Do projecto da história literária oitocentista «permanece válida apenas a instância de subordinar qualquer perspectiva à constituição peculiar do texto literário, enquanto o realce dado aos acontecimentos históricos (verificados na biografia dos escritores ou na situação da sociedade literária [...]) evoca problemas importantíssimos, mas estranhos à crítica literária. [...] É então a concepção semiótica da cultura que ajuda a superar determinismos ingénuos e sociologismos primitivos»[417].

As definições de cultura propostas pelos semióticos soviéticos insistem nas ideias de que ela consiste na «memória não hereditária de uma comunidade»[418], e numa hierarquia de sistemas semióticos.

Retomando o conceito proposto por V. V. Ivanov de «modelo de mundo» (considerando *modelo* «tudo quanto reproduz o objecto com vista ao processo cognitivo»[419]), Lotman elabora a noção de *sistema modelizante de mundo*.

«"Por sistema modelizante", escreve Lotman, "entendemos o conjunto estruturado dos elementos e das regras; tal sistema encontra-se em relação de analogia com o conjunto dos objectos no plano do conhecimento, da tomada de consciência e da actividade normativa. Por isso, um sistema modelizante pode ser considerado uma *língua"*.»[420]

Em fase posterior, este conceito é substituído pelo de *sistema modelizante secundário*. As línguas naturais serão os sistemas modelizantes primários. Os sistemas artísticos e, de modo geral, os sistemas culturais, servindo-se em muitos casos das línguas,

---

[417] *Ib.*: 164.
[418] *Apud* Silva 1982: 90.
[419] *Apud* Segre 1999: 176.
[420] *Apud* Silva 1982: 90.

e adoptando-as como modelo, devem então ser considerados sistemas modelizantes secundários.

> *A arte é um sistema modelizante secundário.* Não é preciso compreender «secundário em relação à linguagem» unicamente como «utilizando a língua natural enquanto material». Se este termo possuísse um tal conteúdo, seria ilegítimo introduzir nele as artes não verbais (pintura, música, ou outras). No entanto a relação aqui é mais complexa: a língua natural é não só um dos sistemas mais precoces, mas também o mais poderoso sistema de comunicação da colectividade humana. Pela sua própria estrutura ela exerce uma poderosa influência sobre o psiquismo dos indivíduos e em muitos aspectos da vida social. Os sistemas modelizantes secundários [...] construem-se sobre o tipo da linguagem.[421]

A literatura, além de utilizar a linguagem natural e de constituir assim um sistema modelizante secundário, funciona como uma *língua,* no sentido saussuriano, um sistema social de sinais e de regras com existência virtual; e, por outro lado, como um *corpus* de discursos *(paroles)* que são as obras concretas acumuladas no património das diversas culturas.

Esta teorização esclarece de forma satisfatória relações como as da obra literária com a língua natural, e com o conjunto de obras a que chamamos literatura; e, bem assim, com o referente e o contexto em que se gera, mostrando como são indirectas e complexas estas relações, mas estabelecendo a sua efectiva existência[422].

Outra forma de configurar essas relações consiste em tomar consciência de que na obra literária actua um grande número de

---

[421] Lotman, 1978: 37.
[422] Veja-se, entre outros o cap. «O problema da significação no texto artístico», *ibidem:* 73–99.

códigos, como já vimos, que importa distinguir: uns, referentes à língua e ao sistema literário, na sua dimensão frásica: códigos fónico-rítmicos e métricos, códigos estilísticos, códigos retóricos. Outros, envolvendo já domínios onde actuam em conjunto os «modelos de mundo», que são as obras literárias acumuladas em patrimónios, a forma própria da visão do mundo de cada nova época, bem como o modo particular de cada autor encarar a realidade; e teremos então códigos técnico-compositivos (estruturas narrativas, estruturas de outros géneros, com a tragédia ou a comédia, por exemplo), e códigos semântico-pragmáticos, códigos ideológicos (modelos antropológicos e cosmológicos, sociais, éticos, míticos... ou, numa terminologia clássica, os temas, os motivos e os *topoi*).

O progresso que esta teoria representa pode medir-se recordando certas formulações estruturalistas que pretendiam conceber o texto literário como manifestação de apenas um código — a língua.

Com base nestas categorias teóricas, Lotman propõe que consideremos como numa mesma época se encontram e coexistem códigos incipientes e em ascensão, outros dominantes e outros ainda em declínio, resultando deste conjunto uma dinâmica que determina o processo de evolução e de inovação do sistema.

Lotman distingue ainda «estéticas da identidade», quando o receptor e o emissor utilizam um código comum que se baseia na repetição de certos elementos, na imitação de um texto paradigmático (o exemplo de Petrarca e do petrarquismo é típico) ou nas variações produzidas em torno de um núcleo comum conhecido e invariante (como na *commedia dell'arte*). A estética da identidade

> baseia-se na identificação completa dos fenómenos da vida representados e dos modelos *cliché* já conhecidos do público e entrados num sistema de regras. Os *clichés* em arte não são uma injúria, mas um fenómeno determinado que não é posto em

evidência como negativo senão sob certos aspectos históricos e estruturais. Os estereótipos *(clichés)* da consciência desempenham um papel importante no processo de conhecimento [...] e no processo da transmissão da informação[423].

Perante um código muito repetitivo e bem dominado, a criação pode assumir a forma da improvisação.

> A «descontracção» da improvisação e a contracção das leis são condicionadas reciprocamente [...] a própria improvisação representa não um voo desenfreado da imaginação, mas uma combinação de elementos conhecidos do espectador. [...] Esta combinação da liberdade extrema e da não liberdade extrema é o que caracteriza a estética da identidade.[424]

Em contrapartida,

> os sistemas cuja natureza codificada não é conhecida do público antes do início da percepção artística [são os que constituem] a estética [...] da oposição. Aos processos habituais para o leitor, de modelização do real, o artista opõe a sua própria decisão original, que considera mais autêntica[425].

3.5.5. Conclusão

Nos últimos anos da sua vida, Greimas fazia por vezes alusão ao interesse prático da semiótica: estudando os *valores* e o *sentido,* torna-se uma forma de lhes captar o modo de existência e a importância num mundo em crise de valores e onde a procura do sentido parece, por vezes, deixar de fazer qualquer sentido.

---

[423] Lotman, 1978: 461–462.
[424] *Ib.*: 462–464.
[425] *Ib.*: 465.

Estas alusões podiam ser interpretadas como uma cedência, da parte do mestre, relativamente à sua postura avessa à filosofia e à ideologia. Greimas procurava sempre níveis de abstracção que permitissem encontrar modelos genéricos universalmente válidos para as mais diversas manifestações concretas, o que o conduzia à depreensão de relações despojadas de investimentos semânticos e por isso «vazias de sentido». E defendia uma atitude científica austera, com uma neutralidade certamente impossível, mas prosseguida como um ideal.

Mas, com efeito, essas convicções sobre a utilidade prática da semiótica dependiam bem mais da reflexão sobre o modelo narrativo, cuja imensa generalidade, se não universalidade, acaba por dar conta do sentido humano de forma muito abrangente, daquilo a que chamamos vulgarmente «o sentido da vida». Na opinião de Anne Hénault[426], as estruturas narrativas, e em particular o esquema canónico, constituem «como que o quadro formal onde vem inserir-se "o sentido da vida" [...]. Deste modo, o esquema narrativo [...] pode igualmente ser lido, na sua regularidade perene como uma memorização do sentido humano (tratar-se-á da conservação da espécie?). Sentido e *sem-sentido* definem-se com bela simplicidade. Há *sem-sentido* quando a falta de projecto de conjunto interdita a integração dos trechos sintáxicos [...] num esquema narrativo geral. Há sentido no caso inverso».

A terminar e ao fazer um balanço, não pode deixar de impressionar o imenso domínio que se abre às ciências humanas nesta etapa do percurso que vai do formalismo russo à semiótica, dados os progressos teóricos fundamentais no âmbito desta.

Da mesma forma, foi extraordinário o grau de formalização teórica atingido por certos domínios da semiótica derivada de

---

[426] Hénault, 1983: 89.

Greimas, com importantes avanços apresentados de forma muito elaborada e deduzidos a partir de *corpora* extensos e variados.

Torna-se sobretudo particularmente interessante verificar como certos domínios que pareciam nada dever ao processo da narração (sistemas filosóficos, ideologias, discurso científico...) revelam uma estrutura narrativa profunda, inscrevendo-se assim no âmbito das regularidades mais gerais, se não mesmo universais, da significação, e confirmando deste modo a pertinência de um projecto científico genialmente concebido e prosseguido com tenacidade.

4

O Conceito de Literatura.
Literatura e Realidade

4.1. A Palavra «Literatura»
4.2. A Literatura como Mimese
4.3. A Literatura como Linguagem
4.4. A Literatura como Ficção
4.5. A Linguagem Literária
4.6. Dificuldades das Definições Referenciais de Literatura

4.1. A Palavra «Literatura»

A palavra «literatura» só em época relativamente recente — desde meados do século XVIII — tem o significado que hoje lhe atribuímos.

Até aí, a palavra existia, mas com um sentido diferente: designava de modo geral o que estava escrito e o seu conteúdo, o conhecimento. O saber era visto como informação coligida em livros, e aqueles que os manejavam eram os letrados, os eruditos, sendo esse conhecimento compilado a «literatura». Obras com o título de *História Literária*[427] abrangiam de facto todo o tipo de saberes: filosófico, jurídico, médico, histórico, com relevo para a história da Igreja, a hagiografia, etc.

Ao longo do século XVII, a ciência passa a depender cada vez mais da observação e da experiência — de tal modo que frequentemente se opõem os conhecimentos por esta confirmados aos que são apenas de origem livresca.

A instituição, em 1666, da Academia das Ciências, em França, é sinal de que esta denominação, «ciências», passa a ser usada para abarcar toda uma parte do domínio que antes se designava globalmente com o termo «literatura».

Durante este mesmo século, a vida cultural das cortes e dos salões literários substitui o humanista, o erudito ou o letrado que anteriormente conhecia indistintamente os diversos campos do saber e que tinha como ideal não desconhecer nada que dissesse respeito ao homem, exercendo por isso o papel de mentor social e pedagógico; agora, a cultura, impregnada pelo gosto lúdico do

---

[427] Por exemplo, a *Histoire littéraire de la France* dos Beneditinos.

Barroco e do estilo mundano do homem de corte, adquire uma tónica fortemente marcada pela necessidade de agradar, de dar prazer estético. Começa a usar-se e a impor-se, em França, o termo *belles lettres;* e as expressões *homme de lettres* ou *gens de lettres* surgem cerca de 1650. É aquilo a que Jean Viala chamou o «nascimento do escritor»[428].

Neste contexto, o vocábulo «literatura», durante o século XVIII, continuando ainda a designar o conjunto das obras escritas e dos conhecimentos nelas contidos, passa a adquirir uma acepção mais especializada, referindo-se especialmente às «belas letras», ganhando assim uma conotação estética e passando a denominar a arte que se exprime pela palavra.

Por outro lado, aumenta a consciência de que os valores estéticos não se confundem com outros; e a estética, como domínio do saber, autonomiza-se. Como vimos no primeiro capítulo, a obra de Immanuel Kant, *Crítica do Juízo,* de 1790, funda a estética como disciplina filosófica[429] que se ocupa do sentimento do belo, do sublime e do gosto.

A partir daqui, vai criando forma a distinção entre ciências naturais e ciências históricas ou ciências humanas, e, no âmbito destas, os estudos literários ocupam um lugar de destaque.

Naturalmente, a evolução semântica que se dá com a palavra «literatura», se implica uma profunda mudança cultural, não significa — é claro — que o fenómeno e o domínio que hoje designamos por literatura não existisse até então. Existia, evidentemente, tal como existe em todas as civilizações e em todas as épocas, às vezes ligando-se especialmente à música e à dança, outras vezes à religião e a certas formas de ritos, como domínio de fronteiras

---

[428] Jean Viala, *Naissance de l'écrivain. Sociologie de la littérature à l'âge classique,* Paris, Éd. de Minuit, 1985.
[429] A palavra foi criada em 1735, por Baumgarten, que em 1750 publica uma obra intitulada *Aesthetica,* (cf. Silva, 82: 10).

pouco nítidas, variando com o tempo e com o contexto social e cultural, mas com um núcleo tão sólido que todos nos entendemos quando falamos dele, mesmo que variem os termos com que o designamos. Até meados do século XVIII, tinha outras denominações: *poesia, oratória, eloquência, prosa e verso*... Já Aristóteles observara que «a arte que imita só pelas palavras [...] se tem conservado sem nome até esta data»[430].

Quando o vocábulo «literatura» passa a significar a arte que se exprime e comunica pela palavra[431], assume desde logo uma referência *nacional,* para designar o património literário de um país (literatura portuguesa, francesa, inglesa...). E, a partir daí, subdividem-se algumas das suas acepções, que Aguiar e Silva sistematiza:

> *a)* Conjunto da produção literária de uma época — *literatura do século XVIII, literatura vitoriana* — ou de uma região —, pense-se na famosa distinção de Mme de Staël entre «literatura do norte» e «literatura do sul» [...].
>
> *b)* Conjunto de obras que se particularizam e ganham feição especial quer pela sua origem, quer pela sua temática ou pela sua intenção: *literatura feminina, literatura de terror, literatura revolucionária, literatura de evasão,* etc.
>
> *c)* Bibliografia existente acerca de um determinado assunto [...]
>
> *d)* Retórica, expressão artificial. Verlaine, no seu poema *Art Poétique,* escreveu: «Et tout le reste est littérature», identificando pejorativamente *literatura* com expressão retórica, falsa e artificial. [...]

---

[430] Aristóteles, *Poética,* 1447b. Preferimos aqui a tradução de Maria Helena da Rocha Pereira, apesar de antológica, in *Hélade,* p. 413.
[431] Já referimos a obra de Mme de Staël, *De la littérature considérée dans ses raports avec les institutions sociales,* de 1800; e Aguiar e Silva cita, entre outras, a obra de Marmontel, *Éléments de littérature,* de 1787.

e) Por elipse, emprega-se simplesmente *literatura* em vez de *história da literatura.*

f) Por metonímia, *literatura* significa também *manual de história da literatura.*

g) *Literatura* pode significar ainda conhecimento sistematizado, científico do fenómeno literário. Trata-se do significado caracteristicamente universitário do lexema e ocorre em sintagmas como *literatura comparada, literatura geral,* etc.[432]

Convém ter presente que o fenómeno literário adquire várias dimensões: se, por um lado, aponta a actividade — ***criação ou produção* literária, e o texto** que daí resulta —, refere, por outro, como se viu, o ***corpus* textual** de uma determinada colectividade — nacional, cultural, religiosa, etc., ou de uma época ou de um grupo. Isto é, o **património, a colecção** das obras, património que assume frequentemente funções identitárias para a cultura em questão. Se relembrarmos a etimologia grega da palavra *crítica*, e o seu sentido de *distinção* e *escolha,* entenderemos que a primeira reflexão sobre a literatura consiste em reconhecer as obras literárias, em distingui-las das outras, em hierarquizá-las em função do seu mérito e em constituir assim o *cânone* da comunidade interpretativa que dele se reclama.

Além disso, deve considerar-se igualmente a literatura como ***instituição:*** a vida literária, com os seus jornais, revistas, suplementos em jornais diários ou semanários; academias, prémios, efemérides; a situação de mecenato ou outras formas de dependência do escritor, ou as condições da sua independência — os direitos de autor, que aparecem igualmente no século XVIII; os grupos que ditam a opinião pública, as tertúlias, as associações de escritores e de críticos; o ensino da literatura no nível secundário e universitário; as bibliotecas e gabinetes de leitura; e, com o maior relevo, o mercado

---

[432] Silva, 1982: 7-9.

do livro, as edições, as tiragens, o consumo, enfim, o circuito económico e social do livro, e a forma como ele condiciona a possibilidade de o escritor viver da escrita. O modo de vida do escritor, a sua imagem social e o seu estatuto são estudados por P. Bourdieu naquilo a que chama o *campo literário,* que equaciona a forma literária adoptada com a posição do autor nesse campo onde concorrem relações de força de vários tipos (de modo a obterem-se proveitos económicos e sobretudo reconhecimento social), mostrando como esta posição condiciona a enunciação do escritor, não em termos de reflexo directo, mas através de complexas interferências[433].

Por fim, a literatura deverá ser vista como **sistema semiótico**, perspectiva já abundantemente tratada neste livro.

4.2. A literatura como Mimese
Para pensar a literatura e a sua relação com o real, tem-se feito apelo a vários conceitos: mimese (ou imitação), inspiração, expressão, invenção e descoberta, criação, produção, fingimento...

4.2.1. O conceito de Mimese
Entre todos, o conceito de *imitação* é o mais antigo. Tanto quanto sabemos, tem origem nas obras dos grandes pensadores da Antiguidade, Platão e Aristóteles, e, mais tarde, é também tratado por Horácio. Desde logo, constitui um conceito muito debatido e questionado.

Platão
Platão não aprecia «a poesia de carácter mimético»[434]. «Recusa em absoluto» as artes imitativas, porque — segundo a sua doutrina — o artista não imita a partir do real, mas já a partir de uma imitação.

---

[433] Pierre Bourdieu, *Les règles de l'art. Genèse et structure du champ littéraire,* Paris, Éd. du Seuil, 1992.
[434] Platão, *República,* p. 451.

Vejamos o exemplo que ele mesmo dá:

> Acaso não existem três formas de cama? Uma que é a forma natural, e da qual diremos, segundo entendo, que Deus a confeccionou. [...] Outra que executou o marceneiro. [...] Outra, feita pelo pintor.[435]

Deus, ou o demiurgo, será assim o autor ou *artífice natural;* o marceneiro, *o artífice;* e o pintor, *um imitador,* nome que se dá «ao autor daquilo que está três pontos afastado da realidade»[436].

A cama fabricada pelo marceneiro já é fabricada a partir da «ideia» ou arquétipo. Constitui portanto uma primeira imitação. Se um pintor desenhar uma cama num quadro, a sua pintura será imitação de uma imitação.

Se a primeira permite chegar à verdade, desde que se observe um método adequado — a dialéctica —, a segunda — imitação de uma imitação ou «imitação fantástica» — não contém sombra de verdade, é inteiramente falsa.

Deste modo o filósofo conclui: «Por conseguinte, a arte de imitar está bem longe da verdade»[437]. A obra mimética distancia duas vezes do real e afasta-nos da contemplação da verdade. «Se [...] acolheres a Musa aprazível na lírica ou na epopeia, governarão a tua cidade o prazer e a dor, em lugar da lei e do princípio que a comunidade considere, em todas as circunstâncias, o melhor.»[438]

Aristóteles

Para Aristóteles, o conceito de mimese é muito diferente: o filósofo encara-a como uma faculdade inerente ao homem, uma faculdade natural:

[435] *Ib.*: 455.
[436] *Ib.*: 456.
[437] *Ib.*: 457.
[438] *Ib.*: 607a.

A epopeia e a poesia trágica, bem como a comédia e o ditirambo e a música de flauta e de cítara, na sua maior parte, são todos, de um modo geral, imitações.

[...]

Parece haver, em geral, duas causas, e duas causas naturais, na génese da Poesia. Uma é que imitar é uma qualidade congénita nos homens, desde a infância (e nisso diferem dos outros animais, em serem os mais dados à imitação e em adquirirem, por meio dela, os seus primeiros conhecimentos); a outra, que todos apreciam as imitações.[439]

Nesta ordem de ideias, o conceito de mimese não conduz à cópia ou ao decalque, à imitação servil, porque as artes miméticas visam o provável, o verosímil, e não o verdadeiro, o geral e não o particular:

O historiador e o poeta não diferem pelo facto de se exprimirem em verso ou em prosa [...]; diferem porém em dizerem um o que aconteceu, outro, o que poderia acontecer. É por isso que a Poesia é mais filosófica e mais elevada do que a História, pois a Poesia conta de preferência o geral, e a História, o particular.[440]

Aristóteles concentra-se no veículo, ou no «meio» pelo qual a poesia imita, no discurso, meio este que vai analisar minuciosamente; e essa perspectiva leva-o a encarar a obra poética como objecto autónomo, diferente e independente da realidade que imita.

[As imitações] diferem, contudo, em três pontos: ou pelo facto de imitarem por meios diversos; ou outras coisas, ou de outra maneira, e não da mesma.

---

[439] Aristóteles, *Poética*, 1449a (in *Hélade:* 414).
[440] *Ib.:* 1451b, p. 418.

Com efeito, assim como muitos imitam pelas cores e pelo desenho, a imagem de muitas coisas [...] outros ainda por meio da voz, assim também nas referidas artes. [...]

A comédia é, como dissemos, uma imitação de caracteres inferiores, não em todos os seus defeitos, mas apenas na parte ridícula do vício. [...]

A tragédia é uma imitação da acção, elevada e completa, [...] que se serve da acção e não da narração, e que, por meio da comiseração e do temor, provoca a purificação de tais paixões.[441]

Como vemos, imitação implica múltiplas noções: aquilo que se imita, «o *objecto* da imitação»[442] (*os caracteres*, «*a acção, a vida e a felicidade... e a infelicidade*»[443], o *geral*, de preferência *ao particular*, «*homens superiores*» na tragédia, «*homens inferiores*» na comédia); o *meio* por que se imita (a voz, a imagem — as cores e o desenho, a dicção, o espectáculo e o canto); o *modo* ou a *maneira* pela qual se imita (drama ou narração).

Se se acentua a relação entre a *obra* e o *objecto da imitação*, facilmente se cai num conceito segundo o qual a qualidade da obra depende da fidelidade ao «objecto», o que retira autonomia à mesma; é o ponto de vista de Platão.

Se se dá mais atenção ao *meio* e ao *modo* pelos quais se imita, então toma-se consciência de que a imitação se faz mediante uma «substância» diferente da do *objecto* (no caso da literatura, a «substância», ou o meio verbal, o discurso; se se tratasse de pintura, esses meios seriam as cores e o desenho), «substância» ou meio que tem as suas regras ou leis próprias. Nesta perspectiva, sublinha-se *a independência da obra* imitada relativamente ao objecto; sublinha-se a sua *autonomia*.

---

[441] *Ib.*: 1449b, pp. 413–416.
[442] *Ib.*: 1450a, p. 417.
[443] *Ib.*: 1450a, p. 417.

Horácio

Horácio, na *Epístola aos Pisões,* utiliza também o conceito de imitação. A carta tem como finalidade ensinar como atingir a perfeição em poesia. E a sua lição é a seguinte: este ideal obtém-se pelo estudo e pela *imitação dos modelos.*

«Quanto a vós, compulsai de dia e compulsai de noite os exemplares gregos.»[444]

Surge, assim, uma nova noção a complicar o problema da imitação: a noção de **autor exemplar, de modelo clássico**; «clássico» porque se aprende na aula, na *classe,* e, apresentados deste modo, esses autores passam a ser os exemplos, as autoridades. A proposta de Horácio vai no sentido de que se imitem esses mestres para aprender a «arte poética», de modo a atingir a perfeição.

Estes conceitos virão a ter especial incidência no Classicismo europeu: a arte é concebida em geral como imitação, como **representação**; e reger-se-á pela norma sacrossanta da **imitação dos clássicos**.

4.2.2. Os Equívocos da Imitação

Como se viu, o conceito de imitação difere substancialmente nos três autores citados, e não se apresenta portanto como uma noção simples e pacífica. Mas torna-se um complexo problema a partir do termo do Classicismo, e particularmente desde o Romantismo, que rejeita a concepção da arte como imitação ou representação; este passa então a ser um conceito polémico.

Se podemos questionar a imitação, discutir de que modo é um conceito adequado para entender a natureza da literatura, não o podemos fazer de modo radical. O processo imitativo é muito abrangente e impregna profundamente a natureza humana. O que é o mecanismo da concepção e da gestação, por exemplo, senão uma imitação genética? A educação, a formação da personalidade

---

[444] Horácio, *Arte Poética,* 268–69, pp. 94–95.

passa por fases de imitação, umas mais passivas, outras mais activas. Mesmo o conhecimento, científico ou outro, consiste numa busca de adequação que não é alheia à mimese. A arte também a implica e, quando procura desembaraçar-se completamente dela, encerra-se num exercício lúdico ou numa autocontemplação incapaz de captar o interesse dos seus destinatários.

Como vimos, o conceito de imitação envolve diversas questões que, se não forem clarificadas, geram equívocos:

— *O que se imita?*
— a acção; ou os caracteres (para Aristóteles); a vida e os costumes (para Horácio); são respostas praticamente idênticas;
— a actividade criadora primordial ou então as «Ideias» (para Platão);
— os discursos das pessoas, no drama (há leituras que consideram que só há realmente imitação na literatura dramática);
— os autores clássicos, os modelos (para Horácio).

A forma de responder a esta questão condiciona o conceito que se faz da mimese.

Além disso, este mesmo *item* envolve ainda outra fonte de problemas: porque qualquer destas formas da imitação podem visar «o que aconteceu» ou «o que poderia acontecer», ou seja, «o particular», ou então «o geral» (como Aristóteles preconiza), ou seja, o verdadeiro ou o verosímil. Ora, já observámos, no primeiro capítulo, que a noção de *verosimilhança* — correspondente ao «que poderia acontecer» ou ao «geral», nos termos de Aristóteles — admite várias significações[445], o que acarreta uma complexidade adicional.

---

[445] Em suma, poderíamos dizer que o *verosímil* admite as modalidades *do possível*, *do provável* e do *necessário*, categorias que se opõem ao inverosímil. Mas nem o verosímil nem o inverosímil se confundem com a verdade.

- *Por que **modos** se imita?*
  — pela narrativa (ou modo diegético, como diz Platão);
  — pelo drama (ou modo mimético, na terminologia platónica);
  — e também pela lírica (que parece estar ausente da consideração de Aristóteles);
- *Por que **meios** se imita?*
  Aristóteles considera fundamentalmente a poesia, a pintura, a música e a dança.

  > Com efeito, assim como muitos imitam *pelas cores e pelo desenho* a imagem de muitas coisas [...] outros *ainda por meio da voz,* assim também nas referidas artes. Todas elas executam a sua imitação *com o ritmo, a palavra, a harmonia,* ou isoladamente ou combinados.[446]

- Ainda poderíamos perguntar *Quem imita?* E responderíamos que a imitação é feita pelo autor, pela obra ou ainda pelo destinatário, o leitor ou o espectador, cuja colaboração com o texto é de tal modo indispensável que, sem a sua actividade imaginativa, o mundo imitado não ganha forma.

Assim, a expressão *imitar,* ou **representar** (tornar presente), pode significar coisas muito diferentes:

- repetir, fazer outra vez, fazer muitas vezes ou «macaquear» (copiar apenas a aparência[447], sem apreender o espírito);

---

[446] Aristóteles, *ib.*, 1447a, p. 413; os sublinhados são nossos. A este propósito, poderia desenvolver-se o tema da relação da literatura com as outras artes: a pintura, a música, o cinema... Toda a literatura clássica se baseia na relação preferencial com a pintura, expressa no *topos ut pictura poesis*. Tal como o Simbolismo virá a explorar a relação com música.

[447] Platão, *ib.*, p. 457: «com que fim se faz a pintura? Com o de imitar a realidade como ela realmente é, ou a aparência, como ela aparece? É imitação da aparência ou da realidade? — Da aparência».

- reproduzir, fazer de novo e fazer de outra forma *(v. g.,* a reprodução dos seres vivos: um filho pode ser parecido com os pais, mas é sempre outro);
- simular; na consciência da impossibilidade de fazer igual, a solução é transpor, «fingir».

Vemos, portanto, que a noção de *representação* quer dizer *tornar presente,* mas implica sempre uma mistura *de presença e de ausência, de identidade e de diferença.* E esta «mistura», em proporções diferentes de caso para caso, afecta sempre o significado da *representação* ou da *mimese.*

Estes são alguns dos equívocos que determinam posições tão diferentes como as de Platão e Aristóteles: a posição antimimética de Platão tem de se relacionar com o receio dos efeitos perniciosos da imaginação desgovernada pelas pulsões que levam à perda do autodomínio; mas também com a procura do autêntico, do verdadeiro. E, efectivamente, os períodos que se pautaram rigidamente por uma imitação dirigida por normas, receitas, modelos e autoridades deram origem a obras de uma literatura estereotipada, inadaptável à novidade, que soa a falso.

Aristóteles, concentrando-se no *meio* e no *modo* por que se imita, e salientando assim a *autonomia* da obra, estabelece a relação mimética como relação de *analogia* e não de *dependência.* A analogia pressupõe a semelhança, não das «substâncias» (realidade / obra), mas das *funções* ou dos *efeitos.* O estatuto da obra de arte representativa não é o de uma realidade derivada. Imitar, portanto, não é repetir.

4.2.3. Em torno da Mimese

Do imenso debate em torno da mimese, respiguemos alguns temas soltos que colocam questões significativas:

Em oposição à tese platónica, Aristóteles sublinha a aptidão das artes imitativas para *o conhecimento.* Ao visar o verosímil, esta não conduz ao erro ou à confusão, mas permite entender os processos de causalidade e de necessidade que a visão do particular e do parcelar nem sempre verelam, mas que a consideração do geral leva a perceber. O prazer da arte começa por se manifestar ao nível mais elementar do *reconhecimento* e pode aprofundar-se quando se entendem as razões que estão subjacentes ao desenrolar de uma acção e que a explicam.

Nesta versão, a teoria da mimese é coerente e isenta de ambiguidade, porque está considerada apenas na perspectiva do conhecimento.

Pelo contrário, Platão, preocupado com o risco de confusão entre o ser e o parecer, e com a problemática da *verdade,* não apenas no sentido gnosiológico (adequação do que se conhece àquilo que é), mas também no sentido ético (verdade/falsidade; e formação da personalidade), introduz outra perspectiva.

Por isso, se se procura integrar a problemática platónica e a aristotélica, o resultado carece de coerência.

Ilusão, fantasia, ficção, fingimento — são formulações comportadas pela mimese aristotélica. Inflectir esta problemática no sentido da moral introduz um factor de ordem diferente, o que confunde e torna ambíguos os dados da questão.

A veemência do protesto antimimético obriga a ponderar as razões que o determinam e a procurar discernir os seus motivos.

Podemos perguntar: Em que medida a teoria da mimese impõe uma relação constrangedora? Ou, pelo contrário, de que modo poderá ela permitir o exercício da originalidade e da descoberta?

Efectivamente, importa ter em conta que o próprio Aristóteles relaciona *mimesis* e *poiesis,* acrescentando assim um importante esclarecimento e enriquecimento da questão:

> [...] não devemos procurar absolutamente fixar-nos nos mitos tradicionais, sobre os quais versam as tragédias. Seria até ridículo

procurá-lo, uma vez que os temas conhecidos o são apenas de um pequeno número, e mesmo assim agradam a todos.

Destes factos ressalta que o poeta deve ser mais criador *(poiêtês)* de mitos do que de metros, na medida em que ele é poeta por meio da imitação *(mimêsis),* e são acções o que ele imita. E quando acontece desenvolver temas reais, nem por isso deixa de ser o seu criador *(poiêtês),* pois nada impede que alguns dos acontecimentos sejam tal como seria natural e possível que se dessem, pelo que ele é o seu criador.[448]

Como se vê, para Aristóteles a imitação do «poeta» é antes de mais imitação de *acções,* e o filósofo incita à mais larga liberdade, fazendo notar que, mesmo quando o poeta adopta mitos do património tradicional, não deixa de ser o seu criador, porque ou tem de lhes dar um desenvolvimento «natural e possível», verosímil, ou tem de imaginar uma acção e personagens capazes de os fazerem desenvolver-se de modo coerente, de acordo com os princípios da causalidade e da necessidade, o que envolve também as faculdades criativas.

Podemos encarar de outro modo a pergunta formulada: Quais são as responsabilidades da teoria, na força do protesto antimimético? Efectivamente, a teoria procura conciliar coisas contraditórias (a mistura de *presença e de ausência, de identidade e de diferença,* a que aludimos antes); e por essa razão contém em si mesmo, de raiz, uma tensão.

Contudo, no Renascimento, apesar de se encontrarem todos os casos de figura, pode dizer-se que «foi estudando e treinando-se na imitação dos antigos, que o europeu chegou a ser plenamente moderno», ao haver tomado consciência da sua temporalidade. O processo, como já explicou Faguet, desenvolveu-se em três fases, uma de arremedo dos antigos, outra de imitação e outra

---

[448] Aristóteles, *ib.*, 1451b, pp. 418–419.

ainda de assimilação, tudo inscrito no campo da doutrina da imitação, «Doutrina que não só domina a preceptiva literária, mas também a atitude vital do homem europeu até tempos recentes»[449].

Aliás, a própria teoria prevê três formas diferentes do seu uso, como faz notar V. Pineda, citando Bartolomeu Ricci[450], «sequi, imitari, aemulari», o que se exprime através de diferentes metáforas: «transformativas (a abelha, a digestão, o pai e o filho)»; «dissimulativas (o escondido)» e «erísticas (a luta, a competição)»[451].

A clássica dicotomia que Petrarca estabelece entre o bicho-da-seda e a abelha define formas muito diferentes de mimese: uma delas, a forma escolástica de aprendizagem e de imitação, constitui, para Petrarca, uma acumulação não integradora dos conhecimentos; em oposição, na versão que o poeta preconiza, a imitação incorpora e assimila as leituras alheias e com esses materiais elabora uma obra nova.

Convém referir o modo pouco filosófico e pouco crítico como na maior parte das formulações da estética clássica se emprega o termo mimese e o seu correlato «realidade». Este emprego supõe a forma de pensar comum, não criticamente analisada, segundo a qual o real que se imita, bem como as categorias de espaço e de tempo, existem objectivamente fora do sujeito, independentes dele, como dados seguros e susceptíveis de serem conhecidos directamente, algo de anterior à obra imitativa e por relação ao qual se pode avaliar a fidelidade ou a infidelidade da obra ao mundo real que lhe serve de modelo; um mundo real que cabe ao poeta reproduzir de forma verdadeira ou verosímil.

Ora, esta concepção metafísica e gnoseológica fica decisivamente abalada no século XVIII com a filosofia de I. Kant (1724–1804),

---

[449] Pineda, 1994: 36; as citações são de Maravall.
[450] *De imitatione*, 1541.
[451] Pineda, *ib.*, pp. 42–43.

filosofia que analisa com extremo rigor os limites e as fronteiras da razão, para lá das quais o seu exercício deixa de ter legitimidade; e que denuncia as formas de ilusão que são quer o cepticismo (que nega a possibilidade do conhecimento) quer o dogmatismo. Assim,

> Segundo o 1.º Capítulo da *Crítica da razão pura,* intitulado «estética transcendental», uma dessas ilusões da razão repousa sobre a suposição de que existe um mundo objectivo exterior a nós [...]. Como mundo objectivo é o mesmo que dizer espaço e tempo objectivos, a primeira coisa que Kant negará é que os ditos fenómenos existam fora de nós. Com isso negará igualmente que o mundo esteja aí no exterior como algo dado de antemão.
> Com efeito, a filosofia crítica põe em relevo que os objectos em si nos são desconhecidos e que o que chamamos objectos exteriores não são mais do que simples representações da nossa sensibilidade cujas formas são o espaço e o tempo. [...] Kant não nega que exista alguma coisa fora do sujeito, o que nega é que possamos aceder a isso.
> [...] Se se diz, como no caso de Kant, que o que chamamos mundo é o resultado da nossa própria construção a partir das formas de sensibilidade (tempo e espaço) e das categorias do entendimento, então fora do sujeito não há em rigor nada que reproduzir e por todas as partes temos aparências e só aparências. De uma óptica transcendental, a mimese perde o seu sentido, como também o perde a diferença entre a ficção e a realidade.
> [...] De qualquer maneira, a relação básica esboçada por Kant entre o sujeito que conhece e o mundo conhecido elimina de repente a possibilidade de entender que uma obra de física, uma tragédia histórica ou um espelho «reflictam» simplesmente o mundo que têm em redor. E é neste sentido que se pode assegurar que Kant faz desaparecer a oposição ingénua entre a ficção e a realidade. Além disso, dado que a maior responsabilidade quanto à criação da realidade recai no sujeito [...] compreende-se que,

deste ponto de vista, a arte em geral e a poesia em particular deixem de colocar-se em termos de «mimesis» (onde a responsabilidade recai no objecto) e se coloque em termos de expressão daquilo que o sujeito tem «dentro» de si.[452]

Exemplificação:

Vejamos o exemplo de um escritor, Camilo Castelo Branco, que, a propósito das relações da sua obra com o realismo[453], discute uma questão a que sempre aludira: a das relações da obra com a verdade:

> Hoje estou na verdade da dor humana. Parece-me impiedade vesti-la de farsa e pô-la na praça a escambo de risadas. O histrião está perfeitamente acentuado no escritor. Sendo a escola alcunhada de realista a perversão do natural, os sectários desse desvario já se vão gozando do direito indiscutível de me refugarem da sua camaradagem de novelistas.[454]

Como se vê, independentemente do ressentimento e do sarcasmo com que Camilo se refere aos seus «camaradas» «alcunhados de realistas» e da discordância quanto aos processos utilizados por eles, o escritor reclama-se de uma lídima adesão aos princípios mais puros dessa escola: «estou na verdade da dor humana».

Um dos críticos que se debruçaram sobre esta questão, Aníbal de Castro, escreve:

> Conjugando o real observado em diversos tempos, lugares e situações, com leituras de vária proveniência, com as suas próprias vivências e com as de quantos lhe estavam próximos,

---
[452] Asensi Perez, 1998: 321–324.
[453] Como se sabe, o realismo preconiza uma estética inspirada na realidade social, minuciosamente observada, cuja verdade deveria ser «pintada» pela literatura.
[454] In Introdução de *A Caveira da Mártir*.

Camilo construía *um mundo ficcional, factualmente diferente do real, não coincidente psicologicamente com ele, mas nem por isso menos fidedigno como quadro da época e da sociedade* da qual nascera e para a qual fora criado.[455]

Veja-se também uma carta de Vitorino Nemésio transcrita por David Mourão-Ferreira:

> Agora ando metendo as cartas na caixa, vou à estação de Biologia Marítima ler relatórios de pesca em publicações da Armada, colher informações para a *baleia*. Oxalá não seja para pintar coisas sem vida. O Magalhães Ramalho [...] emprestou--me a *Carrière d'un navigateur* do Príncipe de Mónaco [...]. Ontem à noite estive debruçado sobre cartas de navegação que dão o Faial, Pico e S. Jorge, e Pim Baye: — Porto Pim. Que lindas fotografias de estradas de álamos e penedos, vinhas do Pico, casas com portão de adega! Já achei sítio para as vinhas dos Dulmos no Pico: uma casa da Candelária. Pode ser vista do Pasteleiro; a lancha do Roberto fará navette no Canal.[456]

Este trecho revela-nos o escritor recolhendo minuciosamente materiais adequados para o seu livro *Mau Tempo no Canal*. Repare-se na preocupação com a verosimilhança da pesca à baleia, um dos episódios descritos; a procura da situação de uma propriedade vinícola, na ilha do Pico, e a nota «pode ser vista do Pasteleiro», um pormenor que interessa ao narrador por motivos que a intriga do romance exige. Este é mais um exemplo de como a ficção e a realidade se conjugam sem se confundirem, mas do qual poderíamos dizer o mesmo que o Prof. A. de Castro disse

---

[455] Castro, 1991 (itálico nosso).
[456] David Mourão-Ferreira, *Sob o Mesmo Tecto*, p. 230. Veja-se também a carta transcrita na página 234, onde se afirma a fidelidade à realidade geográfica dos Açores.

do mundo de Camilo: «mas nem por isso menos fidedigno como quadro da época e da sociedade».

4.2.4. Contestação do Conceito Representativo de Literatura

Se começámos por ver o que há de válido no conceito de literatura como mimese, temos de observar agora como o conceito se pode tornar limitativo e coarctar a energia criadora. Nem toda a arte se pode explicar como imitação, e, sobretudo, a arte não se legitima exclusivamente em função da dependência de um modelo exterior, da semelhança ou do reflexo da realidade que parece constituí-la.

A arte é, antes de mais, **criadora**, no sentido de desencadear experiências antecipadoras e alternativas relativamente à realidade de determinado momento e circunstância.

Referimo-nos já (a propósito da função da literatura como alargamento da experiência individual) à sétima tese de Jauss[457]: este historiador e teórico literário atribui à literatura a importante capacidade de descobrir e de suscitar novas formas sociais. De facto, esta não se limita a reproduzir ou a reflectir a realidade; uma das suas funções mais importantes é a de **inventá-la**, contestando o mundo, e de abrir para outro universo: utópico, mítico, ou apenas por vir.

Já vimos como no Renascimento, no âmbito da teorização dos géneros literários de acordo com as categorias aristotélicas e platónicas, a poesia lírica levantava um problema: O que é que a poesia imita?

Herder (1744–1803), figura importante do movimento *Sturm und Drang*, volta a colocar a questão para responder que a imitação da poesia não se faz a partir da natureza, mas da *criatividade divina*. A poesia é expressão do *espírito* (do homem, da nação, do seu tempo), e aquilo que ela «imita» é a interpretação que o espírito faz do mundo.

---

[457] Jauss: 81-82.

Por esta razão, para o **Romantismo** — que assume totalmente este ponto de vista, bem como a fundamentação filosófica que a questão adquire com o idealismo, a partir de Kant —, a obra deriva da individualidade do génio criador, e não da imitação dos modelos, do respeito pelas suas regras e códigos; estes deixaram de ser a pauta estética. A partir daqui, o criador deverá, não assemelhar-se, mas diferenciar-se, afirmar a sua originalidade.

Na mesma linha, os românticos receiam que a focalização na mimese, e, portanto, no objecto da imitação, leve a esquecer o sujeito ou a concebê-lo apenas como um ser passivo que se limita a registar os estímulos que lhe vêm de fora. Ora, bem pelo contrário, através da selecção e da imaginação, o sujeito é o criador da obra. Por isso, os românticos proscrevem o conceito de mimese em nome do de *expressão*.

Mas a ideia de criação leva-nos mais longe do que a noção de expressão, muito centrada na personalidade do autor. Em face da realidade decepcionante ou desumana, a obra de arte pode propor-se substituí-la, erigir uma realidade outra que compense ou corrija aquela que tem como referência. Pode constituir-se como solução alternativa, resposta, saída, forma de salvação em face de um mundo opressor ou absurdo.

J. Rouhou descreve de modo certeiro esta função da literatura:

> Tal como a técnica [...], a arte reduz a nossa sujeição à natureza para lhe substituir uma cultura, compromisso entre desejo e realidade, na qual nos modelamos a nós mesmos. Assim, a literatura contribuiu para inventar o amor — e sobretudo para o propagar [...].
>
> A obra de arte, mesmo figurativa, descritiva, narrativa ou realista não é a reprodução da realidade física e ideológica, mas a sua relativa transformação pelo desejo [...].
>
> A função literária é o exercício da prática metafórica pela linguagem, para assumir a nossa problemática, na medida em que esta é susceptível de ser enunciada no estado da cultura (sem

o que não pode ser mais do que sonhada) e em que não pode ser resolvida pela acção [...]. Por um lado, ela dá figura ao desejo, à felicidade, ao ideal, na harmonia verbal ou na ficção que põe em cena um sujeito em busca do objecto do seu desejo e afrontando-se com a «realidade». Por outro, ela **domestica ou sublima a realidade**, extrai «as flores do mal», transforma a infelicidade e a dor em beleza.[458]

De uma ou de outra forma, o conceito de imitação pode induzir na ilusão de que — entre aquilo que se imita (realidade, natureza, vida, caracteres...) e o discurso, o texto (no caso da literatura) que concretiza essa imitação — se estabelece uma *relação directa,* de *transparência* ou de *motivação,* o que é falso e seria impossível, dada a diferença das «substâncias».

Será mais adequado pensar o discurso, o texto de uma obra, como um *meio* que funciona à imagem de um condutor (de electricidade ou de calor, por exemplo): o discurso poderá ser um «bom condutor» da mensagem, mas impõe, apesar de tudo, resistências à energia que «conduz». Só um «perito em discurso» saberá tirar partido das peculiaridades desse *meio* e obterá um resultado eficaz, sem perdas de energia. Esse «perito» é o escritor, o poeta.

Tudo aconselha a dar atenção a esse *meio* que possibilita a imitação, mas que se impõe com as condições que lhe são próprias, com as leis que lhe são inerentes. Se não o compreendermos, pouco teremos entendido da literatura, e de um elemento que lhe é essencial: o *meio* linguístico ou verbal.

4.3. A Literatura como Linguagem
4.3.1. A Arbitrariedade do Signo
Partamos do princípio fundador da linguística estrutural, teorizado por F. de Saussure: o princípio da arbitrariedade do signo linguístico.

---

[458] Rohou, 1996: 65–66.

Que quer isto dizer?

Se perguntarmos qual a relação entre a coisa designada (por exemplo, uma árvore, um cavalo ou uma mesa) e a palavra que a designa, encontramos tradicionalmente duas respostas:

a) que há, em certos casos, uma relação entre elas — posição conhecida por «cratilismo», pois é exposta por Platão no diálogo *Crátilo;* o filósofo discute a natureza motivada ou convencional da linguagem. Entende que ela é em parte convencional, imotivada; mas em parte, também motivada, guardando certas palavras alguma relação com a essência das coisas que nomeiam;

b) que não há nenhuma relação, a não ser a relação convencional que a comunidade linguística estabelece.

> O signo linguístico une não uma coisa e um nome, mas um conceito e uma imagem acústica.[459]

Desde logo, Saussure começa por excluir «a coisa» do signo linguístico e considera apenas o conceito e a imagem acústica ou, se preferirmos, o significado e o significante. «Estes dois elementos estão intimamente unidos e postulam-se um ao outro»; constituem «as duas faces» do signo linguístico[460]. Ora, entre eles, Saussure não encontra qualquer relação de motivação.

> O laço que une o significante ao significado é arbitrário, ou melhor, uma vez que entendemos por signo o total resultante da associação de um significante e de um significado: *o signo linguístico é arbitrário.* […]
>
> A palavra *arbitrário* exige também uma precisão. Ela não deve dar a ideia de que o significante depende da livre escolha

---

[459] Saussure: 122.
[460] *Ib.*: 123.

do sujeito falante [...]; queremos dizer que ele é *imotivado,* isto é, arbitrário em relação ao significado, com o qual não tem, na realidade, qualquer relação natural.[461]

A questão foi rigorosamente enunciada pelo linguista Herculano de Carvalho, que prefere falar da *convencionalidade* da relação em causa.

> Entre o significante e o significado e, portanto, também entre o significante e a realidade [...] a relação significativa é [...] uma relação que tem como fundamento uma imposição deliberada e finalística, uma convenção. Por outras palavras, o *significante é um sinal convencional.*[462]

Apesar destas reservas, a expressão «arbitrariedade do signo» ficou ligada a este princípio fundamental da linguística estrutural, princípio que vai ter consequências importantes quer nos estudos linguísticos quer — o que importa aqui — nos estudos literários.

Não se trata de um princípio tão límpido como pode parecer, uma vez que a teoria refere, por vezes, a relação do signo com a coisa, ou seja, com o referente; outras vezes o que está em causa é a relação que se estabelece no interior do signo, entre o significante e o significado. De qualquer forma, relativamente a ambas, estes linguistas são formais: trata-se de relação (ou de relações) convencionais ou arbitrárias.

Importa entender a afirmação deste princípio no âmbito da época em que surge. O estruturalismo pretende captar a obra na sua imanência e compreendê-la como sistema.

> Este tipo de abordagem da obra literária (diz-nos Maingueneau) é muitas vezes solidária de uma concepção «convencionalista» das relações entre o texto e o mundo: nessa perspectiva

[461] *Ib.*: 124–126.
[462] Carvalho: 172.

a literatura aparece como um engano subtilmente agenciada, um jogo de regras semióticas arbitrárias e inconscientes que teria a capacidade de suscitar junto dos destinatários uma ilusão de realidade. Da mesma forma que uma língua é uma estrutura «arbitrária» da qual não se pode dar conta a partir de considerações de ordem psicológica ou sociológica, da mesma forma uma obra (e para lá dela a literatura) seria um sistema regido por leis próprias.[463]

Este mesmo autor conclui: «É sempre tentador para o analista repetir a pretensão da obra literária à auto-suficiência». Se relembrarmos como a estética romântica concebe o escritor como um génio singular, excepcional e isolado, de tal modo que tende a esquecer o carácter institucional da literatura que o condiciona, percebemos que culmina aqui a tendência para considerar a obra literária como um objecto isolado e auto-suficiente, subsistindo apenas por si mesmo.

O «fechamento» da linguagem[464]

Nesta ordem de ideias, a língua é concebida como a pressuposição recíproca do significante e do significado; e, no processo significativo, considera-se apenas essa relação, a relação entre o significante e o significado — pois a relação com as coisas, com o real (a relação *mimética*) é exterior ao sistema. Por outras palavras: a dimensão do *referente,* ou seja, a relação da palavra com a coisa por ela designada (uma árvore, um cavalo, nos exemplos de Saussure) é considerada exterior ao sistema da língua e, portanto, não pertinente na definição do universo linguístico; ou, nos sistemas que se servem da língua como suporte, como forma de expressão, como a literatura.

---

[463] Maingueneau, 1996:14.
[464] Veja-se, sobre este assunto, o que foi dito no § sobre o Estruturalismo.

Assim, do princípio da arbitrariedade do signo decorre (como tivemos ocasião do observar a propósito dos pressupostos do estruturalismo) outro princípio importante: o princípio do **fechamento** da linguagem, da *clôture* (para usar o termo original).

Deste modo, rejeita-se a concepção «realista» da linguagem, isto é, a concepção que «define a significação como a relação entre *signos* e *coisas»*, o que se traduz na «recusa em aceitar a dimensão suplementar do referente»[465].

Por outro lado, verifica-se que «o objecto de estudo se confunde com os instrumentos deste estudo»[466], isto é, só podemos falar da língua usando a própria língua; «um dicionário unilingue qualquer é um conjunto fechado, no interior do qual as denominações perseguem indefinidamente as definições»[467].

O mesmo não se passa com os outros universos significantes: por exemplo, a pintura, o código da estrada, a moda; falamos da pintura com uma linguagem que não é a pictórica, mas a verbal. Não ficamos portanto encerrados num sistema fechado. Mas, para falar da linguagem, só dispomos de um instrumento que é a própria linguagem.

O estruturalismo tomou consciência deste aspecto e acentuou-o, entendendo como imperativa a rejeição das concepções linguísticas «realistas»[468].

Em consequência, se tomamos consciência da natureza verbal da literatura e encaramos qualquer texto, qualquer obra ou qualquer género como um *sistema de significação,* torna-se então claro que tomamos esse texto literário como um sistema *de natureza*

---

[465] Greimas, 1966: 13.
[466] *Ibidem.*
[467] *Ibidem.*
[468] «O reconhecimento do universo semântico implica, por sua vez, a rejeição de concepções linguísticas que definem a significação como a relação entre *signos* e *coisas*, e nomeadamente a recusa em aceitar a dimensão suplementar do referente, que introduzem, à maneira de compromisso, os semânticos "realistas"», *ibidem.*

simbólica, ou seja, com uma natureza completamente *distinta* do mundo das coisas, do mundo com existência empírica, do *mundo referente* que esse texto literário designa ou evoca.

É justamente porque a língua tem a capacidade prodigiosa de nomear as coisas sem se confundir com elas, de evocar as coisas *na sua ausência,* de designar as coisas *permanecendo diferente,* permanecendo *outra substância,* que a significação se torna possível.

Consequentemente, tomamos consciência de que o universo literário é de *ordem diferente* do universo «real», do universo das coisas que nomeia. E, por isso, os seus valores (os valores da sua aferição estética), e os critérios para a apreciar, têm de ser diferentes dos que aplicamos ao mundo empírico, à referência onde a obra vai buscar o seu tema. Um conceito ingénuo de mimese oblitera esta diferença.

Por exemplo:
Os Lusíadas referem-se à história de Portugal, às descobertas, à viagem de Vasco da Gama, entre outros assuntos. Tornam presente todo esse universo na sua ausência, de modo *simbólico.*

Se quisermos emitir um juízo sobre a obra literária recorrendo aos critérios referentes ao mundo real que evoca — discutindo, por exemplo, sobre a oportunidade ou inoportunidade dos descobrimentos, sobre o valor da viagem de Vasco da Gama ou sobre o comportamento dos navegantes, etc... —, estaremos desfocados do nosso objecto de estudo; esquecemos que se trata de uma obra literária e não de acontecimentos históricos, por mais que a obra esteja relacionada com eles.

Como — é claro — no decurso da narração, o poeta tece considerações sobre a grandeza das descobertas, sobre o comportamento dos portugueses, etc.; então, pela natureza literária que, assim, esses temas assumem, estes tornam-se susceptíveis de serem abordados numa análise literária.

Talvez a distinção dos dois planos se torne mais sensível quando o poeta não observa uma total fidelidade ao real histórico. Por exemplo: Camões faz o elogio dos navegantes salientando a sua absoluta obediência ao chefe; ora, é sabido que durante a viagem houve actos de insubordinação. Percebemos assim como o «facto» literário pode diferir do «facto» histórico. E como os critérios para julgar um dos planos não se podem aplicar tranquilamente ao outro.

Aliás, também é altamente significativo, do ponto de vista literário, este afastamento de Camões da verdade histórica...

4.3.2. Fechamento e Abertura da Linguagem

Vivemos portanto no interior do mundo da linguagem, e quando nomeamos o real não o contactamos directamente. Quando o nomeamos, é ainda a linguagem que contactamos. A linguagem fecha-se, não só por essa razão, mas também porque só podemos falar da linguagem usando a mesma linguagem: ela é simultaneamente *objecto* e *veículo*.

Não podemos sair deste círculo.

Isto no âmbito da *língua*. Mas não se passa o mesmo no plano da *fala*.

Como observámos, os teóricos estruturalistas nem sempre tomaram comsciência de que os princípios relativos à *língua* não tinham necessariamente validade para o domínio do texto literário, no qual estamos em presença de manifestações *da fala* e não da *língua*. Deste modo, o conceito do fechamento da linguagem, transferido da teoria linguística para a teoria literária, provocou equívocos persistentes e teve consequências nefastas no domínio da crítica e no da própria criação literária. Deu lugar

- à chamada **ilusão metalinguística**, isto é, à ideia segundo a qual a linguagem só fala dela mesma, o que não é assim, como a experiência de cada falante mostra claramente;

- e a uma criação em círculo fechado[469]: a literatura que fala apenas de literatura, uma produção literária fascinada com a sua própria prisão, uma literatura que se volve sobre si mesma, que volta as costas à vida, movida por um movimento centrípeto; a isso se chamou a *circularidade da literatura,* sem a consciência do que tal noção implica de claustrofobia.

Mas, se é assim — se não se pode sair da linguagem, e se só se pode falar dela servindo-nos dela ainda —, se assim é (e é!...), a verdade é que a linguagem se constitui *para dizer o que está fora dela,* para lá desse círculo. Gera-se, portanto, não em movimento centrípeto, mas em movimento centrífugo, no sentido da captação do real ou da construção do real.

Daí, a importância e o relevo que orientações teóricas posteriores ao estruturalismo (a pragmática, a lógica e a semântica filosófica) têm dado à **função** *referencial,* função através da qual a linguagem e a literatura remetem para fora de si, para o real.

Houve um momento em que a ênfase colocada no fechamento da linguagem e, por outro lado, o prestígio da linguística levaram a supor que o estudo da literatura devia ser eminentemente linguístico, se não exclusivamente linguístico. Tomava-se consciência de que o código linguístico impunha as suas leis ao fenómeno literário e de que, assim, tudo deveria reduzir-se ao estudo desse código.

Mas em breve se reconheceu que aquilo que foi apelidado de «imperialismo linguístico» era infundado: efectivamente, se

---

[469] Esta concepção tornou-se dominante também em certas orientações da semiótica. Cf. Dessons: 166–167: «La conception du texte comme "micro-univers sémantique fermé sur lui-même" lui confère une fonction de **sui-reflexivité**, c'est-à-dire d'auto-référence, d'auto-représentation, qui soustrait à toute relation sémiotique externe avec les référents extra-textuels [...]. La clôture du texte [...] est, dans les années 1970, le point de vue général de la conception sémiotique du discours littéraire».

o código linguístico tem a maior importância na literatura, nela actuam igualmente muitos outros códigos: estilísticos, retóricos, histórico-literários, estéticos, ideológicos, simbólicos, etc. A literatura é, nas palavras de Aguiar e Silva, *um policódigo,* uma «interacção sistémica de múltiplos códigos»[470]. A semiose literária é profundamente *heterogénea.*

Na literatura, como já vimos, a linguagem manifesta-se na sua plenitude.

E, através da função referencial, o *mundo* é convocado[471], como vimos no capítulo sobre a hermenêutica. A obra de arte abre-nos o mundo e abre-nos para o mundo — para a sua imensa novidade e diversidade; abre-nos, além disso, para o universo dos possíveis, mesmo que a história os não tenha realizado, o que não significa que ela se esgote na função representativa: a relação ao mundo não é constrangedora. Como vimos, «a arte constrói, na obra, o seu próprio mundo; não está a copiar outra coisa».

Neste ponto é oportuno relembrar o importante contributo da escola semiótica de Tartu[472], onde se destacam os trabalhos de Iuri Lotman, que explica como a cultura constrói «modelos de mundo» através dos quais o homem olha à sua volta e «lê»: compreende e interpreta o mundo, a vida, a história.

«A organização estrutural do mundo constitui a tarefa fundamental da cultura», diz Aguiar e Silva, a propósito da proposta de

---

[470] Silva, 1982:79. Cf. todo o § 2.6. «Heterogeneidade da semiose literária».
[471] Relembremos a citação já feita nas pp. 175–176: «A ordem semiológica não constitui o todo da linguagem; é preciso passar da língua ao discurso [...]. Não é possível parar na dimensão negativa do desvio, do recuo, da diferença; é preciso aceder à dimensão positiva, a saber [...] a possibilidade para um ser de se voltar para o mundo, de o visar, de o apreender, de o captar, de o compreender. E este movimento é inteiramente positivo; é aquele em que [...] os signos são de novo voltados para o universo.» Ricoeur, 1969: 256.
[472] Escola que vem na sequência do formalismo russo, mas que aproveita também as aquisições do estruturalismo e da semiótica.

Lotman[473]. O conhecimento exerce-se através de «sistemas modelizantes». E esses sistemas exigem a linguagem — através da qual o homem organiza, conhece, constrói, comunica e actua no mundo.

Por isso se pode dizer que o mundo fala na linguagem. Com isto queremos dizer que a nossa linguagem não se limita a exprimir-nos a nós e às *nossas* intenções; não se exerce apenas de acordo com as *suas* leis internas. Mas também que há uma força do real que jorra na linguagem — através do falante, apesar dele e por vezes contra ele —, de acordo com Heidegger e Gadamer.

Tudo isto nos leva a perceber a necessidade que o leitor tem de uma «competência» capaz de dar conta da «estrutura do mundo» presente em cada obra literária. Por isso se fala da necessidade de possuir um «dicionário», uma «gramática» e uma «enciclopédia»[474], capazes de permitir compreender — na linguagem de uma obra — o mundo que ela evoca. Não se trata dos dicionários, gramáticas e enciclopédias que estão nas prateleiras das nossas bibliotecas, mas daqueles que cada um constrói ao longo do seu processo de aprendizagem e com o alargamento da sua cultura.

Na mesma ordem de ideias se deve ter presente que todos os professores são professores de língua, professores de português, no nosso caso, na medida em que ensinam as linguagens das suas áreas de docência: botânica, matemática, química, biologia, geografia, etc. Ao ensinarem estas linguagens, *articulam* o mundo: mostram como ele se divide, se analisa, e se organiza, em função da *descrição* constituída pela ciência em questão. Cada uma destas disciplinas constrói assim «modelos de mundo».

Leia-se, a respeito da referida competência do leitor — à qual, naturalmente, corresponde uma equivalente competência da parte

---

[473] Silva, 1982: 90.
[474] U. Eco (1979), 1983: 26. «A sociedade apenas consegue registar uma informação enciclopédica quando ela foi fornecida por textos precedentes. A enciclopédia ou *thesaurus* é o destilado (sob forma de macroproposições) de outros textos.»

do autor —, o parágrafo «O romance como acto cosmológico», do livro de U. Eco, *Porquê «o Nome da Rosa»?*[475]: «Eu penso que, para contar uma história, há que começar por construir um mundo, tanto quanto possível recheado até aos últimos pormenores». O que Eco diz sobre os seus estudos de bibliografia e de arquitectura medieval, e sobre a maneira como a acção do romance foi condicionada pela história política, religiosa e pelo estudo da filosofia dos séculos XIII e XIV, é plenamente esclarecedor sobre o domínio que o escritor precisou de adquirir relativamente às diversas matérias que evoca no romance.

Fechamento e intertextualidade

«Mundo», «enciclopédia» são questões que podem ser enunciadas (parcialmente enunciadas…) no interior dos estudos literários, através da noção de **intertextualidade**. Esta noção corresponde à consciência de que as obras literárias não nascem a partir do nada; «os livros falam entre si», diz U. Eco[476]. Efectivamente, os textos dialogam sempre com textos anteriores. Por exemplo, *O Nome da Rosa* tem presente vários livros bíblicos, como o *Apocalipse* ou o *Cântico dos Cânticos,* além de outros livros religiosos citados pelo autor; e, noutro plano, os romances de Conan Doyle que têm Sherlock Holmes como protagonista.

A *Mensagem* de Fernando Pessoa, estabelece complexas relações com *Os Lusíadas*. Por seu lado, *Os Lusíadas* e a lírica de Camões revelam a leitura e a assimilação de Petrarca, o qual, por sua vez, pressupõe a poesia provençal…

Qualquer texto cita, supõe, implica, parodia, transforma uma multiplicidade de textos anteriores — isto para permanecermos no domínio estritamente literário.

Porque, além do domínio estritamente literário, uma obra supõe e implica também uma multiplicidade de textos não

---

[475] Eco (s/d): 21–28.
[476] *Ib.*: 64.

literários: todo o tecido cultural a que temos acesso através de textos.

Voltando ao exemplo de *Os Lusíadas:* a obra relaciona-se naturalmente com as crónicas onde Camões se podia informar sobre a história de Portugal, com as *Décadas* de João de Barros, com o Roteiro de Álvaro Velho e com outras fontes históricas; com textos de poética onde se encontrava a teoria da epopeia, como a *Arte Poética* de M. I. Vida; com obras como o *Tratado da Esfera* de D. João de Castro, onde tomava contacto com a ciência do seu tempo; com os tratados sobre a educação de príncipes, onde se fazia referência a problemas políticos que interessavam a Camões; com obras como o *Esmeraldo de situ orbis,* de Duarte Pacheco Pereira, onde se abordavam saberes como a geografia, a cosmologia e outros relativos à ciência náutica[477], etc.

Passando para a *Mensagem,* teremos também no seu contexto cultural a história de Portugal, e, além dela, a área do esoterismo, do hermetismo e do gnosticismo...

A dimensão intertextual é assim uma vertente do texto literário que o relaciona com o universo literário exterior a si próprio.

A teoria literária de orientação estruturalista mais marcada por aquilo a que chamámos a «ilusão metalinguística» pretendeu ver na intertextualidade a única forma de abertura do texto. É o que afirma Michel Riffaterre: «o texto literário não refere objectos exteriores a si próprio, mas refere-os a um intertexto. As palavras de um texto significam não por referência às coisas, mas por pressuposição de outros textos»[478].

---

[477] Não estamos a estabelecer as fontes de *Os Lusíadas,* mas a enunciar um domínio cultural que é o da obra.

[478] *Apud* Silva, 1982: 612. Veja-se também *Teoria e Metodologia Literárias:* 221: «A literatura torna-se assim uma espécie de "monstro" borgesiano, produzida por "raros" para ser lida por outros "raros" detentores do privilégio de poderem rastrear o intertexto gerador e fundamentante do texto sob leitura».

Naturalmente, esta posição extremista é insustentável porque desconhece todo o investimento pessoal e toda a novidade que cada obra implica. A literatura não consiste num sistema fechado onde apenas se desse a circulação interna da intertextualidade.

Além do assumir desta dimensão, o texto verbaliza e formula elementos novos que vai trazendo do exterior para um universo literário em constante renovação pela simbiose com o exterior. Em suma, o conceito de intertextualidade não se opõe nem exclui a dimensão referencial da obra literária.

Fechamento e abertura do universo literário
Como se vê, o fechamento linguístico do texto tem de ser considerado sem radicalismo.

Levado ao extremo, conduziria à impossibilidade da criação literária, e igualmente à sua ilegibilidade. Quer no momento da criação quer no da leitura estabelecem-se relações com o exterior do universo literário que são, no mínimo, parcialmente **abertas**: as relações do autor e do leitor com a época e com o mundo de cada um deles. Nos dois pólos, criação e recepção, o texto conexiona-se necessariamente com o que lhe é exterior e lhe dá a vida — o mundo e o homem.

4.4. A Literatura como Ficção

> *«Milhor é exprimentá-lo que julgá-lo;*
> *Mas julgue-o quem não pode exprimentá-lo.»*[479]

A consideração da literatura como linguagem permite-nos compreender melhor o carácter **ficcional** (ou «fantástico») da obra literária. Com esta expressão — natureza ficcional da literatura — queremos dizer que a mensagem literária *cria imaginariamente*

---
[479] *Os Lusíadas,* IX, 83.

a sua própria realidade: um universo de ficção que não se identifica com a realidade empírica[480].

A questão da ficcionalidade (inevitavelmente ligada à da mimese, como vimos) vai assumindo formulações diferentes ao longo da história dos estudos literários.

Para alguns pensadores da Idade Média, portadores de uma concepção teológica da literatura, o reconhecimento do que há de ficcional na poesia leva a posições segundo as quais ela pode ser pura e simplesmente inspirada pelo demónio (musas ou deuses), nas versões mais radicais — o que leva à condenação da poesia pagã e sobretudo do teatro.

Versões mais moderadas equacionam (em termos neoplatónicos) a natureza da poesia — expressão essencialmente indirecta, recorrendo frequentemente a processos obscuros ou oblíquos, que assume e até explora a ambiguidade própria da linguagem (Santo Agostinho) — com a consciência de que abundantes «verdades disseminadas» estão contidas e encobertas no riquíssimo património da literatura pagã. Desta equação resulta a consideração da ficcionalidade em termos de verdade/falsidade e a ideia de que a ficcionalidade está aparentada com o erro, o engano, a mentira.

Ainda no século XVI, os livros de cavalaria despertam reacções hostis entre os intelectuais (em Portugal, Fr. António de Beja, por exemplo; em Espanha, L. de Vives, Cervantes e outros), que consideram que essas aventuras fabulosas são prejudiciais para a formação da juventude.

O Romantismo, ao rejeitar a versão clássica da mimese, que codificava a imitação dos modelos, o respeito dos estilos predefinidos e das regras, considerando o artificialismo destes processos incompatíveis com a espontaneidade do autor e com a autenticidade que deve ser um valor maior da literatura, opõe-lhe a expressão do sujeito como forma de verdade; e todo o movimento do

---

[480] Cf. Silva, 1967: 7–8.

idealismo tende a valorizar o sujeito, de forma que chega à reivindicação da verdade absoluta da poesia (nos termos de Novalis, «Quanto mais poético, mais verdadeiro»).

No entanto, o mesmo Romantismo não pôde deixar de vir a enfrentar, mais tarde, as objecções do positivismo filosófico e, de modo geral, da mentalidade positivista dominante na segunda metade do século XIX, positivismo que considerava o método das ciências naturais como o único susceptível de conduzir à verdade. Estas objecções obrigaram o pensamento romântico a evoluir de tal modo que

> a poesia fica fora do campo da verdade, os seus enunciados não pertencem ao tipo de discurso que pode ser contrastado com o que não é. Isto fica reservado para a ciência. A poesia exprime uma maneira afectiva de se relacionar com a realidade, a ciência descreve objectivamente os factos dessa mesma realidade[481].

4.4.1. Literatura e Imaginário

A origem da ficcionalidade está no carácter verbal da literatura: a literatura é um sistema de significação, isto é, refere-se ao real, às coisas, sem se confundir com elas. Ou ainda: é um sistema de natureza simbólica: relaciona-se com as coisas referindo-as *in absentia;* designa as coisas *permanecendo diferente,* permanecendo *outra substância,* como dissemos no parágrafo anterior. Aliás, esta é a condição para a existência da linguagem: podermos falar das coisas na ausência delas. Se só pudéssemos falar daquilo que está presente — apontando, por exemplo —, o nosso universo de referência ficaria imensamente restrito e não seria possível estabelecer relações, articulações. Em suma, não existiria linguagem.

Assim, a linguagem verbal existe porque é simbólica; e, porque é simbólica, tem a capacidade de referir não apenas o real

---

[481] Asensi Pérez: 409.

concreto, efectivo, mas também o **possível**, o **imaginário** e até o **impossível**: recordemos *Alice no País das Maravilhas* e a obra de ficção científica de Júlio Verne. A linguagem verbal tem portanto uma imensa capacidade de ficcionalizar.

Falar de ficcionalidade não equivale a falar de falsidade, mentira ou mistificação. Equivale, sim, a apontar para *o mundo do imaginário,* nas suas variadíssimas formas: sonho, mito, lenda, criação, anseio, medo, desejo, esperança. E leva a compreender que o universo criado pela linguagem, particularmente quando a linguagem está carregada de afectividade, se correlaciona estreitamente com essas formas. É um mundo de existência simbólica.

Relembremos o célebre poema de Fernando Pessoa, *Autopsicografia:*

> *O poeta é um fingidor.*
> *Finge tão completamente*
> *Que chega a fingir que é dor*
> *A dor que deveras sente.*

Não se trata tanto de insinuar a mistificação, o engano que há no acto poético, como de reagir contra a suposição de que se obtém um texto literariamente eficaz através de uma expressão directa da vida afectiva. Podemos ser sinceros e pungentes nas nossas emoções, sem que isso garanta o mínimo de eficácia à comunicação literária que tome essas emoções como referência.

> O que F. Pessoa diz é que o poeta sabe que tem de se distanciar dos seus afectos, de se desdobrar naquele que sente e naquele que escreve e criar, por fim, um produto artificial, que evocará talvez no leitor impressões análogas, mas nunca as mesmas que ele sentiu (*E os que lêem o que escreve/Na dor lida sentem bem,/Não as duas que ele teve/ Mas só a que eles*

não têm). Entre ambas fica um obscuro e irredutível processo de metamorfose.[482]

O mesmo autor diz-nos, num registo muito diferente, alargando o alcance da sua teorização: «O mito é o nada que é tudo»[483]. «O mito é o nada» — isto é, não existe, não tem uma existência real, concreta. Mas «é tudo», ou seja: só ele tem a possibilidade de «fecundar [...] a vida»[484], de *criar*[485]. Pelo sonho, pela lenda, pelo desejo, o mito, ou seja, o imaginário, transforma o que é apenas virtual ou está destinado a uma existência para a morte[486]. Transforma-o e chama-o a outro nível de realidade.

Ficcionalidade e «suspeita»

A conjugação destes dois textos permite-nos distinguir *desmistificação* de *desmitificação*. A primeira não implica a segunda. Compreender o complexo funcionamento do fenómeno literário não obriga à desvalorização do universo imaginário ou à perda da inocência, da curiosidade desprevenida, da capacidade de aderir.

A tomada de consciência do que há de fictício, de artificioso na literatura, pode relacionar-se com um estado de espírito que se desenvolveu sob a influência de três grandes pensadores do século XIX que marcaram indelevelmente a cultura do século XX: Karl Marx (1818–1883), Sigmund Freud (1856–1939) e Friedrich Nietzsche (1844–1900)[487]. Trata-se (como já observámos diversas

---

[482] Matos, 87: 177–78.
[483] Primeiro verso do poema «*Ulisses*», in *Mensagem*, Lisboa, Ática, 6.ª ed., 1959: 25.
[484] Veja-se a última estância do mesmo poema: «Assim a lenda se escorre/ A entrar na realidade/ E a fecundá-la decorre./ Em baixo, a vida, metade/ De nada, morre».
[485] *Ibidem:* «Este, que aqui aportou/ [...] Por não ter vindo foi vindo/ E nos criou».
[486] Cf. ainda, na *Mensagem*, o poema *D. Sebastião, Rei de Portugal:* «[...] Sem a loucura que é o homem/Mais que a besta sadia/Cadáver adiado que procria?»: 42.
[487] Cf. o que foi exposto a este propósito no capítulo sobre a hermenêutica.

vezes) da atitude de *suspeita,* de desconfiança em face das relações sociais e de todo o produto cultural que as regista. Uma atitude segundo a qual todas as manifestações culturais são encaradas como máscara, aparência enganadora, encobrimento, mentira, disfarce.

Tomámos consciência — através dos intensos focos de luz, luz iconoclástica e chocante que estas obras lançam sobre as nossas vivências, sobre o nosso comportamento, sobre o nosso imaginário e sobre a nossa cultura — do carácter ambíguo dos nossos símbolos e do nosso discurso. Nunca seria possível assumir, na cultura, uma postura simplesmente ingénua.

Somos assim obrigados a suportar esse fardo da ambivalência, a aceitar a prova de fogo da desconfiança e o desafio que nos levará a reconhecer e a rejeitar a má-fé, a carga de idolatria, a busca da consolação fácil, a simples atitude de comodidade cultural que nos leva a confundir miragens infantis com a espessura do símbolo que parece apenas embalar-nos ao ritmo da cantiga que nos adormece; e, assumindo esse fardo, e recorrendo a imagens de origem remota, infantis e arcaicas, partir à descoberta de uma visão mais humana, mais profética, mais exigente do nosso destino.

Depois dos séculos XIX e XX, poderemos aspirar certamente à cultura da «compreensão» e da «religação». Mas sem rejeitar o conhecimento dos abismos que os três grandes pensadores da ***desconfiança*** plantaram para sempre no solo da nossa cultura.

Contudo, se importa perceber o complexo funcionamento da obra literária, isso não deve traduzir-se numa atitude de cepticismo sistemático ou de cinismo que esterilize a capacidade de abertura e de acolhimento ao que cada obra tem de novo.

A obra de arte não se limita à reprodução do real; questiona-o, denuncia-lhe a perversidade ou faz irromper um novo valor, descobre uma solução, aponta um caminho, elabora outra percepção das coisas. Por isso, ela é novidade e **criação**.

E mal seria que a frequentação da cultura nos inibisse para essa dimensão — a dimensão fundamental da arte.

Mais profunda ainda do que a crítica que Freud e Marx estabelecem sobre o nosso comportamento e a nossa cultura é a crise operada por Nietzsche relativamente aos conceitos de arte, mimese, ficção e interpretação, conceitos-chave daquilo que pela primeira vez é denominado como o pensamento ou a «metafísica ocidental».

A sua obra arrogante e desvairada contém intuições fulgurantes que marcaram indelevelmente o pensamento dos séculos XIX e XX, afirmando como — sob a cobertura dos mais nobres ideais e atitudes — podem fermentar de forma perversa dinamismos que desconhecemos ou procuramos ignorar: como a humildade pode esconder uma «moral de escravos ou de rebanho» nascida do ódio à classe dos senhores; como o mais abnegado amor pode encobrir o ressentimento disfarçado, e uma vontade de aniquilamento que arvora então como valores a fraqueza, a doença, o sacrifício, a renúncia, a pobreza, impondo a norma da vulgaridade e da mediocridade.

Nietzsche estabelece que «a vontade de poder» em que a vida se manifesta não é causa, mas o resultado, a consequência de lutas e conflitos de forças inconscientes, plurais e colectivas que operam através das acções humanas.

Assim, em vez de partir do princípio de que o homem domina a linguagem e se serve dela de modo a clarificar aquilo que quer dizer, entende que o discurso, a linguagem, qualquer texto resulta de um conflito de forças obscuras e desconhecidas até do próprio autor que o escreveu.

Todo o projecto interpretativo como determinação de um sentido originário e derivado da intenção do autor depende de um conceito falacioso de toda a metafísica ocidental, introduzido por Sócrates-Platão, para usar os seus termos — o do conhecimento pela origem;

> o «argumento» [...] de Nietzsche é que enquanto toda a tradição do pensamento ocidental supôs uma origem determinada

> no ponto de partida de todas as acções e de todas as coisas, uma origem que pode ser transcendental (Deus) ou empírica (o desejo de alguém de fazer alguma coisa, o golpe de taco que movimenta uma bola de bilhar), esse «argumento» afirma que não há origem transcendental ou empírica fixa, mas apenas uma luta infinita e indeterminável de forças a que nós não temos acesso uma vez que somos o resultado dessas mesmas forças[488].

Por isso a interpretação não pode visar o sentido autêntico do texto, o sentido «objectivo», a intenção do autor, mas antes o tumulto confuso da linguagem verbal e da luta de forças que nela emerge em permanente e vertiginosa transformação.

Não há que procurar sob a obscuridade das metáforas, ou na complexidade do figurado, a linguagem original, «natural», o sentido estável e definitivo, porque a natureza da linguagem é ser metafórica. A linguagem não dá um nome figurado, não transpõe figuralmente uma realidade que teria já de si um nome próprio. Porque o acto de denominação é essencialmente *catacrético,* ou seja: não dá um nome àquilo que se chamava doutro modo; mas dá um nome *im-próprio* àquilo que não tinha nome. *Denominar* é inventar um nome, e por isso a linguagem é necessariamente *tropológica* — aproxima o que é diferente, e arrisca no «salto» da metáfora a incompreensão e a obscuridade porque não tem outro recurso. E assim se desenvolve um processo vertiginoso de derivação pelo qual a linguagem se vai criando (embora a reflexão científica e filosófica, essencialmente intelectualistas, ponham entre parênteses o carácter falacioso e incontrolável do processo linguístico).

Assim, «o ponto de partida não é um conceito ou uma ideia aos quais, depois, se acrescenta um estilo, uma forma, uma retórica, mas sim o contrário»[489]. Da mesma forma, não se pode

---

[488] Asensi Perez: 452.
[489] *Ib.*: 448.

postular que a verdade é anterior à ficção (ou que o referente antecede a mimese ou simplesmente que a arte é um processo mimético). Na sequência desta reflexão sobre a linguagem, Nietzsche estabelece que se elimina simultaneamente do horizonte o verdadeiro e o aparente e que apenas permanece «a vontade de poder como criação de valores que são ao mesmo tempo ficções e verdade»[490].

Contra a interpretação como actividade do pensamento metafísico ocidental, logocêntrico e hierarquizado, Nietzsche propõe a *desconstrução* do texto que se vê como «um sintoma entre outros sintomas [...] e a leitura [...] uma descida sem fim ao vértigo metafórico da linguagem»[491] através da qual de um texto partimos infindavelmente para outros textos.

> Este modo de interpretação, a que Nietzsche denomina genealógico não é um simples jogo intranscendente, pois tal como revela a sua obra *A genealogia da moral,* esse labor de interpretação infinito é um trabalho de desmascaramento e de desconstrução em que vamos vendo os enganos e deslocamentos operados pela metafísica ocidental, sem que isso signifique que seja possível tirar a última máscara.[492]

A insuficiência da mimese

Apesar de antes do Romantismo encontrarmos formas de arte que não se reduzem à representação do real, é de facto no século XIX que se questiona fortemente a mimese e que a insuficiência da arte representativa passa a ser sentida de forma gritante.

Tanto no plano psíquico como no sociológico (Freud e Marx) se percebe que a imagem externa pode ser enganadora, falsa ou

---

[490] *Ib.*: 458.
[491] *Ibidem*.
[492] *Ib.*: 458–459.

limitativa. A imagem externa deixou de bastar. *O real que se vê não é todo o real.*

Importa portanto devolver ao conhecimento a realidade subjacente ou oculta que, por vezes, tem mais densidade e mais verdade do que a imagem visível.

Torna-se então claro que a imitação da realidade aparente é pobre: importa percebê-la nos seus mecanismos inconscientes ou encobertos; decompô-la e recompô-la.

A plenitude do real ultrapassa e difere do real que se vê.

A crise da arte contemporânea assenta neste facto: o que vemos não é suficiente. A arte tem de ultrapassá-lo. Tem de tornar visíveis os sentidos que a aparência escondia ou omitia.

Assim, a arte passa a ser *denúncia e crítica,* ou *descoberta, invenção e criação.*

É neste momento cultural, quando a consciência da separação entre o modelo real (real aparente susceptível de ser conhecido independentemente da sua representação artística, num retrato, por exemplo, cuja verosimilhança pode ser avaliada) e a obra de arte se torna nítida, porque o referente deixa de ser o real aparente para passar a ser um real (ou irreal) construído; é neste momento, em face da radical dualidade da arte e da realidade (irredutíveis uma à outra), porque a arte acrescenta outra forma de realidade à realidade visível; é neste momento que se percebe mais claramente do que nunca aquilo que constitui *o meio*[493], o veículo ou a substância de cada uma das formas artísticas (as cores, linhas e formas, em pintura; a melodia e o ritmo na música; a linguagem, na literatura).

É perante essa radical separação que *o meio* específico de cada forma artística se torna evidente e susceptível de um esforço profícuo.

É a partir daqui que se desenvolvem os estudos da literatura como **linguagem**.

---

[493] Em termos aristotélicos.

4.4.2. O Funcionamento Linguístico da Ficcionalidade
Diz García Berrio:

> A *poesis* ficcional constitui uma operação comunicativa literária que funda as razões da sua eficácia funcional, do seu êxito poético, na plena participação comunicativa do produtor e do receptor da ficção no acto fantástico da produção ficcional.[494]

Efectivamente, a obra de ficção supõe a perfeita e automática compreensão, por parte do autor e por parte do leitor, do conjunto de convenções e de normas comunicativas inerentes à mimese representativa, nas suas diversas versões.

Na falta deste sistema de comunicação, a ficção não é pura e simplesmente compreendida. Como diz Carlos Reis,

> o funcionamento da ficcionalidade requer a cooperação do receptor, que colabora numa espécie de contrato de recepção ficcional, activando aquilo que Coleridge chamava «suspensão voluntária da descrença»; a partir desse acto deliberado, o receptor aceita participar numa espécie de jogo ficcional a cuja lógica própria se submete[495].

No filme *O Piano,* há um episódio que ilustra bem o que se acaba de dizer.

A acção passa-se na Nova Zelândia, no século XIX. Os colonos, de origem anglo-saxónica, montam um espectáculo teatral que tem como público os nativos, para além da comunidade dos colonos.

Entre os *sketches* apresentados, há uma dramatização, em sombras chinesas, da história de Henrique VIII. O espectador

---
[494] García Berrio: 437.
[495] Reis, 1997: 560.

presencia as figuras do rei e das suas diversas mulheres e deveria presenciar também os actos de violência com que o protagonista lhes põe termo à vida.

Mas, logo que se torna clara a intenção homicida do rei, os nativos levantam-se em tumulto e vão ao palco impedir a consumação do «crime».

Torna-se evidente que as duas comunidades, a dos colonos e a dos nativos, não participam do mesmo sistema de convenções comunicativas. Enquanto os colonos sabem que no palco se passa uma representação ficcional (mesmo que ligada a uma referência histórica), os nativos julgam tratar-se de uma acção verídica a decorrer efectivamente, tão efectiva quanto a sua presença na improvisada sala de espectáculos. Assim, na iminência de um homicídio, interferem, tal como interferem habitualmente na vida real.

Outro exemplo muito eloquente encontra-se no conto de J. L. Borges, «A busca de Averróis». Averróis, tradutor e comentador da obra de Aristóteles, ao trabalhar sobre a *Poética,* encontra uma especial dificuldade na tradução dos termos «tragédia» e «comédia». Nessa noite jantará em casa do alcoranista Farach, com Abulcássim, um viajante, que, no regresso da China, narra aos convivas o seguinte episódio:

> — Uma tarde, os mercadores muçulmanos de Sin Kalán conduziram-me a uma casa de madeira pintada na qual viviam algumas pessoas. Não se pode contar como era essa casa, que mais parecia um só quarto, com filas de armários ou balcões, uns sobre os outros. Nessas cavidades havia gente que comia e bebia, e também no chão e também num terraço. As pessoas desse terraço tocavam tambor e alaúde, menos umas quinze ou vinte (com máscaras vermelhas) que rezavam, cantavam e dialogavam. Estavam presas e ninguém via o cárcere; cavalgavam,

mas não se apercebia o cavalo; combatiam, mas as espadas eram de cana; morriam e punham-se de pé.
— Os actos dos loucos — disse Farach — excedem as previsões do homem sensato.
— Não estavam loucos — teve de explicar Abulcássim. — Representavam uma história, conforme me disse o mercador.
Ninguém compreendeu, ninguém pareceu querer compreender.[496]

Nem esta história, nem uma brincadeira de meninos que Averróis observa do balcão de sua casa: os meninos imitam o culto muçulmano: um deles faz de minarete; outro, aos ombros do primeiro, faz de almuadem; e um terceiro, de joelhos, representa o conjunto dos fiéis. Nem uma coisa nem outra foram capazes de fazer luz sobre o sentido das palavras desconhecidas.

Mas Averróis, discorrendo sobre a poesia e sobre a sua própria experiência dela, julga compreender e escreve: «Aristu (Aristóteles) denomina tragédia aos panegíricos e comédia às sátiras e aos anátemas. Admiráveis tragédias e comédias são abundantes nas páginas do Corão e nos versos do santuário». Assim, o aprofundar de um universo fechado, e no âmbito do qual, por motivo de um interdito religioso, a representação não era possível, impede a descoberta do desconhecido e apenas conduz ao encontro do idêntico, que se repete, apesar de Averróis ter dito: «um poeta famoso é menos inventor do que descobridor». Contudo, não levando às últimas consequências esta intuição, «condenou por analfabeta e por vã a ambição de inovar».

Neste belíssimo texto, tal como acontece no exemplo anterior, a personagem do tradutor não comunga do sistema de convenções comunicativas do autor que traduz e comenta; e por essa razão não entende o que lê, a comunicação não passa.

[496] J. L. Borges, *O Aleph*.

Vejamos como se concretiza, ao nível do discurso, a questão da ficcionalidade[497].

Este fenómeno distingue o discurso literário do discurso comum, falado. Neste, a comunicação faz-se *na presença* dos dois interlocutores — emissor e receptor — e *na presença* de um mesmo «contexto de situação».

A comunicação literária faz-se *na ausência* de um dos locutores (o que aliás sucede igualmente em toda a comunicação escrita); e, sobretudo, *na falta de um contexto de situação comum*.

Em vez deste contexto, a comunicação literária — através da ficcionalidade — cria imaginariamente uma situação que decorre da intriga imaginada. O que significa que, mesmo quando reproduz ou repete o real, está a ficcionalizar. Era, aliás o que Aristóteles afirmava quando dizia que o poeta, mesmo quando imita mitos preexistentes, não deixa de ser o seu criador.

Na situação da comunicação literária, verifica-se a existência de um «sistema de regras pragmáticas» como as de que falámos a propósito dos exemplos referidos.

Conforme diz Aguiar e Silva,

> Este sistema de regras pragmáticas [...] recebeu uma análise nova e fecunda, nos últimos anos, à luz da teoria dos actos de linguagem. Um falante que realiza actos de linguagem, além de realizar *actos de enunciação* e actos *preposicionais,* realiza *actos ilocutivos,* isto é, actos de linguagem completos que consistem em representar um estado de coisas, em solicitar, prometer, ordenar, exprimir algo, etc.[498]

Os «actos de palavra» ou «actos ilocutivos»[499] — *aqueles que realizam a acção que designam —,* no discurso comum,

---
[497] Cf. Silva, 82: § 3.4.
[498] *Ib.:* 190.
[499] Cf. Searle (1969), 1972: 60 ss.

falado, são entendidos em referência directa ao contexto de situação ou ao mundo empírico comum aos interlocutores. Se o professor disser *«Peço* que fechem a porta»; *«Autorizo* a consulta dos manuais» ou *«Prometo* ler-vos esse trecho na próxima aula», o aluno perceberá que essas palavras lhe são dirigidas e reagirá de acordo.

Não se passa o mesmo no discurso ficcional: «O discurso *ficcional* da comunicação literária constituído por pretensos actos ilocutivos, constrói, de acordo com determinadas normas e convenções, o seu próprio contexto de situação»[500]. Como diz R. Ohmann (o primeiro a estudar a literatura a partir da teoria dos actos de palavra), a obra literária, embora constituída por um tipo de linguagem desligada das circunstâncias que tornam possível os efectivos actos de palavra, tem uma força ilocutiva mimética, porque os actos ilocutivos que imita não têm suporte real, são apenas imitados.

No discurso ficcional, as regras do discurso oral — regras que relacionam os interlocutores um com o outro e com o mundo empírico — são *suspensas*. Se um texto disser «ordeno», «perdão», «apresento», «decreto», o leitor imaginará as situações em que esses actos são pronunciados, **suprindo por si, fazendo apelo à imaginação**, a falta do contexto de situação que se verifica na comunicação oral.

Mas, como faz notar Carlos Reis,

> a ficcionalidade não assenta em propriedades textuais específicas nem exclusivas dos textos ficcionais: de acordo com Searle [...] é a colocação ilocutória do emissor que determina a configuração da ficcionalidade, a partir de uma deliberada atitude *de fingimento*».[501]

---
[500] Silva, 1982: 193.
[501] Reis, 1997: 560.

O leitor «bloqueia» «a referência imediata de tais actos ilocutivos ao mundo empírico e [...], em contrapartida considera o mundo construído pelo texto literário como um mundo autónomo, como *um mundo possível contrafactual ou não--factual*»[502].

«Dos universos de ficção deve então dizer-se que constituem mundos possíveis num sentido lógico-semântico [...]. Nesse sentido [...] um mundo possível é um certo estado de coisas com relação ao qual são validadas as interpretações que as expressões linguísticas permitem.»[503]

A *referencialidade imediata* da comunicação oral é substituída pela *«referencialidade mediata* do texto literário ao mundo empírico»[504].

4.4.3. Ficcionalidade e Referência

«O que mais passam na manhã e na sesta, / Que Vénus com prazeres inflamava, / Milhor é exprimentá-lo que julgá-lo; / *Mas julgue-o quem não pode exprimentá-lo.*»[505] Talvez nenhum outro texto tenha dito de forma tão incisiva o drama que aqui se coloca: a linguagem é a melhor forma de referir, de enunciar a realidade. Mas, apesar da força, do poder de sugestão, dos recursos significativos e evocativos, nunca consegue substituí-la, nunca chega a transformar-se nela. Entre linguagem e realidade fica sempre uma fronteira intransponível; nem uma esplêndida descrição de um copo de água poderá matar a sede. Esta a condição de fechamento do sistema linguístico que o estruturalismo evidenciou, e que motiva a desolação insanável de quem substitui a vida por palavras.

---

[502] Silva, 1982: 193.
[503] Reis, 1997: 562.
[504] Silva, 1982: 193.
[505] *Os Lusíadas*, IX, 83.

Só os «actos de palavra» escapam a esta condição, e pela sua natureza de *actos*. (Até o Verbo para poder salvar teve de se fazer carne, de encarnar.)

Camões conhecia a radical limitação da linguagem: «Milhor é exprimentá-lo». Contudo, a condição da literatura é da ordem *do julgar: «Mas julgue-o quem não pode exprimentá-lo»*. Da ordem do «fazer de conta», do dizer como poderia ser, como foi, como terá sido, de modo que — pela imaginação e pela cooperação entre escritor e leitor — a utopia, o mito, o passado, o futuro hipotético, a ilusão se configurem e nos envolvam na sua particular forma de existência.

A consciência da natureza ficcional do discurso literário, e da diferença que separa o funcionamento do discurso ficcional do funcionamento do discurso comum, em situação, comporta algumas consequências práticas[506]:

- a de se perceber que a pessoa que fala e que assume o discurso no texto literário não se pode confundir com o escritor na sua personalidade prática; daí que distingamos necessariamente entre *autor textual, narrador* e *autor empírico*[507]. O autor textual e o narrador são já seres inerentes ao universo ficcional (mesmo que revelem muitas afinidades com a pessoa concreta do escritor, ao qual chamamos «autor empírico»).

    Esta problemática situa-se ao *nível da enunciação*.
- ao *nível do enunciado,* põe-se o problema de considerar a *modalidade de ser* das criações desse enunciado: as personagens e as acções que o discurso ficcional constrói têm uma existência ficcional.

---

[506] Cf. Silva, 1990: § 8.9, pp. 218–232.
[507] Veja-se, sobre o *autor,* a obra de H. Buescu, 1998. *Em Busca do Autor Perdido,* Lisboa, Ed. Cosmos.

Como consequência, percebemos que não se verifica no texto literário uma função referencial idêntica à que se manifesta noutras situações comunicativas. Mas, se assim é, também não se pode concluir que não se verifica qualquer função referencial.

Leiamos de novo Aguiar e Silva:

> A afirmação de que o texto literário carece de referentes não nos parece correcta, excepto se se entender restritivamente por «referentes» os «objectos» do mundo real. Os enunciados do texto literário também denotam e fazem referência, simplesmente «constituem uma ficcionalização do acto de denotar», manifestam uma **pseudo-referencialidade**, porque as condições e os objectos da referência são produzidos pelo próprio texto (e por isso a pseudo-referencialidade se identifica, sob vários aspectos, com a auto-referencialidade).»[508]

Tomando como exemplo obras de ficção como *Mau Tempo no Canal*[509], *Os Maias* ou *Maria Moisés*, por exemplo, sabemos que as suas personagens e intrigas são criações ficcionais, mas mantêm uma estreita relação com a realidade efectiva. Uma das considerações que contribui para o interesse com que as lemos tem justamente a ver com a «verdade» ou «falsidade» dessas personagens e desses acontecimentos.

«Verdade» ou «falsidade» que se referem, não ao mundo empírico, mas aos «modelos de mundo» construídos nessas obras[510].

---

[508] Silva, 1990: 218.
[509] Vitorino Nemésio, em cartas à inspiradora da personagem Margarida Dulmo, diz o seguinte: «Eu tenho vivido a "inventar-te"». Nota David Mourão-Ferreira «Há o perigo do inverosímil, mas aí é que o romancista mostra se tem garras, nessa manobra perigosa entre o inventado e o possível», David Mourão-Ferreira, *Sob o Mesmo Tecto*, p. 227 e 229.
[510] García Berrio, 1994: 438. Cf. também Reis, 1997: 563 «O que assim se afirma também é a especificidade de um certo modo de referência. Significa isto que, pelo

Mas, quer num caso quer noutro, existe sempre uma analogia entre os dois mundos. É essa analogia que nos leva a falar da *verdade* de muito texto literário; esta «verdade» não se funda na afinidade imediata com o mundo real[511], mas na qualidade e na força da «modelização» que o texto literário constrói; é essa «verdade» que torna mais eficaz o efeito de certos textos literários junto dos leitores do que o de muitos discursos «directos».

Por exemplo, o drama de E. O'Neil *Jornada para a Noite* terá por certo maior efeito como mensagem contra o uso dos estupefacientes e o abuso do álcool do que muitos discursos e conselhos bem-intencionados.

Mas as obras literárias não agradam apenas pela sua «verdade». Elas podem construir um universo ficcional em alternativa ou resposta à insatisfação ou ao sofrimento que a realidade provoca. Nestes caso, para lá da adesão à solução que a obra propõe, o leitor é sobretudo sensível à coerência do universo criado, ao modo como o conjunto das peças constitui um todo harmonioso. Aqui, é mais adequado falar de *auto-referencialidade,* ou de *intra--referencialidade,* na medida em que não é a relação ao exterior que está em causa, nem mesmo em termos de verosimilhança, mas a criação de um mundo alternativo.

---

facto de não remeter directa e transitivamente para o mundo real, a ficcionalidade não cancela a dinâmica da referência. Conforme escreveu Catherine Kerbrat-Orechioni, "todo o texto refere [...], isto é, remete para um mundo [...] estabelecido fora da linguagem".»

[511] Cf. de novo C. Reis, 1997: 561–562 «a concretização da ficcionalidade não implica nem autoriza uma atitude de verificação, no plano do real, dos eventos, figuras e conceitos presentes num universo ficcional. Nesse sentido, a *ficção* não se confunde com a mentira ou com a mistificação com propósito doloso. [...] Note-se que [...] não está em causa, conforme ficou já sugerido, a ponderação da verdade ou da falsidade das entidades ficcionais; Gérard Genette descartou a legitimidade dessa ponderação nestes termos: "O enunciado de ficção não é verdadeiro nem falso (mas apenas, teria dito Aristóteles, possível), ou é ao mesmo tempo verdadeiro e falso, e o paradoxal contrato de irresponsabilidade recíproca que ele estabelece com o seu receptor é um perfeito emblema da famosa independência estética" (G. Genette, *Fiction et diction,* p. 20)».

Casos há em que a relação referencial pode funcionar ao contrário do que habitualmente é expectável: quando a obra evoca e torna presente aquilo que se perdeu ou aquilo que se deseja (a paz, a infância, a harmonia com a natureza...). É essa a função utópica da arte: servir de farol, de esperança, de referência ideal.

O soneto «Alma minha gentil» cria uma atmosfera de esperança no «repouso» da amada no Céu e na possibilidade de o amor de ambos sobreviver para lá da vida terrena; a única referência exterior ao poema seria a morte precoce da jovem. Mas o poema não fica por aí. Invoca uma alma que eventualmente o possa ouvir. E é esse *além* que o texto constrói (numa certa forma de *intra-referencialidade*) que dá consistência ao consolo com que o poeta suaviza a sua mágoa.

Dizemos assim que o referente dessas obras «só existe porque foi criado intencionalmente ao ser produzida a construção ficcional e, portanto, o texto que é representação do dito referente»[512].

A *modalidade de ser* destes elementos é-lhes conferida pelos «textos que os representam [...] uma modalidade que é a de *parecer* existentes, sendo aceites como *aparência* da realidade». A relação entre a ficção e a realidade é «uma relação simultânea de *oposição e de complementaridade*»[513], uma relação tão estreita que a ficção procura aproveitar grande quantidade de elementos da realidade, de modo a dar consistência ao mundo possível que cria. A obra satisfaz na medida em que cria a ilusão da realidade, mas na medida também em que essa ilusão é sustida pelo suporte de elementos comuns ao mundo real, na medida em que as reacções psicológicas, as relações sociais, etc., são identificadas pelo leitor como verosímeis. É pelo reconhecimento das formas verosímeis no discurso ficcional que este se faz aceitar, se legitima;

---

[512] García Berrio, 1994: 438.
[513] *Ibidem;* itálico nosso.

digamos que os elementos referentes à ilusão são «disfarçados», são envolvidos num contexto de elementos reais que faz «esquecer» a irrealidade dos elementos ficcionais.

«Há três tipos de modelos de mundo: o verdadeiro, o ficcional verosímil, e o *ficcional não verosímil*.»[514]
Quando a literatura adopta modelos de mundo ficcionais verosímeis, temos a literatura *realista;* se utiliza modelos ficcionais não verosímeis, surge a literatura *fantástica*.

O realismo procura aproximar-se do mundo real, através da verosimilhança[515], ou do «efeito de real» estudado por Jakobson[516]; enquanto a ficcionalidade não verosímil, através da *figuração fantástica*, se afasta dessa realidade.

A realidade está presente na ficção através da verosimilhança, mas não só. Por vezes a obra literária adopta trechos do mundo real que são incluídos no mundo ficcional: é o que sucede no romance e no drama históricos.

Ficção realista ou figuração fantástica não constituem tipos fixos, uma vez que encontramos os mais diversos graus de verosimilhança, desde o texto altamente verosímil ao de verosimilhança escassa.

Mas, quer num caso quer no outro, estabelecem-se sempre relações estreitas entre o texto ficcional e a realidade:

- considerando apenas a mimese realista, importa perceber que esta não se confunde nunca com a realidade; comparando um texto ficcional, mesmo fortemente realista, com o mundo real, verificamos que o texto contém sempre uma

---

[514] *Ib.*: 439.
[515] «Criando modelos de mundo de natureza verosímil, cujas instruções estão de acordo com as regras de organização do mundo real efectivo», *Ib.:.*: 447.
[516] Jakobson, «Du réalisme artistique», *in* AA.VV., *Théorie de la Littérature:* 98–108.

mimese *esquemática e reduzida, convencional e selectiva*. Foi observado por estudos sobre o romance realista que estes só contêm densidade imitativa no que se refere aos *discursos* das personagens[517].

• Inversamente, também não há ficção fantástica, irrealista, que não se refira constantemente à realidade: haja em vista o modo como as obras de ficção científica aproveitam e exploram os avanços da astronomia e da física, ou da biologia molecular.

Referência, «*fundo*» e «*forma*»

Neste ser e não ser «real», nesta terra de ninguém onde a literatura cria a sua «realidade» e se refere permanentemente ao mundo, permanecendo contudo alheia, convém lembrar que a própria natureza verbal da literatura determina que nela interfira uma multiplicidade de conteúdos (ou de códigos): além do código linguístico (e através dele), na literatura estão presentes, como já vimos, códigos histórico-culturais, ideológicos, axiológicos, psicológicos, filosóficos, sociológicos, etc.

Todos estes códigos, ou conteúdos, actuam na obra literária criando «modelos de mundo» (Lotman) através dos quais a obra capta e refere o real.

Por isso, se tudo na literatura passa pela linguagem, nem tudo na literatura se reduz a ela.

Desse modo, chamando-lhes códigos, ou conteúdos[518], estamos a fazer referência a uma série de elementos que, noutras

---

[517] García Berrio, 1994: 449: são citados estudos de Bakhtin, Baquero Goyanes, e E. Auerbach.

[518] A cultura acumula informações, conteúdos; porém, não os acumula de modo avulso, apenas armazenando, mas estruturando, sistematizando; logo, *codificando*. Cf. Silva, 82, p. 91: «a cultura não é apenas um acervo de informação, mas é também um complexo mecanismo de *codificação, descodificação* e *transcodificação* — desse depósito informativo».

perspectivas, designamos como temas, personagens, problemas, valores, ambiente, universo... estamos a falar do *mundo* que é representado, evocado ou construído na obra; do *mundo* que a obra cria.

Mas, se insistimos na importância desta relação com o mundo, importa acentuar, por outro lado, que não é apenas a relação com o exterior, a fidelidade dessa relação, que garante o valor literário de uma obra; embora o poder de uma obra dependa do que ela tem a dizer, o seu valor passa *pela forma* como o diz. Não é com boas intenções que se faz literatura. Paul Valéry conta que Degas se lamentou de ter passado o dia inteiro sem ser capaz de terminar um soneto, apesar de ter boas ideias. Ao que Mallarmé respondeu que um soneto não se faz com ideias, mas com palavras.

Do mesmo modo, devemos ter presente que a ficcionalidade não é, por si só, garantia de valor estético. Constitui condição necessária, mas não suficiente. O escritor tem de construir habilmente um universo ficcional, um «modelo de mundo» que sirva de suporte àquilo que faz o valor poético do texto.

A noção de «modelo de mundo» fornece pistas para cingir algumas das condições do que chamamos *valor estético*. Se, por um lado, aponta a referência ou imitação, por outro, enquanto *modelo,* mostra que o mundo referido tem de funcionar como totalidade e como criação fabulosa. Construir uma obra, como Lotman faz notar, consiste em estabelecer *um princípio* e *um fim*, em seleccionar os elementos que se encaixam neste enquadramento e a ligá-los por nexos (causais ou outros), em suma, e em organizar uma lógica da acção e em fazer um tratamento do tempo adequado[519]. Assim se percebe que o texto artístico seja aquele

---

[519] Veja-se, por exemplo, como é diferente a «lógica» de um romance ou de um livro de memórias: no romance, a acção tende para um acabamento, para uma conclusão que feche e dê sentido à sequência narrada. O romance é assim concebido como unidade fechada, em que certos acontecimentos são vistos como consequência ou resultados de questões anteriormente referidas. O sentido do romance

que, sem deixar de referir os factos concretos, singulares, de que se ocupa, *adquira uma dimensão e um alcance universal* porque é ao mesmo tempo uma imagem do mundo e uma totalidade.

Com esta noção resolvem-se, de certa forma, alguns dos problemas que a mimese implica: enquanto «modelo», a obra tem duas orientações, uma «mitológica», universalizante («o texto modela todo o universo»[520]), outra «fabulosa» («que reproduz um episódio da realidade»[521]). Deste modo o carácter acanhado, de que frequentemente se acusa a mimese, não tem razão de ser, porque, ao representar uma personagem, um acontecimento, seja o que for, a obra toma esses elementos como figuras do mundo, da totalidade, e deste modo a representação adquire a ressonância exemplar ou paradigmática que reconhecemos aos mitos.

Vai nesse sentido a reflexão de Aristóteles, quando coloca o problema da possibilidade que o *poiêtes* tem de criar novos mitos. Ele é poeta, ou seja, fazedor, criador. E por isso mimese e criação não são conceitos contraditórios, mas podem perfeitamente coexistir na poética, ou seja, naquilo que faz a obra de arte literária.

Todas estas considerações derivam da análise do trabalho do texto, da elaboração dos materiais a partir dos quais o texto se forma; por outras palavras, do trabalho da forma.

Torna-se então necessário equacionar a importância da *forma* em literatura. Mas, para isso, importa afastar concepções erróneas que andam persistentemente ligadas com a dicotomia que opõe *fundo e forma,* dicotomia profundamente enraizada na nossa cultura.

---

constrói-se; é em função dele que se começa e que se acaba, que se seleccionam os elementos diegéticos. Não assim nas memórias. Aí, por definição o quadro é aberto, indeterminado. Se certos factos podem ser lidos como resultado, esta leitura nunca pode fechar, concluir o sentido de uma acção. Vemos assim como o género depende do sentido que se quer dar.
[520] Lotman: 351.
[521] *Ibidem.*

Esta dicotomia pressupõe que, para veicular um «fundo», uma matéria mais ou menos relacionada com o universo da realidade empírica, a literatura estabelece uma «cobertura», um «invólucro», uma forma exterior (de acordo com o exemplo do «vaso», *continente* que molda um *conteúdo* previamente dado).
Trata-se de um pressuposto errado, pelas razões seguintes:

- Supõe que o trabalho do texto só se exerce sobre a forma exterior, sobre o *continente*. Ora, como acabamos de ver, qualquer obra elabora todos os materiais que utiliza: históricos, sociais, psicológicos, culturais... E, de igual forma, elabora também a linguagem, o estilo, as estruturas superficiais.
- Supõe que o «fundo» é estranho à obra ou que tem uma existência no mundo da realidade empírica independente da vida que adquire na obra. Ora, apesar das múltiplas relações com o mundo da realidade empírica, o tema da obra, a sua acção, as suas personagens, a sociedade que evoca, etc., *não existem objectivamente fora da obra* e independentemente dela (lembremos as diversas e contraditórias formas que podem adquirir temas como o amor, a morte, a viuvez... Lembremos igualmente o que foi referido sobre a semiótica do mundo natural[522], que definirá possivelmente as articulações básicas do plano do conteúdo).
- Supõe que a relação entre aspectos do *conteúdo* (acção, personagens, valores, ideias...) e aspectos da *forma*, do estilo, da linguagem é uma relação análoga à relação de *cobertura*, de envolvimento ou de ornamento. Ora, pelo contrário, o que se passa é que a obra *cria, modela, produz* tanto um como o outro aspecto da obra; e as escolhas feitas no plano do conteúdo repercutem-se inevitavelmente no estilo e na

[522] Cf. o § sobre a *Semiótica*, em particular o ponto sobre «Novas aberturas teóricas».

linguagem. Se um tema é tratado como uma tragédia, as suas personagens não falarão certamente uma linguagem volúvel: a *Andrómaca* de Racine nada tem de comum com a *Viúva Alegre de Franz Lehár*, e as falas das personagens não poderiam servir de texto para uma opereta. Tal como, inversamente, o nível de estilo irá condicionar o modo de tratar o tema, de apresentar a acção, as personagens, os valores, ou seja, o conteúdo. O estilo elevado da epopeia não é adequado à écloga[523].

Veja-se como difere o tratamento de um mesmo tópico da poesia amorosa: o tema da vida desesperada em face da qual parece preferível morrer é tratado por Camões de formas completamente diferentes, por exemplo, na Canção X, onde assume um dramatismo e um desespero angustiado e, na Carta a D. Francisca de Aragão, que trata esse tópico como um motivo galante.

A teoria da função semiótica[524]

Estamos agora em situação de compreender a teoria da linguística de um estudioso dinamarquês (depois adoptada pela semiótica), que proporciona instrumentos de análise adaptáveis aos diversos planos da obra literária, articulando-os sem cair nos erros acima enunciados: trata-se da teoria da *função semiótica,* elaborada por Louis Hjelmslev. Partindo da distinção da linguística saussuriana entre significante e significado, Hjelmslev considera o *plano da expressão* (ou do significante) e o *plano do conteúdo* (ou do significado).

Em relação a qualquer destes planos, mostra como uma «forma» vem *recortar*, definir, segmentar uma «substância», a qual se pode

---

[523] Apesar de algumas ilustres excepções: efectivamente, Camões foi censurado pela crítica por ter usado um estilo demasiadamente nobre em algumas das suas éclogas.
[524] Esta teoria já foi referida nos parágrafos referentes ao estruturalismo e à semiótica.

conceber como um *continuum,* uma «nebulosa»⁵²⁵ de contornos indefinidos ou, então, um domínio virtual.

Assim, relativamente ao *plano do conteúdo,* cada língua (e cada discurso, cada fala, cada texto) recorta, define uma «malha» (ou «rede») que configura *formas do conteúdo*; todas estas, tomadas no seu conjunto, constituem a *substância do conteúdo.* De igual modo, relativamente ao *plano da expressão,* se definem *formas da expressão,* das quais resulta a *substância da expressão.*

Em face de qualquer texto, de qualquer fala, a existência das substâncias é puramente virtual e resulta do conhecimento que o falante ou o ouvinte possuem de um grande número de mensagens (logo, de «formas») afins do texto em questão e através dos quais o falante «povoa» determinadas zonas do *sentido* com pensamentos e com fonemas só vagamente delineados.

Comparando línguas diferentes e «extraindo em seguida o que há de comum a todas elas», obtém-se uma imagem válida daquilo que Hjelmslev propõe denominar o *sentido,* o qual pode então ser pensado como «massa amorfa compacta» ou «grandeza não analisada».

Vemos então que o sentido «não formado [...] toma forma de modo diferente em cada língua»⁵²⁶.

Em rigor,

> nada autoriza a fazer preceder a língua pela «substância do conteúdo» (pensamento) ou pela «substância da expressão» (cadeia fónica), seja na ordem temporal, seja na ordem hierárquica. Se conservamos a terminologia saussuriana, é preciso contudo

---

[525] Esta expressão, que Hjelmslev toma de Saussure, bem como a consideração prévia da substância em relação à forma, aparece-lhe como uma cedência feita por motivos pedagógicos relativamente à concepção exacta da teoria. Cf. Hjelmslev (1943), 1968, «Expression et contenu», pp. 71–85.
[526] *Ib.:* 76. Cf. ainda «Só as funções da língua, a função semiótica e as que dela derivam determinam a sua forma». *Ibidem.*

observar [...] que a substância depende exclusivamente da forma e que não se pode em caso algum emprestar-se-lhe existência independente[527]

É apenas em virtude da forma do conteúdo e da forma da expressão que existem *a substância do conteúdo e a substância da expressão,* as quais aparecem quando se projecta a forma sobre o sentido, como uma rede estendida projecta a sua sombra sobre uma superfície ininterrupta.[528]

Toda a teoria fica mais acessível se considerarmos os exemplos que Hjelmslev propõe: comparando designações de cores em várias línguas,

podemos, por subtracção das diferenças, depreender este *continuum* amorfo: o espectro das cores no qual cada língua estabelece arbitrariamente as suas fronteiras. Enquanto esta zona é no conjunto segmentada mais ou menos da mesma maneira nas línguas da Europa moderna, não é difícil encontrar noutras áreas recortes diferentes.

Hjelmslev compara então o francês com o kymrique e estabelece o seguinte quadro:

francês	*kymrique*
vert	gwyrdd
bleu	glas
gris	
brun	llwyd

[527] *Ib.:* 74.
[528] *Ib.:* 81.

Outro exemplo: num campo semântico idêntico, o campo relativo a *árvore, bosque, floresta, vejamos* como o dinamarquês, o alemão e o francês segmentam o sentido de modos diferentes[529]:

dinamarquês	*alemão*	*francês*
trae	Baum	arbre
	Holz	bois
skov	Wald	forêt

Assim, cada língua recorta o sentido à sua maneira, dando-lhe uma *forma* peculiar.

Exemplificação:
Feitas estas observações destinadas a expor a teoria, passemos à sua utilização em função de uma obra literária: tomemos, como exemplo, *Os Lusíadas*.

Inverteremos, por comodidade didáctica, as relações de precedência entre forma e substância, uma vez que — mercê do conhecimento que temos de muitos outros textos da mesma época — elaborámos, como é natural, uma ideia prévia do que são as «substâncias» do *conteúdo* e da *expressão* em causa.

Como poderemos então conceber a *substância da expressão*? Esta será constituída por um conjunto de elementos entre os quais destacamos:

- a língua portuguesa do século XVI, com a evolução que está a sofrer, marcada pelo movimento de valorização das línguas vulgares que se verifica na época e pela influência do latim clássico, de acordo com o movimento humanista;

[529] *Ib.*: 77–78.

- os códigos métricos vigentes, ou seja, os metros tradicionais e, por outro lado, a medida nova baseada no decassílabo; a influência das novidades da poesia italiana e espanhola; e ainda do *dolce stil nuovo;*
- as convenções estilísticas em voga, das quais se salienta o petrarquismo enquanto código técnico-formal;
- o código técnico-compositivo: o género literário, a epopeia, tal como era teorizada (neste caso dispomos de uma obra, a *Arte Poética* de Marco Ieronimus Vida, que constitui uma teorização em forma); a lição dos épicos antigos, sobretudo Virgílio, e a dos renascentistas, Boiardo e Ariosto.

Estes elementos são deduzidos, para além do conhecimento genérico de outros textos, a partir da *forma da expressão* da obra, forma esta que podemos descrever do seguinte modo:

- a língua portuguesa tal como Camões a pratica: a língua culta, «ilustrada» com latinismos e expressões eruditas (em obediência à prescrição da épica que exige o «estilo elevado»); mas também outras linguagens, como a linguagem da experiência, utilizada pelo homem do mar, atento aos fenómenos climatéricos, curioso das novidades das regiões descobertas (flora, gentes, usos...), bem como, ainda, a linguagem intelectual doutros passos, linguagem que discute e que congemina;
- a métrica de *Os Lusíadas:* a oitava rima, o decassílabo com os ritmos e as cadências que Camões lhe dá;
- o estilo e a retórica do poema: o estilo elevado, «grandíloquo», mas também estilos mais correntios, próximos e comuns; a oratória persuasiva, por vezes; noutras, textos confessionais, de tom dorido, ou meditações de pensador, de filósofo;
- a composição do poema: o começo com a proposição, a invocação às Musas e a dedicatória; o início da acção *in*

medias res; a composição que faz alternar a tensão épica com «distracções» bucólicas, elegíacas ou humorísticas, a fim de evitar a monotonia. A selecção da viagem de Vasco da Gama para acção principal, passando a restante matéria para segundo plano, jogando uma e outra com a técnica das narrativas encaixadas — analepses e prolepses; a mistura de narração e de discurso...

A localização deste ponto levanta-nos muitas hesitações: O *género* pertence à forma da expressão ou à do conteúdo? É difícil dizer; trata-se, certamente, de uma zona de fronteira.

Vejamos, em seguida, como conceber a *substância do conteúdo:* esta é formada por um variadíssimo conjunto de elementos, entre os quais seleccionamos:

- a história de Portugal, em especial a história dos Descobrimentos dos séculos XV e XVI, com relevo para a viagem de Vasco da Gama;
- o Renascimento, como movimento cultural: o seu optimismo, a sua visão do homem e do mundo; e o Humanismo, o seu conceito de homem (o homem em face da natureza e em face da adversidade, o problema da liberdade e do destino), o pendor pedagógico do humanismo;
- a mitologia greco-latina;
- o pano de fundo que a literatura clássica constitui, com os modelos literários, personagens, intrigas, motivos e tópicos e com o seu modelo sapiencial.

Por seu lado, a *forma do conteúdo* é constituída pelos seguintes traços:

- a interpretação que Camões faz da história de Portugal; a procura de um nexo unificador — a missão de cruzada,

a luta contra o infiel; um povo que tem uma missão transcendente, da qual os descobrimentos são a expressão significativa; o significado universal da gesta nacional — compensação da situação de enfraquecimento da Cristandade na Europa; visão glorificante das descobertas, mas, em certos passos, consciência dos seus riscos e expressão de dúvidas e hesitações relativamente a alguns dos valores afirmados, nomeadamente no episódio do Velho do Restelo;
- *Os Lusíadas* como epopeia humanista: o ideal de herói culto, concretização do *topos* humanista «armas e letras»; a liberdade de o homem se determinar e se realizar plenamente (a ilha dos Amores); afirmação da crença optimista no homem e nas suas capacidades; uma gesta que alarga o conhecimento e que apresenta o saber como recompensa; e, por outro lado, o reverso pessimista de toda a atitude anteriormente mencionada.
- A função da mitologia em *Os Lusíadas:* entre outras, a divinização dos heróis, como expressão da euforia perante os Descobrimentos; realização do projecto épico de imortalizar os heróis.

4.5. A Linguagem Literária
Frequentemente, a definição da literatura tem sido feita com base na especificidade da linguagem literária.

Os diversos movimentos literários do século xx que estudámos no terceiro capítulo participam da convicção de que a linguagem da literatura contém algumas marcas linguísticas particulares e específicas, marcas que esses movimentos pretenderam justamente depreender, identificar e definir.

Os formalistas russos falaram da *luta contra a rotina* que caracterizava a literariedade; a linguagem literária tinha de se distanciar dos estereótipos, dos lugares-comuns, da linguagem desgastada pelo uso quotidiano; daí a atenção dada aos processos capazes de provocar a sensação *de estranhamento*. E os estruturalistas checos, na mesma linha, referiam o processo de *desautomatização* que a linguagem literária envolve.

A estilística baseava-se na noção de *desvio,* segundo a ideia de que a um estado de espírito excepcional, inabitual, correspondia um afastamento da linguagem mais comum.

Por outro lado, o New Criticism tomava consciência de que a linguagem contém significações *mais racionais* e outras *mais afectivas* e receava que certas práticas, como a paráfrase, reduzindo o texto ao seu conteúdo intelectual esquemático, negligenciassem as significações afectivas, a aura de sentidos secundários e periféricos que ficou conhecida por *conotação*.

De um modo geral, toda a crítica do século XX, neste caso na senda do New Criticism, desenvolveu a consciência da *ambiguidade* da mensagem literária, quer resulte da pluralidade significativa dos termos, quer da «textura paradoxal» dos símbolos, quer ainda provenha do potencial de significações nunca esgotado numa obra, o que a hermenêutica põe em relevo e a estética da recepção explorou.

Finalmente, no âmbito do estruturalismo, onde tiveram curso todas estas noções, Jakobson foi mais longe, procurando encontrar *a chave linguística da literariedade ou da poeticidade dos textos*.

Ora, estas ideias não eram tão inovadoras como pode supor-se: a luta contra a rotina, a valorização da desautomatização da percepção linguística, a criação de processos de «estranhamento» vem retomar uma problemática muito antiga, a da literatura como *discurso ornado, sermo pulchrior*, ou, noutros termos, um *desvio* em relação à norma.

A ideia de que haveria uma norma, um ponto de referência que funcionaria como «grau zero» da linguagem, em relação ao qual outros usos da linguagem se poderiam definir e caracterizar e em relação ao qual a linguagem literária apareceria colocada noutro grau — ornamentada, floreada —, encontra-se já na *Poética* de Aristóteles, que considera que a linguagem da tragédia não deve ser «pedestre» (trivial, corriqueira), mas «nobre, afastada do uso vulgar».

Este conceito vai ao encontro da opinião mais comum sobre literatura, e é particularmente justificada por certos movimentos, ou correntes, tais como o Barroco, o Simbolismo e movimentos de vanguarda. Todos eles pretendem *distanciar-se da linguagem vulgar*, comum, adoptando formas que a enriquecem, a ornamentam, a estilizam ou a diferenciam. Em suma, procuram um uso mais belo, mais puro ou simplesmente *desviado* da linguagem comum. Quando fazemos um uso comum da linguagem, quando nos servimos dela como de um *instrumento*, não reparamos sequer na sua arbitrariedade. Mas o uso da linguagem em poesia debate-se justamente *contra essa natureza arbitrária*, na busca de uma forma que recupere a *motivação*, e, desse modo, o acesso às coisas que nomeia, o contacto (precário, instantâneo) com o real, através das «correspondências» entre a linguagem e o mundo, ansiando pelo encontro da «origem comum» das palavras e das coisas.

Contudo, não é possível aceitar por boa uma caracterização da linguagem literária em função do seu afastamento da linguagem vulgar, uma vez que se torna difícil definir o uso *vulgar* da linguagem, esse uso *quotidiano, normal, neutro,* esse «grau zero».

A este propósito, diz-nos Aguiar e Silva[530] que Dumarsais

> no seu tratado *Des tropes* (1730), teve clara consciência dessa dificuldade teórica [...]: «Je suis persuadé qu'il se fait plus de figures un jour de marché à la Halle qu'il ne s'en fait en plusieurs jours d'assemblés académiques. Ainsi, bien loin que les

[530] Silva, 1982: 147.

figures s'éloignent du langage ordinaire des hommes, ce serait au contraire les façons de parler sans figures qui s'en éloigneraient, s'il était possible de faire un discours ou il n'y eût que des expressions non figurées».

Efectivamente, se analisarmos situações comuns do uso da linguagem, nelas deparamos constantemente com as figuras e os «desvios» que pareceriam caracterizar a linguagem literária. O exemplo de Dumarsais é particularmente feliz, já que a linguagem usada nos mercados e nas feiras, movida pela força dos interesses económicos e utilizada por pessoas muito próximas da vida rural, e de forma geral pertencentes a camadas populares, se mostra colorida e faz uso de recursos estilísticos bem expressivos. Assim, podemos observar que a riqueza conotativa, bem como a ambiguidade ou a plurissignificação, não dizem respeito exclusivamente à linguagem literária, uma vez que no discurso familiar, político, religioso a encontramos da mesma forma.

Torna-se, portanto, muito difícil definir essa linguagem neutra e normal[531].

Assim como também não é fácil definir a noção de *desvio*. Trata-se de um desvio em relação a quê? À norma gramatical? À norma literária dominante?

Por outro lado, há duas maneiras de apreciar o desvio, como lembra Aguiar e Silva[532]: como diferença, novidade, o que implica uma valoração positiva; ou como anomalia, transgressão, erro, arrastando portanto uma apreciação negativa.

Podemos ainda observar que, se certas correntes ou períodos literários têm como objectivos o aperfeiçoamento e o enriquecimento da linguagem, num movimento de afastamento da linguagem normal ou neutra (como dissemos, o Barroco,

---

[531] *Ib.*:§ 2.15.
[532] *Ib.*: 154 e ss.

o Simbolismo e o Decadentismo ou os movimentos de vanguarda), pois «a fuga à linguagem *standard* constitui fuga à monotonia, à fealdade e à grosseria do real quotidiano»[533], outras correntes procedem no sentido contrário, e a «língua literária aproxima-se da linguagem *standard,* quer num esforço de reduzir, ou eliminar, a distância comunicativa em relação a um público leitor cada vez mais extenso [...], quer com o objectivo de apreender mais directa, fiel e transparentemente a realidade do mundo físico e social», o que se verifica no Romantismo e sobretudo no Realismo.

4.5.1. A Função Poética da Linguagem (Jakobson)

E que dizer da caracterização da linguagem literária a partir da «função poética», de acordo com a teoria proposta por R. Jakobson?

Na exposição e discussão desta teoria, V. Aguiar e Silva[534] distingue várias fases. Assim, numa primeira fase, que tem lugar no âmbito do formalismo russo e dos primeiros trabalhos do Círculo Linguístico de Praga, *a função poética* ou *função estética* limita-se a chamar a atenção para o próprio texto, que ganha deste modo valor *autónomo,* passando para segundo plano as finalidades instrumentais, dominantes noutros usos da linguagem.

Nesta formulação, a função poética não anda muito longe das caracterizações da linguagem literária aludidas, as quais acentuavam a espessura do texto em si mesmo e salientavam os processos verbais que obrigam à concentração da percepção nesse mesmo texto. Esta formulação pode ser mais ou menos vaga, mas mantém a sua validade. Aliás, as teorias semióticas sobre a conotação (Hjelmslev) ou sobre o sistema de simbolização secundário (Lotman) que apresentam a linguagem literária tendo por base a linguagem normal ou neutra e criando sobre ela uma «zona de

---

[533] *Ib.:* 165–166.
[534] *Ib.:*§§2.2.-2.5.: 45–79.

periferia excepcional»[535], uma atmosfera poética ou simplesmente conotativa, vão no mesmo sentido, pois esses níveis resultam do efeito «autodeíctico e endo-referencial» da mensagem, ou seja, de uma mensagem que chama a atenção sobre si mesma.

Numa fase posterior[536], Jakobson formula a teoria de forma mais fundamentada, inserindo a *função poética* no âmbito das seis funções da linguagem[537]. «A orientação para a mensagem enquanto tal, o centro de interesse incidindo sobre a mensagem considerada por si mesma, é o que define a *função* poética da linguagem.»[538]

Naturalmente, não se trata de uma função exclusiva, mas de uma função *dominante,* entre as outras que actuam no mesmo texto.

Neste mesmo estudo, Jakobson estabelece um critério rigoroso para a determinação dessa função poética: «a função poética projecta o princípio da equivalência do eixo da selecção sobre o eixo da combinação»[539]. Isto é, o texto trabalhado pela função poética organiza-se não apenas segundo as relações de combinação, de contiguidade, próprias do sintagma, e que decorrem da linearidade do discurso, mas também de acordo com relações de equivalência — semelhança, diferença, sinonímia, antonímia, associação, etc. —, que servem para construir o paradigma e que, deste modo, actuam também no desenvolvimento da sequência

---

[535] García Berrio e T. Hernandez, 1990: 91.
[536] «Closing statements: Linguistics and poetics», comunicação apresentada em 1958 e publicada em Nova Iorque em 1960.
[537] O esquema das seis funções da linguagem constitui um modelo desenvolvido pela teoria da comunicação a partir da proposta feita por K. Bühler na sua *Sprächteorie* (1934), que estabelece as três funções fundamentais: *representação*, *expressão* e *apelo*. Jakobson irá considerar, além destas, a função *fática* (relativa ao contacto), a função *metalinguística* (respeitante ao código) e a função *poética* (que diz respeito à mensagem).
[538] *Apud* Silva, 1982: 59.
[539] *Ib.*: 60.

discursiva: é o caso da rima, do verso, de todas as formas de ritmo; das semelhanças ou contrastes do domínio fónico, tais como as aliterações e as assonâncias; das figuras retóricas de repetição — anáforas, epíforas, quiasmos... e até das figuras de pensamento, como a antítese, por exemplo.

4.5.2. A Discussão de Aguiar e Silva e de Coseriu

Esta teoria, que foi geralmente aceite no universo dos estudos literários, nos anos dominados pelo estruturalismo, revela-se «fragilmente fundamentada [...] e destituída de capacidade descritiva e explicativa», como faz notar Aguiar e Silva[540].

De facto, pode objectar-se que a função poética se encontra sempre e necessariamente no verso e que todo o verso a implica forçosamente.

Ora, como poderemos admitir que tudo quanto está versificado seja obrigatoriamente poético? Qualquer leitor sabe que assim não é.

Por outro lado, deve ainda observar-se que a projecção do princípio da equivalência do eixo da selecção no eixo da combinação se pode encontrar em textos não literários: textos de publicidade, provérbios, adivinhas. Basta lembrar o *slogan* utilizado pelo próprio autor, Jakobson, como exemplo da teoria que expõe: «I like Ike» *(slogan* utilizado na campanha para as eleições presidenciais nos EUA de que resultou a eleição de Eisenhower, conhecido familiarmente por «Ike»); este *slogan,* por muito engenhoso que seja, não passa a constituir um texto poético. O mesmo acontece com os provérbios ou adágios populares: «Fevereiro quente traz o diabo no ventre»; «Março, marçagão, de manhã Inverno, de tarde Verão»; «Quem tem boca, vai a Roma»; «Quando a esmola é grande, o santo desconfia»; «Cá se fazem, cá se pagam». São textos, por vezes muito saborosos,

---

[540] *Ib.: 62*.

construídos com base na bimembração, muitas vezes marcadas por alguma forma de rima, com um pensamento conciso e antitético, mas não constituem necessariamente textos literários. Aguiar e Silva conclui que

> a teoria jakobsoniana da função poética, em vez de constituir uma teoria elaborada com o objectivo de descrever e explicar cientificamente as obras literárias em geral, constitui antes uma teoria descritiva, explicativa e justificativa de uma certa literatura e até, mais restritivamente de uma certa poesia. Como vimos, [...] Jakobson correlaciona sempre a função poética [...] com a extenuação, senão mesmo com o exaurimento da capacidade referencial da linguagem, caracterizando o texto poético como uma *mensagem* autotélica e intransitiva [...] na qual os signos verbais [...] se organizam [...] segundo um processo [...] de *semiose introversiva*.[541]

Apresentar a função poética como uma das funções da linguagem implica a concepção da *poética* como um dos domínios da linguística, em coerência, aliás, com a tendência do estruturalismo, já por nós sublinhada, de reduzir a literatura a linguagem.

García Berrio e Teresa Hernandez fazem notar a insustentável exclusividade que a dimensão linguística assumiu na poética estruturalista; esta dimensão coexiste com e enuncia outras dimensões igualmente indissociáveis da essência da literatura: a imaginária, a ideológica, a social, a histórica[542].

E, por outro lado, não tem fundamento a pretensão de definir toda e qualquer forma literária por referência a esta «função» (o que aliás Jakobson não pretendia), bem como a consequência de conceber a linguagem literária como uma categoria ao lado de outras.

---
[541] *Ib.*: 69.
[542] García Berrio e T. Hernandez, 1990: 98–99.

Neste contexto, importa lembrar a tese do eminente linguista alemão Eugenio Coseriu, que considera que a linguagem literária é aquela que realiza plenamente a linguagem, em todas as suas virtualidades[543]. Vale a pena transcrever alguns dos tópicos que enunciam esta afirmação:

> 6. [...] a linguagem poética vem a ser não um uso linguístico entre outros, mas linguagem simplesmente (sem adjectivos): realização de todas as possibilidades da linguagem como tal.
>
> 7. Em consequência, a linguagem poética não pode interpretar-se como redução da linguagem a uma suposta «função poética», nem tão-pouco como linguagem ulteriormente determinada (linguagem + uma suposta «função poética»). Por um lado, a linguagem poética não representa uma redução da linguagem; por outro, não se acrescenta propriamente nenhuma função, já que as diferentes possibilidades que em tal linguagem se actualizam pertencem já à linguagem como tal.
>
> 8. Chega-se, pois, à conclusão de que a linguagem poética representa a plena funcionalidade da linguagem, e de que, portanto, a poesia (a «literatura» como arte) é o lugar do desenvolvimento, da plenitude funcional da linguagem.
>
> 9. A poesia não é, como frequentemente se diz, um «desvio» relativamente à linguagem «corrente» (entendida como o «normal» da linguagem); em rigor, seria antes a linguagem «corrente» o que representa um desvio em face da totalidade da linguagem. Isto vale também para as restantes modalidades do «uso linguístico» (p. ex. para a linguagem científica): com efeito, estas modalidades surgem, em cada caso, por uma drástica redução funcional da linguagem como tal, que coincide com a linguagem da poesia.[544]

---

[543] E. Coseriu (1977), 1991: 203. Cf. todo o estudo «Tesis sobre el tema "lenguage y poesia"» (201–207).
[544] *Ib.*: 203.

Deste modo, as posições invertem-se: a linguagem, em toda a sua riqueza e plenitude, apenas se manifesta na literatura; e são os diversos usos, como o coloquial, o científico, o comercial ou outros, que funcionam então como *desvios* ou *reduções*.

Não esqueçamos o que observámos a propósito do estruturalismo: a linguística pode estudar a *língua,* entendida como sistema e reduzida à sua expressão mais esquemática e abstracta. Mas a literatura é constituída, pelo contrário, por actos de *fala,* por discursos, onde a linguagem se revela sempre de modo diferente, hoje de uma forma, ontem de outra, amanhã de outra ainda, imprevisível.

Por esta razão também, o mesmo linguista conclui que os textos literários são os «modelos mais apropriados para a linguística do texto» (*e para a maioria dos estudos de língua, acrescentaríamos*), «dado que representam, precisamente, o tipo de textos funcionalmente mais rico e porque, nos restantes tipos de textos, há que especificar as "automatizações" [...] que intervêm em dado caso»[545]. Tese bem diferente de modas que por vezes se verificam nas colectâneas de textos e programas para o ensino da língua que parecem ter medo de recorrer ao recorrer ao texto literário.

Como dizíamos, na imensa diversidade, sempre imprevisível, da literatura, cada escritor tem a sua linguagem, em certos casos coloquial e próxima da linguagem quotidiana, noutros procurando efeitos que marquem a distância da linguagem comum e da rotina. Fará apelo a um vocabulário precioso e requintado, aos falares regionais, populares, ao calão ou até ao palavrão grosseiro ou obsceno, ou então aos usos técnicos — como a linguagem jurídica, a económica, a política, a científica ou ainda ao modo de falar das crianças ou dos adolescentes.

O léxico da poesia amorosa renascentista está cheio de flores, pérolas, neve, cristal, ouro e águas transparentes; as mulheres são

---

[545] *Ib.*: 204.

anjos, deusas ou «semideias», embora, também, feiticeiras, ou feras, e encontramos igualmente toda a gama do vocabulário da análise sentimental.

O do Realismo, em Cesário Verde, por exemplo, reporta-se de bom grado a paisagens urbanas, com via-férrea, gás, andaimes, hotéis, arsenais, oficinas, cadeias, «as tascas, os cafés, as tendas, os estancos»..., e a paisagem humana acolhe *soldados, calafates, lojistas*; as mulheres são *varinas, costureiras* e *floristas*, «as impuras» e «as burguesinhas»[546]. Em vez de flores, temos *repolhos, melancias, azeitonas, nabos e hortaliças*.

Alexandre O'Neill, por sua vez, explorando ao máximo a proximidade com a linguagem quotidiana e trivial, adopta muitas vezes o disfemismo chocante.

Os exemplos poderiam multiplicar-se.

Em conclusão, podemos dizer que **não há uma linguagem literária, mas usos literários da linguagem**, os quais exploram, cada um a seu modo, as potencialidades inesgotáveis que esta forma de significação permite ao homem e à cultura recriar sempre de novo.

Assim, não obstante a sua difusão e boa aceitação, a definição da literatura pela especificidade da linguagem literária levanta, como se vê, problemas que não podem ser ultrapassados. Ou melhor: não é possível uma definição da literatura com base na caracterização da linguagem literária. Esta categoria pura e simplesmente não existe.

4.5.3. A Discussão de Martínez Bonati
Vale a pena também acompanhar outra ordem de razões da discussão desta mesma tese feita num estudo de Martínez Bonati[547]

---

[546] De «O sentimento dum ocidental».
[547] Martínez Bonati, 1992: «Algunos tópicos estructuralistas y la esencia de la poesía», pp. 13–32.

que reúne com pertinência o exame da «função poética» de Jakobson e o da noção de *desvio* que é tratada sistematicamente por J. Cohen como base de uma estilística estruturalista[548].

Digo *com pertinência* porque as duas teorias, além de serem resultados representativos *da forma mentis* estruturalista, dependem de pressupostos e de falácias semelhantes.

Martínez Bonati começa por discordar da possibilidade de colocar no mesmo plano a «função poética» (tal como, aliás, as funções fática e metalinguística) e as funções estabelecidas por Bühler na *Sprächteorie.*

Observando que o critério proposto por Jakobson (a projecção do princípio da equivalência do eixo da selecção no eixo da combinação) se verifica em muitos discursos não poéticos, procura esclarecer — através das análises de textos praticadas por Jakobson noutros estudos — aquilo a que o teórico russo chama função poética. E deduz que Jakobson se refere à «potencialidade específica» que o texto poético adquire, resultante de um «tecido mais apertado, mais rico de relações formais internas do que o discurso ordinário»[549].

Ora, este reforço da «coesão interna»[550] será «uma dimensão da linguagem que, magnificada, constituiria o momento essencial do fenómeno da poesia» ou «meramente *uma condição* entre outras da sua possibilidade?» (sublinhado nosso). O estudioso conclui que esta «não é uma função semântica sua [do texto literário], mas uma condição possibilitadora das suas funções semânticas».

Pelo contrário, este *centramento,* esta *orientação para a mensagem* (em que consiste o cerne da função poética),

---

[548] J. Cohen, *Structure du langage poétique,* Paris, Flammarion, 1966.
[549] Martínez Bonati, 1992: 19.
[550] Martínez Bonati analisa com argúcia esta coesão, mostrando (p. 20) como o texto com esta função apresenta «um decurso ao mesmo tempo progressivo e reiterativo»; à medida que se desenrola e fornece mais informação, vai sempre apontando, indirectamente, para uma mesma informação inexplícita.

constitui, para Martínez Bonati, «aquela espécie de absolutização do discurso que o põe fora de situações reais, e desencadeia, no imaginário, as dimensões internas da significação». Deste modo conclui que este tipo de discurso é «onticamente diferente do discurso real»[551] e que esta diferença consiste no ser *ficcional,* imaginário.

Na parte relativa ao exame das teses de J. Cohen (e deixando de lado a análise sistemática que o estudioso faz dessas teses), Martínez Bonati faz notar a falácia subjacente a toda esta questão: quando se fala de linguagem poética, introduz-se um critério de valor. Dizer «linguagem poética» implica que se atribua a essa linguagem uma qualidade diferente da linguagem comum. Com outra beleza, com outro poder evocativo, com outra eficácia…

Em que consiste essa diferença, essa qualidade? Este é o problema em torno do qual se tecem as teorias de Jakobson e Cohen.

Responder a esta pergunta não pode fazer esquecer que valorizar não é o mesmo que descrever. Ora, as duas teorias descrevem propriedades da linguagem.

Se se tivesse encontrado a chave da linguagem poética, «por subtil e difícil que fosse a sua tarefa, a mera manipulação técnica dos princípios estruturais deveria poder produzir poemas perfeitos»[552], o que manifestamente não foi alcançado.

Para lá de esquecer que literatura não é apenas linguagem, para lá de desconhecer que as chaves explicativas propostas não se aplicam apenas à poesia (à poesia «bela ou válida», à poesia, enquanto «bem artístico»), uma vez que são susceptíveis de se aplicar a muitos textos não poéticos, o principal defeito desta pretensão consiste em pensar que «um sumário sistema de princípios

[551] *Ib.:* 21.
[552] *Ib.:* 27.

vá permitir a definição da classe dos poemas esteticamente válidos — que uma ou duas regras dêem a "chave" da beleza poética. Recordar-se-á que Kant defendeu que não há conceito do belo»[553].

O estudioso observa em seguida que estas teorias «definem estruturas parciais que pertencem à feitura da criação poética, mas cujo conjunto não é coextensivo ao conjunto das obras poeticamente válidas. As teorias assinaladas definem uma classe potencialmente muito mais ampla que a classe dos poemas válidos»[554]. Assim, uma teoria da poesia susceptível de ser elaborada hoje terá de prescindir da valoração; terá de ser uma teoria «da poesia boa ou má, sublime ou insignificante».

E não estamos a considerar, neste momento, a objecção que resulta de a valoração envolver necessariamente o sujeito que valoriza, e não ser portanto equivalente à mera descrição de um objecto.

Por fim, e principalmente, estas teorias padecem de outra fragilidade: a de partirem do princípio de que o discurso poético «é uma espécie entre outras de discurso (real)»[555]. Martínez Bonati parte do princípio oposto: «todo o tipo de discurso pode apresentar instâncias poéticas, quer dizer, [...] o discurso de carácter poético não pode ser tipificado ou limitado a certos traços e determinações genéricas [...] poesia é discurso fictício»[556]. Trata-se de uma diferença ontológica que, como já vimos, não garante também, por si só, o valor literário do texto. Mas que tem a vantagem de distinguir desde logo uma condição inseparável da obra literária; «para Aristóteles era o seu traço definidor»: a natureza fictícia que deriva do carácter de imitação da obra artística.

---

[553] *Ibidem*.
[554] *Ibidem*.
[555] *Ib.: 28*.
[556] *Ibidem*.

4.6. Dificuldades das Definições Referenciais de Literatura

«A filosofia é um combate contra o embruxamento do intelecto pelos meios da nossa linguagem.»[557]

Algumas das tentativas de definição de literatura abordadas até aqui procuravam a sua resposta no *referente* da literatura, isto é, nas obras cujo conjunto constitui a literatura. Trata-se de definições da literatura como sistema, feitas *a partir da colecção das obras consideradas literárias, do património literário acumulado*.

Uma literatura nacional, por exemplo, é constituída por um certo conjunto de obras, por uma colecção ou *corpus*, que passa assim a valer como *cânone*. Falamos nesse sentido do cânone da literatura portuguesa, no cânone da lírica de Camões (os poemas líricos que Camões escreveu) ou, em termos mais gerais, no cânone da literatura.

E a definição de literatura procura-se então naqueles aspectos que as obras desse cânone partilham entre si, partindo do princípio de que há *traços comuns*, diferenças específicas que caracterizam as obras literárias — aquelas que constituem o cânone da literatura.

Ora, as dificuldades, os problemas e os fracassos com as tentativas de definição que foram abordadas levaram um certo número de teóricos contemporâneos a negar que seja possível encontrar um ou mais traços comuns, um conjunto de propriedades textuais comuns a todas as obras literárias, o que inviabiliza o desígnio de definir a obra literária em termos de um conceito rigoroso ou da determinação de uma essência.

Segundo estes autores, não será do lado do *referente*, isto é, do *cânone*, que será possível encontrar uma resposta satisfatória;

---

[557] L. Wittgenstein, 1995, § 109.

esta terá de ser encontrada tomando em linha de conta a perspectiva do *leitor*. Efectivamente, é o entendimento comum por parte dos leitores, dos críticos, dos historiadores, dos estudiosos, o consenso relativamente ao conjunto das obras que integram a literatura, que faz desse *corpus* um *cânone* para essa «comunidade interpretativa».

Esta forma de abordagem foi explorada pela pragmática filosófica e pela *pragmática da literatura* (Searle, R. Ohmann, Iser, U. Eco)[558] e deriva mais ou menos explicitamente de leituras da filosofia da linguagem ou filosofia analítica, particularmente da obra de Ludwig Wittgenstein, *Investigações Filosóficas,* publicada em 1953.

«Ora, segundo as referidas orientações pragmáticas, não existem **marcas formais** que distingam especificamente, de modo universal e atemporal, os textos literários.» Há, sim, «mecanismos peculiares de comunicação», «modelos comunicacionais próprios», convenções «que exigem a participação adequada do leitor»[559].

Nesta perspectiva, é o ***leitor*** que inclui ou exclui do sistema literário os textos dos quais faz uma *leitura literária.* Assim, a decisão cabe portanto, e depende em absoluto, da *comunidade interpretativa,* que tem o poder de incluir ou de excluir qualquer texto do sistema literário.

Esta tese foi levada às últimas consequências por Stanley Fish[560], que pretende demonstrar que o carácter literário dos textos

---

[558] Cf. Silva, 1982, pp. 16–19, e a nota 39.
[559] Silva, 1990, pp. 46–47.
[560] *Is There a Text in This Class? The authority of interpretative comunities* (Cambridge, Mass. — Londres, 1980). «Segundo Fish, um poema e uma lista bibliográfica são diferentes, apenas porque a diferença resulta de operações interpretativas diferentes que os leitores realizam e não porque ela tenha a sua fonte em qualquer propriedade inerente a uma e a outra. Não são as características formais de um texto que originam determinada leitura, mas é, sim, uma determinada leitura que constrói peculiares características formais num texto.» *Ib.*: 47.

depende apenas da leitura que o leitor dela faz. Ora, deste modo, como conclui Aguiar e Silva[561],

> a literatura, como categoria «objectiva» [...] desagrega-se inevitavelmente, pois «qualquer coisa pode ser literatura e qualquer coisa que é considerada como inalterável e inquestionavelmente literatura — Shakespeare, por exemplo — pode deixar de ser literatura».

Trata-se, como se vê, de uma posição extremista e insustentável, porque, se há textos cuja pertença ao *corpus* literário pode ser discutível, a maior parte deles reúne o consenso dos leitores de múltiplas épocas.

Da mesma forma, poderão ser admitidas no cânone da literatura certas obras que em princípio lhe não pertencem: o exemplo clássico é constituído pela obra de Edward Gibon, *Decline and Fall of The Roman Empire*; e, no que respeita à cultura portuguesa, o exemplo correspondente seria a obra de Oliveira Martins *Portugal Contemporâneo*. Mas não encontramos muitos outros títulos nestas condições, ou seja, susceptíveis de integrarem o cânone da literatura, muito menos se admitíssemos, de acordo com a expressão extremista desta tese, que todas as obras manuscritas ou impressas numa língua — historiografia, filosofia, livros de direito, jornais, manuais de física, de química... relatórios e contas de empresas, etc. — eram candidatas a entrar no sistema literário, por obra e graça da leitura literária da comunidade interpretativa!...

Como faz notar Aguiar e Silva[562], a ideia de que obras da importância dos dramas de Shakespeare podem deixar de fazer

---

[561] Recorrendo à crítica de Terry Eagleton, *Literary Theory. An Introduction*, Oxford, 1983.
[562] Silva, 1990: 48–50.

parte do cânone da literatura, enquanto muitas outras, de variados tipos, poderiam ser nele acolhidos, constitui um sintoma da crise da cultura que a nossa sociedade atravessa. Essa crise manifesta-se através de preconceitos ideológicos que levaram a ver na literatura uma instituição burguesa que produz formas de elitismo cultural.

A valorização do papel a atribuir ao leitor na constituição e evolução do cânone literário representa sem dúvida um progresso, mas não equivale a atribuir-lhe um poder absoluto[563].

Contudo, não são tanto os excessos das teses que nesta linha foram aduzidas que nos interessam, mas antes os ensinamentos que decorrem do aproveitamento da filosofia da linguagem pela pragmática da literatura, ensinamentos que levam a compreender que importa conceber a literatura como um sistema e um conjunto *abertos*, e contendo, na forma da sua composição, uma grande dose de *variabilidade* de época para época.

A filosofia da linguagem coloca a pergunta: *As palavras equivalem sempre a conceitos?* As palavras designam sempre coisas susceptíveis de serem definidas de modo exacto, na sua essência?

Na prática, no nosso discurso quotidiano, damos uma resposta afirmativa, ainda que implícita e inconsciente, a esta pergunta. E é essa crença na existência de *conceitos ligados sempre e obrigatoriamente às palavras* que conduz à procura da definição da *essência* desses conceitos; ao perguntarmos «O que há de comum ao *corpus* das obras da literatura portuguesa?», «Qual o denominador comum ao conjunto das obras de um cânone?», estamos a procurar a *essência* do conceito.

Ora, L. Wittgenstein considera erróneo admitir que às palavras correspondam sempre conceitos e essências. Os substantivos

---

[563] Aguiar e Silva rejeita «as ideias de que a chamada leitura literária seja uma operação semiótica omnipoderosa, capaz de converter em literatura qualquer texto», *ib.*:.: 50.

que se referem à experiência empírica não correspondem necessariamente a conceitos e a essências, pelo que não tem sentido fazer a pergunta «O que é?»[564]. *O que é o tempo? O que é a linguagem? O que é o pensamento?* «Aquele que, por exemplo, na Estética ou na Ética procura definições que correspondam aos nossos conceitos encontra-se [na situação de dizer que "certo está tudo e nada"].»[565]

Na mesma linha, Coseriu adverte: «Confia-se de mais na linguagem quando se quer procurar nela a verdade das "coisas" designadas»[566].

Encontram-se conceitos plenamente definíveis na linguagem da matemática, como, por exemplo, os conceitos de *um,* de *zero,* de *igualdade,* de *adição,* na da física — *átomo, electrão* — ou na da astronomia — *planeta, cometa, galáxia* —, que são conceitos claros e estáveis.

Mas não é possível extrapolar destes domínios para os da experiência prática. «Um sistema conceptual perfeitamente estabelecido e rigorosamente estável a que corresponderia um sistema fixo de definições não passa de uma ilusão metafísica.»[567]

Assim, a filosofia da linguagem leva-nos a compreender que as palavras ou expressões que dizem respeito ao real empírico não são mais do que *instrumentos* linguísticos e, portanto, *convenções.* É um erro emprestar-lhes existência ontológica, existência no plano do ser, e pretender que forçosamente correspondam a conceitos ou essências. «A linguagem é um instrumento. Os conceitos da linguagem são instrumentos.»[568]

---

[564] «Quem perde de vista a multiplicidade dos jogos de linguagem estará inclinado a fazer perguntas como: O que é uma pergunta?», L. Wittgenstein (1953), 1995, § 24.
[565] *Ib.:* § 77.
[566] Coseriu (1977), 1991: 61.
[567] Silva, 1982: 22.
[568] L. Wittgenstein (1953), 1995, § 569.

Em vez disso, o significado desses vocábulos encontrar-se-á de preferência observando o seu *uso* na linguagem[569], os diversos contextos em que o vocábulo aparece, os quais permitem observar que existe nesses usos algo de semelhante, uma série de relações que, segundo Wittgenstein, corresponde melhor à noção de «parecenças» ou de «semelhanças de família» do que a conceitos bem definidos e rigorosos.

> Considera, por exemplo, os processos aos quais chamamos «jogos». [...] Não respondas «Tem de haver alguma coisa em comum, senão não se chamariam *jogos»* — mas *olha,* para ver se têm alguma coisa em comum. [...] não penses, olha![570]

Seguindo este conselho, e regressando à literatura — vista como o conjunto das obras literárias —, será preferível admitir que entre os grupos que formam esse conjunto há apenas «semelhanças de família», e não uma essência comum a procurar e a definir[571].

Este modo de abordar o problema permite perceber que a noção de literatura deverá ser encarada como «conceito aberto», contendo uma certa dose de imprecisão, de incerteza, ou de *indeterminação.*

«Semelhanças de família»[572] — observamos entre certas obras uma rede de afinidades que nos permitem aproximá-las, de modo a podermos estabelecer séries ou conjuntos: os textos romanescos; a poesia, o drama ou a novela bucólica; a lírica barroca; o sermão; a literatura de viagens; o conto popular, o romance tradicional, entre outros.

---

[569] «Para uma *grande* classe de casos — embora não para *todos* — do emprego da palavra "sentido" pode dar-se a seguinte explicação: o sentido de uma palavra é o seu uso na linguagem», *Ib.:.:* § 43.
[570] *Ib.:* § 66.
[571] «Eu afirmo que todos esses fenómenos nada têm em comum [...] mas antes que todos eles são *aparentados* entre si de muitas maneiras diferentes. E por causa desse parentesco ou desses parentescos chamamos a todos "linguagens"», *Ib.:.:* § 65.
[572] «Vemos uma rede complicada de parecenças que se cruzam e sobrepõem umas às outras. Parecenças de conjunto e de pormenor», *Ib.:.:* § 66.

Entre essas séries ou conjuntos, podemos, por sua vez, observar de novo afinidades que são extensíveis a muitos deles, mas não a todos. Concretizando,

> Pode-se admitir a existência de uma escala da literariedade, em perfeita consonância com o princípio wittgensteiniano de «semelhanças de família», variável de um para outro contexto histórico e sociocultural. Se nos ativermos, por exemplo, ao código literário do romantismo, podemos determinar como centrais nessa escala textos como poemas líricos, romances, novelas e dramas; e como tendencialmente periféricos textos como memórias, biografias, ensaios, crónicas de viagem, discursos parlamentares, etc.[573]

Ou seja: somos levados a tomar consciência da *relatividade* que caracteriza o *conjunto aberto* da literatura **no plano sincrónico**, relatividade e abertura que implicam o modo de ver segundo o qual no sistema literário há um núcleo estável (que contém textos ou géneros em relação aos quais há praticamente unanimidade na sua classificação como literários) e, por outro lado, as margens ou a periferia desse mesmo sistema, zonas onde a aceitação do carácter literário dos textos dependerá da sua qualidade estética e de outras considerações. A constituição deste sistema ou colecção depende de convenções e de circunstâncias culturais historicamente datáveis.

Essa *relatividade* manifesta-se igualmente **no plano diacrónico**: se a *Imagem da Vida Cristã* de Fr. Heitor Pinto ou a *Carta do Achamento do Brasil* de Pêro Vaz de Caminha fazem parte da literatura portuguesa do século XVI, obras dos mesmos géneros (meditações de teor ético-religioso e relatos de viagem) são em geral consideradas exteriores ao sistema literário no século XX.

---

573 *Ib.*: 38.

Qualquer estudo histórico da literatura nos leva a atender a esta *heterogeneidade* sincrónica e diacrónica, e temos de incluir no âmbito dos nossos critérios teóricos um certo *relativismo histórico*[574], e o reconhecimento de que em qualquer período literário importa distinguir *o núcleo estável e consensual* onde se situa a literatura «culta» ou «superior», das formas literárias das suas margens; no nosso tempo, podemos enunciar como «áreas» dessas margens a *literatura popular*, a *paraliteratura*, a *literatura «de consumo para as grandes massas»*, a *literatura «kitsch»* e outras, como banda desenhada, romances cor--de-rosa, romance policial, de espionagem, de ficção científica, fotonovelas, etc.

4.6.1. Conclusão

No termo destas reflexões, e depois de percorrermos diversas formas de definição de literatura, observando tanto a sua pertinência como a contestação que sofreram, os problemas que cada uma levanta, as insuficiências que envolvem, somos levados a concluir que *a literatura não é susceptível de uma definição cabal e satisfatória,* ou, melhor, que escapa a uma definição.

Por que motivo?

Por um lado, o intuito de definir, de encontrar a fórmula que exprime a essência de uma coisa, de dominar um conceito através da sua identificação racional, depende sobretudo de um «espírito de geometria» que enforma o modelo científico que tem dominado

---

[574] «Torna-se extremamente difícil, senão impossível, estabelecer um conceito de literatura rigorosamente delimitado intencional e extensionalmente que apresente validade pancrónica e universal e por isso é mesmo cientificamente desaconselhável impor dogmaticamente à heterogeneidade das obras produzidas durante cerca de vinte e cinco séculos [...] categorias ou propriedade consideradas, num dado momento histórico, como sendo universalmente específicas da literatura, mas que poderão apenas constituir traços peculiares da produção e da teoria literária desse dado momento histórico.» *Ib.:* 30–31.

as ciências humanas desde o século XIX, *responsável por alguns dos seus descaminhos*. Definir supõe a possibilidade de olhar com plena objectividade aquilo que se define, de o constituir plenamente como objecto.

Ora, sendo *a literatura uma actividade cuja experiência implica a inter-relação do sujeito e do objecto* — quer no pólo da escrita quer no da leitura —, a postulação da literatura como simples objecto é deformadora, redu-la substancialmente.

Por outro lado, estando a literatura *em evolução constante*, continuamente em mudança, o cânone que em determinado momento aparece como sua referência e garantia da validade de uma definição é instável; o objecto da literatura «é instável e sempre apto a sacudir ou a fazer vacilar fórmulas e ideias feitas»[575], e isso dificulta a sua apreensão como conceito, bem como relativiza qualquer proposta, uma vez que terá de ser *historicamente enraizada*[576]; nunca será sobranceira à história, supra-histórica.

Por estas razões, a indefinição é uma característica própria da literatura.

Por isso a sua abordagem se apoia necessariamente na tradição. Aquilo que uma visão teórica não consegue cingir pede para ser compreendido na dimensão histórica que lhe é constitutiva.

A complementaridade dos dois pontos de vista é uma das lições do século que findou. E o percurso feito ao longo destes capítulos leva-nos a concluir neste sentido.

---

[575] Mendes, 1999: 35.

[576] «Ao longo do século XX, o pensamento formal sobre a literatura procurou insistentemente construir uma definição formal [...] da literatura ou da especificidade do literário — a literariedade. No limite tratava-se de definições essencialistas ou a-históricas, ou essencialistas porque a-históricas. Nenhuma conseguiu consenso generalizado e duradouro. [...] A efectiva impossibilidade de construir uma definição essencialista não significa a impossibilidade de conceptualização da literatura como sistema aberto (Aguiar e Silva), multipolar e dinâmico (Éven-Zohar), ou seja histórico.» Gusmão, 1999a: 64.

5

Géneros Literários

VERA DA CUNHA BORGES

5.1. A Definição Genológica como Condição de Interpretação
5.2. Tradição e Transgressão
5.3. Panorama da Classificação dos Géneros Literários
5.4. A Divisão Triádica
5.5. *Coda:* entre Matrizes Universais e Senhas Históricas, o Drama da Interpretação como Reconhecimento

5.1. A Definição Genológica como Condição da Interpretação

> «*A imagem que um único homem pode formar
> é a que não toca nenhum.*»
> J. L. Borges

> «*Lo que diferencia a los géneros literarios unos de otros,
> es la necessidad de la vida que les ha dado origen.*»
> Maria Zambrano

«Is there any living thing not given to song?» Esta interrogação do prefácio de Ki no Tsurayuki ao *Kokinshu,* compilação japonesa de poesia do século x, afirma enfaticamente a necessidade universal da expressão ou comunicação poética[577]. A reflexão sobre a literatura em geral (logo, em certa medida, a própria prática artística, que não é de todo estranha a esse labor conceptual) terá sido marcada, senão radicalmente determinada, pela poética que a partir de um género particular, historicamente em evidência num determinado contexto, foi elaborada por um crítico particularmente afortunado[578]. A poética do Ocidente enraizar-se-ia na consideração do drama (por Aristóteles); a de culturas orientais, na lírica. Apesar da relatividade da nossa ocidental divisão triádica, que data das propostas de Minturno, no século XVI, é reconfortante sabermos que a consideração dos três modos que

---

[577] *Apud* Miner, 1990: 82.
[578] *Ibidem:* 7.

a nossa tradição quase sempre postulou (de formas nem sempre absolutamente coincidentes) se revela operacional noutras culturas para além da ocidental. O estudo do objecto designado pela teoria da literatura como «géneros literários» confronta-nos privilegiadamente com a inter-relação, interdependência, cruzamento ou confusão entre o que é do domínio do universal, invariável, a-histórico e o que está preso a um tempo finito, muitas vezes dependente de uma conjuntura social, cultural, até política. Não há texto algum que não se projecte, implícita ou explicitamente, a partir de um horizonte genológico. Conhecer esse campo (ou matriz) recoberto pela designação «géneros literários» é conhecer as possibilidades e impossibilidades da comunicação literária[579] num tempo determinado e, portanto, poder ajuizar do valor de cada manifestação em particular; confrontar essas possibilidades e impossibilidades em literaturas diferentes permite-nos distinguir incontornáveis e persistentes características e outras muito específicas, que de tão circunstanciais parecem irrepetíveis. Ou, por outras palavras, a consideração desse campo de estudos da poética e da história literária permite-nos enfrontar o que é comum a todos os homens e o que está vedado a alguns — formas de intelecção e de representação do mundo a que os cânones e códigos da cultura que nos encerra nos tornam cegos e surdos. Estas «outras palavras» são de um conto de Borges, e é através delas que nos propomos examinar a problemática dos «géneros literários»[580].

Séculos de elucubrações em várias latitudes parecem provar que a reflexão sobre a literatura não poderá iludir a consideração dos *géneros,* como se estes constituíssem uma das condições da mesma. É pacífico que os géneros literários só podem ser pensados a partir dos géneros do discurso, não sendo «senão uma

---

[579] Tudo o que aqui se diz é válido para qualquer produção artística.
[580] Trata-se de «A busca de Averróis», in *O Aleph*.

escolha entre os possíveis do discurso, tornado convencional pela sociedade» — os possíveis do discurso tomado como prática literária artística, acrescente-se nesta paráfrase de Todorov[581]. A relação da obra singular com paradigmas técnico-compositivos, semântico-pragmáticos e simbólico-modelizantes, a natureza simultaneamente histórica e trans-histórica do que era descrito como «género», que fez com que a dada altura os estudos de poética o cindissem em «género-categoria empírica-histórica» e «modo-ou-tipo-categoria abstracta-universal», tem sido objecto de meditação ao longo dos tempos. Por detrás das interrogações, desenha-se a inquirição sobre a relativa ou absoluta universalidade dessas formas, que são como que o pano de fundo contra o qual se recortam as estratégias de interpretação e compreensão de discursos. Se seguirmos o fio do conto «A busca de Averróis», de Jorge Luis Borges, veremos que a consideração de códigos técnico-compositivos e semântico-pragmáticos a condicionar a produção e a recepção de discursos, articulando possibilidades expressivas e horizontes de expectativa, nos obrigará a remontar além de formas modelares ou disposições enunciativas ou modelizadoras, às disposições da mente humana de que aquelas decorrem. Inatas e universais, essas disposições da mente, determinando modos de entendimento e comportamentos, podem traduzir-se, de acordo com circunstâncias históricas e culturais, em discursos que convocam a aprendizagem interiorizada de uma retórica[582]. Aliás, numa conceptualização que os anos e a teorização subsequente não conseguem delir, Emil Staiger vê nos géneros, para ele na acepção de formas naturais, a tradução de atitudes, entendendo-os como «possibilidades fundamentais da existência humana»[583].

---

[581] Todorov, 1981: 24.
[582] Usamos o termo na acepção lata de códigos técnico-compositivos exigidos pela interpretação de um discurso.
[583] Staiger, 1972: 213.

A tradução de uma disposição universal e inata do espírito numa forma histórica, culturalmente presa ao conhecimento de códigos sem os quais esta se torna impenetrável e é julgada aberrante, porque desprovida de sentido, ou, por outras palavras, o cruzamento do universal com o histórico, fechado no tempo — este é o fenómeno para que abre a consideração da problemática dos géneros literários. A condição paradoxal dos textos deriva de, ou espelha, uma condição paradoxal da existência humana. Este é, pelo menos na nossa perspectiva, o enfoque do conto de Borges.

A reflexão em torno dos géneros literários em qualquer das suas formulações continua a provar-se essencial no âmbito da teoria da literatura, sendo mesmo decisiva para a sua configuração[584]. Sobre esta última implicação não se elaborará aqui, por exceder em muito o âmbito deste trabalho. Limitar-nos-emos a recapitular classificações que se revelaram nodulares na orientação da reflexão sobre esta matéria e algumas das questões que em relação aos géneros se têm levantado e persistido. Não ignorando algumas das propostas relativamente recentes sobre o assunto, mas na perspectiva de que se movem, com evidentes reajustamentos e enfatizações selectivas, dentro de redes classificatórias elaboradas no passado da teorização literária, reportar-nos-emos a momentos de charneira e a súmulas críticas que têm perspectivado esta questão. Mas, como guia, além delas e acima delas, tomamos o referido conto «A busca de Averróis», de Jorge Luis Borges, como inexcedível exposição da problemática em causa, nas suas diversas vertentes. Afinal, é a própria literatura a melhor fonte para conhecermos as interrogações de que alimentamos o nosso espírito no que a ela diz respeito.

«A busca de Averróis» coloca-nos perante a perplexidade do dedicado exegeta de Aristóteles diante dos misteriosos termos «comédia» e «tragédia», indecifráveis no âmbito do Islão.

---

[584] García Berrio, 1995: 11.

A civilização a que Averróis pertence não conhece o drama como forma cultural; por isso ele vai adulterar o sentido dos termos que o detiveram em função dos paradigmas actuantes na sua própria tradição. Identifica a tragédia com o género panegírico, reporta a comédia à sátira e ao anátema, exemplificáveis com o texto do Alcorão. Por ironia do destino, como a Borges tanto apraz sublinhar na sua obra, Averróis confrontar-se-á directamente com a mimese dramática como forma natural, instintiva. Enquanto o seu espírito deriva na tentativa de encontrar uma referência que lhe permita apreender o sentido de «tragédia» e «comédia» sob a pena de Aristóteles, ao seu olhar errante oferece-se o jogo de três meninos, que representam uma cena também ela charneira da sua civilização: um faz de almuadem, outro do minarete que o sustém, outro da congregação de fiéis a que o primeiro se dirige. O instinto dramático, característico pois da espécie, conduz naturalmente o jogo das crianças; mas Averróis regressa aos seus alfarrábios, que não consagram como forma cultural a manifestação mimética a que as crianças se entregam. E, tal como Averróis foi cego em relação ao que viu, os livros que compulsa são mudos em relação ao que desejaria esclarecer.

O destino refinará a ironia. Nessa mesma noite, será confrontado com a mimese como forma histórica institucionalizada: produto de uma cultura, não da *natura* que orienta a brincadeira dos meninos, ver-se-á objecto de uma conceptualização. No jantar que homenageia o viajante Abulcásim, este presenteia os intelectuais muçulmanos participantes no jantar de homenagem com o relato de uma representação teatral. «Ninguém compreendeu, ninguém pareceu querer compreender.» O desconhecimento dos códigos culturais inviabiliza a compreensão, mas, mais interessante do que isso, tolhe a vontade de compreender. O próprio narrador, que compreendeu que o drama é uma forma de representar uma história mostrando-a, em vez de contá-la, não consegue no entanto vencer o nimbo de estranheza que também para si encerra aquilo de que dá testemunho, embora o vexe o juízo de loucura que os doutos convivas aplicam aos comportamentos por ele evocados.

No final do conto, Borges revela que «quis contar o processo de uma derrota». Entenda-se que contá-lo, aqui, é glorificá-lo — à finalidade quimérica a que Averróis se vota, emblematizando nele o narrador e os leitores, compadecidos, uma universal tacha da condição humana. Averróis foi eleito por Borges porque «mais poético é o caso de um homem que se propõe um fim que não está vedado a outros, mas sim a ele». Mais poético — mais patético, portanto. «Encerrado no âmbito do Islão», ignorante dos códigos que lhe permitiriam aceder ao significado das palavras «comédia» e «tragédia», a tarefa a que se consagrou Averróis, que quis «imaginar o que é um drama sem ter suspeitado o que seja um teatro», é absurda — mas não mais absurda do que a do próprio Borges, «querendo imaginar Averróis, sem outro material além de alguns rudimentos de Renan, de Lane e de Asín Palácios». No final do conto, Borges joga com a expectativa do seu leitor. A ficção instituída desde o início restituía-nos, dentro da moldura da verosimilhança ou da plausibilidade particular que com esta se identifica, de acordo com as convenções do género, o mundo material e emocional do Averróis que em Córdova se debate com a interpretação de Aristóteles. Mas o conto encena a explosão dessa evocação que na plausibilidade ficcional se desenvolvia: a ficção autodestrói-se, manifestando eloquentemente o seu carácter irrisório, tão poético ou patético como o da inglória busca de Averróis ou como o de todo o saber que laboriosa e aplicadamente construímos. O segredo da conceptualização genológica sobre a imitação dramática, que supõe a interiorização, o conhecimento de códigos, uma socialização de práticas, leva a melhor sobre o sábio Averróis, que os seus próprios códigos reduzem à cegueira e surdez perante tudo o que seja o drama; a alteridade de Averróis, a irredutível realidade e distância do seu mundo (suficientemente evocado no conto, por fragmentos a actualizar os efeitos de real de regra neste tipo de relatos), leva a melhor sobre a imaginação de Borges, no momento anterior à sua dissertação final sobre esta matéria.

«(Averróis) Sentiu sono, sentiu um pouco de frio. Desenrolado o turbante, olhou-se num espelho de metal.»

É a realidade de Averróis restituída segundo o particular modo presencial — testemunhal deste tipo de ficções. Lembra-nos a formulação consagrada de Coleridge, sobre o funcionamento da arte, e a «voluntária suspensão da descrença» que ela institui. E depois... A desconstrução da própria ficção e o laço fraterno estabelecido com o patético Averróis:

> Não sei o que os seus olhos viram, porque nenhum historiador descreveu as formas do seu rosto. Sei que desapareceu bruscamente como se o fulminasse um fogo sem luz e que, com ele, desapareceram a casa e o invisível repuxo, e os livros, e os manuscritos, e as pombas, e as muitas escravas de cabelos negros, e a trémula escrava de cabelos ruivos, e Farach, e Abulcásim, e os roseirais, e talvez o Guadalquivir.

Matrizes da interpretação das formas artísticas, senhas de abertura ou cerramento dos horizontes cognitivos, assim se revelam os géneros, de acordo com o que é demonstrado em «A busca de Averróis». São portanto marcos que assinalam a dimensão circunstancial, histórica, limitada do nosso pensamento e das nossas realizações; mas através das grelhas que constituem, reconhecemos também o que em nós tem raízes mais fundas do que o culturalmente aprendido ou recebido. Através do crivo de possibilidades e impossibilidades expressivas e intelectivas que eles plasmam, podemos buscar o universal e procurar o que em nós é menos mutável, talvez menos periférico. Uma parte do conto de Borges tinha forçosamente de abordar a expressão ou conhecimento pelos símbolos, e a ela voltaremos noutro momento.

A fronteira em que os géneros se convertem desafia-nos a discernir essa presença de uma comunidade ou universalidade que a sua própria existência, na sua materialidade histórica, parece paradoxalmente negar ou pelo menos comprometer.

«Poucas coisas mais belas e mais patéticas registará a história, além dessa consagração de um médico árabe aos pensamentos de um homem de quem o separavam catorze séculos...»

O empreendimento a que Averróis se vota, desprezando, para além de todas as outras, a barreira da língua, é em si mesmo um desafio à impossibilidade de uma comunhão de pensamento que todas as razões das especificidades históricas e culturais parecem sustentar. No caso da interpretação de «tragédia» e «comédia», Averróis falhou de facto o tiro; no caso do Borges narrador da derrota de Averróis, a comunhão imaginada com o imaginário e inalcançável Averróis (de acordo com o final fantástico que abruptamente o esfuma) é testemunhada pela escrita que subsiste. Ela afirma ou testemunha a possibilidade de conhecer, identificar-se, comungar ou simplesmente compreender para além da barreira do tempo, da cultura, do espaço... dos géneros, como formas artísticas e culturais que se revelam igualmente *forma mentis*.

> Senti, na última página, que a minha narrativa era um símbolo do homem que eu fui enquanto escrevia e que, para ser aquele homem, tive de escrever esta narrativa, e assim até ao infinito. (No instante em que eu deixo de acreditar nele, «Averróis» desaparece.)

5.2. Tradição e Transgressão

Todorov chama a atenção para o facto de os géneros serem simultaneamente noções metadiscursivas, logo, instrumentos operatórios num processo de conceptualização e análise abstracta, e entidades discursivas, isto é, corresponderem a conjuntos de propriedades discursivas empiricamente observáveis em textos que são por elas aproximáveis[585].

A definição genológica, que depende do reconhecimento ou identificação dessas propriedades discursivas, é tomada como condição determinante no processo de produção e de recepção da obra literária. Os autores e os leitores escrevem e lêem, respectivamente, em função do sistema genérico vigente como «instituição» na sociedade e época em que se inserem: para o leitor, balizam um «horizonte de espera», ao autor, fornecem os «modelos de escrita» de onde a sua expressão poderá emergir[586]. O processo de leitura implica a inscrição de *per se* dos textos em categorias paradigmáticas, a permitir o reconhecimento dos códigos que nele operam. A interpretação de um texto depende de um saber (interiorizado, consciente e inconsciente) sobre as convenções que constituem a literatura. Como lembra Miguel Tamen, se não nos parece possível enunciar todos os temas que um soneto pode versar, não é menos verdade que de todo não esperamos que um deles seja a termodinâmica[587]. Esse conhecimento é em parte regulado por essas regras de orientação, «memória» ou «consciência» da literatura[588] que são os géneros literários, a entender, aqui, como conjunto de propriedades que são comuns a certos textos. A presença e predominância dessas propriedades sobre outras constitui aquilo que Todorov designa por «classes de textos». A determinação genológica ou inclusão de um texto num paradigma em função das propriedades que se lhe reconhecem viabiliza a leitura. Imaginar a leitura sem esta mediação dos géneros seria, ainda nas palavras de Tamen, o mesmo que tentar apagar um bolo de aniversário inspirando e

---

[585] Todorov, 1981: 50, 51.
[586] *Ibid.*: 52.
[587] Tamen, 1986: 133.
[588] Todorov, 1981.

não soprando as velas. Há que dominar as convenções por que se rege o jogo.

No nosso tempo, depois das rupturas expressivas das vanguardas, da massificação da cultura e também do que se convenciona ser arte, afigura-se por vezes difícil a orientação do leitor, dada a contaminação dos géneros, a relativização da noção do belo como critério de avaliação das manifestações que se reclamam da arte ou a recusa do sublime que por ele se mediria. O epicurismo será hoje mais seguramente veiculado nas injunções das *lyrics* de um Pedro Abrunhosa do que nas declarações de um menos mediático Ronsard, mau grado a reticência dos herdeiros dos cultores das «Belles-Lettres» que todos os estudiosos de literatura são. Houve também um tempo em que a palavra poética estava destinada a ser apenas ouvida com a música com que era concebida, como unidade só artificialmente cindível... A canção que abaixo se transcreve, de Whitney Houston, poderia ser analisada no âmbito dos *cultural studies* (o que excluem estes?); mas seria pacífico abordá-la numa aula de Introdução aos Estudos Literários, isto é, no âmbito do estudo da literatura como o fazemos, ainda atido a formas (géneros) enobrecidas por uma nebulosa de referências eruditas ou minimamente complexas, a permitir a ligação indispensável a uma ponta qualquer da tradição literário-cultural, estudo ainda para mais constrangido aos requisitos da cientificidade particular das ciências humanas?... Estamos, mais uma vez, no domínio da convenção — dos códigos imperantes.

> There's a bridge
> And there's a river
> That I still must cross.
> As I'm going on my journey
> I might as well be lost.
> [...] But when I get there I'll know
> Cause I'm taking it

Step by step
Beat by beat
Stone by stone
Brick by brick
Step by step
Day by day [...]

As imagens e a sua carga simbólica estão lá, bem como o ritmo paralelístico, a marcar a insistência da progressão e o irreversível do percurso que com sabedoria se cumpre: elementos convocáveis em qualquer quadro de análise de um texto enobrecido com o rótulo «literário». A legitimidade (puramente convencional) da análise de um objecto deste teor será confirmada se reconhecermos na dita sabedoria a sua afinidade com ensinamentos bíblicos sobre a entrega à Divina Providência. As referências são culturalmente aceitáveis; o texto não desmerecerá de quem o marcar como objecto literário, capaz de suscitar um discurso crítico canónico dentro do género agora vigente (se conhecermos o passado religioso e musicalmente empenhado da cantora em causa nesse território, as características do texto que evidenciam a sua matriz genológica não nos surpreenderão). O reconhecimento dos códigos dessas convenções que são os géneros é, também ele, puramente convencional, e adstrito a um desenvolvimento e a uma expressão igualmente constrangidos do ponto de vista genológico.

Muitas manifestações artísticas são rejeitadas liminarmente em função da ignorância dos princípios que actualizam por receptores que se movem segundo concepções de arte completamente alheias ou opostas àqueles. Não é preciso lembrar os combates em torno do Impressionismo ou da música de Stravinsky, por exemplo, já para não falarmos das chamadas vanguardas.

É também o nosso conhecimento sobre a literatura, nomeadamente sobre os géneros, que nos impede, por exemplo, de tomar como irónicas ou patológicas certas afirmações extremadas que sabemos ressaltarem da retórica inerente a um certo tipo de discurso. Versos como «Porque me tocas? Porque me destinas/ este cilício vivo de cantar?», de Torga, invocando a poesia, ou «Escancarei, por minhas mãos raivosas,/ As chagas que em meu peito floresciam», de Régio, sensibilizam o leitor, que neles reconhece um eco da exaltação martirológica do poeta, enobrecida por uma vasta tradição. «Passa um rei/ É o poeta», de Torga, insere-se na mesma linha em que a megalomania é entendida como o sublime, logo, o *acumen* da expressão e do sentimento.

Vejamos agora a expressão da intensidade (e sublimidade) da poesia através de imagens nos antípodas das anteriores, em versos de Byron. No nosso tempo, doutrinas mal compreendidas como a da impessoalidade da arte, mais especificamente do registo poético, e juízos críticos endémicos referindo pejorativamente o que classificam como «falácia patética» (a da identificação salvífica do homem com o cosmos) não conseguiram no entanto fazer vacilar a adesão emocional do leitor das poesias modernista, pós-modernista, pós-modernidade a versos como os que a seguir se transcrevem — porque o paradigma que para a poesia continua actuante é (ainda...) o decididamente romântico[589]. E, para o Romantismo

---

[589] Paradigma romântico que aliás já comportava, algo perversamente, todas as inversões e subversões, negações e rupturas de que a poesia/literatura *à venir* se poderia reclamar. Lembre-se a proclamação profética de Schlegel, no celebérrimo fragmento 116 do *Athenaeum:* «Le genre poétique romantique est encore en devenir; et c'est son essence propre de ne pouvoir qu'éternellement devenir, et jamais s'accomplir. Aucune théorie ne peut l'épuiser, et seule une critique divinatoire pourrait se risquer à caractériser son idéal. Elle seule est infinie, comme elle seule est libre, et elle reconnaît pour première loi que l'arbitraire du poète ne souffre aucune loi qui le domine. Le genre poétique romantique est le seul qui soit plus d'un genre et soit en quelque sorte l'art même de la poésie: car en un certain sens toute poésie est ou doit être romantique» (Lacoue-Labarthe, J.-L. Nancy, 1987: 112).

na versão de Keats, «Beauty is truth, truth is Beauty, — that is all / Ye know on earth, and ye need to know»[590]...

> Encontro-me mais uma vez sobre as ondas, uma vez mais!
> E erguem-se debaixo de mim as vagas como um corcel
> que conhece o cavaleiro. Que o seu bramido seja bem-vindo!
> Ah, que me guiem depressa, para qualquer lugar!
> embora o mastro estremeça e se incline como um canavial
> e as velas sejam impelidas, despedaçadas pelos ventos,
> não posso deixar de prosseguir — porque sou uma alga
> arrancada das rochas que voga sobre a escuma do Oceano
> para onde a arrastam as ondas e a respiração da tempestade.
> [...]
> É para criar e, ao criarmos, viver
> uma existência mais intensa, que às nossas visões
> entregamos uma forma, recebendo ao doá-la
> a vida que imaginamos, tal como eu o faço agora.
> Que sou eu? Nada! Todavia és diferente, tu, alma
> do meu pensamento, com quem atravesso a terra
> — invisível, mas vigilante —, enquanto me confundo
> na luz do teu espírito, partilhando a tua origem
> e sentindo as mesmas emoções vazias e perturbadas.[591]

A literatura do nosso século coloca-nos com mais acuidade a dificuldade da classificação genológica — diz Todorov, recuperando Blanchot, que «não há hoje nenhum intermediário entre a obra singular e individual e a literatura inteira, género último [...], porque a evolução da literatura moderna consiste precisamente

---

[590] Ou, na tradução de Fernando Guimarães: «A beleza é verdade, a verdade é beleza. Apenas isto/ É tudo o que sabes e precisas de saber na terra.» [Guimarães, *Poesia Romântica Inglesa (Byron, Shelley, Keats),* Inova, Porto, 1977: 75.]
[591] *Id., ibid.*: 21.

em fazer de cada obra uma interrogação sobre o próprio ser da literatura»[592]. Este desígnio já instituiu a sua tradição discursiva e marca então genologicamente a produção que nessa matriz se revê...

Na esteira do que foi proclamado pelas várias vanguardas, de acordo ainda com princípios românticos que encontramos enunciados programaticamente em Friedrich Schlegel, a generalidade dos textos dos nossos dias caracteriza-se pela não observância de regras (inclusive das que determinariam a correcção linguística do discurso) ou então por um hibridismo de características de vários géneros. Pensemos em *Finisterra. Paisagem e povoamento, acontecimento,* da oficina de Carlos de Oliveira, que se apresenta como romance, embora a dominante discursiva seja lírica. As regras que *Finisterra* propõe para a sua leitura estão muito longe das do romance canónico à maneira do século XIX e escapam igualmente aos trilhos percorridos por muitos na sequência de tentames inovadores franceses na arte de narrar, neste século. Se quiser aceder ao universo oferecido, o leitor tem de cumplicemente consentir no modo particular de comunicação, complexo porque torneia as expectativas do leitor e os seus hábitos de leitura, que aquele texto institui. Revisitações emocionais de fragmentos do passado, o convívio difícil com emoções fundadoras, ambiguamente queridas e negadas, a ressurreição impossível do quase-inocente que se foi na infância, mas que se sente mais vivo que quem recorda normalmente suspenso num presente de perplexidade, insatisfação e irrealidade — grande parte da literatura alimenta-se destas viagens. Este olhar para trás, que em tantos romances portugueses recentes parece obrigar à dominante lírica a marcar uma enrolada meada narrativa, encontra soluções processuais muito diferentes nas obras de um Vergílio Ferreira, por exemplo, em que este movimento é recorrente, e na que

---

[592] Todorov, 1981: 45.

vimos referindo de Carlos de Oliveira, um caso à parte pela densidade poética do discurso com que a narrativa de facto se cumpre como tal. A dificuldade no acesso ao discurso que suporta este muito *sui generis* romance *Finisterra* convoca o nosso «saber» narrativo, lírico e dramático, chamemos-lhe assim — o pano da história, dos acontecimentos, será desenrolado no confronto dramatizado, encenado, do narrador adulto com a criança que foi, em sequências envolvidas e permeadas por um discurso lírico densa e sugestivamente simbólico como poucos. Talvez as combinatórias objectividade / subjectividade, tal como foram projectadas para entender os géneros por alguma teorização romântica, fossem de alguma pertinência na análise de um registo tão curioso do ponto de vista do entretecimento genológico como *Finisterra*.

Qualquer texto se relaciona com um modelo ou arquétipo (ou com vários modelos ou arquétipos) — através dessa memória, ou repositório de possibilidades expressivas, que designamos por «género». O elemento de perturbação está em que o texto pode projectar-se como desafio ao modelo que nele é reconhecível, como transgressão mais ou menos acentuada aos códigos por aquele implicados. Desde sempre que a literatura se constituiu sobre este movimento — veja-se Petrarca, as suas recomendações sobre a pessoalização dos elementos recolhidos na arte de outros, a sua prática poética. Nisto, Petrarca foi seguido por alguns dos que mais talentosamente petrarquizaram — veja-se Camões. A transgressão na sua forma mais acirrada é a parodização, de que o exemplo canónico é *Tom Jones,* de Fielding, epopeia cómica em prosa que se converteu em paradigma do romance no século XIX...

Como ler quando a transgressão do paradigma constitui o programa do texto? O leitor tem de ultrapassar a percepção da lei (antiga...) e aderir à proposta transgressora, aceitar as novas regras do jogo para que é solicitado.

Uma revolução expressiva pode acontecer não através de uma radical inovação, mas através da revivificação de formas (de conteúdo e/ou de expressão) esquecidas, caídas em desuso. A empresa de Pound na renovação da dicção poética do século XX passou (também) pela ressurreição de vozes como as do provençal Arnaud Daniel e do stilnovista Cavalcanti, entre outros, pelo que os processos da sua arte lhe sugeriram no plano da reflexão e da concreção poética. Muito escreveu Pound sobre os méritos da poesia de «remote or alien societies — Anglo-saxon, Provençal, early Italian, Chinese and Japanese», Grécia, Roma —, e de tal forma, diz Eliot, que a sua crítica e a sua própria poesia configuram «a single *oeuvre*»[593]. Pound, o homem que, nas palavras de Eliot, «vislumbrou um caminho a seguir» para conseguir a «renovação radical da linguagem e das formas poéticas»[594], fala assim do regresso à tradição que lhe serve para a redefinição das possibilidades expressivas da poesia do século XX: «A return to origins invigorates because it is a return to nature and reason. The man who returns to origins does so because he wishes to behave in the eternally sensible manner. That is to say, naturally, reasonably, intuitively»[595].

Críticos há (*et pour cause,* como o modernista Haroldo de Campos) que consideram as suas tão discutidas traduções de poesia chinesa e japonesa uma influência decisiva para a reformulação dos paradigmas do discurso poético ocidental, pela descoberta de modos de dizer que proporcionou[596].

A transgressão torna mais evidentes as características de um género (Todorov: «a norma só se torna visível — só existe — mediante as suas transgressões»[597]). A paródia exacerba-as até à caricatura. Tomemos o poema «In a station of the Metro», da fase

---

[593] Pound, 1954: XIII.
[594] *Apud* Pound, 1994: 18.
[595] Pound, 1954: 92.
[596] Haroldo de Campos, «Ideograma, Anagrama, Diagrama; Uma Leitura de Fenollosa», in *Ideograma: lógica, poesia, linguagem,* Cultrix, São Paulo, 1977.
[597] Todorov, 1981: 47.

imagista de Pound, como modelo (que foi) da expressão poética que, fiel ao preceito de que o discurso (poético) é a imagem, se elabora na memória desse género ou subgénero da poesia japonesa que é o *hai-ku:*

> The apparition of these faces in the crowd;
> Petals on a wet, black bough.

Veja-se este poema inserido numa série paródica aos processos imagistas, de uma publicação de 1921, contrafacção ocidental da contrafacção *à la* Pound do esquema do oriental *hai-ku:*

> Selected Bulbs from a Javan Pot
> Wondering when I would be able to pay my
> laundress, I let my eyes fall and I saw the
> smutty tamarinds I grow in my little window-box.[598]

Todorov lembra que «um novo género é sempre a transformação de um ou vários géneros antigos: por inversão, por deslocamento ou por combinação»[599]. Sabe-se que a épica deu lugar ao romance; discute-se se a oratória terá desembocado na lírica, numa derivação muito problemática. Todorov sublinha que não faz sentido imaginarmos uma literatura anterior ou liberta de constrições genológicas. Embora o género não tenha de preexistir em relação ao texto que pode «inaugurá-lo» no acto em que se constitui como tal, podemos sempre entendê-lo **como a baliza de possibilidades (logo, de constrições) expressivas** a que o texto se conformará ou que alargará. «Nunca houve literatura sem géneros, ela é um sistema em contínua transformação», Todorov

---

[598] *Apud* Peter Jones, *Imagist Poetry,* introdução e edição de P. Jones, Penguin Books, Londres, 1972: 152.
[599] Todorov, 1981: 48.

dixit, o que é atestado pela panorâmica sempre movente que os géneros oferecem.

A acepção em causa, aqui, é a do «género» como **categoria histórica, entidade paradigmática observável empiricamente em função da produção literária de uma época**. A problemática subjacente, como foi dito, é a da relação entre modelos abstractos, categorias universais, invariáveis, a-históricas, que Todorov designará como tipos, outros, como modos, objecto da teoria da literatura, porventura identificáveis com as três «formas naturais» inventariadas por Goethe, e as entidades paradigmáticas, observáveis empiricamente, em função da produção literária de uma época, designadas por Todorov como género, categoria histórica, portanto. Conjugando Todorov e Genette, e numa sistematização algo simplificadora, poderemos definir os géneros literários como conjunto de códigos condicionando a composição e a recepção do texto, funcionando como instância de mediação entre os modos (universais, invariantes e a-históricos) e as obras concretas. Podemos e devemos supor a existência de determinantes temáticas, modais e formais, relativamente constantes e trans-históricas, operando como uma reserva de virtualidades que as obras concretas virão a actualizar de forma diferente. A partir da obra, que lemos em função do nosso conhecimento da literatura (dos códigos e convenções que a constituem), ou de uma expectativa por este condicionada, chegamos à noção de categoria modelar, sujeita a evolução (na medida em que cada nova obra pode alterar o paradigma em que se inscreve), que designamos por «género».

5.3. Panorama da Classificação dos Géneros Literários
Façamos agora uma brevíssima revisitação da classificação dos géneros literários ao longo dos tempos, notando apenas algumas das suas formulações e transformações mais significativas[600].

---
[600] Cf. panorâmica de Aguiar e Silva, 1982: 331–393.

Para uma história dessa classificação, teríamos de destacar, *ab initio,* as propostas de Platão e Aristóteles, e as suas implicações. A tripartição considerada por Platão define três situações enunciativas: a da simples narrativa ou narração pura, em que o poeta fala em seu nome, a exemplificar pelo ditirambo; a narração por imitação ou mimese, em que o poeta se apaga e deixa que outros locutores assumam a enunciação, como sucede na tragédia e na comédia; e a da narração mista, que associa os processos enunciativos da simples narrativa e da imitação, a exemplificar pela epopeia. Lembra Genette que Platão considera apenas a poesia «narrativa», a que reporta acontecimentos[601]. Aristóteles coloca a imitação na génese da poesia (por extensão, da representação artística), consignando a sua *Poética* o carácter congénito e universalmente gratificante dessa tendência humana (que o conto de Borges ilustra). A mimese poética realizar-se-ia segundo meios diferentes (combinando diversamente o verso, o canto, etc.), distinguindo-se igualmente objectos diferentes (homens inferiores, semelhantes ou superiores à média humana) e basicamente dois modos de representação da realidade: a directa, exemplificada pelo drama, e a indirecta, pela narrativa, actualizada pela epopeia. Também neste ponto o critério vigente é o da relação do enunciador e do enunciado: no caso do drama, o poeta/enunciador ausenta-se, agindo os imitados directamente diante dos nossos olhos; no caso da epopeia, o enunciador marca a sua presença no enunciado, narrando os factos no seu próprio nome ou mudando-se noutra personagem que assuma a função de narrador. A *empiria* aristotélica ignora a abstracta narração pura da trilogia platónica (embora uma das modalidades da presença do narrador na epopeia possa com ela coincidir). Na definição, na *Poética* de Aristóteles, de tragédia, epopeia e comédia, intersectam--se critérios modais (que avaliam a enunciação) e temáticos (ao

---

[601] Genette, 1986: 27.

especificar-se o conteúdo — antropológico — da representação, a natureza dos objectos imitados). García Berrio salienta que a repartição inicial de acordo com os aspectos expressivos da enunciação se perpetuou em parte devido a uma convergência com sistemas de classificação como as dos diferentes estilos (alto, médio e baixo), por sua vez susceptíveis de uma aproximação parcial às modalidades de imitação dos homens propostas por Aristóteles, convergências e aproximações essas trabalhadas desde as tipologias axiológico-estilísticas dos gregos Isócrates e Teofrasto até às sistematizações de Cícero e Horácio, com a sua articulação de temas e formas, no estrito respeito da necessária adequação[602]. Na dispersiva Idade Média, a popularidade da *Rota Virgilii* manifesta no entanto a tendência persistente para a convergência de critérios modais ou expressivos com critérios estilístico-axiológicos, coincidindo aqueles e estes de tal forma que toda a produção literária se poderia projectar numa grelha articulando apenas três «formas simples» literárias, subsumindo todas as distinções. Os «géneros» assim encontrados eram tomados como categorias paradigmáticas do texto, caucionando uma dialéctica classificatória tripartida tida como natural, não como apenas convencionalizada[603].

Já antes se referiu a *Arte Poética* de Minturno, de 1564, como a que definitivamente articulou o modelo da narração pura, definida pela enunciação por parte de um sujeito que não se transfigura noutro, com a poesia lírica como género, a emparceirar com as modalidades dramática e mista. No Renascimento preceituam-se à exaustão os géneros, como categorias substantivas e normativas, estabelecendo-se uma apertada rede de subcategorias estritamente hierarquizadas e codificadas. Os paradigmas definitivos entronizados pela teorização vão sendo integrados e forçados pelas obras que desse horizonte imutável colhem os seus

---

[602] García Berrio, 1994: 581.
[603] *Ibid.*

preceitos geradores, para os desafiarem e deslocarem. Aguiar e Silva sublinha a inquietude da produção artística do Maneirismo e do Barroco, inoculando-se então nos géneros, tidos como categorias históricas, logo, mutáveis, a mesma movência e instabilidade que o homem faz nesta época coincidir com o seu ser mais profundo e com o universo. Depois do período de reacção do Neoclassicismo, em que uma preceituação de feição acentuadamente escolar tenta recuperar uma ordem já irremediavelmente quebrada, a revolução romântica, endeusando a omnipotente e libérrima individualidade criadora, pulveriza regras e cânones, no princípio do respeito pelo carácter imprevisível e contraditório da própria vida. Dada a natureza multiforme desta, os géneros em que a arte a capta ou captura deverão abrir-se às realizações híbridas, logo, à indiferenciação. A teorização romântica é densa e está marcada pelo debate filosófico, nomeadamente pela dialéctica hegeliana. Uma das propostas de Friedrich Schlegel identifica a lírica como uma forma / poesia subjectiva, a épica como objectiva e o drama, síntese dos dois modos simples mencionados, como poesia subjectiva-objectiva, de que resulta o reconhecimento no género de uma dimensão ontológica. Humboldt, Schelling e mais explicitamente Jean Paul relacionam cada um dos géneros com uma instância temporal particular[604]. Reconhecemos aqui a senda por onde outros seguirão, nomeadamente Staiger, na afecção de um género a um tempo e atitude, isto é, reconhecendo ao género uma necessidade ontológica.

    Anote-se ainda a concepção evolucionista de Brunetière, de finais do século XIX, que inquire das origens, desenvolvimento e dissolução dos géneros, formas substantivas a perspectivar como espécie biológica, no quadro de afirmação do positivismo. Entre os que vão reagir contra a cultura positivista, destaque-se Croce e a sua *defesa da poesia*, como conhecimento pela intuição, do

---

604 Cf. Aguiar e Silva, 1982: 355.

individual. Enquanto intuição, a arte é sempre expressão única, irrepetível. O género não pode assim ser entendido como uma entidade substantiva; não é uma dimensão essencial da literatura, apenas funcional, na medida em que pode ser útil, a partir das obras existentes, projectar conceitos e categorias de análise que permitam reconhecer afinidades entre elas e perceber fenómenos históricos a articular com carácteres da produção artística — embora essas qualidades, atribuíveis a certas formas de expressão, lhes sejam extrínsecas.

A ensaística contemporânea que se desenvolve na esfera da teoria da literatura, e da sua problematização disfórica e eufórica, recuperou o género como categoria relevante, de forma alguma subsidiária da sua parafernália conceptual. Lembre-se a decisiva formulação dos formalistas russos, dos géneros como memória do sistema com que identificam a literatura, ponto de partida das sistematizações e reelaborações de Todorov, já antes neste trabalho pontualmente aduzidas. O texto correlaciona-se com esse sistema mediante o género, repertório dos processos dominantes na criação da obra literária. A análise da evolução dos géneros permitirá conhecer e compreender as transformações do sistema literário, a correlacionar necessariamente com as do sistema social.

Reenviemos novamente para a síntese de Aguiar e Silva, para o confronto de subsequentes entendimentos contemporâneos do género. No quadro desta exposição, importa agora passar à dilucidação dos géneros como formas mais ou menos naturais, que seria possível descortinar através de manifestações históricas, singulares, irrepetíveis, não obstante agrupáveis nas tais classes que a presença de constantes legitima...

5.4. A Divisão Triádica

A tradicional divisão triádica em lírica, drama, narrativa (pensada a partir do que é hoje um dos seus subgéneros, a épica) data da teorização da *Arte Poética* de Minturno, de 1564, mas já está considerada, embora sem que à lírica seja atribuído o nome genérico a opor às duas outras categorias descritas, na reflexão de um Trissino, de um Rebortello, de um Castelvetro ou de um Piccolomini[605]. Em Platão e Aristóteles, encontramos consignados três itens, facto que, segundo Genette, permitiu criar a ilusão de que a divisão tripartida data da Antiguidade, o que reforçaria o seu carácter universal, logo, verdadeiro...[606] De qualquer forma, como se disse, esta divisão revela-se pertinente em relação a várias culturas para além da ocidental. Nota Earl Miner que a única poética fundada no drama será a nossa, enformada que foi pela reflexão de Aristóteles na *Poética*[607]. Aristóteles mostra-se especialmente sensível à modalidade da imitação dramática, de que sublinha as excelências, privilegiando-a sobre as outras práticas artísticas. O que terá decisivas consequências no modo como se desenvolveu no Ocidente a reflexão sobre a arte, em particular sobre a literatura — já que a elaboração teórica sobre a lírica e a narrativa, e a literatura em geral, se terá definido em função de categorias de análise mais pertinentes em relação ao drama. Miner ressalta que as poéticas das culturas islâmica, chinesa e japonesa, por exemplo, se basearam no modo lírico. A poética baseada no drama terá tendência para privilegiar a questão da *mimese* ou representação (das acções/do real), a que se funda na lírica centrar-se-á na afectividade da comunicação e na linguagem.

Curioso, nota Miner, o facto de aparentemente a narrativa nunca ter fundado uma poética.

García Berrio pondera também a omissão, ou talvez apenas desconsideração, de Aristóteles em relação à lírica[608]. O reconhecimento platónico de classes de textos diegéticos, miméticos

---

[605] García Berrio, 1995: 24.
[606] Genette, 1986.
[607] Miner, 1990.
[608] Cf. García Berrio, 1995: 11, 20, 21.

e mistos assentaria em parâmetros expressivo-referenciais; Aristóteles não recobre sob a designação de uma unidade genérica fixada por um critério expressivo as manifestações textuais históricas ditas platonicamente como ditirâmbicas (as líricas), inventariando-as apenas sob a pluralidade pragmática mais visível dos seus modos de instrumentalização mélica (flauta, cítara, lira, etc.). Esta omissão aristotélica de consequências definitivas decorrerá, ainda segundo García Berrio, não da intencionalidade que Genette vê nela, mas da realidade histórica da prática literária na Grécia[609], dada a função cívica e moral das representações dramáticas[610], celebrações ritualísticas a proporcionar ao público, *in loco,* a participação mística[611] e a purgação que selavam a catarse colectiva.

A concepção dos géneros como formas naturais, ou modos universais determinando a manifestação literária, encontrou formulações várias ao longo dos tempos. Corresponderiam a três experiências estéticas diferentes; mas, mais interessante do que este *resultado,* traduziriam ou decorreriam de três tipos de comportamento face à realidade ou de três modos de apreensão do mundo a reclamar diferentes modalidades de representação do mesmo. Relembremos Emil Staiger e a sua grelha de possibilidades fundamentais da existência humana em geral: a épica ou narrativa reportar-se-ia ao binómio *mostrar-conhecer*; a dramática, a *agir-demonstrar*; a lírica, a *sentir*. Caracterizemo-las sinteticamente. Lembrando, antes, a impossibilidade da existência de um texto puramente dramático, lírico ou narrativo: podemos falar de predominância de um ou outro modo, porque haverá sempre contaminações.

---

[609] *Ibid.*: 21.
[610] É o caso da tragédia, que encenava os mistérios com que se debate a condição humana, no respeito pelas grandes forças que a determinam e/ou solenizando o drama (dilema) moral em que se ergue o «bicho da terra tão pequeno».
[611] Na acepção jungiana.

5.4.1. O Modo Dramático

Comecemos pelo dramático — não em homenagem aos interesses de Aristóteles, mas porque nele seria mais patente a convencionalidade que envolve a literatura; no modo do drama seriam mais evidentes os códigos exigidos pela ficcionalidade e consequente «suspensão voluntária da descrença»[612] dos receptores, de acordo com Miner, que seguiremos de muito perto nesta exposição[613].

Um parênteses para registar a inadequação do tratamento do «drama» como manifestação literária, ignorando a específica e fundamental realidade da actividade teatral, com os seus muito próprios e especializados códigos e condições, sendo o texto escrito apenas um suporte do evento que em muito o ultrapassa. Mas não cabe aqui aprofundar essa distinção. Toma-se o drama como um modo específico de comportamento em que está implicada uma forma de intelecção particular. Esse comportamento assenta em certos códigos, e o seu reflexo no suporte literário e nas circunstâncias que este supõe (a representação efectiva) pode ser legitimamente objecto de uma recapitulação ou interrogação como a que aqui tem lugar.

Uma questão que com esta se prende: O que é fundamental no drama? O enredo, a intriga? Esta resulta da articulação das personagens que cumprem acções, num espaço e num tempo determinados — convencionados —, o que neste caso significa normalmente condicionados pelas circunstâncias da representação. O fundamental do drama será justamente a representação, através de palavras e acções, por actores, num espaço destinado a essa finalidade — e pressupõe uma técnica específica e o concurso de uma série de meios que excedem em muito o que a letra poderia por si realmente sugerir, isto é, activar (e que ela se

---

[612] Ainda uma formulação dos inescapáveis românticos, desta feita Coleridge.
[613] Miner, 1990: 34–81.

limita a indicar). Shakespeare, Gil Vicente, Beckett, a Commedia dell'Arte cabem numa definição tão óbvia como esta.

Sobre o particular «estranhamento», ou acentuar do mesmo, decorrente da evidenciação dos códigos que suportam a ficcionalidade pressuposta por um certo tipo de comunicação artística, «A busca de Averróis» fornece um eloquente testemunho. Eis o relato de uma representação dramática:

> — Uma tarde, [...] conduziram-me a uma casa de madeira pintada, na qual viviam algumas pessoas. Não se pode contar como era essa casa, que mais parecia um só quarto, com filas de armários ou balcões, uns sobre os outros. Nessas cavidades havia gente que comia e bebia, e também no chão, e também num terraço. As pessoas desse terraço tocavam tambor e alaúde, menos umas quinze ou vinte (com máscaras vermelhas) que rezavam, cantavam e dialogavam. Estavam presas, e ninguém via o cárcere; cavalgavam, mas não se apercebia o cavalo; combatiam, mas as espadas eram de cana; morriam e punham-se de pé.

Concluamos com Miner, depois deste testemunho de Abulcásim: os códigos simbólicos de imitação do real (de um real qualquer, não só realista, mas fantástico, absurdo, puramente onírico...) são mais visíveis numa forma que supõe uma materialidade e uma interacção que até é física, porque decorre de uma relação ou de um confronto presencial, entre a obra e o seu receptor, como a dramática.

Staiger define o drama pela categoria da tensão, construída através do desenvolvimento de uma acção com vista ao desenlace, para o qual contribuem todos os elementos numa estreita interdependência, num espaço e num tempo concentrados, num presente que coincide com o do tempo do espectáculo a que assistimos. O drama supõe que VEMOS acontecer, o que condiciona um modo de recepção particularmente intenso (independentemente das estratégias de distanciamento do espectador, que são princípio de alguma dramaturgia). Ou, na tradução que Abulcásim faz dos estranhos códigos que regem esta forma:

> Imaginemos que alguém mostra uma história, em vez de contá-la. Seja essa história a dos adormecidos de Éfeso. Vemo--los retirarem-se para a caverna, vemo-los orarem e dormirem, vemo-los dormirem com os olhos abertos, vemo-los crescerem enquanto dormem, vemo-los despertarem depois de trezentos e nove anos, vemo-los entregarem ao vendedor uma moeda antiga, vemo-los despertarem no paraíso, vemo-los despertarem com o cão. Algo semelhante nos mostraram naquela tarde as pessoas do terraço.

Críticos e teóricos centram-se no conflito, ou crise, como potencial pedra de toque do drama, na esteira da tradição poética. O incidente que dinamiza as acções implica a existência de heróis activos; como é sublinhado por vários autores, o herói paciente não é dramático... A tragédia, tomada com expressão acumenística do drama, implica a catástrofe de um mundo. Isto é, a forma dramática assenta na violência da transgressão de uma ordem, na potencial violação de um interdito garante de uma ordem — ou de um simulacro de ordem, que é estilhaçada[614]. Pense-se numa obra como *As Bodas de Fígaro,* em *Fedra,* no *D. Juan...* ou em tragédias que têm a mesma filiação, embora distem de alguns séculos, como *Hamlet* ou *Jornada para a Noite.* Se o cerne do drama for de facto o colapso de uma ordem (num círculo mais estreito, familiar, duplicado noutro, mais alargado e mais remoto, mas igualmente atingido, que é o do social), clara se tornará a atitude que subjaz aos momentos capitais da acção dramática, que

---

[614] *Ibid.*

coincide com aquela para que é solicitado o receptor: a do juízo a recair sobre o herói do drama, perpetuamente objecto de um julgamento — por parte da providência divina, dos seus pares, de si próprio, dos espectadores/leitores... Em grande medida, o *pathos* e a violência inerentes à acção dramática dever-se-ão a este balanço sistemático entre a ponderação de crimes e culpas expostos e ocultos, a convocação de punições, expiações e absolvições. Desse ponto de vista, *Jornada para a noite* é absolutamente (ou infernalmente) caleidoscópico e exemplar.

Associado a este aspecto, relembremos o efeito purgativo ou catártico que Aristóteles atribui à acção dramática trágica e o binómio agir-demonstrar que Staiger propõe ao descrever o drama. O impacto directo da representação *in praesentia*, a tensão que se prenderá também à violação consumada ou iminente de uma ordem, a solicitação de um juízo (o dilema moral da responsabilidade da distinção entre o bem e o mal e as suas consequências), entre outros factores, conferem à acção dramática um poder de actuação singular, que aliás é reconhecido e usado por entidades que propugnam objectivos proselitistas ou pedagógicos[615]. A inculcação de valores e comportamentos, de carga marcadamente ideológica, religiosa ou (apenas) moral, encontra no drama um veículo privilegiado, como o comprovam o uso que dele sempre fez a Igreja, nas suas dramatizações de cenas bíblicas, ou os padres jesuítas nos seus colégios ou, noutro quadrante, os comunistas chineses, com os seus quadros vivos ao serviço da doutrinação maoísta.

5.4.2. O Modo Narrativo

Quanto ao modo narrativo, saliente-se, de entrada, a possibilidade de concreção do mesmo num suporte expressivo que não o meramente verbal, como é o caso da narrativa cinematográfica

---

[615] Cf. Reis, 1995: 227–301.

ou da banda desenhada[616]. Estas partilham com a narrativa literária o carácter habitualmente ficcional, para além de alguns outros elementos: as categorias da personagem, do espaço, do tempo, do desenvolvimento das acções numa intriga, a representação de acontecimentos. Tem sido destacada como marca específica da narrativa o princípio da sucessividade, isto é, uma dinâmica temporal postulada pelo desenrolar da história narrada, mensurável em unidades como meses, anos, …, em que se articulam as acções que a constituem, e pelo próprio discurso, visto que o contar é um processo que corresponde igualmente a uma temporalidade específica[617]. A continuidade temporal que com o fio narrativo se confunde materializa-se numa sequência de eventos tendendo para um fim. Uma imagem (como a que nos é oferecida pelos biombos nambam, por exemplo), na sugestão de um antes e de uma continuação das acções representadas, pode despoletar em nós a reconstituição da narrativa que nela se encerra.

Staiger identifica a essência do épico/narrativo com o binómio mostrar-conhecer ou com apresentação. Todas as histórias, mesmo as mais neutramente apresentadas, isto é, formalmente desligadas de qualquer interferência emocional ou ideológica de um narrador implicado no narrado ou meramente judicativo por simples disposição do espírito, testemunham o desenrolar de acontecimentos, uma evolução ou transformação de algo, no mundo, cuja *mise-en-discours,* isto é, apreensão ou intelecção pelo discurso que as apresenta, decorre ou poderá ter como consequência um processo de conhecimento. Por isso os homens se entretêm interminavelmente desde o princípio dos tempos com histórias (ficcionais ou semificcionais) que os colocam não só perante o que os seus olhos podem testemunhar em estado de vigília, mas perante tudo o que à sua imaginação surge como acontecido ou acontecível. Mostra-se

---

[616] Reis, Lopes, 1987: 262.
[617] *Ibid.:* 263.

narrando, **para** conhecer; como consequência, dá-se a conhecer (o mundo narrado, a ideologia e os valores de quem conhece — porque é capacidade de conhecer que o contar/contado patenteia).

A representação pressuposta pelo modo narrativo assenta na separação do sujeito que narra e do objecto da narração, isto é, no confronto do narrador com o mundo narrado, apresentado segundo um determinado ponto de vista, não se confundindo nunca as duas instâncias. Mesmo no caso de o narrador coincidir com uma personagem da história narrada, há sempre uma distinção a estabelecer entre as esferas de existência de ambos, e podemos mesmo inferir que entre eles existem diferenças que têm um suporte psicológico, moral, temporal. Quem narra não se confunde com o mundo que o seu discurso apresenta, mesmo que a história nele desfiada seja a sua... Distanciado o sujeito-narrador do objecto que é o mundo narrado, ele coloca-se perante este segundo determinado ponto de observação. As estratégias narrativas são múltiplas, e não cabe aqui enunciá-las. Se o narrador apresentasse o seu mundo interior, se constituísse a sua interioridade como objecto do seu discurso, os códigos convocados seriam os líricos, não os narrativos.

5.4.3. O Modo Lírico

Em último lugar, a lírica — porque podemos tomá-la como primeira forma[618]. Enquanto desenvolvimento de uma exclamação, como Valéry a definiu em *Tel Quel*, será a verbalização primeira do sentir. É também então a mais básica, primária ou primordial forma de expressão. Se pensarmos em como tudo em nós obedece a um ritmo — desde a cadência do andar ao batimento do coração, do fluir do pensamento ao discurso que o verbaliza —,

---

[618] A épica, que surge como primeira expressão (no tempo e em dignidade) em algumas culturas, corresponde sempre a uma maior elaboração (mais distante da manifestação centrada no sentir) e à projecção numa dimensão sobreindividual.

a associação da expressão da interioridade ao canto, ou ao que se designa como poesia lírica, parecer-nos-á óbvia. Mallarmé lembra, a propósito de Rimbaud, que «Toute âme est un noeud rythmique» — reconhecendo à personalidade essencial, à consciência ou à dimensão espiritual de cada um uma fatal tradução ou expansão em ritmo, mero batimento, simples toada ou melodia mais ou menos audível, mais ou menos complexa (consoante a qualidade da alma de cada um). A interrogação do prefácio do *Kokinshu*, «Is there any living thing not given to song?», relaciona a necessidade universal, comum a todos os seres vivos, da expressão pelo canto a uma pulsão celebratória ou lastimosa neles imanente.

Leia-se a «Canção de bater no chão», poema chinês anónimo do século III a.C.:

>Nasce o sol trabalhamos.
>Põe-se o sol descansamos.
>Cavamos um poço, para beber,
>Lavramos um campo, p'ra comer:
>O imperador e o seu poder
>— Queremos lá saber![619]

O ritmo alternado do trabalho e do repouso, o trabalho associado às necessidades básicas (também elas com o seu ritmo), a vida na sua essencialidade conduzida pelo ciclo cósmico, sol e terra decidindo do compasso humano; a catártica afirmação final de indiferença perante a ordem que não é cósmica, logo, puramente irrelevante. O canto é a marcação do compasso do próprio trabalho, a palavra evoca e acompanha o acto de «bater no chão» — na terra, lavrando ou cavando, para que ela oferte o necessário, o *quantum satis* que permite o sentimento de desprezo e autono-

---

[619] Gil de Carvalho, *Uma Antologia de Poesia Chinesa*, Lisboa, Assírio & Alvim, 1989: 39.

mia em relação ao poder terrestre que não é o da terra, fecundada pelo sol, não pelo imperador. A função social do canto («laboral», digamos assim, e política) é evidente. Mesmo que batimento elementar, colado ao mais trivial, embrutecedor ou despoetizado quotidiano, sempre a palavra suportada pelo ritmo de que necessitamos foi convocada por, e marcou, a acção do homem.

No seu ensaio «The tradition», Pound faz remontar aos poetas mélicos a poesia do mundo antigo, aos provençais praticamente toda a do mundo moderno. Lembra que tanto na Grécia como na Provença a poesia «attained its highest rhythmic and metric brilliance at times when the arts of verse and music were most closely knit together, when each thing done by the poet had some definit musical urge or necessity bound up within it». O verbo poético nunca se pode divorciar (sob pena de entrar em declínio) da sua condição intrinsecamente musical, rítmica. O *vers libre,* com as suas combinações de som e *tempo,* previsíveis e imprevisíveis, faz sentido para Pound na consciência deste princípio: «The movement of poetry is limited only by the natures of syllabes and of articulate sound, and by the laws of music, or melodic rhythm»[620].

Na lírica, o ritmo é, por definição, o suporte do sentido (por isso se diz de um discurso como o de *Menina e Moça,* pela qualidade musical da sua prosa, que é poético ou lírico). Jorge Luis Borges afirma, no prefácio a *Os Conjurados,* que «No poema, a cadência e o ambiente de uma palavra podem pesar mais do que o sentido»[621]. E, em *Sete Noites,* que «a pedra de toque da poesia está em que o verso ultrapassa o sentido»[622]. Talvez tal se prenda à qualidade emocional do pensamento em poesia, segundo a formulação de

---
[620] Pound, 1954: 91–93.
[621] Borges, *Os Conjurados,* trad. de M.ª da Piedade, M. Ferreira e Salvato Teles de Meneses, Difel, Lisboa, 1985: 7.
[622] Borges, «A Poesia», in *Sete Noites,* trad. de João Silvério Trevisan, São Paulo, Editora Max Limonad, 1987: 130.

Eliot. Ou com o facto de, segundo Pound, no verso algo **atingir** a inteligência, ao passo que na prosa esta encontra um objecto para as suas observações. *Dixerunt poetae.*

É conhecido o postulado poundiano de que a poesia é linguagem carregada de sentido. Sempre didáctico, Pound inventaria três formas de carregar a linguagem de sentido:

— **a fanopeia:** acontece quando se dá a projecção de uma imagem visual sobre a mente. Nesta forma revela-se a excelência da poesia chinesa e, em alguns momentos, de Rimbaud.

Veja-se o poema «Passando a noite no rio Jiang-De», de Meng Horan (687–740):

> A barca atraca na ilhota de bruma.
> Crepúsculo: renasce a comoção do viajante.
> Uma planura imensa: desce o céu às árvores.
> Límpido, o rio: chega-se a lua aos homens.[623]

As razões por que Pound admirava a poesia chinesa e a considerava como factor decisivo para a revolução da expressão poética contemporânea prendem-se com esta forma de apresentação directa da realidade, através de imagens concretas que por si solicitam uma reacção emocional. A metáfora, na poesia chinesa, não reclamaria o transporte de sentido de um termo para o outro, tal como o conhecemos, mas, firmando-se num único campo cognitivo designável por «descrição», assentaria no facto de a cena observada corresponder *per se* a uma resposta afectiva humana[624]. A ilhota de bruma é a imagem da emoção do viajante; ele descobre na paisagem que (d)aí contempla a unidade perfeita do céu e da terra, estreitando-se sob o impulso que, como uma bênção, desce do alto. O poema vive exclusivamente de referências

---

[623] Gil de Carvalho, *ibid.*: 63.
[624] Miner, 1990: 92.

visuais; no entanto, elas são como que cordas vibrando o acorde emocional humano que, para nós, escutadores, constitui o quadro apresentado... Apresentação directa, imagem concreta, sim, mas a ilhota de bruma no crepúsculo é de si tão difusa e indeterminada no desenho dos seus limites e das suas tonalidades como a comoção que nela e por obra dela se derrama numa paisagem definida, é certo, balizada, mas magicamente «imensa» (incingível) e movente («desce o céu», «chega-se a lua»...).

Para darmos um exemplo português desta graça (no sentido místico-teológico de dádiva), em poesia, da fanopeia, entre muitos possíveis, atentemos no seguinte texto de Vitorino Nemésio:

> Sombra, leva mais longe a tua linha,
> Que a tarde vai-se e levanta
> A sua roupa de horas,
> — Tudo o que a tarde tinha.
>
> Quando a água do tanque é mais profunda,
> Olhar — e ser mais velho!
> Como num mar, no tempo entramos:
> Ele é que nos inunda
> A casa até ao espelho.
>
> Já tudo retira as tendas
> Para outra água e verde...
> Os camelos vão sem unhas!
> Só diante de nós o que se perde,
> Alma, já não é vida.
>
> Tu, nem a morte supunhas![625]

[625] Vitorino Nemésio, *Obras Completas,* vol. I, Poesia, Lisboa, Imprensa Nacional--Casa da Moeda, 1989: 242.

Nesta sequência de imagens se diz da dolorida entrada na morte como despedida da vida, mergulho no tempo em que imergiremos, no sonho de uma transumância a desenhar o movimento para além do que nem supúnhamos, mas é anunciação inescapável.

— **a melopeia:** dá-se através da saturação da imaginação por um som ou ritmo(s). Neste particular distinguem-se os gregos e os provençais. O poema «Ondas», de Sophia de Mello Breyner Andresen, oferece-nos um exemplo muito feliz deste recurso:

> Onde — ondas — mais belos cavalos
> do que estes ondas que vós sois?
> Onde mais bela curva do pescoço
> Onde mais bela crina sacudida
> Ou impetuoso arfar no mar imenso
> Onde tão ébrio amor em vasta praia?[626]

— **a logopeia:** quando se dá a saturação da imaginação através de grupos de palavras, provocando associações intelectuais ou emocionais. Podemos tomar a «Meditação do Duque de Gandia sobre a morte de Isabel de Portugal», de Sophia, com a sua patética reiteração de «Nunca mais», fórmula que subtrairia o sujeito ao desgosto causado pela abjecção da morte, qual esconjuro determinado pela impotência, como exemplo do que Pound pedagogicamente refere como logopeia.

> Nunca mais
> A tua face será pura e limpa e viva
> Nem o teu andar como onda fugitiva
> Se poderá nos passos do tempo tecer.
> E nunca mais darei ao tempo a minha vida.

---

[626] Sophia de Mello Breyner Andresen, *Musa,* Lisboa, Caminho, 1994: 11.

> E nunca mais servirei senhor que possa morrer.
> A luz da tarde mostra-me os destroços
> Do teu ser. Em breve a podridão
> Beberá os teus olhos e os teus ossos
> Tomando a tua mão na sua mão.
>
> Nunca mais amarei quem não possa viver
> Sempre,
> Porque eu amei como se fossem eternos
> A glória, a luz e o brilho do teu ser,
> Amei-te em verdade e transparência
> E nem sequer me resta a tua ausência,
> És um rosto de nojo e negação
> E eu fecho os olhos para não te ver.
>
> Nunca mais servirei senhor que possa morrer.[627]

O recurso às imagens (não há grande poesia que sem elas se faça), o ritmo que é marcado pela repetição insistente da decisão-chave (isto é, o que poderia fazer valer acima de tudo a fanopeia e/ou a melopeia) estão aqui ao serviço de uma ideia que se quer suporte lógico e racional de uma reacção emocional que é irracionalidade pura. Ao passo que no poema de Nemésio a meditação se desfia defensivamente no colar das imagens, aqui importa marcar *à outrance* o voto que decorre da racionalização perante um logro traumático. A morte do outro, transmutada que foi em podridão a claridade nele reverenciada, leva ao voto, a permitir a fuga, a subtracção para sempre a essa esfera do tempo em que a beleza se revela «nojo e negação», matéria putrefacta. O lamento plangente de Nemésio, plasmado nessa linha, sombra da vida que se quereria alongar, é aceitação do que se conhece e sonho do que se não sabe;

---

[627] *Id., Obra Poética*, II, Lisboa, Caminho, 1991: 62.

a «Meditação do Duque de Gandia», retracção racionalizadora, é acrisolamento paroxístico na dor, clausura na própria pena; o movimento de conversão[628] em que se desdobrará enraíza-se exclusivamente na violência convulsa, em puro horror. O conceito-resolução que nasce deste cruzamento da racionalidade *ficta* a redimir da irracionalidade vivida é, aqui, o suporte da poesia.

Tanto o poema de Nemésio como o de Sophia ilustram o princípio que Maulpoix assim subsume: «Le poète crée **pour** et non **parce** que»[629] — na busca desse milagre que é o habitar a terra na presciência da morte como se ela fosse ainda vida e não nos reclamasse o pranto do enlutamento dos outros e de nós mesmos? «Ouço os grous como se estivessem mortos e cantassem» — é outra formulação, esta de Joaquim Manuel Magalhães, dessa impossibilidade salvífica pela magia do verbo[630].

Staiger define a essência da lírica como recordação, no sentido de «trazer de novo ao coração», assentando na fusão do mundo interior e do exterior. O sujeito de enunciação não se distancia do mundo evocado, pelo que a separação e a observação à maneira da narrativa são uma impossibilidade. O sujeito da enunciação toma conta do enunciado — da enunciação e do mundo apresentado, sobre os quais projecta de forma avassaladora a sua emocionalidade.

> Cortaram os trigos. Agora
> a minha solidão vê-se melhor.

Sophia empresta a sua voz a «Soror Mariana — Beja»[631]. O espaço físico, também um tempo (o da ceifa: brutal subtracção

---

[628] O Duque de Gandia, grande de Espanha, professou como Francisco de Bórgia, por ocasião da morte de D. Isabel, filha do rei D. Manuel e mulher de Carlos V, imperador da Áustria e rei de Espanha e dos Países Baixos, celebrada pela sua formosura.
[629] Maulpoix, 1989.
[630] J. M. Magalhães, *Alguns Livros Reunidos,* Lisboa, Contexto, 1987: 59.
[631] Sophia de Mello Breyner Andresen, *Obra Poética,* III, Lisboa, Caminho, 1991: 183.

dos frutos), é a imagem da exposição do sujeito feminino, da sua vulnerabilidade. Mas, dando a ver o abandono, o discurso paradoxalmente oferece a catarse: o lamento da freira amorosa como que ilude a sua dimensão de humano pranto, transpondo-se na paisagem que expõe, na violência cíclica da ceifa, uma vulnerabilidade que é compartida pela própria terra. O mundo desvelado no poema coincide em absoluto com o universo do sujeito lírico.

O modo lírico determina a dissolução dos contornos que separavam o Eu e o mundo. Todos os actos, todos os acontecimentos são como que absorvidos por uma vivência totalizadora. Pensemos no discurso de Cesário Verde, na tendência para a narrativização da sua poesia. Os primeiros versos de «O Sentimento de um Ocidental» oferecem-nos um sujeito que deambula, durante uma noite, pela cidade, registando o discurso aquilo que observa. Mas existe uma total fusão, ou contaminação, entre o sujeito e o mundo observado: «Nas nossas ruas, ao anoitecer, há tal soturnidade, há tal melancolia...». É evidente a implicação do sujeito no mundo observado, necessariamente vivido, sentido.

O modo lírico é normalmente definido como coincidindo com a expressão do eu, com a projecção da sua interioridade no mundo. A situação enunciativa que lhe corresponde supõe um investimento particular da linguagem pelo ritmo e pelas implicações simbólicas. «No início era o Verbo», em muitas tradições, e no início o verbo era verso e era oracular, isto é, revelava através de formulações enigmáticas cujo sentido assentava em grande medida em efeitos de ritmo e no significado simbólico de termos e associações. «La poesia primera, como se sabe, es un lenguaje sagrado, es decir, objectivo en grado supremo.»[632] A poesia, mesmo a menos «rítmica», a mais desarticulada ou acintosamente prosaica e chã nas declarações, não conseguirá iludir esta ascendência que a sobrecarrega de uma para alguns irritante ou incómoda **aura** mística ou

---

[632] Maria Zambrano, *La confesión: género literario, Madrid,* Mondadori, 1988: 14.

mistérica (ou simplesmente misteriosa) e faz funcionar na sua tessitura verbal vestígios dessas sugestões ou comunicações pelo ritmo e pela associação simbólica. Que pode fazer a poesia contra o seu passado, que faz com que procuremos nela o vestígio, presença ou negação, do sublime que com ela coincidia? «Poète! [...] Cela fut jadis le nom d'un pouvoir, avant de devenir celui d'une impuissance», observa Maulpoix[633]. Duas das mais recorrentes respostas contemporâneas a este peso ou expectativa que a linguagem da poesia transporta consigo são a da contemplação nostálgica e a da irrisão (nas variantes acintosa ou *blasée*). Mas nenhuma consegue iludir a memória dessa associação imemorial do verbo poético a um poder que antes de se manifestar no orbe terrestre era de outra esfera, como no-lo assinalam os apelos às Musas. A determinação modal ou genológica é inescapável, ou melhor, todos os criadores têm de se haver com ela. À comunicação pelos jogos fónicos ou de ritmo e às sugestões libertadas pela ambiguidade e polissemia do verbo a poesia não pode escapar. Veja-se a declaração de Júdice, que intelectualmente pondera a nostalgia do sublime à maneira dos românticos: «Que fazer de tanto excesso,/de tanta luz nos bolsos da alma?»[634]. Ou esta demonstração de Mário Cesariny das virtualidades fónicas e simbólicas da linguagem que a poesia liberta:

      arte poética
      a) o metro
      creio em deus pá'
      um dois três quá
      tod' poderô'
      um dois dois três
      criador do céu e da ter'
      seis sete oito

---

[633] Maulpoix, 1996: 102.
[634] Nuno Júdice, *Obra Poética (1972–1985)*, Lisboa, Quetzal, 1991: 155.

e em jesus cris'
nove dez on'
nosso senhor
ze doze trê
o qual está sentá
catorze quinze
à mão direi'
zasseis zassete
de deus pàd'tôd'poder'
um dois três um dois três um quatro quatro
[...]
c) a rima
mar
ar

(engordar)

ver

chamar

(ter para crer)

(emagrecer)

cio
clio
macio mio

o tutu
nu[635]

---

[635] Mário Cesariny de Vasconcelos, *Manual de Prestidigitação,* Lisboa, Assírio & Alvim, 1980: 12–14.

A exploração burlesca dos mecanismos do ritmo e da rima colocam o leitor perante o poder de desconstrução ou de subversão de uma linguagem que o confronta com a afectividade (aqui, sinónimo de incomodidade) da memória da religião institucionalizada e da presença elementar do corpo.

Miner distingue a lírica dos outros modos ou formas naturais, identificando o momento lírico como o da afirmação de uma presença, por meio da intensificação. Essa intensificação seria servida pelas convenções da brevidade e do ritmo. Da brevidade resulta a concentração emotiva e expressiva; da linguagem transformada pelo ritmo resulta um sem-número de efeitos, talvez todos reconduzíveis ao reconhecimento, através de um texto, dessa toada particular em que se espelha uma alma, manifesta e ofertada nesse «nó rítmico» de que Mallarmé fala a propósito de Rimbaud.

Para além da implicação particular do sujeito numa linguagem trabalhada pelo ritmo e pelo investimento simbólico, a expressão lírica, ao contrário do que sucede com a narrativa ou o drama, não nos coloca na expectativa de um fim, de um desenlace: suspende--nos num intenso *agora* que corresponde ao momento lírico.

Miner faz ainda notar que, enquanto a narrativa e o drama podem, por um lado, ser cortados por excursos de outra natureza genérica e, por outro, abrir dentro de si respectivamente fragmentos metanarrativos e metadramáticos, na lírica esses fenómenos não se verificam. Não existe metalírica (lírica dentro da lírica), porque ela não é compatível com uma interrupção que significaria uma quebra; é a intensidade própria da lírica que o inviabiliza, e esta é uma diferença de monta em relação ao drama e à narrativa. Por outro lado, a lírica nunca é cortada por outros géneros. Os elementos dramáticos e narrativos que integra estão sempre subordinados à expressão lírica, que lhes recusa autonomia. Os elementos dramáticos e narrativos tornam-se meios de intensificação da presença lírica fundamental — a lírica usa os outros géneros para se tornar mais lírica, conclui Earl Miner.

A título de exemplo, pense-se num poema de *Les Fleurs du Mal,* de Baudelaire: no fio narrativo de «Une charogne», a servir a explosão (lírica) final, declaração de uma forma de amor que na decomposição encontra o seu *símile,* a sua verdade; ou na estratégia dramática que a tantos dos poemas de Baudelaire preside, colocando em cena o sujeito e as entidades que interpela e com quem dialoga, em função do sentimento ou ideia que hegemonicamente mobiliza todos os recursos do texto.

A crítica tem chamado a atenção para a presença, em poemas de T. S. Eliot, de elementos de uma narrativa que nunca chega a agenciar-se como tal, manifestando-se pontualmente, de acordo aliás com a natureza fragmentária do momento civilizacional a que esses elementos expressivos dão suporte. Também no português Ruy Cinatti, e muito provavelmente na esteira das suas leituras de Pound e Eliot, a obra lírica se alimenta de fragmentos de uma narrativa a coincidir tendencialmente com uma biografia *(ficta* q.b., mas por isso não menos espelho do homem que a concebeu), sem que a dominante discursiva, logo, genológica, seja por isso beliscada. Em Eliot e Cinatti, o narrativo fragmentário serve a procura de uma ressonância épica que se tece assim da história (de uma época, no caso de Eliot; de uma época e do homem que nela se conheceu, sendo a aventura deste o processo que importa realmente registar, no caso de Cinatti). Em Pound, embora o modo de construção (caleidoscópico) dos poemas seja o mesmo, a ressonância épica nasce de uma particular projecção da voz que enrouquece (quem teve acesso ao registo sonoro da leitura por Pound de alguns dos seus cantos sabe do que se trata), e por isso se apesenta ou dilata, a partir da convocação dos sons com que a tradição foi modulando a expressão épica.

5.4.4. Lírica e/ou Poesia?

Falou-se sempre do modo lírico ou tomou-se a poesia em geral pela lírica como forma natural? Os românticos, como Novalis, destacaram a lírica como a modalidade mais poética da poesia. Neste século, Pound diz-se inclinado a duvidar do facto de a poesia constituir uma parte da literatura, «por isso que a verdadeira poesia tem uma relação muito mais íntima com as melhores obras da música, da pintura e da escultura do que com qualquer parte da literatura que não seja a verdadeira poesia...»[636]. Pode portanto tomar-se a lírica como metonímia da poesia e fazer dela a sua metáfora, ou símbolo (no sentido romântico...). Penetrar no enigma do modo lírico permitir-nos-ia atingir a essência da poesia, porventura a de mecanismos fundamentais da linguagem, talvez até a natureza da arte... «Le mot "lyrisme", mal né, hors d'usage et vieilli sans avoir vécu, recouvre exactement la part la plus secrète de la littérature»: eis uma formulação contemporânea de uma convicção romântica[637]. O discurso lírico, lugar privilegiado de investimento da subjectividade, regido por princípios como, por exemplo, o ritmo, que parecem pertencer mais intrinsecamente a outras formas de arte, como a música, tem merecido a atenção particular, ou mesmo exclusiva, dos que pelo fenómeno poético se interessam. Em relação à poesia, confirma Maulpoix que o lirismo constituiria «l'inquiétude effervescente de ses sources»[638]. Seguindo a sugestão romântica, que aborda o veio do lirismo como essência da literatura, e até da própria linguagem que a partir do seu movimento criador se teria gerado, este autor centra nele a sua inquirição sobre a viabilidade da poesia no tempo em que ela se faz do seu próprio processo em tribunal[639] e em que não parece possível uma linguagem poética que não problematize as suas origens e o seu destino[640]. Jorge Luis Borges apresenta a literatura como o lugar da agudização de

---

[636] Pound, 1986: 161.
[637] Maulpoix, 1989: 212.
[638] *Ibid.*
[639] Cf. Maulpoix, 1996.
[640] *Ibid.*: 213.

todas as angústias e de todas as descrenças, até às últimas consequências, numa observação que descreve eficazmente movimentos recorrentes na poesia a partir de finais do século. «Ignoro si la música sabe desesperar de la música y el mármol del mármol, pero la literatura es un arte que sabe profetizar aquel tiempo en que habrá emmudecido, y encarnizarse con la propria virtud y enamorarse de la propria disolución y cortejar su fin.»[641] Talvez porque desde sempre o lirismo se revelou como «la voix d'un individu auquel l'expérience infinie du langage rappelle sa situation d'exilé dans le monde, et simultanément lui permet de s'y rétablir, comme en pénétrant grâce à elle au cœur de l'énigme qui lui est posé par sa propre condition»[642], aparecendo, portanto, como instância de conformação de um destino individual, de alcance universal e de implicações existenciais decisivas. Na poesia (acrescentar «lírica», aqui, seria redundante) haveria uma tendência, que lhe é consubstancial, para a radicalização das interrogações que, incidindo sobre o homem e a sua precária condição[643], se abatem sobre a linguagem e o mundo nela evocado por processos obstinadamente sondados e persistentemente enigmáticos. Qualquer dilema do pensamento se pode converter, na poesia, em experiência agónica, talvez mais sensivelmente agónica porque se constitui sobre a própria linguagem, e ela é o nosso espelho mais imediato, mais natural, porventura o que mais dubiamente reflecte uma integridade, nossa, que não quereríamos insubstanciada. «Casa do ser», «estável morada», «asilo amigo»: a glosa heideggeriana do verbo poético lembra a fatalidade da nossa vocação, o nosso anelo de uma linguagem que pudesse fundar a imagem com a qual nos sentíssemos coincidir.

---

[641] Borges, «La supersticiosa ética del lector», in *Discusión,* Madrid, Alianza Editorial, 1991: 43.
[642] Maulpoix, 1989: 13.
[643] *Vd.* «Esfinge ou a poesia», de Eduardo Lourenço, in *Tempo e Poesia*, Lisboa, Relógio D'Água, 1987: 27–33.

Os percursos poéticos que mais se adentram no silêncio, que nele quereriam «aniquilar», para retomar um termo de Borges, a impotência da linguagem que os ensombra, abismam-se no sonho de uma redenção que faria soar no silêncio a palavra plena: «Que, quando o silêncio volte, haja também uma língua», Hölderlin *dixit,* em «A festa da paz»[644].

No tempo em que a poesia se alimenta de todos os registos, de todos os discursos, e em que a distinção genológica perdeu muito do seu sentido, não valendo portanto como critério de aferição, o termo «lírica» recobre a produção poética em geral: a força lírica que nela se manifesta é o elemento central em torno do qual todos os outros se aglutinam, o princípio ordenador (criativo, como queriam os românticos) de um discurso que não conhece outras leis senão as geradas pela sua própria modulação.

A diferença de tratamento, aqui, do modo lírico face ao narrativo e ao dramático justifica-se pela própria natureza do primeiro: nele confluem a mais elementar necessidade de expressão humana individual e a não menos imperiosa necessidade de conhecer para além dos limites humanos — para além dos limites do pensamento discursivo, da articulação lógica de uma sintaxe constritiva, de que a imagem poética liberta[645]. Em várias tradições culturais, a origem da poesia é tida como sobrenatural; o divino manifestava-se oracularmente em verso aos humanos. A linguagem da vidência ou profecia era a da poesia, enquanto a poesia pressupôs para muitos ao longo de muito tempo o sopro inspirador da primeira. Recorde-se, como o faz Cornford, que as Musas tinham um santuário em Delfos, na sua qualidade de «assessoras» da profecia, já que os oráculos eram proferidos em verso...[646].

---

[644] Hölderlin, *Poemas,* prefácio, selecção e tradução de Paulo Quintela, Lisboa, Relógio D'Água, 1991: 353.
[645] *Vide* Octavio Paz, 1973, 1990.
[646] F. M. Cornford, *Principium Sapientiae. As origens do pensamento filosófico grego,* 2.ª ed., Lisboa, Fund. Calouste Gulbenkian: 123.

Desde sempre a poesia (que vimos tomando como sinónimo de modo lírico) foi considerada como uma parte *sui generis* da literatura. Se é verdade que a consideração especial que a envolveu remonta a alguma reflexão protagonizada pelos românticos, que desenvolveram uma verdadeira mística da poesia, na realidade ela é muito mais antiga. Sempre se terá reconhecido um estranho poder de fascinação a certo tipo de discursos, àqueles cuja ressonância emocional resultava da combinação do encantamento produzido pela cadeia sonora e da ambiguidade de um sentido que nela se buscava, mas que nessa ambiguidade se oferecia e se negava, suspendendo os decifradores na «iminência de uma revelação que se não produz», considerada por Borges como, «porventura, o facto estético»[647]. Esse investimento sacral de que a poesia foi alvo, ou esse reconhecimento nela de uma comunicação divina[648], autoriza a que ainda hoje, no tempo de todas as dessacralizações e desmistificações, se possa vislumbrar em muita literatura e em muita produção ensaística sinais da mística que a nimbou.

Essa transcendência recolhida e sondada pelo verbo poético, originalmente situado na esfera numinosa de um real doado pela inspiração das Musas, na raiz da particular eficácia comunicativa da poesia, isto é, do seu poder, foi como que negada e no mesmo acto transferida para os mecanismos inerentes à própria linguagem. A sublimidade, poder ou transcendência que na linguagem poética se manifestava por obra e graça de quem a escolhia como veículo ou forma de manifestação, passou a estar encarnada nas

---

[647] Borges, «A muralha e os livros», in *Novas Inquirições,* Lisboa, Querco, 1984.
[648] *Vide* alguns hinos védicos que celebram o poder de consagração, pelos poetas, do céu e da terra, através de uma língua (poética) primordial (Cf. *Hymnes spéculatifs de Veda,* traduzidos do sânscrito e anotados por L. Renou, Paris, Gallimard/ UNESCO, 1956: 29); ou a tradição islâmica segundo a qual Adão fala em verso no Paraíso, numa linguagem ritmada, privilégio até então de deuses, anjos e aves (Luc Benoist, *Signes, symboles et mythes,* 3.ª ed., Paris, P.U.F., 1981: 28).

propriedades ou na energia inerentes ao próprio discurso, que se autonomiza de instâncias sobrenaturais e até humanas e se diviniza. Esse movimento implica a auto-imolação de um autor/sujeito em benefício da impessoal transcendência de uma linguagem que absorve todos os universos de referência, que a si subordina todos os códigos e que tudo circunscreve à esfera de uma palavra que se autonomiza de todas as instâncias. Uma das consequências é o ensimesmamento autofágico na reflexão sobre a natureza falaz de qualquer referência e sobre a paradoxal potência de uma palavra reduzida a realidade absoluta, porque única. Miner chama a atenção para o facto de a ênfase conferida à linguagem, que a remove e abstrai de tudo o que não seja ela, estar no centro de uma poética céptica a marcar largamente o pensamento crítico[649] numa articulação e desenvolvimento extremado de inquirições filosóficas e explorações literárias de falências e fissuras várias — da capacidade de representar, conhecer...

O modo lírico supõe um investimento particular do sujeito na linguagem, de que resulta o que Miner sintetiza como afirmação de uma presença. Identificamo-lo com um registo de uma intensidade específica que distinguimos das representações narrativa e dramática. É da linguagem da poesia que se diz que é a «casa do ser». O mito romântico da missão cívica e religiosa do poeta como «hierofante de uma inspiração inapreendida» e «legislador não reconhecido do mundo» (Shelley na *Defesa da Poesia*[650]) tem raízes muito antigas e universais. Foi à expressão lírica que foi reconhecida a capacidade de captar a linguagem das coisas, das *correspondances* que articulam o universo e que o verbo poético por analogia configura[651].

---

[649] Miner, 1990: 19.
[650] Shelley, *Defesa da Poesia*, 3.ª ed., trad. de J. Monteiro-Grillo, Lisboa, Guimarães, 1986.
[651] Na célebre formulação de Baudelaire, no poema «Correspondances», de *Fleurs du Mal*.

Em grego, *himnos* significa **canto**. Façamo-lo coincidir parcialmente com o modo lírico — procuremos esta modulação e finalidade hímnicas na origem do lírico e nos ecos, mesmo que muito remotos, dos poemas que não negam a sua natureza de canto. Maulpoix define o lirismo pela elevação e arrebatamento, na coincidência do ser e da linguagem; a dimensão que lhe é própria é a da celebração[652]. Só no século XIX teríamos no entanto a subjectividade como fonte dessa elevação e desse transporte, a «affection du sujet singulier, posée comme le fondement même du mouvement escaladant du discours», na versão muito discutível de Maulpoix[653]. Poderíamos reconduzir esta subjectividade (radicalizada ou endémica no século XIX, como quer Maulpoix) à necessidade imperiosa da comunicação de uma verdade própria, ou de algo que, sem ser entendido propriamente como «verdade», possa ser visto como o *representamen* (testemunho, marca...) do enunciador. O que universaliza o fenómeno que Maulpoix situa no século XIX, e num século XIX muito provavelmente francês. Nesse movimento expressivo, ao dizer a partir de si, **a partir da linguagem que a sua particular entrega faz ressoar**, o sujeito lírico poderá alcançar uma formulação, um ritmo, uma imagem que, repetidos por outros, lhes sirvam para recordar o seu autor e para confundir os sentimentos deles com o seu. Estas linhas são paráfrase de uma reflexão de Averróis no conto já mencionado de Borges.

Poderemos perguntar se muito do que se disse sobre as virtualidades do modo lírico não é também válido para os modos narrativo e dramático. Do suporte literário do drama, da narrativa, o que retemos? Simplificando: do drama, a noção de um conflito ou dilema que se resolve ou agonicamente ou pelo burlesco, pelo riso; da narrativa, o desenrolar de uma história, um tempo

---

[652] Maulpoix, 1989: 14, 15.
[653] *Ibid:*. 26.

preenchido por uma sequência de acontecimentos a desenhar personagens, vidas. No drama temos *(grosso modo)* conflitos, escolhas; na narrativa, o fluir do tempo, as suas marcas, as suas consequências. De um e de outra retemos também formulações, na maioria imagens. Como o verso de uma fala de Julieta sobre o valor dos nomes: «Whats in a name? That which we call a rose/ By any other word would smell as sweet»[654]. Ou a designação de Aquiles como «Aquiles de pés velozes»... Ora, estas imagens, para nós *ex libris* ou referências metonímicas das obras que integram, não são na sua essência dramáticas ou narrativas. Correspondem à apreensão emocional de um fenómeno ou ser — e por isso podemos dizer que são poéticas, e causa da particular **intensidade** de certos registos dramáticos ou narrativos. Correspondem a linguagem trabalhada por essas virtualidades subsumíveis no que aqui se designou por «modo lírico».

5.5. *Coda:* entre Matrizes Universais e Senhas Históricas, o Drama da Interpretação como Reconhecimento

Voltemos ao início, ou ao nó do conto de Borges: a aferição, através da categoria do género, da relação do singular irredutível de que a arte é feita, dos códigos históricos (válidos por um tempo, determinantes nesse tempo) que nela se manifestam e dos modos ou formas universais (ou quase universais) que seria possível descortinar nessas mesmas manifestações históricas e singulares.

Fazendo confluir no desenlace María Zambrano e Jorge Luis Borges, diremos que os modos ou formas naturais são correlacionáveis com a necessidade da vida que em cada um se manifesta.

> No se escribe ciertamente por necesidades literarias, sino por necesidad que la vida tiene de expresarse. Y en el origen

---

[654] Shakespeare, *Romeo and Juliet,* Cambridge, G. Blakemore Evans, University Press, 1997: 93.

común y más hondo de los géneros literarios está la necesidad que la vida tiene de expresarse o la que el hombre tiene de dibujar seres diferentes de si o la de apresar criaturas huidizas.[655]

O que ela designa como «necessidade da vida» manifesta-se em comportamentos ou expressões particulares — como o das crianças do conto de Borges que dramatizam uma cena. Se o verbo a acolhe numa forma cunhada (pela sua época, talvez pelas vindouras) como artística, só a matriz de determinação e desenvolvimento dessa civilização poderá decidir dessa possibilidade. E, assim, isso que releva de uma disposição a-temporal, trans--histórica, tomará uma configuração única, irrepetível — porque é de arte que estamos a falar; e será visitável apenas por quem disponha dos códigos que lhe dão acesso, que já vimos englobáveis pelo conceito de género. Os que não dispõem desse passe ou senha que os géneros, como entidades culturais e históricas, são permanecerão no limiar da obra — no limiar da interpretação que lhes está vedada, como Averróis diante de uma forma cultural de representação dramática que lhe é descrita, como diante dos termos que metonimicamente designam o género/código a circunscrever as possibilidades criativas e interpretativas.

No conto de Borges, a propósito de uma metáfora poética, Averróis perora sobre a capacidade da imagem. «Zuhair, no seu poema, disse que, no decurso de oitenta anos de dor e de glória, viu muitas vezes o destino atropelar os homens de surpresa, como um camelo cego.» A um poeta foi dado dizer de uma forma insuperável uma convicção «passageira ou contínua, mas que ninguém evita»; «o tempo, que despoja as fortalezas, enriquece os versos». Temos o tempo em que a imagem foi descoberta (pelo poeta), e somar-se-lhe-á o tempo dos que o lêem, que nele confundem a emoção do poeta evocado com a que eles

---

[655] María Zambrano, *La confesión: género literario*, Madrid, Mondadori, 1988: 13.

experimentam. «O tempo amplia o âmbito dos versos.» Não há barreira, o verbo de um (metonímia e metáfora do seu tempo) serve às emoções de outros, noutros tempos e lugares. O singular e o universal não se anulam, antes se sustentam.

Depois da celebração desta abertura ou capacidade interpretativa sem limites, Averróis exalta os antigos e o Alcorão como os códices onde está cifrada toda a poesia. A noite concluir-se-á pela consignação escrita da sua interpretação dos «obscuros» termos de Aristóteles, tragédia e comédia — à luz dos códices que justamente a inviabilizam. «Aristu (Aristóteles) denomina tragédia aos panegíricos e comédia às sátiras e aos anátemas. Admiráveis tragédias e comédias são abundantes nas páginas do Corão e nos versos do santuário.» Aqui vence o tempo, o tempo de Averróis, finito, que o encerra no âmbito do Islão. A necessidade da codificação, matriz e condição de toda a interpretação, leva-o a imaginar toda a poesia como estando cifrada (apenas) no Alcorão, porque só através de parâmetros reconhecíveis os textos existem como tal, e os sentidos do texto e a emoção estética podem actualizar-se. Ora, é esse mesmo códice dos códigos que ironicamente lhe inviabiliza o entendimento dos termos aristotélicos, isto é, dos tempos da tragédia e da comédia, outros tempos que não os dele, mas que Averróis, como sábio exegeta, tem de encerrar no seu para conhecer a vã satisfação que a interpretação consumada proporciona.

BIBLIOGRAFIA

AAVV, 1965, *Théorie de la littérature*, Textes des formalistes russes réunis, présentés et traduits par Tzvetan Todorov, Paris, Éd. du Seuil, 1965.

ALONSO, Dámaso, 1962, *Poesía española. Ensayo de métodos y límites estilísticos,* Madrid, Ed. Gredos.

AQUIEN, Michèle, 1993, *Dictionnaire de poétique,* Paris, Le Livre de Poche.

ARISTÓTELES, 1998 *Poética,* tradução, prefácio, introdução, comentário e apêndice de Eudoro de Sousa, 5.ª ed., Lisboa, Imprensa Nacional--Casa da Moeda.

«Aristóteles», in 1995, *Hélade. Antologia da Cultura Grega* organizada e traduzida do original por Maria Helena da Rocha Pereira, 6.ª ed., Coimbra, Instituto de Estudos Clássicos.

ASENSI Pérez, Manuel, 1998, *Historia de la teoría de la literatura (Desde los inicios hasta el siglo XIX),* Valência, Tirant lo Blanch.

—, 2003, *Historia de la teoría de la literatura (el siglo XX hasta los años setenta),* Valência, Tirant lo Blanch.

AUERBACH, Erich (1946), 1971, *Mimesis, A representação da realidade na literatura ocidental,* trad. port., São Paulo, Ed. Perspectiva.

AULLÓN DE HARO, Pedro (ed.), 1994, *Teoría de la Crítica literaria,* Madrid, ed. Trotta.

BELCHIOR, Maria de Lourdes, 1980, *Os Homens e os Livros II (sécs. XIX e XX),* Lisboa, Ed. Verbo.

BENVENISTE, Émile, 1966, *Problèmes de linguistique générale,* Paris, Gallimard.

—, 1974, *Problèmes de linguistique générale II,* Paris, Gallimard.

BERNARDES, J. A. Cardoso, 1997, «História da literatura», in *Biblos. Enciclopédia Verbo das Literaturas de Língua Portuguesa,* Lisboa/ São Paulo, Ed. Verbo, vol. 2.

BUESCU, Helena Carvalhão, 1997, «Autores empíricos e autores textuais: por que é que um autor é problema?», in *Românica,* n.º 6, Lisboa, Departamento de Literaturas Românicas da FLUL.
—, 1998, *Em Busca do Autor Perdido,* Lisboa, Ed. Cosmos.
CARVALHO, J. Herculano de, 1967, *Teoria da Linguagem,* vol. I, Coimbra, Atlântida Ed.
CASTRO, Aníbal R, 1984, *Os Códigos Poéticos em Portugal do Renascimento ao Barroco. Seus fundamentos, seu conteúdo, sua evolução,* Coimbra, separata da Revista da Universidade de Coimbra.
— 1991, «Para uma teoria Camiliana da ficção narrativa», separata do vol. XXIX dos *Arquivos do Centro Cultural Português,* Paris, F. C. Gulbenkian, pp. 53–70.
CASTRO, Ivo, 1997, «Filologia», in *Biblos. Enciclopédia Verbo das Literaturas de Língua Portuguesa,* Lisboa/São Paulo, Ed. Verbo, vol. II.
COELHO, Eduardo Prado, 1982, *Os Universos da Crítica. Paradigmas nos estudos literários,* Lisboa, Edições 70.
COQUET, J.-C., 1982, *Sémiotique. L'École de Paris,* Paris, Hachette.
—, 1984–1985, *Le discours et son sujet,* 2 vols., Paris, Kliencksieck et C. Ed.
COSERIU, Eugenio (1977), 1991, *El hombre y su lenguaje. Estudios de teoría y metodología lingüística,* 2.ª ed. revisada, Madrid, Ed. Gredos.
CURTIUS, Ernst Robert (1947), 1956, *La littérature européenne et le Moyen Age latin,* P. U. F. (impressão de 1991).
DELCROIX, M., e HALLYN, F. (dir.) (1987), 1993, *Méthodes du texte. Introduction aux études littéraires, 4. ª ed.,* Paris-Louvain-la-Neuve, Ed. Duculot.
DESSONS, G., 1995, *Introduction à la poétique,* Paris, Dunod.
DUMONT, J., e VANDOOREN, Ph. (org.), 1972, *La philosophie,* Marabout Université, Paris, Gérard & C.º.
ECO, Umberto (1979), 1983, *Leitura do Texto Literário. Lector in fabula. A cooperação interpretativa nos textos literários,* Lisboa, Ed. Presença.

—, s/d, *Porquê «O nome da Rosa»?,* Lisboa, Difel, (trad. de M. Luísa Rodrigues de Freitas de *Postile a «Il nome della Rosa»).*

ELIOT, T. S., 1962, *Ensaios de Doutrina Crítica, (*prefácio, selecção e notas de J. Monteiro-Grillo), Lisboa, Guimarães Ed.

— (1932), 1992, *Ensaios Escolhidos (*selecção, tradução e notas de Maria Adelaide Ramos), Lisboa, Cotovia.

FERRAZ, Maria de Lourdes Amaral, 1995–1997, «Ambiguidade», «Estilo», «Estilística», «Literatura», in *Biblos. Enciclopédia Verbo das Literaturas de Língua Portuguesa,* Lisboa/São Paulo, Ed. Verbo, vols. 1, 2 e 3.

FOKKEMA, D. W., e IBSCH, Elrud, 1997, *Teorías de la literatura del siglo xx,* Madrid, Ed. Cátedra.

GADAMER, Hans-Georg (1960), 1996, *Vérité et méthode. Les grandes lignes d'une herméneutique philosophique* (tradução da edição revista de Tubingen, 1986, à qual se refere a numeração das páginas entre parênteses), Paris, Éd. du Seuil.

GARCÍA BERRIO, Antonio, 1994, *Teoría de la literatura (La construcción del significado poético),* 2.ª ed., Madrid, Ed. Cátedra.

GARCÍA BERRIO, Antonio, e FERNÁNDEZ, Teresa H., 1990, *La poética: tradición y modernidad,* Madrid, Ed. Sintesis.

GARCÍA BERRIO, Antonio, e HUERTO CALVO, Javier, 1995, *Los géneros literarios: sistema e historia (una introducción),* 2.ª ed., Madrid, Ed. Cátedra.

GENETTE, Gérard (1979), 1986, *Introdução ao Arquitexto,* Lisboa, Vega.

—, 1991, *Fiction et diction,* Paris, Éd. du Seuil.

— s. d., *Discurso da narrativa,* Lisboa, Vega Universidade.

GÓMEZ REDONDO, Fernando, 1999, *La crítica literaria del siglo xx* (2.ª ed. revista e aumentada), Madrid — México — Buenos Aires, Editorial EDAF.

GREIMAS, A. J., 1966, *Sémantique structurale. Recherche de méthode,* Paris, Larousse.

—, 1970, *Du sens,* Paris, Éd. du Seuil.

—, 1983, *Du sens II. Éssais sémiotiques,* Paris, Éd. du Seuil.

GREIMAS, A. J., e J. Courtès, 1979, *Sémiotique. Dictionnaire raisonné de la théorie du langage,* Paris, Hachette.
—, 1986, *Sémiotique. Dictionnaire raisonné de la théorie du langage. Compléments, débats, propositions,* vol. II, Paris, Hachette.
GREIMAS, A. J., e FONTANILLE, J., 1991, *Sémiotique des Passions. Des états de chose aux états d'âme,* Paris, Éd. du Seuil.
GUIRAUD, Pierre, 1957, *La stylistique,* Paris, P.U.F., col. «Que sais-je?».
GUSDORF, Georges, 1974, *Introduction aux sciences humaines,* Estrasburgo/Paris, Ed. Ophrys.
GUSMÃO, Manuel, 1999a, «Da literatura como transporte e travessia dos tempos. Algumas notas sobre a historicidade da literatura», in *Ensino da Literatura. Reflexões e propostas a contracorrente,* Lisboa, Ed. Cosmos, pp. 47-67.
— 1999b, «Leitor» e «Leitura», in *Biblos. Enciclopédia Verbo das Literaturas de Língua Portuguesa,* Lisboa/São Paulo, Ed. Verbo, vol. III: 3–15.
HAZARD, Paul (1934), 1948, *A Crise da Consciência Europeia (1680– –1715),* Lisboa, Ed. Cosmos.
HÉNAULT, Anne, 1992, *Histoire de la sémiotique,* Paris, P.U.F., col. «Que sais-je?».
—, 1983, *Narratologie. Sémiotique générale. Les enjeux de la sémiotique,* Paris, P.U.F.
HJEMSLEV, Louis (1943), 1968, *Prolégomènes à une théorie du langage, (trad. do inglês* por A.-M. Léonard), Paris, Les Éditions de Minuit.
HORÁCIO, 1984 *Arte Poética (*introdução, tradução e comentário de R. M. Rosado Fernandes), Lisboa, Inquérito.
JAUSS, H. Robert (1972, 1974 e 1975), 1978, *Pour une esthétique de la réception (trad. do alemão por* Claude Maillard), Paris, Gallimard.
KENNY, Anthony (1998), 1999, *História Concisa da Filosofia Ocidental,* Lisboa, Temas e Debates.
LACOUE-LABARTHE, Philipe, e NANCY, J.-L., 1987, *L'absolu littéraire. Théorie de la littérature du romantisme allemand,* Paris, Éd. du Seuil.
LANSON, Gustave (1910), 1965, «La méthode de l'histoire littéraire», *Essais de méthode, de critique et d'histoire littéraire,* Paris.

LOTMAN, Iuri (1976), 1978, *A Estrutura do Texto Artístico (trad. de M. do Carmo Vieira Raposo)*, Lisboa, Ed. Estampa.
MAINGUENEAU, Dominique, 1996, *Le contexte de l'oeuvre littéraire. Énonciation, écrivain, société*, Paris, Dunod.
MARTÍNEZ BONATI, Félix, 1992, *La ficción narrativa. Su lógica y ontología*, Múrcia, Universidad de Murcia.
MATOS, M. V. Leal de, 1987, *Ler e Escrever*, Lisboa, Impr. Nacional- -Casa da Moeda.
—, 1995, «O mar em Camões», in *Oceanos,* n.º 23, Lisboa, Comissão Nacional para a Comemoração dos Descobrimentos Portugueses, Jul./Set., pp. 54–65.
—, 2000, «O "correlativo objectivo" de T. S. Eliot e a sua versão pessoana (digressões pelos contextos)», in *Românica,* n.º 9, Lisboa, Ed. Colibri, pp. 25–33.
—, 2003, *Tópicos para a Leitura d'«Os Lusíadas»*, Lisboa, Ed. Verbo,.
—, 2011, *Camões: sentido e desconcerto*, Coimbra, Centro Interuniversitário de Estudos Camonianos.
MAULPOIX, Jean-Michel, 1989, *La voix d'Orphée. Essai sur le lyrisme,* Paris, José Corti.
— 1996, *La poésie malgré tout,* Paris, Mercure de France.
MENDES, Margarida Vieira, 1999, «Didáctica da literatura. Um espaço devido na Faculdade de Letras», in *Ensino da Literatura. Reflexões e propostas a contracorrente,* Lisboa, Ed. Cosmos, pp. 29–35.
MERQUIOR, José Guilherme, 1974, *Formalismo e Tradição Moderna,* Rio de Janeiro, Ed. Forense Universitária.
MINER, Earl, 1990, *Comparative Poetics. An intercultural essay on theories of literature,* Princeton, Princeton University Press.
PALMER, Richard (1969), 1986, *Hermenêutica (trad. de M. Luísa Ribeiro Ferreira),* Lisboa, Ed. 70.
PAZ, Octavio (1973), 1992, *El arco y la lira. El poema. La revelación poética. Poesía e historia,* 3.ª ed., 8.ª reimpressão, Madrid, Fondo de Cultura Económica.
—, 1990, *Os Signos em Rotação,* São Paulo, Perspectiva.

PINEDA, Victoria, 1994, *La imitación como arte literario en el siglo XVI español*, Sevilha, Diputación Provincial de Sevilla.
PLATÃO, *República* (tradução e notas de Maria Helena da Rocha Pereira), Lisboa, F. C. Gulbenkian, 8.ª ed, 1966.
POUND, Ezra, 1954, *Literary Essays of Ezra Pound (introdução de* T. S. Eliot), Londres/Boston, Faber and Faber.
—, 1986, *Poemas Escolhidos (*selecção, tradução e prefácio de José Palla e Carmo), Lisboa, Dom Quixote.
—, 1994, *Ensaios (*trad. de J. H. Bastos), Lisboa, Pergaminho.
REIS, Carlos, 1995, *O Conhecimento da Literatura. Introdução aos estudos literários,* Coimbra, Almedina.
—, 1997, «Ficção / Ficcionalidade», in *Biblos. Enciclopédia Verbo das Literaturas de Língua Portuguesa,* Lisboa/São Paulo, vol. 2.
REIS, Carlos, e LOPES, Ana Cristina M., 1987, *Dicionário de Narratologia,* Coimbra, Almedina.
RICOEUR, Paul (1965), 1995, *De l'interprétation. Essai sur Freud,* Paris, Ed. du Seuil, col. Points.
— 1969, *Le conflit des interprétations. Essais herméneutiques,* Paris, Ed. du Seuil.
ROHOU, Jean, 1996, *l'histoire littéraire,* Paris, Éd. Nathan.
SAUSSURE, Ferdinand de, (1915), 1971 *Curso de Linguística Geral (*trad. de J. V. Adragão), Lisboa, Dom Quixote.
SEARLE, John R., 1969, *Speech Acts,* Londres/Nova Iorque, Cambridge University Press; trad. francesa: 1972, *Les actes de langage,* Paris, Herman.
SEGRE, Cesare (1985), 1999, *Introdução à Análise do Texto Literário (trad.* de Isabel Teresa Santos), Lisboa, Ed. Estampa.
SHELLEY, 1986, *Defesa da Poesia (*trad. de J. Monteiro-Grillo), 3.ª ed., Lisboa, Guimarães Ed.
SILVA, V. M. de Aguiar e, 1967, *Teoria da Literatura,* Coimbra, Almedina, 1.ª ed.
— 1982, *Teoria da Literatura,* Coimbra, Almedina, 4.ª ed.
— 1990, *Teoria e Metodologia Literária,* Lisboa, Universidade Aberta.

— 1993, «A teoria da desconstrução, a hermenêutica literária e a ética da leitura», in *O Escritor,* n.º 1, Lisboa, APE, pp. 74–79.

— 1997, «Romantismo», in *Dicionário do Romantismo Literário Português,* Lisboa, Caminho.

SPITZER, Leo (1948), 1961, *Lingüística e historia literaria* (trad. do inglês por Jose Perez Riesco), Madrid, Ed. Gredos, 2.ª ed.

STEINER, Georg (1989), 1993, *Presenças Reais. As artes do sentido (trad. de Miguel Serras Pereira),* Lisboa, Ed. Presença.

TAMEN, Miguel, 1986, «Distinções genológicas e consequências», in *Revista da Faculdade de Letras,* n.º 5, 5.ª Série, Lisboa, pp. 129–134.

— 1995 e 1997, «Círculo hermenêutico» e «Hermenêutica literária», in *Biblos. Enciclopédia Verbo das Literaturas de Língua Portuguesa,* Lisboa/São Paulo, vol. I e II.

TODOROV, Tzvetan, 1981, *Os Géneros do Discurso,* Lisboa, Edições 70.

WEINBERG, Bernard, 1970, *Trattati di poetica e retorica del Cinquecento,* Bari, Laterza.

WELLEK, René, 1963, *Conceitos de Crítica,* São Paulo, Edit. Cultrix.

WIMSATT, W., e BROOKS, Cl. (1957), 1971, *Crítica Literária. Breve História (trad.* de Yvette Centeno), Lisboa, F. C. Gulbenkian.

WITTGENSTEIN, Ludwig, 1995, *Tratado Lógico-Filosófico. Investigações filosóficas (trad.* e prefácio de M. S. Lourenço), 2.ª ed. revista, Lisboa, Fundação Calouste Gulbenkian.

ZAMBRANO, María, (1988) *La confesión: género literario,* Madrid, Mondadori.

ANEXO

**Poemas de Camões
e de Fernando Pessoa**

Camões

TROVAS [656]

sois hũa dama	de grão merecer
das feas do mundo	sois bem apartada
de toda a má fama	andaes alongada
sois cabo profundo	do bem parecer
a vossa figura	bem claro mostraes
não he para ver	em vós fealdade
em vosso poder	não há hi maldade
não ha formosura	que não precedaes
fostes dotada	de fresco carão
de toda a maldade	vos vejo ausente
perfeita beldade	em vós he presente
de vós he tirada	a má condição
sois muito acabada	em ter perfeição
de tacha e de glosa	mui alhea estaes
pois quanto a fermosa	mui muito alcançaes
em vós não ha nada	de pouca razão

[656] Adopta-se aqui a proposta de Luciana Stegagno Picchio (*Ars combinatoria e algebra delle proposizioni in una lirica de Camões,* Estratto da «Studj romanzi», vol. XXXV, 1973).

SONETO

Transforma-se o amador na cousa amada,
por virtude do muito imaginar;
não tenho, logo, mais que desejar,
pois em mini tenho a parte desejada.

Se nela está minha alma transformada,
que mais deseja o corpo de alcançar?
Em si somente pode descansar,
pois consigo tal alma está liada.

Mas esta linda e pura semideia,
que, como um acidente em seu sujeito,
assi co a alma minha se conforma,

está no pensamento como ideia:
[e] o vivo e puro amor de que sou feito,
como a matéria simples busca a forma.

Fernando Pessoa

AUTOPSICOGRAFIA

O poeta é um fingidor.
Finge tão completamente
Que chega a fingir que é dor
A dor que deveras sente.

E os que lêem o que escreve,
Na dor lida sentem bem,
Não as duas que ele teve,
Mas só a que eles não têm.

E assim nas calhas de roda
Gira, a entreter a razão,
Esse comboio de corda
Que se chama o coração.

O MENINO DA SUA MÃE

No plaino abandonado,
Que a morna brisa aquece,
De balas traspassado
— Duas, de lado a lado —
Jaz morto, e arrefece.

Raia-lhe a farda o sangue,
De braços estendidos,
Alvo, louro, exangue,
Fita com olhar langue
E cego os céus perdidos.

Tão jovem! Que jovem era!
Agora que idade tem?
Filho único, a mãe lhe dera
Um nome, e o mantivera —
«O menino da sua mãe»…

Caiu-lhe da algibeira
A cigarreira breve.
Dera-lhe a mãe. Está inteira
E boa a cigarreira,
Ele é que já não serve.

De outra algibeira, alada
Ponta a roçar o solo,
A brancura embainhada
De um lenço… Deu-lho a criada
Velha, que o trouxe ao colo.

Lá longe, em casa, há a prece:
Que volte cedo, e bem!

(Malhas que o Império tece!)
Jaz morto, e apodrece,
O menino da sua mãe...

ÍNDICE DE ASSUNTOS

A
arte: «arte pela arte», 134-137, 153
arte: autonomia da, 134-136
artista, poeta, personalidade do, 62-63, 191-192, 273, 277, 284, 313, 383
autor, autoria, 34-35, 85, 96, 99, 177, 270, 273
autor empírico, 99, 313
autor textual, 313

B
Barroco, 44-46, 48, 50, 53, 55, 266, 330-331, 373
belo, beleza, 49, 51-53, 133, 135, 156, 266, 341, 362, 388
biografia, biográfico, 86-88, 93, 102, 112, 121, 192, 194, 198, 202, 256, 348, 394
biografismo, 86-88, 194, 199

C
campo literário, 269
cânone, canónico, 39, 67, 97, 260, 268, 342-345, 350, 354, 363, 366, 367, 373
catarse, 42, 44, 129, 131, 376, 390
cena (encenação), 19, 27, 89, 357-358, 367, 376
cepticismo, 55, 107, 123-124, 142, 166, 280, 302
círculo hermenêutico, 171, 174, 176
Classicismo (*ver também* modelos clássicos), 29, 50, 52, 55, 251, 273
Classicismo *vs.* Romantismo, 48, 54-55, 69
clássico (o termo), 48-49, 52, 54-55, 64-65, 67, 68, 107, 112, 273
clássico, modelo, 29, 52, 54, 273
clássicos, géneros, 39
close reading 202
código(s), 101, 172, 227, 233, 248-250, 258-259, 292-293, 318, 326, 354-358, 361-363, 367, 370, 377-378
comédia, cómico, 24, 31, 46, 50, 66, 118, 129, 173, 258, 271-272, 308-309, 356-358, 360, 371 e 403
composição, 42, 44, 94, 326-327, 345, 370, 394
comunicação, 72, 121-122, 127, 139, 155, 175, 185, 194, 198, 227, 246-249, 252, 257, 307, 309-312, 333, 343, 366, 375
comunicação literária, 65, 128, 141-142, 300, 310-311, 354
conotação, 198, 202, 207, 228, 241, 266, 329, 332
contaminação dos géneros, 362
convenção (ões), 37, 67, 99, 249-250, 287, 307-309, 311, 326, 343, 346, 348, 358, 361-363, 370, 393
«correlativo-objectivo», 192-194
criação (literária, poética, artística), 43, 61-62, 67-68, 76-78, 96-98, 111, 119, 137, 185, 191, 194, 209, 216, 249, 259, 268-269, 280, 284, 291-292, 297, 302, 306, 315, 319-320, 329, 341, 374
crítica, a palavra, 268
crítica como criação, 111-112

crítica imanente, 109, 121, 202, 233
crítica impressionista, 76, 111, 120, 216
crítica literária, 11, 29, 57, 70-71, 103, 106-112, 114, 118-119, 125--126, 197, 203, 208, 215, 256
crítica textual, 83, 84, 106

D
decoro, 31-32, 41, 46, 204
denotação, 198, 202, 207
desconstrução, 10, 117, 305, 359, 393
despersonalização, 191-192
dicção, 167, 272, 368
distanciamento, 88, 113-115, 137, 195, 379
documento, documental (valor), 82, 101-102, 139, 145, 189, 201, 211, 215
drama, dramática, 19, 32, 41, 47, 49-50, 65-66, 272, 274-275, 312, 315, 317, 322, 344, 347-348, 351, 353, 357-358, 367, 371-380, 393--394, 397, 399-402

E
épica, epopeia, 22, 25, 36, 41, 47, 65-66, 91, 143, 199, 270-271, 296, 322, 326-328, 367-369, 371, 373--374, 376, 382, 394
erudição, 43, 47, 68, 74, 88, 198, 201, 218
estética da recepção, 43, 78, 96-99, 112, 122-123, 140, 176-177, 189, 196, 200, 233, 248, 329
estilística, 10, 63, 204-211, 215, 219, 221, 329, 339
estilo, 36, 39-40, 204, 206-207, 211--212, 220-221, 321

estruturalismo, 94, 110, 181-182, 188, 202, 204, 208-209, 221-225, 227-230, 232-235, 241, 251, 287--289, 292-293, 312, 322, 329, 334-335, 337
evolução, 72, 93-94, 96, 101, 187, 221, 229, 266, 325, 345, 350, 365, 370, 374
expressão, 29, 31, 40, 45, 50, 60-63, 66, 69, 87, 90, 95, 98, 132, 153--154, 163, 167, 188, 191-192, 209, 226, 228, 240, 247, 254, 269, 284, 322-327, 333, 368-369, 385, 390, 393-394

F
facto, dado, 16, 72, 87, 96, 149, 151, 243, 255, 291
fantasia, fantástico(a), 51, 63, 277, 297, 307, 378
fenomenologia, 148, 150, 164, 171, 182, 185, 222, 242
ficção, ficcionalidade, 27, 51, 87, 189, 277, 280, 282, 285, 297-301, 303, 307, 310-312, 314-319, 349, 358, 359, 377, 378
filólogo, filologia, 38, 59-60, 71-72, 81-84, 106-107, 138, 144, 147, 156, 175, 206-209, 211-214
filosofia da linguagem, 209, 343-346
fingimento, 88, 194-195, 269, 277
fontes e (ou) influências, 73, 88, 112, 120, 202
forma natural, 357, 394
formalismo, 174, 204, 208
formalismo russo, 181-182, 203, 260, 293, 332
função ou finalidade da literatura, 283-284
função referencial, 231, 292-293, 314

fusão de horizontes, 171, 174

G
género(s) literário(s), 34, 36, 41, 326, 390, 402
génese, 86, 88, 147, 187, 229, 271, 371
génio, 51, 61-62, 68, 76, 86, 204, 230, 284, 288
gramática generativa, 251

H
hermenêutica, 9, 10, 37, 72, 79, 82, 97, 109, 112, 115, 119, 142-146, 150-152, 155-157, 160, 164-169, 171, 173-177, 200, 222, 233, 293, 301, 329
hibridação (*ver também* contaminação), 362, 390
história literária, 73-75, 81-83, 85-86, 88, 92, 94, 96, 98, 101, 103, 109, 112, 125, 177, 186, 210-211, 215, 218, 233, 249, 255, 256, 265, 354
história literária, método da, 72
história, historicidade, 10, 96, 106, 119, 148, 151, 152, 155-157
horizonte de expectativa, 97, 98, 177

I
Idade Média, 30, 32-38, 59, 64, 67, 90, 109, 237, 298, 312, 372
Iluminismo, 50, 52, 54, 108, 155, 174
ilusão, 17, 31, 41, 159, 165, 229, 233, 277, 280, 285, 288, 291, 296, 313, 316-317, 346, 375
imaginação, 23, 27, 51, 53, 62, 64, 73, 94, 108, 140, 233, 259, 276, 284, 311, 313, 359, 381, 387
imaginário, 10, 22-23, 97, 122, 139, 141, 200, 253, 299, 302, 340, 360

imitação, 17-18, 20, 25-26, 28, 31, 39-41,44-45, 49, 52, 61, 89, 101, 129, 152, 258, 269-270-279, 283--285, 298, 306, 319, 341, 358, 371-372, 375, 378
inovação, 258, 367
inspiração, 23, 32, 44, 51, 62, 71, 138, 218, 269, 398-399
intenção(ões), 199-200, 237, 247, 248, 267, 303-304
interpretação, 24, 34, 37, 72, 84, 89, 92, 94, 101, 112, 115, 119, 132, 142-143, 145-146, 156, 159, 162, 165-171, 189, 208, 213, 220, 225, 283, 303-305, 327, 351, 353, 355, 358-361, 401-403
intertextualidade, 89, 250-251, 295--297
ironia, 47, 57-59, 112, 115, 160, 202, 207, 357
ironia romântica, 57

J
juízo, julgamento, valoração, 44, 51, 75, 99, 103, 106, 108, 112, 114--115, 134, 155, 156, 169, 266, 290, 331, 341, 358, 364, 380

L
leitor, 24, 33, 43, 47, 57, 72, 77-78, 83-84, 89, 91, 94, 96-97, 99-100, 108-109, 112, 117-121, 126, 128--129, 131-132, 138, 140, 142, 168, 171-177, 186, 196, 200, 216-218, 233, 249, 252, 259, 275, 294, 297, 300, 307, 311-313, 315-316, 332, 334, 343-345, 358, 361-362, 364, 366-367, 380, 393
leitura, 11, 37, 66, 76-77, 94-97, 101--104, 108-109, 113-114, 116-118,

120, 126, 143, 167-169, 175, 177, 196-200, 217-218, 233, 248, 250, 252, 279, 295-297, 305, 320, 343--345, 350, 361, 366
língua ou linguagem poética, 45, 46, 48, 97, 181-183, 185, 191, 215, 336, 340, 395, 398
lírica, lirismo, 22, 40-41, 54, 65, 84-85, 131, 270, 275, 283, 295, 342, 347, 353, 366, 369, 372, 376, 382, 384
literariedade, 328-329, 348, 350
literatura, a palavra, 16
literatura, circularidade da, 292
literatura como criação, 111
literatura como instituição, 268, 345, 361
literatura como invenção e descoberta, 269
literatura como produção, 230
literatura comparada, 90, 268
literatura comprometida, 133
literatura e ambiente, 20, 60, 86, 93, 112, 123
literatura e conhecimento, 137-141
literatura e sociedade, 321, 345, 355, 361
literatura, fechamento da, 177, 229--230, 234, 248, 288-289, 291-292, 295, 297, 312

M

Maneirismo, 41, 45, 55, 91, 373
maravilhoso, 41, 168
marxismo, 182, 190, 191, 201, 225, 250, 255, 301, 303, 305
mediação, 118, 153, 162, 253-254, 256, 361, 370
medievalismo, 55, 64
mimese, 18, 25-26, 31, 40-41, 63, 65, 129, 269-271, 274, 276-277, 279-280, 283-284, 290, 298, 303, 305, 307, 317-318, 320, 357, 371, 375
mito, mitologia, 26-27, 47, 53, 67, 91, 121, 140-141, 158-159, 168, 172-173, 185, 188, 200, 236, 238-239, 277-278, 300-301, 310, 313, 320, 327-328, 399
modelo, 25, 29, 31, 37, 39, 40, 49, 51-54, 61, 67, 71, 73, 91, 99-101, 113, 157, 177, 188, 202, 223-225, 227, 229, 234, 237, 239, 243-245, 247, 254, 256-258, 260, 273-274, 276, 279, 283-284, 293-294, 298, 306, 314, 317-320, 327, 333, 337, 343, 349, 361, 367, 369-370
modelo de mundo, 256, 319
modernidade, modernismo, 48, 59, 88, 364
modo(s), 272, 275-278, 377-394
moral, ética, 17, 19, 38, 42-45, 50, 70, 99, 128, 131, 134-135, 137, 140, 142, 167, 201, 277, 346, 376, 380, 382

N

narrador, 99, 113, 249, 282, 313, 357--358, 360, 367, 371, 381-382
narrativa, 26, 59, 83, 122, 170, 183--184, 226-227, 236, 238, 244-245, 249, 258, 260, 261, 275, 284, 327, 360, 366-367, 371, 374-376, 380--382, 389, 393-394, 399, 401
Naturalismo, 133
Neoclassicismo (*ver também* Classicismo), 48-50, 52, 54-55, 107--108, 251, 273, 373
Neo-realismo, 133
New Criticism, 190, 191, 195-196, 198-199, 201-204, 228, 329

O

objecto, objectividade, 15, 51, 65, 67, 72, 76-77, 103, 105, 112-115, 118, 144, 148, 153-154, 159, 170, 175, 177, 181, 186, 189, 192-193, 196, 202, 230, 233-234, 272, 291, 350, 367
oratória, 29, 30, 34, 44, 91, 267, 326, 369

P

panegírico, 309, 357, 403
paródia, 89, 193, 295, 368
patético, 358
poética, 10, 15-16, 20, 23-24, 27, 29-31, 33-36, 40-50, 52-53, 55-56, 61, 63, 67, 97, 107, 112, 116, 122--124, 128, 134, 163, 181, 183, 185, 191, 196, 215-216, 227-228, 248--249, 267, 271, 273, 296, 308, 20, 326, 330, 332-336, 339-341, 353--355, 362, 367-369, 371-372, 374--375, 379, 385, 388-389, 391, 395, 397-399, 401-402
positivismo, 71-72, 143, 174, 209, 252, 299, 373
pragmática, 30, 122-123, 245, 248, 292, 310, 343, 345, 376
prazer, hedonismo, 44, 65, 74, 77, 114, 153, 266, 270, 277
produção, 230, 268, 292
produtividade, 124, 250
psicanálise, 121, 140-141, 165, 208, 221, 244, 250
público, 23, 30-31, 34, 43, 47, 54, 66, 67, 96-98, 108, 126, 128, 258-259, 307, 332, 376

R

racionalismo, 52, 56, 64, 209
realismo, realista, 24, 67, 133, 177, 187, 281, 229, 242, 281, 284, 289, 317-318, 332, 338, 378
recepção, estética da recepção, 10, 34, 43, 78, 92, 94, 96-99, 109, 112, 116, 122-123, 140, 176-177, 189, 196, 200, 216, 232-233, 248, 297, 307, 329, 355, 361, 370, 379
referência, 110, 144, 153, 232, 237, 312, 314, 315, 318
referente, 91, 185, 221, 242, 253, 257-258, 287-290, 305-306, 314, 316-317, 322, 342
relatividade, relativismo, 104-105, 154, 348, 353, 421
religião (literatura e), 61, 69-70, 93, 121, 135, 138, 143, 148, 166-167, 251, 266, 393
Renascimento, 34, 38-40, 43, 49, 59, 67, 95, 106-107, 133, 138, 278, 283, 327, 372
representação, 40, 51, 96, 112, 128--129, 137, 139, 153, 188, 220-221, 226, 245, 273, 276, 305-306, 308--309, 316, 320, 333, 354, 357, 371-372, 375-378, 380-382, 402
roda de Virgílio, 36, 39, 42
romance, 33, 64, 67, 83, 85, 87, 99, 108, 110, 113, 118, 128, 131, 133, 136, 139, 170, 183, 210, 282, 295, 317-319, 347-349, 366-367, 369
Romantismo, estudos literários do, 68
Romantismo, romântico, 34, 48, 52-56, 59, 61-65, 68-69, 71, 74-76, 81, 91, 108, 115, 132, 134-135, 137-138, 143, 147, 191, 273, 284, 298-299, 305, 332, 348, 364, 366, 377, 391, 394-395, 397-399

S

sátira, 309, 357, 403
semanálise, 250-251
semiótica, 10, 100, 188, 234-235, 237-249, 251-256, 259-260, 288, 292-293, 321-323, 332, 345
semiótica da comunicação, 246-248
semiótica da modalidade, 254, 274
semiótica da significação, 246-247
semiótica das paixões, 254
semiótica do mundo natural, 253, 321
semiótica soviética, 249, 255
significação, 104, 140, 149, 156, 173, 224-226, 231, 237-239, 241-242, 245-248, 252-253, 257, 261, 289--290, 299, 331, 338, 340
Simbolismo, 55, 76, 91, 275, 330, 332
símbolo, simbólico, 62, 67, 98, 116--117, 138-139, 141-142, 167, 199, 202, 207, 237, 290, 293, 302, 329, 355, 367, 359-360, 378, 390, 393, 395
sinceridade, 67, 87-88, 113
singularidade da obra literária, 124
sistema modelizante, 255-257
sublime, 28-29, 50-52, 67, 108, 266, 341, 362, 364, 391
sujeito, subjectividade, 51, 65, 72, 74, 76-77, 90, 96, 108, 112, 114-115, 118-119, 144, 148-149, 153-154, 156, 162, 164, 175, 195-196, 229--230, 232, 244-246, 251, 253-254, 279-281, 284-285, 287, 298-299, 341, 350, 367, 372, 382, 387, 389--390, 393-395, 399, 400, 414

Surrealismo, 55
suspeita, desconfiança, 60, 113-114, 165-166, 301-302, 358
suspensão da descrença, 359

T

teatro, 55, 76, 111, 239, 298, 358
tema, temática, 19, 23, 27-28, 30--31, 42, 44-45, 91, 93, 98-99, 139, 183, 258, 290, 319, 321-322, 370-372
teoria, a palavra, 119
teoria da literatura, 109-110, 119-127, 182, 204, 354, 356, 370, 374
teoria dos estilos, 40-41
teoria impessoal (Eliot), 192
topos, topoi, tópica 67, 90-91, 258, 275, 328
tradição literária, 47, 82, 88, 91, 101
transgressão, 331, 360, 367-368

U

universal, 26, 49, 125, 151, 161, 164, 184, 238, 260, 320, 328, 343, 349, 353-356, 359, 375, 383, 396, 403
universal/particular, 25-26, 49, 51, 271-272, 274, 277, 300, 403
universalismo, 55
útil, utilidade, 11, 32, 33, 42, 59, 81, 127-128, 134-137, 197, 253, 260

V

verosimilhança, 20, 25-27, 31, 40-41, 46, 274, 282, 306, 315, 317, 358